本丛书为
北京外国语大学中国文化"走出去"协同创新中心重点项目

中国文化『走出去』研究丛书

总主编 张西平

华语与华文教育"走出去"研究

The Research on the "Going-Global" Strategy of Chinese and Chinese Education

郭奇军 钱伟 主编

北京大学出版社
PEKING UNIVERSITY PRESS

图书在版编目(CIP)数据

华语与华文教育"走出去"研究/郭奇军,钱伟主编. —北京:北京大学出版社,2016.6
ISBN 978-7-301-27221-3

Ⅰ.①华… Ⅱ.①郭…②钱… Ⅲ.①华文教育—研究 Ⅳ.①G749

中国版本图书馆CIP数据核字(2016)第136733号

书　名	华语与华文教育"走出去"研究 HUAYU YU HUAWEN JIAOYU "ZOUCHUQU" YANJIU
著作责任者	郭奇军　钱　伟　主编
责任编辑	刘　虹
标准书号	ISBN 978-7-301-27221-3
出版发行	北京大学出版社
地　　址	北京市海淀区成府路205号　100871
网　　址	http://www.pup.cn　　新浪微博:@北京大学出版社
电子信箱	zpup@pup.cn
电　　话	邮购部 62752015　发行部 62750672　编辑部 62754382
印刷者	北京大学印刷厂
经销者	新华书店
	730毫米×1020毫米　16开本　32.25印张　490千字 2016年6月第1版　2016年6月第1次印刷
定　　价	86.00元

未经许可,不得以任何方式复制或抄袭本书之部分或全部内容。
版权所有,侵权必究
举报电话:010-62752024　电子信箱:fd@pup.pku.edu.cn
图书如有印装质量问题,请与出版部联系,电话:010-62756370

中国文化"走出去"研究丛书编辑委员会

主　任： 韩　震　彭　龙
副主任： 孙有中　张朝意

总主编： 张西平
副总主编： 何明星　管永前　郭景红
编辑委员会成员：（以姓氏笔画为序）
　　　　　　叶　飞　朱新梅　刘　琛　吴应辉
　　　　　　何明星　张西平　张妮妮　张晓慧
　　　　　　宫玉选　姚建彬　钱　伟　郭奇军

总　序

提高中国文化国际影响力的新尝试

2013年11月12日,党的十八届三中全会通过的《中共中央关于全面深化改革若干重大问题的决定》,首次明确提出"加强中国特色新型智库建设,建立健全决策咨询制度"。2014年10月27日,习近平总书记在中央全面深化改革领导小组第六次会议中强调,要重点建设一批具有较大影响和国际知名度的高端智库。2014年2月10日教育部印发《中国特色新型高校智库建设推进计划》,2015年1月20日,中共中央办公厅和国务院办公厅联合印发了《关于加强中国特色新型智库建设的意见》,这标志着我国由政府统筹的高校智库建设正式启动。

《关于加强中国特色新型智库建设的意见》中对高校智库提出专门的要求,文件指出:"推动高校智库发展完善。发挥高校学科齐全、人才密集和对外交流广泛的优势,深入实施中国特色新型高校智库建设推进计划,推动高校智力服务能力整体提升。深化高校智库管理体制改革,创新组织形式,整合优质资源,着力打造一批党和政府信得过、用得上的新型智库,建设一批社会科学专题数据库和实验室、软科学研究基地。实施高校哲学社会科学'走出去'计划,重点建设一批全球和区域问题研究基地、海外中国学术研究中心。"教育部在《中国特色新型高校智库建设推进计划》文件中就高校智库要"聚焦国家急需,确定主攻方向",将"文化建设"列为主攻方向之一,文件指出"围绕提升国家软实力、深化文化体制改革等重大问题,重点推进社会主义核心价值体系建设、中华优秀传统文化传承创新、文化产业发展、中国文化'走出去'等重点领域研究"。

中国文化"走出去"是一个伟大的事业,"提高中国文化国际影响力"是几代人共同的奋斗目标,因为这样一个目标是和整个世界格局的转变联系在一起的。我们必须认识到中国文化"走出去"绝非一路凯歌,中国文化将随着中国国家整体实力的崛起,重新回到世界文化的中心,在整个过程中伴随着与西方文化占主导地位的世界文化格局的博弈,这个历史过程必将充满变数,一切都是崭新的。因此,中国文化"走出去"的战略研究需要有我们对中国文化自我表达的创新研究为基础,有对中国文化在世界各民族的传播轨迹与路径、各国汉学(中国学)发展与历史变迁、世界各国的中国形象形成的机制等问题的系统深入的学术研究做支撑,才能真正揭示文明互鉴中的中国文化的世界性意义,做出有学术含量和有实际指导意义的战略研究。

一、文化自觉是中国文化"走出去"的前提

中华文明是人类历史上最古老的文明之一,是唯一流传至今,仍生机勃勃的文明。中华文化不仅始终保持着独立的、一以贯之的发展系统,而且长期以来以其高度的发展影响着周边的文化。从秦至清大约两千年间,中国始终是亚洲历史舞台上的主角,中华文明强烈地影响着东亚国家。在19世纪以前,以中国文化为中心,形成了包括中国在内的日本、朝鲜、越南的中华文化圈。由此,成为与西方的基督教文化圈、东正教文化圈、伊斯兰教文化圈和印度文化圈共存的世界五大文化圈之一。

近代以来中国文化历经磨难,即便此时,中国知识分子对其的祈盼从未停顿。"纵有千古,横有八荒。前途似海,来日方长。美哉我少年中国,与天不老,壮哉我中国少年,与国无疆。"①梁启超这激越的文字给处在转折中的中国人多少理想。

---

① 梁启超:《少年中国说》。

19世纪以来,中国已经不可能在自己固有的文化发展的逻辑中演化前进。作为后发现代化的中国,在西方外来势力的干扰下,打断了它自身发展的逻辑,而中华文化其固有的深厚底蕴,中国人民顽强的奋进和努力的探索,也不可能使外来文化毫不改变地移植到中国。"中国近现代新文化既非单纯的西学东渐,也非中华传统文化全方位的直接延续,而是西学与中国传统文化相杂交、相化合的产物。"①

当代中国的发展有着自己的逻辑,它所取得的伟大成就并非空中楼阁,中华文化是其伟大成就的思想支撑。中国的古代、近代和现代文化并不是一个断裂的文化,中国古代文化并未死亡,它以新的形态存活在当代文化中,从近代以来中国传统文化所面临的主要问题是如何消化西方文化的问题,完成自己的社会转变。中国有着自己的文化和历史,它不需要,也不可能完全按照西方的道路实现自己的现代化,而是要学习西方乃至世界各种先进和优秀的文化为我所用,在自己文化的基础上创造新的文化。近四百年的中国文化的演变大体是沿着这样的逻辑发展的。中国文化并不是一个博物馆的文化,一个只是发古人之幽思的死去的文化,它活着,它是发展的。中国文化从晚明以来的四百年历史有着一个一以贯之的逻辑和思想:学习西方、走自己的路,这样的自觉性使得中国文化获得新生。三千年、一百年、六十年,环环相扣,代代相传,万变不离其宗,中国文化,历经磨难,凤凰涅槃。

国家的独立、民族的自觉是中国文化百年变更的一个最重要成果,中华民族在1949年获得国家的独立和民族文化的再生有着中国历史和文化的内在逻辑。美国著名中国学家费正清告诫西方人"要了解中国,不能仅仅靠移植西方的名词,它是一个不同的生命。它的政治只能从其内部进行演变性的了解"。他又说:"中国的国家和社会的当代的形式,是一个基本上独立的进化过程的最终产品,它可以与希腊—罗马的犹太—基督教的西方相比,但绝不是一样的。"②文化民族主义、在西方帝国主义压迫下的国家独立与民族存亡的思想、

---

① 冯天瑜、何晓明、周积明:《中华文化史》第2卷,上海:上海人民出版社,2005年,第924页。
② [美]R.麦克法夸尔、[美]费正清:《革命的中国兴起》,北京:中国社会科学出版社,1990年,第14、15页。

中国几千年的传统文化,所有这些构成了中国当代历史发展的逻辑基础。历史中国和当代中国是融合在一起的一个完整的中国。

今天发展的中国以更大的包容性吸收着各种外来文化,在这个"三千年未有之变局"的伟大历史转折中,中国的传统文化作为它的底色,为现代文化的创新提供了智慧和思想,近现代文化的变迁和发展成为我们今天创造新文化的出发点。正像经过六百年的消化和吸收,中国彻底完成了对佛教的吸收一样。四百年来对西方文化的吸收与改造为今天中华文化的重建打下了坚实的基础,中国以其特有的古代文化的资源和现代文化再生的历程可以给当代世界展示其文化的独特魅力,可以为今天的世界提供一种古代与现代融为一体的智慧与思想。中国传统文化经过近代和当代的洗礼,以新的形态存活在中国人的心中,经过近现代西方文化洗礼后的中华文化仍是我们中国人的精神家园。

在探索中行进的中国人并未迷路,在困顿中创新的中国人并未停顿探索。分歧和争论时时发生,矛盾与苦恼处处缠绕着我们,但我们知道这是一个更为成熟的新的文化形态形成的标志;思想从未像今天这样活跃,社会生活从未像今天这样复杂多面,历史的转型从未像今天这样急速,但我们知道,我们在开创着历史,这一切都是崭新的。在向世界学习的过程中,我们的文化观念开始开阔,在消化外来文化之时,我们开始自觉。在发展中我们获得新生,在伟大的历史成就面前我们有理由为我们的文化感到自豪。中国近三十年所取得的伟大成就完全可以和人类史上任何一段最辉煌的历史相比,我们有理由将自己积淀在三千年文化基础上,历经百年磨难后在这个伟大的时代所迸发出来的思想和智慧介绍给世界,与各国人民分享中国的智慧。

二、全球视野是中国文化"走出去"的学术基础

梁启超当年在谈到中国历史的研究时曾说过,根据中国的历史的发展,研究中国的历史可以划分为:"中国之中国""亚洲之中国"以及"世界之中国"三个阶段。所谓"中国之中国"的研究阶段是指中国

的先秦史,自黄帝时代直至秦统一。这是"中国民族自发达自竞争自团结之时代。"所谓"亚洲之中国"的研究阶段,是为中世史,时间是从秦统一后至清代乾隆末年。这是中华民族与亚洲各民族相互交流并不断融合的时代。所谓"世界之中国"的研究阶段是为近世史。自乾隆末年至当时,这是中华民族与亚洲各民族开始同西方民族交流并产生激烈竞争之时代。由此开始,中国成为世界的一部分。

梁公这样的历时性划分虽然有一定的道理,但实际上中国和世界的关系是一直存在的,尽管中国的地缘有一定的封闭性,但中国文化从一开始就不是一个封闭的文化。中国和世界的关系,并不是从乾隆年间才开始。中国文化在东亚的传播,如果从汉籍传入为起点已经有一千多年[①],中国和欧洲的关系也可追溯到久远年代,在汉书中已经有了"大秦国"的记载[②],而早在希腊拉丁作家的著作中也开始有了中国的记载,虽然在地理和名称上都尚不准确[③]。我将西方对中国的认识划分为"游记汉学阶段""传教士汉学阶段"和"专业汉学阶段"三个阶段,虽然这样的划分有待细化,但大体说明欧洲人对中国认识的历史进程。这说明中国文化从来就不是一个完全封闭性的文化,它是在与外部世界文化的交流和会通中发展起来的。因此,在世界范围展开中国文化的研究,这是中国文化的历史本质所要求的。唯有此,才能真正揭示中国文化的世界性意义。

中国文化要"走出去",必须具有全球视野,这就要求我们要探索中国文化对世界各国的传播与影响,对在世界范围内展开的中国文化研究给予学术的关照。在中外文化交流史的背景下追踪中国文化典籍外传的历史与轨迹,梳理中国文化典籍外译的历史、人物和各种译本,研究各国汉学(中国学)发展与变迁的历史,并通过对各国重要的汉学家、汉学名著的翻译和研究,勾勒出世界主要国家汉学(中国学)的发展史。

---

① 参阅严绍璗:《日本中国学史》,南昌:江西人民出版社,1999年。
② 参阅[德]夏德:《大秦国全录》,朱杰勤译,郑州:大象出版社,2009年;[美]费雷德里克·J.梯加特:《罗马与中国》,丘进译,郑州:大象出版社,2009年;[英]H.裕尔:《东域纪程录丛》,张绪山译,昆明:云南人民出版社,2002年。
③ [法]戈岱司:《希腊拉丁作家远东古文献辑录》,耿昇译,北京:中华书局,1987年。

严绍璗先生在谈到近三十年来的海外汉学(中国学)研究的意义时说:"对中国学术界来说,国际中国学(汉学)正在成为一门引人注目的学术。它意味着我国学术界对中国文化所具有的世界历史性意义的认识愈来愈深入;也意味着我国学术界愈来愈多的人士开始认识到,中国文化作为世界人类的共同精神财富,对它的研究,事实上具有世界性。或许可以说,这是20年来我国人文科学的学术观念的最重要的转变与最重大的提升的标志。"[1]

我们必须看到中国文化学术的研究已经是一项国际性的学术事业,我们应该在世界范围内展开对中国人文学术的研究,诸如文学、历史、哲学、艺术、宗教、考古,等等,严先生所说的"我国人文科学的学术观念的最重要的转变与最重大的提升",就是说对中国人文的研究已经不仅仅局限在中国本土,而应在世界范围内展开。

当年梁启超这样立论他的中国历史研究时就有两个目的:其一,对西方主导的世界史不满意,因为在西方主导的世界史中中国对人类史的贡献是看不到的。1901年,他在《中国史叙论》中说:"今世之著世界史者,必以泰西各国为中心点,虽日本、俄罗斯之史家(凡著世界史者,日本、俄罗斯皆摈不录)亦无异议焉。盖以过去、现在之间,能推衍文明之力以左右世界者,实惟泰西民族,而他族莫能与争也。"这里他对"西方中心论"的不满已经十分清楚。其二,从世界史的角度重新看待中国文化的地位和贡献。他指出中国史主要应"说明中国民族所产文化,以何为基本,其与世界他部分文化相互之影响何如","说明中国民族在人类全体上之位置及其特性,与其将来对人类所应负之责任"。[2] 虽然当时中国弱积弱贫,但他认为:"中国文明力未必不可以左右世界,即中国史在世界史中当占一强有力之位置也。"[3]

只有对在世界范围内展开的中国文化研究给予关照,打通中外,从世界的观点来看中国才能揭示中国文化的共同价值和意义。

---

[1] 任继愈主编:《国际汉学》第5期,郑州:大象出版社,2000年,第6页。
[2] 梁启超:《中国历史研究法》,《饮冰室合集》专集之七十三,第7页。
[3] 梁启超:《中国史叙论》,《饮冰室合集》文集之六,第2页。

三、中国文化学术"走出去"的宏观思考

发展的中国需要在世界范围内重塑自己的国际形象,作为世界大国的中国需要在世界话语体系中有自己的声音,作为唯一延续下来的世界文明古国的中国应向世界展示中华文明特有的魅力,而要做到这一点,进一步推动中国文化走向世界,在世界范围内从更高的学术层面介绍中国文化已经成为中国和平发展之急需。

中国现在已经成为世界性大国,中国不仅在全球有着自己的政治利益和经济利益,同时也有着自己的文化利益。一个大国的崛起不仅仅是经济和政治的崛起,同时也是文化和价值观念的崛起。因此,我们不仅需要从全球的角度谋划我们的经济和政治的发展,同时也需要对中国学术和文化在全球的发展有战略性的规划,从而为中国的国家利益提供学术、文化与价值的支撑。

语言是基础,文化是外围,学术是核心,这是世界主要国家向外部传播自己的文化和观念的基本经验。我们应认真吸取这些经验,在继续做好孔子学院和中国文化中心建设的同时,开始设计中国人文社会科学"走出去"的战略计划,并将中国人文社会科学"走出去"的规划置于国家软实力"走出去"整体战略的核心,给予充分的重视和支持。我们应清醒地认识到:真正能够最终为国家的战略发展服务,使中国影响世界,确保中国发展的和平世界环境,并逐步开始使中国掌握学术和思想的话语权的是中国人文社会科学的研究在世界范围内产生影响。所以,要有更大的眼光,更深刻的认识来全面规划中国人文社会科学的"走出去"战略,提升中国软实力"走出去"的层次和水平,从而使中国的"走出去"战略有分工,有合作,有层次,有计划,形成整个中国软实力"走出去"的整体力量,为中国的进一步发展服务。

在传播自己文化和学术时最忌讳的是将国内政治运作的方式搬到国外。中国人文社会科学学术"走出去"的大忌是:不做调查研究,不从实际出发,在布局和展开这项工作中不是从国外的实际形势出发,完全依靠个人经验和意志来进行决策。在工作内容上,只求国内

舆论的热闹,完全不按照学术和文化本身的特点运作,这样必然最终会使中国学术"走出去"计划失败。不大张旗鼓,不轰轰烈烈,"随风潜入夜,润物细无声",这是它的基本工作方式。在工作的布局和节奏上要掌握好,要有全局性的考虑,全国一盘棋,将学术"走出去"和国家的大战略紧密配合,连成一体。

在全球化的今天,在中国已经成为世界大国的今天,我们应反思我们过去外宣存在的问题,以适应新的形势和新的发展。要根据新的形势,重新思考中国学术"走出去"的思路。以下两个思路是要特别注意避免的。

意识形态的宣传方式。冷战已经结束,冷战时的一些语言和宣传的方法要改变,现在是你中有我,我中有你。从全球化的角度讲中国的贡献;从世界近代史的角度讲中国现代历史的合理性;在金融危机情况下,介绍中国道路和中国模式。这样要比单纯讲中国的成就更为合理。冷战结束,并不意味着西方对中国文化的态度转变。但目前在西方对中国的态度中既有国家的立场,也有意识形态的立场。如何分清西方的这两种立场,有效地宣传中国是很重要的。要解决这个问题就必须站在全球化的背景下考虑国家的利益,站在世界的角度为中国辩护。

西方中心主义的模式。在看待中国和世界的关系时没有文化自觉,没有中国立场是个很严重的问题。一切跟着西方跑,在观念、规则、方法上都是西方的,缺乏文化的自觉性,这样的文化立场在国内已经存在很长时间,因而必然影响我们的学术"走出去"。中国有着自己的历史和文化传统,不能完全按照西方的模式来指导中国的发展。要从文化的多元性说明中国的正当性。那种在骨子里看不起自己的文化,对西方文化顶礼膜拜的观念是极其危险的,这样的观念将会使中国学术"走出去"彻底失败。

四、对话与博弈将是我们与西方文化相处的常态

随着我国综合国力的不断增强,中华文化在世界文化格局中的地位越来越重要。当前,推动中华文化"走出去"、提高中华文化国际

影响力,可谓正逢其时。同时也应清醒地认识到,中华文化"走出去"的过程不可能一帆风顺,必然要付出一番艰辛努力。在这个过程中,我们要认真吸收借鉴世界其他民族的优秀文化,使之为我所用;同时要在世界舞台展现中华文化的魅力,让世界了解中华文化的价值。

近代以来,西方国家在世界文化格局中一直处于主导地位。我国在政治制度、文化传统等方面与西方国家存在较大差异,一些西方媒体至今仍惯用冷战思维、戴着有色眼镜看待中国,甚至从一些文化问题入手,频频向我们提出质疑、诘问。如何应对西方在文化上对中国的偏见、误解,甚至挑衅,是推动中华文化"走出去"必须要认真对待和解决的问题。我们应积极开展平等的文化交流对话,在与其他国家文化交流互动中阐明自己的观点主张,在回击无理指责、澄清误读误解中寻找共同点、增进共识。习近平主席在许多重要外交场合发表讲话,勾画了中华文化的基本立场和轮廓,表达了对待西方文化和世界各种文化的态度。他指出:"当代中国是历史中国的延续和发展,当代中国思想文化也是中国传统思想文化的传承和升华,要认识今天的中国、今天的中国人,就要深入了解中国的文化血脉,准确把握滋养中国人的文化土壤。"这是对中国历史文化发展脉络的科学阐释,为推动中华文化"走出去"、为世界深入了解中华文化提供了基本立足点和视角。他还指出,"文化因交流而多彩,文明因互鉴而丰富",为不同文化进行平等交流提供了宽广视野和理论支撑。

推动中华文化"走出去",既需要我们以多种形式向世界推介中华文化,也需要国内学术界、文化界进一步加强与拓展对其他国家优秀文化传统和成果的研究阐发。同时,对其他国家,尤其是西方国家来说,认识和理解历史悠久又不断焕发新的生机的中华文化,也是一个重要课题。对话与博弈,将是未来相当长时间我们与西方文化相处的基本状态。

在文化传播方面改变西强我弱的局面,推动文化平等交流,需要创新和发展我们自己的传播学理论,努力占据世界文化交流对话的制高点。这需要我们深入探究当今世界格局变化的文化背景与原因,探索建构既具有中国特色,又具有国际视野的文化话语体系,进一步增强我们在世界文化发展中的话语权。需要强调的是,文化与意识形态紧密联系,文化传播工作者一定要把文化传播与维护意识形态安全作为一体两面,纳入自己对中华文化"走出去"的理解与实践。应时刻牢记,"不断扩大中华文化国际影响力,形成与我国国际地位相称的文化软实力,牢牢掌握思想文化领域国际斗争主动权,切实维护国家文化安全"是中华文化"走出去"的根本与前提。

五、发挥外语大学的学术优势,服务国家文化发展战略

北京外国语大学在65年校庆时正式提出北外的战略使命是"把世界介绍给中国和把中国介绍给世界"。这是我国外语大学第一次自觉地将大学的发展与国家的战略任务紧密结合起来。因为中国文化"走出去"是说着外语"走出去"的。同时,中国文化"走出去"作为一项国家战略,急需加强顶层设计、建设高端智库,从中国的国家实力和地位出发,为中国文化"走出去"设计总体战略、中长期发展规划提供咨询;急需充分发挥高校的人才培养的优势,解决当下中国文化"走出去"人才匮乏,高端人才稀缺的不利局面;急需动员高校的学术力量,对中国文化在海外传播的历史、特点、规律做系统研究,为中国文化"走出去"提供学术支撑;急需从国家文化战略的高度做好海外汉学家的工作,充分发挥汉学家在中国文化海外传播的重要作用,培养传播中国文化的国际队伍与本土力量。正是在这样的思考下,北外在2012年建立了中国文化"走出去"协同创新中心,与国内高校、国家机关、学术团体等联合展开中国文化"走出去"的战略研究,为中国文化全球发展提供智慧,为中国文化全球发展培养人才队伍。

战略研究、人才培养、政策建言、舆论引导和公共外交是智库的五大功能。北京外国语大学作为以中国文化在全球发展为其研究目标的智库,这五大功能更有着自己特殊的意义。

就战略研究来说,中国文化"走出去"是一个伟大的事业,"提高中国文化国际影响力"是几代人共同的奋斗目标,因为这样一个目标是和整个世界格局的转变联系在一起的。我们必须认识到中国文化"走出去"绝非一路凯歌,中国文化将随着中国国家整体实力的崛起,

重新回到世界文化的中心,在整个过程中伴随着与西方文化占主导地位的世界文化格局的博弈。因此,中国文化"走出去"的战略研究需要有我们对中国文化自我表达的创新研究为基础,有对中国文化在世界各民族的传播轨迹与路径、各国汉学(中国学)发展与历史变迁、世界各国的中国形象形成的机制等问题的系统深入的学术研究做支撑,只有这样才能真正揭示文明互鉴中的中国文化的世界性意义,做出有学术含量和有实际指导意义的战略研究。

就人才培养来说,北京外国语大紧密配合中国国家利益在全球发展的利益新需求,在做好为国家部门、企业和社会急需的跨文化交流人才培养,做好文化"走出去"急需的复合型专门人才、战略性语言人才和国际化领袖人才的培养方面已经取得了重要的成果,成为我国高端外语人才的培养基地,中国文化"走出去"高端人才培养基地,中国外交家的摇篮。

就政策建言来说,《中国文化"走出去"年度研究报告》是我们的主要成果,这份年度报告至今仍是国内唯一一份跨行业、跨学科,全面展现中国文化"走出去"的研究报告,也是国内高校唯一一份系统考察中国文化"走出去"轨迹,并从学术上加以总结的年度研究报告。2013年我们已经出版了《中国文化走出去年度研究报告(2012卷)》,这次我们出版的《中国文化"走出去"年度研究报告(2015卷)》给读者呈现中国文化在全球发展的新进展、新成果以及我们对其的新思考。为全面总结中国文化"走出去"战略的实施,总结经验,这次我们编辑了近十年来在中国文化"走出去"的各个领域的重要文章。读者可以从这些文集中看到我国各个行业与领域对中国文化"走出去"的认识。

就舆论引导而言,2015年央视多个频道播出了由北外中国海外汉学研究中心主编的大型学术纪录片《纽带》,受到学术界各方面的好评。

2016年是北外中国海外汉学研究中心成立20周年。北外中国海外汉学研究中心作为北外中国文化"走出去"协同创新中心的核心实体单位做了大量的工作。高校智库建设是"以学者为核心,以机构建设为重点,以项目为抓手,以成果转化平台为基础,创新体制机制,整合优质资源,打造高校智库品牌"。作为我校中国文化"走出去"协同创新中心的核心实体单位,为进一步做好智库建设,2015年6月我们将"中国海外汉学研究中心"更名为"国际中国文化研究院",新的名称含有新的寓意,这就是我们的研究对象不再仅仅局限于海外汉学研究,而是把中国文化在海外传播与发展作为我们的研究对象;新的名称预示着我们有了新的目标,我们不仅要在中国文化海外传播的历史、文献、规律等基础学术研究上推出新的研究成果,同时,也预示着我们开始扩张我们的学术研究领域,将当下中国文化在全球的发展研究作为我们的重要任务之一。这次更名表明了我们不仅要在海外汉学研究这一学术研究领域居于领先地位,而且要将我们的基础研究转化为服务国家文化发展的智慧,努力将"国际中国文化研究院"建设成一流的国家智库。

在"我国前所未有地靠近世界舞台中心,前所未有地接近实现中华民族伟大复兴目标、前所未有地具有实现这个目标的能力和信心"这样伟大的历史时刻,回顾我们20年的学术历程,或许李大钊先生的"铁肩担道义,妙手著文章"是我们最好的总结,将安静的书桌和沸腾的生活融合在一起将是我们今后追求的目标。

谨以此为序。

张西平

2016年3月5日写于岳各庄东路阅园小区游心书屋

目 录

第一编 华文教育研究

3 国侨办裘援平访谈(答记者问)摘录
　　裘援平

11 华文教育研究的重点与方向
　　贾益民

16 关于海外华语文教师专业发展研究的思考
　　贾益民

33 语言认同与华语传承语教育
　　周明朗

43 近年来海外华文教育发展的现状、问题及趋势
　　刘　华　程浩兵

57 海外华文教育的特征、问题及对策研究
　　耿红卫

65 20世纪90年代以来的菲律宾华文教育改革：
　　探索、成效与思考
　　朱东芹

80 新加坡华文学校教育体系消亡的原因分析
　　黄　明

91 侨务公共外交视阈下华文教育发展策略
　　　陈鹏勇　项　健

101 汉语国际教育中的规范冲突问题
　　　——与郭熙先生商榷
　　　戴昭铭

115 汉语国际化与推广普通话
　　　彭　俊

第二编　华文教学研究

129 对海外华文教学的多样性及其对策的新思考
　　　郭　熙

139 "继承语"理论视角下的海外华文教学再考察
　　　曹贤文

155 华裔汉语学习者解读
　　　——新加坡视角
　　　吴英成　邵洪亮

170 华裔学生汉语习得研究的现状与思考
　　　盛继艳

181 华文水平测试的总体设计
　　　王汉卫　黄海峰　杨万兵

192 华文水平测试总体设计再认识
　　　——基于印尼、菲律宾、新加坡的调查分析
　　　王汉卫　凡细珍　邵明明　王延荟　吴笑莹

206 基于教材库的新加坡华文教材分析与思考
　　　周小兵　李亚楠　陈　楠

218 新加坡华文教学新方向
　　　——"乐学善用"的实施思考
　　　陈之权

237 泰菲地区华文教师可理解输入与输出教学策略运用分析
　　蔡雅薰

254 针对华裔学生的写说一体化中级汉语口语教学模式
　　张春红

第三编　华语本体研究

269 全球华语语法研究的基本构想
　　邢福义　汪国胜

279 港式中文差比句的类型与特点
　　赵春利　石定栩

298 华语视角下的"讲话"类词群考察
　　郭　熙

310 "港式中文"与早期现代汉语
　　刁晏斌

322 海峡两岸"透过"用法的多样性与倾向性考察
　　储泽祥　张　琪

338 基于口语库统计的两岸华语语气标记比较研究
　　方清明

352 "两个三角"理论与海外华语语法特点的发掘
　　李计伟

366 "完败"及相关词语的句法语义分析
　　——以海外华语媒体为视角
　　杨万兵

378 海外华语语法研究:现状、问题及前瞻
　　祝晓宏

第四编　华语生活与华语词典研究

393　海外华语语言生活状况调查及华语多媒体语言资源库建设
　　　刘　华　郭　熙

408　多语背景下印尼华语教师语言态度调查
　　　——以雅加达地区华语教师为例
　　　王衍军　张秀华

422　影响美国华裔母语保持的个体及社会心理因素
　　　魏岩军　王建勤　魏惠琳　闻　亭　李　可

434　华语规范化的标准与路向
　　　——以新加坡华语为例
　　　尚国文　赵守辉

449　新加坡华族儿童华语交际意愿影响因素研究
　　　李　丽　张东波　赵守辉

463　《全球华语词典》中异名词语的调查分析
　　　王世凯　方　磊

473　《全球华语词典》处理区域异同的成功与不足
　　　刘晓梅

481　发掘华语事实　调查华语生活
　　　——华语研究前进的双翼
　　　祝晓宏

487　附录:2012—2014 年度重要参考论文、著作
496　论文作者简介
498　编后记

第一编

华文教育研究

国侨办裘援平访谈(答记者问)摘录

裘援平

主持人：2014年9月13日，来自泰国、印尼等东盟国家的一百名政府官员，来到了中国的华侨大学，接受为期一年的华文学习。像这样的外国政府官员中文学习班已经举办了十期。如今伴随着中国的崛起，海外兴起了新一波的华文学习热潮。曾经禁止使用华文32年的印尼政府，也在2010年成立了华文教育综合统筹处，对华文的推广进行辅导和监督。

然而，华文教育在海外并不总是"看上去那么美"。作为海外华文教育的重要平台华文学校，存在着师资匮乏、资金困难，教学条件差等问题。裘援平在与海外的华人进行交流的时候，总是刻意地使用中文，她说华文教育是根，很难想象一个人不了解中国文化，却说自己是华裔。

吴小莉：您还有林书豪的一个签名？

裘援平：这次是我见了他，专门见了他和他的父母。

吴小莉：他可能跟您说的是英文，但是他不太说华文了？

裘援平：对，但是他见了我还是努力地讲一点，讲一点中文。我说我一般见到他们，即使是不会讲中文的我也逼着他们讲一点。

吴小莉：这是一个机会？

裘援平：对，就是练习的机会，我说你不要低估我们理解中文的能力，只要你蹦出字来我就能懂。结果我们还是努力地做了一点交流。

吴小莉：这场交流下来，他估计华文进步了一些？

裘援平：起码我给他信心，你就是敢讲。讲的不好的时候，就羞于张嘴，更不敢讲了。

吴小莉：您刚刚也提到几个细节，我们也会派出中小学的老师去做示范的教学，不过您曾经说过一次我们大概派了150多位去印尼，去做示范教学，但是，学校好像并没有很好的用起来，您曾经有过这样的评价，为什么？

裘援平：我看到呢，因为我们选派这些教师出去其实主要的目的呢是有两条，第一条让他做示范的教学。第二一个呢就是让他们能够帮助当地的华文学校的管理工作，因为有一些呢在国内就是担任中小学的校长或者是负责人的。但是呢到了国外之后，我发现呢各国各个城市的情况是不一样的，有的呢很好的去利用了我们的这样一些教师，去充分的发挥他们的作用，独特的作用。但是还有一些地方呢，他们就把我们派去的老师就当作普通的老师，就是用课程压他们，一天到晚就是带班啊带课啊等等。

这就是我这次到印尼我反复的跟他们讲，一方面跟我说师资匮乏，他们希望你就是大量的派，但是这个是有限度的，有限度的，是吧，那么怎么能够立足当地解决它的华文教师匮乏的问题。一个途径呢就是让我们派出去的这些老师去搞一些培训，当然更长远的考虑的话，应该要研究能不能在当地设立师范学院或者培训中心，在当地去培训海外华文教师。

吴小莉：他们回应是什么？

裘援平：他们的回应呢，他们就冲我笑，当然了他们仍然觉得最省事的办法呢可能就是你多派教师来，又好用又认真。

※

以下几节内容摘录自国务院侨务办公室主任裘援平相关华文教育的访谈（答记者问）。

吴小莉：我们知道您这次也去了缅甸，有好多的新侨民，但是缅甸其实是禁止华文教育的，像面对像这种禁止华文教育，我们可以怎么样的进一步的去支持它们？

裘援平：我想呢就是从侨社本身它就另辟蹊径，这就是我们在当地看到的，它没有一个叫华文学校的，那名字五花八门，叫什么的都有，但是实际上你进去一看，它主要呢是进行的是华文教育，这就是他们一种自我保护的形式，仍然在夹缝当中生存下来。但是我们就讲到就是在那样一个，我不说哪一个国家了，华文教育到现在，我们的华文学校的毕业生。学历都没有得到承认的这样的一个国家，我们的华人能够建立起从幼儿园、小学、初中、高中、大学甚至到研究生，以华文作为母语的学校，而且它培养出的三语的人才啊，他在国内的学历得不到承认，但在国际上得到五百多所世界知名学校的承认。

吴小莉：是哪里？

裘援平：马来西亚，非常非常感人，你不知道它怎么在夹缝当中能够发展起如此规模的，很正规的，而且甚至具有国际竞争力的，这样的华文教育体系，我认为它是现在我们海外最完整，水平最高的华文教育体系就在马来西亚。

吴小莉：那有一些华文学校因为缺乏资金，缺乏师资然后就环境也比较差，那作为基础教育的话，一般的华人可能会觉得我把他送到当地的学校去可能会比较好。

裘援平：他选择当地的学校甚至贵族的学校去学习。我们呢去支持和鼓励在当地的主流学校里头开设中文课。还有就是国际合作办学，双语的、三语的国际学校，这个现在呢如雨后春笋开始出现了，还有就是一种刚才讲的中国的名校办海外的分校，这个现在不是我们单方面有这种愿望，它国外也有这种要求。比方说最近呢一段我们就是在这个实验二小和北京八中，在一个侨胞牵线搭桥他就想在迪拜，搞第一个中国名校的海外分校，解决当地的新移民，他们受教育的问题，这个教出来呢它是对接我们国内的国民教育体系的，他是可以回来接着上大学的，这就是一个很好的模式①。

---

① 本节摘录自《问答神州：问答国务院侨务办公室主任裘援平(2014.10.4)》，http://news.ifeng.com/a/20141004/42139651_0.shtml。

华文教育需长期关注

我们老说要推广我们的中华语言,要走向世界,如果连我们五千万的华人华侨都不会说了,后代都不会讲中文了,我想我们这个中国语言文化教育,大半壁江山就是失去了。海外侨胞与我们民族同根、文化同源,作为中华文化走出去的重要传播者,应该把华人华侨放在华文教育的首位,让海外侨胞更具归属感。

目前全球共有一万多所华文学校,都是由我们侨胞自己投资,甚至有许多都是侨胞自己当志愿者、当教师创办起来的。而且很多是属于'野火烧不尽,春风吹又生'的,不管历史怎么变迁,华文学校已经几百年了,依然在那里扎根。

现在很多华文学校就建在社区,很方便。如果说开始很多人只是去那里学学中文,到后来可能就一点点接受中华才艺的熏陶,这是很好的事情[①]。

华文教育关系华人社会的和谐

(华文教育)它一个是对我们海外华人华侨能够延续中华民族的根,中国文化的魂,让他们保持同祖籍国中国这种天然的感情,那么华文教育是一个基础性的工程。我们管他叫做留根工程和希望工程。因为它关系到在海外的华人社会的可持续发展问题,和未来的怎么地去构建一个和谐华人社会的问题。

如果不能实现中华文化的发扬光大,不能让世界第二大语言中文在世界上得到普及,不能让世界上更多人了解中华文化,我认为这个中华民族实现伟大复兴是有欠缺的。而在这其中,很重要的一点,首先要让我们的海外华人华侨能够学习中文、了解中国文化,自觉的做中外文化交流合作的促进者。那么,在这方面呢,华文教育我认为

---

① 本节摘录自裘援平《第十一届东盟华商投资西南项目推介会暨亚太华商论坛(2013.6.7)》答记者问,http://baidu.v.ifeng.com/kan/Vcsw/Vcsl。

是基础最雄厚、范围最广泛、教育最规范,而且是实际效果最有效的这么一种海外的,中国文化、语言文化的教育形式①。

未来华侨华人将享受更多便利

李红:华文教育是海外华侨华人的"留根工程",如何解决当前华文教育存在的问题?国侨办将为华侨华人回国提供怎样的便利?

裘援平:国侨办今后将引导热心华文教育的人士和资金到有条件的国家和华文学校开展合作,创办学校,不断提高办学质量;通过公共外交等,争取更多的国家给当地华文教育予理解和支持;继续利用各种形式在海内外各界中广泛宣传华文教育,引导更多的社会力量特别是更多的侨胞关心、支持、参与华文教育工作;同时,要推进标准化、专业化、正规化建设,支持华校转型升级发展,积极同当地国民教育体系相衔接,更好地发挥华校在增进中外人文交流方面的独特作用;要加强华校帮扶工程,以及运用现代网络技术,多形式、多渠道开展华文教育工作。

2013年施行的《中华人民共和国出境入境管理法》和《中华人民共和国外国人入境出境管理条例》规定了华侨可以凭护照证明其身份,回国定居申请手续更便利等,这在海外华社引起了广泛反响和欢迎。目前,有关部门正在研究修改完善"绿卡"颁发和管理办法,国侨办也在积极争取放宽外籍华人申请"绿卡"的条件,为海外华侨华人回国提供更多实实在在的便利②。

国侨办将建设"两大机制",为海外华文教育发展创造良好环境

一个是建立与华侨华人住在国政府交流合作的机制,为海外华文教育发展创造良好的政策环境。我们热忱地欢迎广大侨胞争做

---

① 本节摘录自裘援平《2013年海外华裔及港澳台地区青少年"中国寻根之旅"夏令营》答记者问,http://www.chinanews.com/hwjy/2013/08-03/5119637.shtml.

② 本节摘录自裘援平答记者李红问,原文刊载《今日中国》(中文版),2014年5月第5期。

"红娘",为开展这项工作的过程当中牵线搭桥。第二个方面的机制就是要建立国内华文教育资源统筹协调机制,为海外华文教育发展提供更多支持。

我们将动员一切潜在的力量,运用一切可能的手段,整合一切可用的资源,推动华文学校转型升级发展。希望到2017年,也就是第四届华文教育大会召开之时,在海外华侨华人聚居地基本实现热爱中华文化的适龄华裔青少年"有学上、有书读、有合格老师教"的目标[①]。

网友"林黛玉":在刚刚过去的马年春节,国侨办组织了"文化中国·四海同春"艺术团到世界各地进行访演,这次访演取得什么样的反响?除了慰藉华侨华人的思乡之情以外,国务院侨办举办此活动还有一些什么样的思考?

裘援平:近六年来,国务院侨务办公室为了推动中华文化在海外的弘扬,也为了能够满足海外侨胞对中华文化的需求,特别是在逢年过节大家想家的时候,以派出艺术团组的方式慰藉他们的思乡之情。我们就搞了一个中华文化的系列活动,其中春节综艺的演出,就是作为春节慰侨主打的项目,我们叫做"四海同春"。六年来,已经前后向海外派出了几十个团组到50多个国家和地区进行了280多场演出,观众达到300多万人次。不久前的这个春节,我们派出了5支团组到了12个国家和地区,演出了22场,观众也达到62万人次,规模还是不小的。现在"文化中国·四海同春"已经不仅仅成为国务院侨办对外文化交流的品牌,而且成为海外侨胞热烈期盼的"海外春晚"。在慰藉和满足海外侨胞对中华文化的渴求之外,"文化中国"系列活动包括"四海同春"还有其他重要的作用,当然是推动中华文化在海外的展示,让更多的人了解这样一种艺术形式。与此同时,我认为也是促进中外文化交流,实现文明文化交融、互鉴的作用。现在看"四海同春"的不仅仅是我们的侨胞,还有越来越多的当地主流社会的一些人士。所以,我想这个"文化中国·四海同春"的活动意义已经不仅仅是

---

① 本节摘录自裘援平《第三届世界华文教育大会(2014.12)》讲话,http://www.gqb.gov.cn/sp/index.shtml.

慰侨,在对外文化交流甚至在公共外交方面都有它特殊的作用①。

网友"默默":现在很多海外长大的"侨二代"根本不了解我们自己的文化,他们中的很多人甚至连中文都完全不会了,请问您怎么看待这个问题? 谢谢。

裘援平:这也是我们担心的问题。因为第一代侨胞,包括从大陆出去的这些侨胞,目前都没有语言的问题,而第二代侨胞还有华裔新生代,有的已经不是第二代了,有的是第三代、第四代华裔了,越来越多的孩子不会中文,不了解中国文化。因此,对祖籍国没有那么强烈的亲近感了,这是我们一直很关心和关注的问题,也是我们的侨胞所关注的问题。有的侨胞跟我说,如果我的孩子连中文都不会,我认为是我家庭教育最大的失败。

怎么解决这个问题呢?现在有两个途径:一是国务院侨办这么多年来一直在支持海外华文教育,我想借这个机会说说。现在大概有 2 万多所海外华文学校或者叫中文学校,这些学校是侨胞自己掏钱办起来的,目前这 2 万多所华文学校当中有几十万教师,有几百万个在校学生,主要是我们的华裔子弟在学中文,在接受中华文化的熏陶。我认为,这是中华语言文化在海外传播最正规、基础最雄厚,而且效果最好的一种教育形式。因为,他是从幼儿园开始,从 3 岁开始,一直到高中,进行中华语言文化系统的教育,是拿文凭的,或者当地的学校是承认学分的。我看到一份材料,在中国包括港澳台地区以外的海外人士,真正掌握中文,也就是具备中文听说读写能力的 70%—80% 是在华文学校接受基础教育的。所以,这是传统上我们华裔子弟接受教育的地方,是上华文学校。

现在的问题,还有一部分,我们的侨胞希望他接受当地最好的教育,就不送到华文学校去学习了;或者孩子认为中文太难学,不愿意学,就上普通的学校,这样就不会中文了。对这样的孩子,随着中国综合实力的提升,在世界范围内悄然兴起"中文热",就是学中文的热潮,学中文已经不仅仅是一个华侨华人要保持中华民族特性、保持同

---

① 本节摘自裘援平《十二届全国人大二次会议新闻中心"凝聚海内外中华儿女力量同圆共享中国梦"》主题网络访谈(2014.3.5),http://news.uschinapress.com/2014/0305/970831.shtml.

祖籍国感情联系的一种方式,而是越来越成为世界性的一种需求。因为要加强同中国的友好交流合作,如果不能掌握中文,在一些人看来是一个重大的缺憾。所以,现在学习中文的需求越来越大。

　　但是,怎么针对你说的这部分,就是没有在中文学校接受基础教育,现在不会中文的这部分人?看来看去,觉得应该去支持发展新型的办学模式,就是现在越来越多的国际学校、双语甚至三语的国际学校。我们想,只要是国际学校,不管在哪儿,只要双语里有一种是中文,我们就应该支持,这是新生代愿意采用的形式。如果再不行的话,我们就到大学等着他。现在孔子学院是架设在各国的大学,搞一些中华语言文化的体验式教学,如果有兴趣的话,还可以在这个地方学习。现在国务院侨办为了弥补这个缺陷,不断地在办班,不管多大年纪,只要想学中文,哪怕到了高中、到了大学,都可以在国内安排不同学制的中文学习班,短期的比如两个星期,长的比如四年甚至拿到研究生文凭,都可以。我们的大学有侨校,在暨南大学、华侨大学;我们有中等的学校,比如北京华文学院;还有很多短训班的形式。总而言之,我们希望在这方面加大支持力度,让华文教育进一步发展起来,不仅仅让华裔子弟能够掌握中华语言文化,而且让越来越多的其他族群都可以学习中文,了解中国文化,和中国之间建立心灵上和感情上的联系[①]。

---

　　① 本节摘自裘援平《十二届全国人大二次会议新闻中心"凝聚海内外中华儿女力量同圆共享中国梦"》主题网络访谈(2014.3.5),http://news.uschinapress.com/2014/0305/970831.shtml.

华文教育研究的重点与方向[①]

贾益民

世界华文教育研究,已经进入了一个新的发展阶段。我认为,以下几个方面,是当前华文教育研究的重要领域,也将是未来一段时间内华文教育研究的重要方向,需要我们组织力量,广泛调查,深入分析,取得成果,以推动华文教育研究向更深层次、更高水平发展。

华文教育"三教"问题研究

紧紧围绕扎根于实际需要的"三教"问题,华文教育理论研究首先要解决华文教育"教什么"的问题。"教什么"就必然涉及到"标准"问题,现在的华文教学还没有通用的、地区性的华文教学大纲。华文教育目前在应该"教什么"这个问题上尚无定论,而要设计华文教学大纲,就必然会牵涉到大纲标准的制定问题,就会密切联到语言问题和文化问题。这里有很大的研究空间,有很多工作值得我们进一步去研究,去探索。

其次是要解决"怎么教"的问题,要花大力气去研究华语本体各要素,研究华语习得规律、习得偏误,在语言对比的基础上对偏误现象进行有针对性的描写和分析,并以此开展本土化、国别化教材的编

[①] 本文根据作者在"第二届两岸华文教育协同创新研讨会"(中国厦门,2013年1月)上的讲话整理而成。

写与教学。同时,展开对不同阶段、不同群体、不同背景下的华语学习者的接受心理、接受规律、学习动机的研究,并使之成为华文教育可持续性发展的不竭动力。

强大的师资队伍是华文教育持续发展的根本保障。为促进华教师资队伍的正规化和可持续发展,当前非常有必要积极研发华文教师资格认证体系,根据海外华文教学日益规范化的需要,开展华文教师等级证书制度研发,建立一个融师资培训、证书考试、等级认证为一体,科学、权威、实用的华文教师认证制度,以促进华文教育的发展。在此基础上,积极研发配套的华文师资培训系列教材,以培训需要为出发点,开发出针对不同教学性质、不同教学类型的系列华文师资培训教材。要积极组织开展多层次、高质量、成体系的海外华文师资培训工作,建设立体化的华文师资培训课程体系,以推动海外华文师资队伍的成长。

世界华文教育现状调查

开展海外华校普查、海外华文教育组织调查及海外华文教育政策调查,是华文教育理论研究的重要内容。通过调查,我们要了解清楚目前华文教育的现状究竟是怎样的,全球究竟有多少华文学校,这些华文学校里面究竟有多少学生,学生的构成比例是怎么样的,各个学校、各个国家、各个地区都有多少华教师资,师资构成又是如何等等。目前,这些基本数据非常匮乏,很多时候我们所依据的数据都是估算出来的,缺乏田野调查得来的第一手数据作为基本依据。这种状况将极大地限制华文教育理论研究的科学性,对相关主管部门科学决策也会产生不利影响。因此,我们需要调动世界范围内华文教育界的各方力量,群策群力,发挥各自优势,摸清海外华校的整体概况、师资队伍结构、教学运行机制、学生来源、教材使用及历史沿革等。在深入、充分调查的基础上,依托相关科研机构,建立海外华文教育的专门数据库,为华文教育政策制定和科学研究提供直接的数据平台支撑。

世界华文教育发展历史研究

作为一个学科,学科发展历史是学科理论研究的核心课题。当前华文教育研究的重要领域之一,便是华文教育发展历史研究,也包括其未来发展趋势研究。可以说,我们现在看不到一部完整的关于世界华文教育历史的文献,现有的一些华文教育历史研究著作,往往研究范围较小,史料性不强。部分著作相关史料搜集不甚详实,全面性、权威性不足。随着时间的流逝,有些华文教育的珍贵史料,我们只能眼看着其逐渐流失,而没有人去收集、整理,尤其是海外一些华文教育界的老前辈,他们手上有大量的宝贵资料,脑海中有丰富的事件史实,但限于各种原因,这些鲜活的史料目前我们只能看着它慢慢消失。而那些正在流逝的材料与史实,却正是华文教育历史研究的宝藏。

作为华文教育理论研究的一项基础性工作,我们要抓紧时机,积极行动起来,去抢救这些华文教育史料。把华文教育当做一门学科来建设,抢救、收集和整理华文教育史料是一项最基础性的工作,应该抓紧来做,这是我们的历史责任,不然我们既对不起前人,更对不起后人。前人为华文教育做了这么多贡献,创造了这么丰富的华文教育历史,我们不能任其白白流失掉。抱着对历史、对未来负责任的态度,我们迫切需要加强对华文教育史料的收集、整理工作,加强对华文教育史料的研究、编纂工作。

华文教育的文化教学体系建设

华文教育不仅仅是语言教学,文化的教学与传承占有非常大的比重,可以说,华文教育是语言和文化并重的。我们要让世界人民认同中华文化,要让华侨华人子女传承与弘扬中华文化,这是华文教育教学目标的重要内容之一。但我们应该让世界人民认同什么样的中华文化,让华侨华人子女传承什么样的中华文化,这些问题,到目前为止并没有从理论上真正认识清楚。中华文化的核心内容到底是什么,它的内核和价值体系究竟是什么,我们现在还表述不清楚。或者说,关于华文教育的文化教学究竟教什么,我们还缺乏一个界定清晰的表达或论述。这就直接导致了我们对华文教育的文化教学内容和华文教材编写中的文化内涵的把握,无法达成共识,无法制定相对统一的文化教学大纲。这些问题都需要华文教育界的专业之士进行深入研究,为建成系统性强、共识度高的华文教育文化教学体系而进行不懈的努力。同时,如何有效地开展华文教育文化教学,如何创新华文教育文化教学的内容、形式,提升文化教学的可接受度,也是文化教学的重要研究内容,值得重视和探讨。

华文教育教学资源开发

在华文教育理论研究的基础上,华文教育界也必须要重视教学资源的开发,尤其是基于现代教育技术和网络平台的语言、文化教学资源的开发。为提升华文教学的可接受度,提高华文教学的教学效果,我们既要继续大力开发、编写具有较强针对性、实践性、本土化的华文纸质平面教材和多媒体教材,也要充分重视研发建设华文教学案例库、华文教材和教辅资料库,搜集优秀教案、课件及教学用音频、视频资料,建设华文教学多媒体素材库等。要有规划、有目的地打造一个或多个影响力广泛、基于云端技术的华文教育教学资源平台,为全球华文教师及华语学习者服务,满足华文教学和学习的需要。

在大力开发教学资源的同时,另一个不能忽视的重要领域是华文教育资源——包括语言教学资源和文化教学资源的传播问题,即如何有效地将我们开发的教学资源传播出去,以达到最大的利用价值。我们应该建设怎样的传播通道,应该如何利用各种传播手段使各种教学资源最大程度地被一线的华文教育工作者使用,这是之前被学界所忽略的一个重要方面,今后值得组织学界和社会的力量共同研究,大力推动华文教育教学资源的开发、利用与推广。

华文教育的协同创新平台建设

　　华文教育要向更深层次发展,既需要创新,也需要协同。创新是生命力,协同是生产力。华文教育是一个宏大的事业,是全世界中华儿女实现民族伟大复兴梦想的重要途径。在这一过程中,无论是华文教育现状普查,还是华文教育各类教学资源库建设,以及其他各类工作的有效开展,都需要全世界华文教育界同仁共同添砖加瓦。大家分工合作,信息互通,资源共建共享,研究互助互动,是华文教育事业发展的必由途径。在这一方面,两岸华文教育界的协同创新、互助发展已经有了成功的范例。近年来,两岸在原有合作的基础上,通过协同创新,把两岸甚至世界范围内的华文教育事业都往前推进了一大步。无论是两岸华文教师论坛,还是世界华语文教学研究生论坛,两岸华文教育界协同创新建立的这些交流机制与平台,都取得了丰硕的成果,产生了积极而广泛的影响。建立两岸乃至世界范围内华文教育协同创新的有效机制,开辟华文教育协同创新的新领域,拓展华文教育协同创新的新渠道,创造华文教育协同创新的新成就,是世界华文教育理论研究和事业发展的重要方向。

关于海外华语文教师专业发展研究的思考[①]

贾益民

海外华语文教育的普及与提高,不仅目前是而且今后一个相当长的历史时期内仍然将是摆在华语文教育工作者面前的一个重大课题和重要任务。如何进一步普及海外的华语文教育,如何进一步提高海外华语文教育水平和质量,广大海外华语文教师承担着重大的历史责任。侨务大计,华教为本;华教大计,教师为本。因此,推动海外华语文教师的专业发展,提高其专业水平,就显得十分重要。也正因为如此,开展海外华语文教师专业发展研究也就势在必然。但遗憾的是,华语文教育界对华语文教师专业发展的研究却很少见。因为以海外华侨华人子女为主要教学对象的华语文教育有着不同于汉语国际教育的特殊性,所以两者对教师专业发展的要求也不尽相同。这就要求我们依据海外华语文教育的特殊规律和现实情况,对海外华语文教师的专业发展做出符合实际的实践经验总结与理论探讨,深入思考海外华语文教师专业发展的相关问题。本文的思考旨在抛砖引玉,并请大家斧钺。

[①] 本文曾在"华语文教学与研究国际学术研讨会"(2013年11月30日,台北)上报告。

一、教师专业发展理论研究现状及启示

海外华语文教师的专业发展离不开具有普遍意义的"教师专业发展理论"的指导。这是研究海外华语文教师专业发展的一个重要前提。因此,分析一下教师专业发展理论研究的现状是很有必要的。

在20世纪60年代,国际劳工组织与联合国教科文组织正式将教师列为一个专业化的职业。从此,各国教育学界在教师专业发展方面做了大量研究,从不同角度对教师专业发展提出了多种理论。对此肖丽萍[1]、张志泉[2]等曾做过较全面的概括与评析。这些理论对我们今天思考海外华语文教师专业发展问题具有重要借鉴作用和启迪意义。

(一)关于"教师专业发展"概念

研究"教师专业发展",首先搞清楚"教师专业发展"的概念十分重要为此,很多西方学者就"教师专业发展"概念提出了自己的见解。比如,Hoyle[3]认为:"教师专业发展是指在教学职业生涯的每一阶段,教师掌握良好专业实践所必备知识与技能的过程。"Perry[4]认为:"教师专业发展意味着教师个人在教师专业生活中的成长,包括信心的增强、技能的提高、对所任教学科知识的不断地更新拓宽和深化以及自己在课堂上为何这样做的原因意识的强化。就其积极意义上来说,教师的专业发展包含更多的内容,它意味着教师已经成长为一个超出技能的范围而有艺术化的表现;成为一个把工作提升为专业的人;把专业智能转化为权威的人。"Day[5]认为教师专业发展包涵

---

[1] 肖丽萍:《国内外教师专业发展的研究评述》,《中国教育学刊》,2002年第5期。

[2] 张志泉:《教师专业发展研究的现状及可探空间探析》,《中小学教师培训》,2008年第5期。

[3] Hoyle, Eric, "Professionalization and deprofessionazation in education", In Eric Hoyle and Jacquetta Megarry (eds), *World yearbook of education 1980: Professional development of teachers*, London: KoganPage, 1980, pp. 42−45.

[4] Perry, Pauline, "Professional development: The inspectorate in England and Wales", Eric Hoyle, Jacquetta Megarry (eds), *World yearbook of Education 1980: Professional development of teachers*, 143−145. London: Kogan Page.

[5] Day, Christopher, *Developing teachers: The challenges of life long learning*. London: Falmer, 1999.

所有自然的学习经验和有意识组织的各种活动,这些经验和活动直接或者间接地让个体、团体或学校得益,进而提高课堂的教育质量。教师专业发展是一个过程。在该过程中,具有变革力量的教师独自或与人一起检视、更新和拓展教学的道德目的;在与儿童、年轻人和同事共同度过的教学生活的每一阶段中,教师不断学习和发展优质的专业思想、知识、技能和情感智能。

关于教师专业发展的概念,中国大陆和台湾的学者也发表了自己的见解。大陆学者黄甫全提出,"教师的专业发展是指教师作为专业人员,在专业思想、专业知识、专业能力等方面不断完善的过程,即由一个专业新手逐渐发展成为一个专家型教师的过程",同时又是"一个教师终身学习的过程,是一个教师不断解决问题的过程,是一个教师的职业理想、职业道德、职业情感、社会责任感不断成熟、不断提升、不断创新的过程"[①];台湾学者罗清水[②]认为,"教师专业发展乃是教师为提升专业水准与专业表现而经自我抉择所进行的各项活动与学习的历程,以期促进专业成长,改进教学效果,提高学习效能"。

在以上关于"教师专业发展"概念的种种论述中,大都把"教师专业发展"看作一个"过程",即:教师专业发展是教师在教育教学活动中不断学习提高、积累经验、革新教育观念与教学方式、提高道德水平和专业能力、全面提升教育教学质量、造福于学生和社会的一个过程。显然,这一过程对于海外华语文教师专业发展来说,同样具有十分重要的意义。认识和把握"教师专业发展"的概念,并不仅仅是为概念而概念,更重要的是理解其精神实质,把握教师专业发展的理论内核。这对增强教师专业发展的自觉意识,提高其专业发展的思想认识和行动积极性,都是非常重要的。

(二) 关于"教师专业发展阶段"

既然"教师专业发展"是一个过程,那么这一过程在教师不同的教育教学时期就表现为不同的"阶段";在不同的阶段,教师的专业发

---

① 黄甫全:《新课程中的教师角色与教师培训》,北京:人民教育出版社,2003年。
② 罗清水:《终生教育在国小教师专业发展的意义》,《研习资讯》,1998年第4期。

展就会有不同的表现、要求、特征和规律。为此,"教师专业发展阶段"就成为教育学界研究的重要内容。最早从事"教师专业发展阶段"研究的是20世纪60年代末美国的傅乐教授[1]。他通过问卷调查,提出了教师专业发展"四个阶段"的理论,即"教前关注"(pre—teaching concern)、"早期求生关注"(early concerns about survival)、"教学情境关注"(teaching situational concerns)和"关注学生"(concerns about pupils)。到了70年代,美国学者卡茨(Katz,1972)[2]通过访谈和问卷调查,也提出了教师专业发展的四阶段理论,即"求生存阶段"(survival)、"巩固阶段"(consolidation)、"更新阶段"(renewal)和"成熟阶段"(maturity)。美国伯顿教授提出了教师生涯循环发展理论,把教师专业发展划分为"生存阶段"(survival stage)、"调整阶段"(adjustment stage)和"成熟阶段"(mature stage)[3]。进入80年代,美国的费斯勒教授[4]提出教师专业发展要经历"职前阶段"(preservice)、"入职阶段"(introduction)、"能力形成阶段"(competency building)、"热心和成长阶段"(enthusiastic and growing)、"职业生涯挫折阶段"(career frustration)、"稳定和停滞阶段"(stable and stagnant)、"生涯低落阶段"(career wind down)、"生涯退出阶段"(career exit)等八个阶段。休伯曼[5]提出教师专业发展的五个阶段,即"求生与发现期"(survival and discovery)、"稳定期"(stabilization)、"尝新与自疑期"(experimentation and interrogation)、"宁和与积守期"(serenity and conservatism)、"游离闲散期"(disengage—ment)。司德菲[6]也

---

[1] Fuller, F. Frances, "Concerns of teachers: A developmental conceptualism", *American Educational Research Journal* (6), 1969, pp.207—226.

[2] Katz, G. Lillian, "The developmental stages of preschool teachers", *The Elementary School Journal* (73), 1972, pp.50—54.

[3] Burden, R. Paul, "Teachers perceptions of the characteristics and influences on their personal and professional development", *Manhattan*, KS: Author, 1980.

[4] Fessler, Ralph, "A model for teacher professional growth and development", In Peter Burke and Robert G. Heideman(eds), *Career Long Teacher Education*, CC: Thomas, 1985, pp.181—193.

[5] Huberman, Michael, "The professional life cycle of teachers", *Teachers College Record* (91), 1989, pp.31—57.

[6] Steffy, E. Betty, Michael P. Wolfe, Suzanne H. Pasch & Billie J. Enz, "Life cycle of the career teacher." *Thousand Oaks*, CA: Corwin Press, 1999.

把教师专业发展划分为五个阶段,即"预备生涯阶段"(anticipatory career stage)、"专家生涯阶段"(expert master career stage)、"退缩生涯阶段"(with drawal career stage)、"更新生涯阶段"(renewal career stage)、"退出生涯阶段"(exit career stage)。司德菲等提出了教师职业生命历程圈理论(1ifecycle of the career teacher),把教师专业发展历程概括为六个阶段,即"新手"(novice)、"学徒"(apprentice)、"专业人员"(professional)、"专家"(expert)、"杰出贡献者"(distinguished)、"退休人员"(retiree)。

中国大陆学者也对教师专业发展阶段做过很多研究。白益民把教师专业发展过程划分为"非关注、虚拟关注、生存关注、任务关注、自我更新关注"五个阶段①。钟祖荣②把教师专业发展过程划分为"准备期、适应期、发展期和创造期"四个阶段,分别对应为"新任教师、合格教师、骨干教师和专家教师(学科带头人、特级教师等)"。邵宝祥、王金保③把教师专业发展过程划分为"适应阶段、成长阶段、称职阶段和成熟阶段"。罗琴、廖诗艳④把教师专业发展过程划分为"适应期、发展期、成熟期和持续发展期"四个阶段。

以上关于"教师专业发展阶段"的种种研究,尽管表述各有不同,但就其理论实质而言,基本结论都大同小异。其"异"并无多少实质意义,而其"同"则彰显出教师专业发展的本质所在。实际上,我们可以将教师专业发展阶段划分为四个基本阶段,即:初始阶段、成长阶段、成熟阶段和成功阶段。海外华语文教师专业发展也必然经历这样四个基本阶段,不同阶段有各自不同的要求、特征和规律,这才是应该要进行深入研究的。

(三)关于"教师专业发展范式"

对教师专业发展的研究,有人归纳出教师专业发展的不同范

---

① 白益民:《自我更新——教师专业发展的新取向》,华东师范大学博士学位论文,2000年。
② 钟祖荣:《现代教师学导论——教师专业发展指导》,北京:中央广播电视大学出版社,2001年。
③ 邵宝祥、王金保:《中小学教师继续教育基本模式的理论与实践》,北京:北京教育出版社,1999年。
④ 罗琴、廖诗艳:"教师专业发展的阶段性:教学反思角度",《现代教育科学》,2002年第2期。

式①：一是知识范式，认为教师的专业化就是知识化，因为作为一名教师必须具备一定的知识；二是能力范式，认为教师不仅要具备一定的知识，而且要有表达、传递知识的综合能力，以及与学生进行沟通和处理课堂事务的能力；三是情感范式，不仅强调教师对学生要有爱心，能注意和关心学生的情感发展，而且强调教师自身要具备情感人格方面的条件，要从发展教师的情感方面思考教师专业发展策略；四是建构范式，强调教师在成长过程中需要不断地建构、更新自己的知识体系，把知识变成自己内在化的而不是外在化的东西；五是批判范式，强调教师不仅要关心学科知识，还要主动关心、独立思考和积极介入学科之外的东西，诸如社会、政治、经济、文化等；六是反思范式，主张教师应具有"反思"意识，经常反思自己的教育理念与教学行为，不断地进行自我调整，从而促使自己专业能力的可持续发展与提升。以上六种"范式"，被认为正逐渐成为国际教师专业发展的主流。我们认为这是符合教师专业发展的内在必然要求和本质规律的，值得华语文教师借鉴与参考。

（四）关于"教师专业标准"

教师专业发展必须符合一定的教师专业标准。教师专业标准往往反映着教师的专业地位，同时也是教师成为专业教师的重要标志。国际社会普遍认为，教育教学质量的提升关键在于教师的专业素质与专业能力。因此，制定科学、合理的教师专业发展标准就成为教师队伍建设的重要内容。自 2003 年以来，联合国教科文组织领导会员国开展了关于教师专业发展的政策对话，以促进教师专业发展标准的制定与国际交流。2008 年九个人口大国教育部长会议发表《巴里宣言》，提出了教师专业标准制定与实施的建议。美国也高度重视教师专业标准的制定及其认证。亚太经济合作组织（APEC）近年来也支持会员经济体进行教师专业发展标准的合作研究。自 2005 年以来，每年都举办一届的国际教师教育论坛都把教师专业标准问题作为会议的重要议题。国内教育学界关于教师专业标准的研究，也取

---

① 刘微：《教师专业化：世界教师教育发展的潮流》，《中国教育报》，2002 年第 1 期。

得了很多积极的成果①。2012年2月10日,教育部颁布了《幼儿园教师专业标准(试行)》《小学教师专业标准(试行)》和《中学教师专业标准(试行)》(教师(2012)1号),对中小学及幼儿园教师的专业标准做出了明确规定,这对促进教师队伍建设将发挥重要的指导作用。由此可以看出,制定教师专业标准是教育发展的基本要求,也是教育规律的必然要求。

2012年底,中国国家汉办颁布了新版的《国际汉语教师标准》,规定了国际汉语教师五个方面的职业能力标准:"汉语教学基础""汉语教学方法""教学组织与课堂管理""中华文化与跨文化交际"和"职业道德与专业发展"。这一新标准将成为今后孔子学院汉语教师选拔、国际汉语教师资格认证、汉语国际教育硕士专业学位研究生培养等工作的重要依据。它实际是规定了国际汉语教师专业发展的能力目标与方向,无疑将会极大地推动和规范国际汉语教师的专业发展。然而不无遗憾的是,这一标准并不能完全适应于海外面向华侨华人子弟从事华语文教学的教师。但多年来,世界华语文教育学界关于华语文教师专业发展的专门研究少之又少,除了中国台湾学者宋如瑜的《华语文教师的专业发展——以个案为基础的探索》(2008)之外,至今还见不到更多的系统研究成果,更没有形成一个"世界华语文教师标准",也没有形成一个系统的世界华语文教师专业发展的培训体系和教师资格认证体系。不能不说这在一定程度上严重影响了世界华语文教师专业发展水平的提升。

海外华语文教师的专业发展应该符合一般教师专业发展的标准,但同时还必须符合在海外面向华侨华人子弟从事华语文教育教学的特殊标准。有鉴于此,在借鉴海内外关于教师专业发展研究成果的基础上,系统而又全面地研究探讨海外华语文教师专业发展问题,已经成为华语文教育学界不可回避的重要课题。

---

① 熊建辉:《教师专业标准国际比较研究新进展——评〈美国优秀教师专业教学标准及其认证〉》,《世界教育信息》,2014年第6期。

二、海外华语文教育的特殊性及其
对教师专业发展标准的要求

最近十多年来,随着世界华语文教学的大发展,海外华语文教师专业发展总体状况有了较大改善,比如华语文专业教师队伍在不断扩大,队伍结构逐渐趋向合理,专业水平和教学质量不断提高,专业培训日益得到重视,等等。但是,我们也应该清醒地认识到,海外华语文教师队伍建设尤其是专业发展仍存在很多问题,比如专业教师总量缺口仍然很大,教师学历、年龄结构仍不尽合理,教师专业水平仍有待提升,专业培训还很不均衡,教师专业认同度仍然偏低,教师职业发展目标还不够明确等等。所以,海外华语文教师专业发展的任务仍然十分艰巨。

海外华语文教师专业发展既不能照搬海内外一般教师专业发展的模式和做法,如执行中国教育部制定的中小幼教师专业标准,也不能单纯照搬中国国家汉办制定的《国际汉语教师标准》[①],而应该充分考虑海外华语文教育教学的特殊性,从而研究建立适应海外华语文教育教学的教师专业发展理论,制定系统、科学、全面、有针对性的华语文教师专业发展目标、内容、标准以及行之有效的培训规划和模式,建立科学合理、具有激励性且切实可行的华语文教师专业资格认证体系。那么,海外华语文教育教学有哪些特殊性?这些特殊性对华语文教师专业发展标准的特殊要求又是怎样的呢?概括起来,主要有以下五个方面:

(一) 教育教学对象的特殊性及其对教师专业发展标准的要求

传统意义上的对外汉语教学(现称为"汉语国际教育"),对象大都是来华的非华裔留学生。对外汉语教学走出国门之后,其教学对象也大都是设于外国大学中的孔子学院里的非华裔青年大学生和孔

---

① 中国国家汉语国际推广领导小组办公室,《国际汉语教师标准》,北京:外语教学与研究出版社,2012年。

子课堂里的中小学生,而这部分学生规模数量尽管逐年在扩大,但仍然十分有限。据刘延东在第八届孔子学院大会开幕式上的主旨演讲报告:"从2004年创办至今,孔子学院已经走过9个年头,目前已覆盖五大洲的120个国家和地区,孔子学院440所,孔子课堂646个,总数超过1000个。"2013年,各国孔子学院和孔子课堂注册学员85万人[①]。但是,在海外华侨华人社会中,由华侨华人开办的各种层次、各种类型、各种学制的华文学校或中文学校,却已经达到2万所[②],在校学生保守估计至少数百万人。这些学生基本都是华人华侨子弟,而且大都是从幼稚园到高中阶段的少年儿童。这种教育教学对象的特殊性,对教师专业发展就提出了特殊的要求,这是显而易见的。比如要求教师必须了解和掌握华裔少年儿童学习华语文的心理特征与学习行为特征,探索符合其心理特征与学习行为特征的华语文教学方式方法等。因此,世界华语文教师专业发展必须要制定面向不同教学对象(如不同年龄阶段)的分类标准,如华文幼稚园教师标准、华文小学教师标准、华文中学教师标准以及面向成年人教学的华语文教师标准等。

(二) 教育教学目标与内容的特殊性及其对教师专业发展标准的要求

海外华侨华人子弟学习华语文的目的一般非常明确:一是为了掌握和传承本民族的语言,二是为了认同和传承本民族的文化。而且这两个目标是并重的,是缺一不可的。因此,"语言与文化并重"就成了海外华语文教育教学的基本原则和特征,即通过华语文教育教学,使华侨华人学生在提高华语文能力的基础上,实现认同和传承中华民族语言文化的目标,而不仅仅是为了掌握一种语言工具。这种目的性既是华侨华人自身生存发展的现实需要,也是海外华族社会传承本民族语言文化的一种本能需求,更是一种民族责任、民族义务和民族使命。显然,这与非华裔学生学习汉语的目的是大不相同的。

---

① 许琳:《2013年孔子学院总部工作汇报》,孔子学院,2014年第1期。
② 裴援平:《华侨华人与中国梦》,《求是》,2014年第6期。

非华裔学生学习汉语的主要目的就是为了掌握一门语言做为工具，最多在学习语言的过程中了解和认识一些中华文化内容，他们学习汉语绝不是为了认同和传承中华民族的语言文化，因为他们没有传承中华民族语言文化的本能需求和义务，我们不应该这样去要求他们，也更不能强加于人。对于海外华侨华人子弟来说，除了语言与文化的教育教学目标，更重要的还包括对他们的道德教育（即"德育"）和审美教育（即"美育"），尤其是德育是海外华语文教育教学摆在首位的教学内容[①]。正因为如此，这就对海外华语文教师提出了更高的要求，比如华语文教师不仅要具有丰富的中华文化知识和深厚的中华文化理论学养，而且还必须要了解和掌握华侨华人社会文化与心理状况，在传授中华文化知识的过程中要特别重视增强对中华民族的民族自信力与认同度，树立对中华民族文化的自豪感与荣誉感，加深对中华文化精神实质的认识、理解与把握，提高传承中华民族语言文化的责任意识与使命意识，积极探索符合中华文化民族特色的文化教学模式与文化传播方式。

（三）教育发展历史与现状的特殊性及其对教师专业发展标准的要求

海外华语文教育既有过历史的辉煌，也有过历史的重大不幸，从而造成了华语文教师专业发展严重的断代与断层，使传统的华侨教育、母语教育大都改变了性质，因此而造成的后遗症至今仍然积重难返。比如：其一，部分国家和地区（如东南亚各国）华语文教师年龄和知识都严重老化，他们大都处于教师专业发展的"退休时期"，造成教师队伍的青黄不接，而且教师数量有限，根本无法满足华语文教育发展对专业教师的需求；其二，青年教师队伍建设刚刚起步，他们大都是华语文教学的"新手"，处在教师专业发展的"初始阶段"，而且大部分专业学历偏低，有的尽管已经研究生毕业并获得博士、硕士学位，但所学并非华语文专业或相关专业，故专业水平整体不高，教学能力整体不强，尚处在"学习教学"的阶段，且很不稳定；其三，海外华语文

---

① 贾益民:《海外华文教学的若干问题》，《语言文字应用》，2007年第3期。

教学由于历史的原因,目前仍然存在"三并存"教学现象,即简体字与繁(正)体字并存、拼音方案与注音符号并存、通用语(普通话)与方言并存。这种"三并存"的现状大大增加了华语文教育教学的难度,也给教师专业发展提出了更高的要求;其四,由于海外孔子学院和孔子课堂的迅猛发展,给华侨华人举办的华(中)文学校等华语文教育教学机构带来了巨大的竞争,比如教师的竞争、生源的竞争、社会资源的竞争等等,从而使华(中)文学校的校长、教师面临巨大压力,这些压力有社会的、有经济的、有心理的等等。这些由华语文教育发展历史与现状造成的特殊性,无疑给华语文教师专业发展造成很大影响。这就要求华语文教师必须要增强抗压能力,在提高其自身核心竞争力上下功夫。

另外,海外华语文教育的类型复杂多样[①]。在办学主体上,可以分为政府教育(或称主流教育)、民间教育(或称非主流教育);在办学形式上,可以分为学校教育和家庭教育;在办学学制上,可以分为全日制教育、半日制教育、课后制教育及周末制教育;在教育学历上,可以分为学历教育和非学历教育;在教师身份上,可以分为职业教师(或称专职教师)、非职业教师(或称兼职教师)等。所有这些,都对华语文教师的专业发展提出不同的要求和标准。因此在制定华语文教师专业发展标准时切忌一刀切,应该在明确其共性要求与标准的同时,还应该明确其特殊要求与标准,如"职业(专职)教师标准""非职业(兼职)教师标准"等。

(四)语言教学性质的特殊性及其对教师专业发展标准的要求

海外华语文教学在本质上是本民族语言的教学,它不仅仅是一种二语教学和二语习得,更是一种民族母语教学和民族母语习得,其语言教学性质除了华语作为第二语言教学之外,还同时包含有第一语言教学(如马来西亚的华文独中和华文小学)和"双语"或"三语"教学(如印度尼西亚的"双语学校"和"三语学校"等),有的甚至分不清它究竟是"一语教学"还是"二语教学",或者可以说它在语言教学性

---

① 贾益民:《华文教育概论》,广州:暨南大学出版社,2012年。

质上是一种介乎于"一语"和"二语"之间的语言教学①。这是面向华侨华人学生的华语文教学与面向非华裔外国人的汉语教学的本质区别,后者仅仅是一种二语教学。华语文教学作为一语教学和母语教学,不是在母语和目的语环境中的教学,而是在非母语和非目的语环境中的教学,因而有其特殊性,对教师专业发展的要求也不同。华语文教学作为一种二语教学,它是在具有华侨华人社会(社区)文化背景或华裔家庭文化背景下进行的,大多数华侨华人学生或华裔学生在学习华语文之前和学习过程中,都会不同程度地受到华侨华人社会(社区)和华裔家庭文化背景的影响与熏陶,从而影响其华语文学习的兴趣、能力和效果。因此,华语文教师专业发展也要按不同语言教学性质要求进行分类,以确定其不同的专业发展标准,比如可以分为华语文作为母语文教育教师标准或第一语文教育教师标准、华语文作为第二语文教育教师标准等。

(五) 教育作用的特殊性及其对教师专业发展标准的要求

实践早已证明,华语文教育有着特殊的桥梁与纽带作用,即通过华语文教学,一方面广泛联系华侨华人社会,促进华侨华人社会和谐发展与中华民族语言文化传承,促进广大华侨华人与祖(籍)国的联系与合作,为祖(籍)国经济社会发展做贡献;另一方面,华语文教育还具有积极的公共外交功能,通过华语文教育广泛联系所在国非华裔住民,促进所在国的民族团结和文化多元融合,积极发展相互友好力量,促进中外友好与世界和平发展。这就要求海外华语文教师必须要提高自身从事公共外交的自觉意识和实践能力,在华语文教学和中华文化传播过程中,积极而又稳妥地参与民间外交活动,宣传中国,树立民族形象,为提高中国国家软实力和中华民族文化软实力做贡献。要肩负起这一重要的历史使命,华语文教师还必须要对海外华侨华人有深刻的认识和了解,包括认识和了解华侨华人的历史与现状,尤其是要认识华侨华人为开辟中华民族伟大复兴的光明前景做出了巨大贡献:"近代以来,一代又一代华侨华人,秉承中华民族优

---

① 贾益民:《海外华文教学的若干问题》,《语言文字应用》,2007年第3期。

秀传统,发扬爱国爱乡的赤子情怀,支持中国革命、建设和改革伟大事业,在中华民族史册上写下了光辉篇章。"他们"是中国革命事业的无私奉献者""是中国建设和改革事业的积极参与者""是中国和平统一大业的坚定支持者";同时还应该认识到华侨华人中蕴藏着实现中华民族伟大复兴的强大力量:"习近平总书记指出,实现中国梦必须走中国道路,弘扬中国精神,凝聚中国力量。遍布世界各地的数千万华侨华人,具有赤忱的爱国情怀、雄厚的经济实力、丰富的智力资源、深厚的人脉资源,是实现中华民族伟大复兴的一支重要力量。"他们"是走好中国道路的重要支撑""是弘扬中国民族精神的重要载体""是凝聚中国力量的重要源泉"。① 对此,海外华语文教师必须要有积极、正确的认识。只有热爱华侨华人及其社会、热爱中华民族的语言与文化、热爱现实中国,才能具备做一名合格的华语文教师的基础,才有可能更好地为华侨华人社会服务。这对海外华语文教师来说,不仅是一种职业道德要求,而且也是一种专业化要求。

三、海外华语文教师专业发展的途径与方式

海外华语文教师专业发展的途径与方式是多种多样的,以下几个方面尤其值得重视。

(一)华语文教师个人要高度重视自身的专业发展,积极参加学习与培训

教师个人的主观能动性是教师专业发展的根本动力,而主观能动性则来源于自身对华语文教师这一职业的认同和认识。作为一名华语文专业教师,首先要有对自己所从事职业的荣誉感、自豪感;其次要有强烈的事业心和社会责任感;再次要知道自己专业上的优势和不足,明确今后专业上的努力方向,并将其作为终身学习的目标。这样,才能够积极主动地、有计划、有目的、有针对性地去参加学习和培训,以提高专业发展水平。今后,海外华语文教师作为一种职业的

---

① 裘援平:《华侨华人与中国梦》,《求是》,2014年第6期。

竞争会越来越激烈,而要想在竞争中求得生存与发展,就必须要坚持"终身学习",不断地提升自己的专业能力与水平。在很多国家,政府主流教育体系中的汉语教师已经实行了资格准入制度,而且今后会有越来越多的国家和地区实行汉语教师资格准入制度。不仅如此,非政府主流教育体系中的华文学校也会逐渐推行华语文教师资格准入制度。这就对华语文教师的专业发展提出了更高的要求。因此,华语文教师个人要高度重视自身的专业发展,积极参加学习与培训,努力提高自己的核心竞争力。

(二)政府、社会要为海外华语文教师专业发展创造条件,提供支持和帮助

一方面,华语文教育教学的所在国政府和社会应当首先承担起支持本国华侨华人社会即华族社会教授、传播和承传本民族语言文化的责任和义务。华族在任何一个国家都是这个国家众多民族成员之一,为所在国家经济社会发展做出了巨大贡献,其语言文化已经成为所在国多元民族文化的重要组成部分。他们在积极融入所在国语言文化的同时,有权利、有责任和义务传承本民族的语言和文化,并享有与其他民族同等的权利和责任。对此,《联合国宪章》有十分明确的法律条文规定。因此,所在国政府有责任、有义务支持华族开展华语文教育,传承华族的民族语言和文化,并享有本国其他民族同等的学习、传承本民族语言文化的权利和因此使用国家、社会各种相关教育及社会资源的权利;另一方面,华侨华人社会本身也应该组织起来,调动各方面的积极性,有钱的出钱,有力的出力,采取措施,大力推动华语文教师的专业发展,为华侨华人社会培养更多更好的华语文人才;再一方面,中国政府也应该在力所能及的范围内,在国际关系法许可下,制定相关的政策,采取切实可行的举措,积极支持海外华侨华人社会发展华语文教育,提高华语文教师专业水平,促进华语文教育教学规模的扩大和质量的全面提高。比如实施华语文教师等级培训制度及等级证书制度,通过一定的形式认定华语文教师资格等。对此,笔者在2007—2008年就承担并完成了国务院侨务办公室的重要课题"海外华文教师等级证书实施方案研究",提出了系统的

方案与实施办法,后来又承担了这一课题的进一步深化研究任务。目前,这一方案研制工作都已完成,希望能早日实施。

(三) 有规划、多形式、系统地培养本地化、学历化、现代化的海外华语文教师

海外华语文教师专业发展的本地化、学历化和现代化,是今后华语文教师专业发展的长期目标和任务。

1. 华语文教师专业发展的本地化

所谓教师专业发展的本地化,一是指培养本地化的教师,二是指教师培养的本地化。这两者是不同的,也是相辅相成的。首先,培养本地化教师应该成为华语文教师专业发展的重中之重,这是海外华语文教育可持续发展的重要保障。如果海外的华语文教育长期依靠中国输送教师志愿者终归是不能长久的,而且教育教学质量也难以保障,难以提高。其次,本地化教师的培养也应该立足于本地,而不能仅仅依靠选派人员到中国来培训。由于受经济、地域、时间等条件限制,能够到中国来培训的教师毕竟是极少数,很难满足海外华语文教师培训的迫切需求。只有在本地培训,受训的教师规模数才大,受益面才广。这是本地化教师培养的必由之路。

2. 华语文教师专业发展的学历化

学历化是华语文教师专业化的重要标志,是华语文教师专业发展不可缺少的。目前,海外华语文教师的学历化程度偏低,这是一个客观事实。所谓学历化,指的是华语文专业或华语文教育专业以及相关专业的学历化,而不是指教师已经获得的非华语文专业或非华语文教育专业的学历学位。尽管在很多国家和地区的华文学校中任教的教师已经具有大学学士学位,或者硕士学位,乃至博士学位,但绝大多数的学位是非华语文专业、非华语文教育专业或非相关专业的学位。这部分教师综合素质高,所学专业水平高,但是从事华语文教学,由于没有接受过华语文以及华语文教育的专业知识与技能训练,所以教学质量难以保证和提高。长期来看,这种状况应该改变,

应该确立华语文教育教学的专业地位与专业权威,必须改变那种认为"只要会说普通话,就能做华文教师"的错误观念。另外,即便已经具有了华语文专业或华语文教育专业的学士学位,在教育教学实践中也有一个继续学习提高的问题,这是提高华语文教育水平的内在要求,而且在很多国家已经对教师提出了更高学历学位的要求,预示了教师专业发展的新方向。比如,近年来在世界各国先后出现了中小学教师"硕士化"的趋势[①]:法国部长联席会议早在 2008 年 7 月 2 日就做出决定,于 2010 年 9 月 1 日起开始实施中小学教师培训与录用硕士化标准;芬兰教师通常也需要拥有硕士以上的学位;日本也把职前培训逐步提高到研究生教育水平。显然,海外华语文教育界教师专业发展水平离这一要求还相差甚远,所以,华语文教师专业发展的学历化是大势所趋。

3. 华语文教师专业发展的现代化

随着新工业革命的到来与发展,教育理念与教育技术的现代化日益凸显,相应的也就对教师提出了现代化的迫切要求。华语文教师专业发展的现代化应该包括两个方面的内容:一是教育理念的现代意识,包括现代教育人才观与终身学习观、现代教育伦理意识、全球意识、文化意识、科技意识、创新意识等,这在教师专业发展中是至关重要的,一定要高度重视;二是能够掌握和运用现代华语文教育技术进行教学。当前乃至未来,现代教育技术日新月异,使人们应接不暇,比如多媒体教育技术还没有来得及普及应用,网络教育技术就异军突起。云计算、云教育技术乃至大数据时代的到来又催生了一系列崭新的现代教育技术的出现及应用,如 MOOC 课程、智慧教室、移动媒体教学、微信学习等,引导着教育技术手段的变革与发展。华语文教育的教学对象是中小学学生以及大学生一族,他们恰恰正是最易于接受和掌握现代媒体技术的一个群体,如果教师不能够及时掌握并在华语文教学中应用这些新媒体技术,那么很快就会被淘汰

---

① 顾明远:《关于提升我国中小学教师质量的思考——基于世界各国的政策经验》,《比较教育研究》,2014 年第 1 期。

出局。

4. 建立世界华语文教师专业发展学术组织,开展研究,联合攻关

建议海内外华语文教育机构联合起来,成立"世界华语文教师专业发展学会"(或"委员会"),统一组织研究制定"世界华语文教师专业发展规划""世界华语文教师专业发展标准"和"世界华语文教师专业发展培训纲要"等指导性文件,编写"世界华语文教师专业发展系列教材",定期和不定期组织召开"世界华语文教师专业发展论坛",大力促进海外华语文教师专业发展。在这一方面,海峡两岸应该紧密合作,协同创新,携手推动海外华语文教师队伍建设跨越式发展,创造世界华语文教育更加光辉灿烂的明天!

语言认同与华语传承语教育

周明朗

引 言

随着中国经济实力的壮大,汉语也上升为全球强势语言之一。汉语全球化具有三大特征,一是普通话在海外华人社区迅速普及,正在逐步取代汉语方言;二是普通话、拼音、简体字被外国大、中、小学普遍采用为汉语教学标准,基本取代了国语、注音符号和繁体字;三是中国通过孔子学院等形式在海外大力度地开展汉语国际推广[①]。虽然汉语全球化的第一、二大特征分别关联到华语和国际汉语,但是中国的汉语国际推广主要目标是外国大、中、小学的国际汉语教育,很大程度上忽视了华语教育。这个现象产生的主要原因可能是中国教育界看到了华语教育和国际汉语教育的共性,却没有充分认识到华语教育和国际汉语教育的差异[②][③]。本文研讨近年华语教育的变化,从语言认同过程理论入手,深入剖析华语教育与国际汉语教育之异,提出适应全球化时代华语教育的对策。

[①] 周明朗:《世界华语大同——汉语国际推广与跨境语言规划的理论思考》,第二届全球华语论坛,广州:暨南大学,2009年11月16—17日。
[②] 郭熙:《海外华语教育研究的现状与展望》,《世界汉语教学》,2006年第1期。
[③] 郭熙:《华语研究录》,北京:商务印书馆,2012年。

一、华语教育的特性

全球化时代华语教育不但与汉语国际教育有别,而且与传统的华语教育也不同,因为全球化时代的华语教育发生了巨变。产生变化的主要原因有两个,一个是全球化时代华人社区分布的变迁,另一个是华人居住方式和子女教育方式的转变。在全球化时代,华人社区首先出现了地理分布上的变化。中国开放以后,大量中国人走出国门,走向世界,通过留学、经商等方式定居北美洲、欧洲、大洋洲和亚洲诸国。进入 21 世纪后中国人又开始流向南美洲和非洲。全球化改变了以前华人仅聚居东南亚诸国的情况。根据相关资料 2010 年的统计,世界华人的总数为 39,568,000 人,胜过一个中等国家的人口总数[①]。其中亚洲有 29,815,000 人,美洲有 7,255,000 人,欧洲有 1,317,000 人,大洋洲有 945,000 人,非洲也有 236,000 人。同时,由于从事的工作种类、受教育的程度、生活理念等的转变,新华人一般不聚居,而通常散居在当地国民之中。他们送孩子接受当地的国民教育,让孩子迅速融入居住国主流社会。为了维系与祖居国的种种关系,保持华语作为华人子弟的传承语,新华人创办周末华语学校,让华人子弟学习华语和中华文化。例如在美国,大陆背景的全美中文学校协会就有 410 来所华文学校,7000 多名教师,十万之众的学生;大中华背景的全美中文学校联合总会也拥有近十万学生,分布达美国 50 个州中的 47 个。

在全球踊跃学习汉语和华人热情办学的大好形式下,华人子弟的华语水平却并不乐观。例如在美国,大学汉语一年级常常会出现不少华裔学生。有的学生还自嘲地对他们的汉语老师说,"学习汉语太'容易'了。我从五六岁起每个周末都被爸爸妈妈送去中文学校学习。"这样的学生成了习惯性的华语一年级复读生。华人子弟学习华语为何进步不如人意呢?他们学习华语难在何处呢?语言环境当然是一大问题。他们在校学习用当地主流语言,走出家门用当地主流

---

① 数据来源见 http://www.ey.gov.tw/cp.aspx? n=72560941EC641862

语言交流,甚至在家里很多话题都须用当地主流语言才能交谈。更大的问题在于语言认同和身份认同。有的孩子有华语认同困难,常说"我是美国人,为什么要说汉语?"有的孩子有认同分裂,产生认同选择困难,例如看中美球队比赛时说"我是美国人,希望美国队赢球。我爷爷奶奶是中国人,我不希望中国队输球。"这样的孩子选择语言学习和语言使用也有同样的困难。当然,有些孩子具有双重身份认同,说"我是美国人,也是中国人"。这样的孩子比较容易对学习华语产生兴趣。上述现象在欧美华人社区十分常见,在东南亚诸国的华人社区也有自己的华语认同问题。因此,探讨如何帮助华人子弟解决华语学习中遇到的认同困惑是华语教育的关键。这个关键涉及到华语教育的理念、教学法、教材编写、教师培养等四方面。

二、语言认同过程理论

语言学一般认为"语言认同"是语言的一个功能[1][2]。这是一个未加分解的整体概念。本文提出,"语言认同"可以分解为两个建构、一个过程:一个建构是个人多重身份库,另一个建构是个人语码库。一个过程就是语码与身份相匹配的过程[3]。

一、每个人都有多重身份,这些身份反映个人在不同社会关系中的不同角色[4][5]。这个身份库可以形象地展现于下图1。

---

[1] Crystal, *The Cambridge Encyclopedia of Language*, Cambridge: Cambridge University Press, 1987, p. 17.

[2] Fishman, J., "Sociolinguistics", *Handbook of Language and Ethnic Identity*, Oxford: Oxford University Press, 1999, pp. 154—163.

[3] Zhou, M., "Globalization and language order: Teaching Chinese as a foreign language in the United States", In L. Tsung & K. Cruickshank (eds), *Teaching and Learning Chinese in Global Contexts*, London: Continuum, pp. 131—149, 2012. "Language identity as a process and second language learning", W. M. Chan, K. N. Chin, S. K. Bhatt & I. Walker (eds.), *Perspectives on Individual Characteristics and Foreign Language Education*. Boston/Berlin: De Gruyter Mouton, pp. 255—272.

[4] Brewer, M. B., "The many faces of social identity: Implications for political psychology", *Political Psychology* 22(1), 2001, pp. 115—125.

[5] Burke, P. J. *Identity Theory*, Oxford: Oxford University Press, 2009, pp. 1—4.

图 1　个人多重身份库

在不同的场合,根据不同的人际关系,个人会按照自己的阶级、地位、角色、民族、文化、宗教等从自己的身份库中确定一个身份或几个身份跟别人交流,因此身份库常常处于动态待命的状态之中。

二、每个人都有一个语码库[①][②]。这个语码库可能是单语多码,也可能是多语多码,如以下图 2 所示:

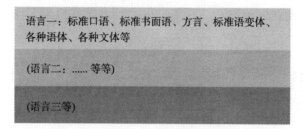

图 2　个人语码库

单语者的语码库中可能有母语的标准语、标准语的变体、方言等等。多语者有母语的语码,还有第二语言的语码,甚至第三语言的各种语码等。

三、每当需要用语言表达的时候,说话人根据场合和人际关系,从自己的多重身份库中确认一个身份或角色;同时也从自己的语码库中选定一个合适的语码,建立这个身份与被选择的语码的匹配。这个匹配过程是能动的、多变的,因为说话人会根据对话人的情形不

[①] Holmes, J., "Introduction to Sociolinguistics", *2nd Edition*, Essex: Longman, 2001, pp. 19－20.
[②] Wardhaugh, R., *An Introduction to Sociolinguistics*. Oxford: Blackwell, 1991, pp. 22－53.

断地调整自己的身份,转用更合适的语码①②③。因此,个人多重身份库中没有不能通过语码表达的身份。与此同时,一个语码也需要被身份不断地选定和使用,以保持本身在语码库中的活性,不然就成了惰性码,甚至死码。所以,每个语码也会积极跟某一个或某一些身份和角色挂钩,寻求长期的稳定的匹配关系。因此,语码库中很难存活不跟身份相匹配的语码。这一原则决定,语言学习和使用必须有相应的身份的支撑。

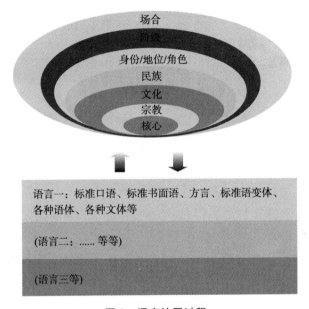

图 3　语言认同过程

以上图 3 展现人们学习语言,使用语言中身份与语码的双向的、能动的动态关系。没有相匹配的语码,说话人会有身份表达困难,难以产生和维护一个有效的身份,以至于最终淡化这一身份,甚至失去这一身份。没有相匹配的身份,学生难以学会一种语言,因为这个语

---

① Auer, P., *Code-switching in Conversation: Language, Interaction and Identity*, London: Routledge, 1998.

② Myers-Scotton, C., *Social Motivations for CodeSwitching: Evidence from Africa*, Oxford: Oxford University Press, 1993.

③ Norton, B., *Identity and Language Learning: Gender, Ethnicity and Education Change*, Essex: Pearson Education Limited: 2000, pp10－11.

言的语码即使进入了语码库,也缺乏活性,最终也会成为死码。

三、华语作为传承语的教育方法论

以上这个语言认同过程理论说明,习惯性的华语一年级复读学生实际上有华人身份认同困难。这类学生代表了多数华人子弟学习华语的实际情况。华人父母要求,甚至强迫孩子学习华语,可是这些孩子人在华语课堂,心却在华语课堂之外,因为他们缺乏华语认同的身份感。没有华人身份相匹配,孩子们没有学习华语的动机,他们被迫学习的那点华语在语码库里成了惰性码,或者死码。结果,这些孩子学来学去,只能结结巴巴说那么几句华语。因此,华语教育有别于国际汉语教育,华语教育要以帮助华人子弟建立和强化华人身份作为教学指导思想,而国际汉语教育则不能以这种思想为指导。

说明了华语教育与国际汉语教育的差异,本文以语言认同过程理论为基础,提出以下四点来概括华语教育的特性:

(一)华语教育的总体指导思想是帮助华人子弟建立与华语相匹配的华人身份认同

具体可以从两个方面进行操作。一个方面是化大为小,把华人这个大身份转化为小角色的身份。例如,一些华人子弟可能有只能说汉语的爷爷奶奶和外公外婆。他们需要用华语跟老人交流。另一些华人子弟也许在中国有说汉语的堂/表兄弟姊妹。他们也需要用华语跟在中国的亲人交流。还有一些华人子弟在中国参观访问,交了说汉语的朋友,所以他们也需要用华语跟这些朋友交流。无论是通过课堂操作还是通过教材编排,华语教育的初级阶段应该有一个程序能够启动华人学生充当孙子、堂/表兄弟姊妹、朋友这些角色,让他们通过这些角色进入华语学习。另一个方面是化抽象为具体,把"中国"这个概念具体化。例如有些华人子弟可能通过看《水浒》的卡通片进而发展到看《水浒》电视连续剧,最后发展到看华文《水浒》小说。还有些华人子弟刚开始看电视剧《射雕英雄传》,成了郭靖和黄蓉的粉丝,因而爱看华文小说《射雕英雄传》。也有些华人子弟看了

《孙子兵法》的英译本，产生了兴趣，努力争取提高华语水平看《孙子兵法》的双语本，最终读《孙子兵法》的华文原版本。在华语教育的中高级阶段应该有一系列程序，给华语学生引进合适的中国经典读物和大众读物的卡通或影视作品，引起他们的兴趣，进而给他们介绍这些作品的华文原著。华语教育可以通过这些教学程序把华人子弟眼中抽象的中国变成学生眼中的"绿林好汉"中国、"武林"中国、"战略战术"中国。当学生通过华文阅读走进这些具体化的，形象的中国，他们确认的华人身份成为了华语学习和使用的基石，同时华语也成为了他们华人身份的标志，两者相辅相成。

（二）华语教育的课堂教学法应该以有利于华语语码跟华人身份的匹配为原则，在课堂上创造条件让学生在学习华语的过程中"社会化"(socialize)为说流利华语的华人

语言社会化这个理念认为，人们通过学习一种语言成为那个社会的一员，通过一种语言表达成为那个社会的一员[①]。具体说，我们日常使用语言的时候，都承担着一个身份，充当着一个角色，以这个身份进入这个角色说话。身份和角色承担着社会和文化的具体表现。华语作为传承语教学也应当遵循语言社会化这个理念，让学生通过学习华语成为传承语社会的一员。在课堂上，华语教学法要让学生以某个身份说话，进入某个角色说话。这个教学法的实践可以分两步走。第一步是把课文中的语言功能剥离出来，然后按语境操练。例如，初中级华语课本中有打招呼、道别、敬酒菜、送礼等功能性语言。教师可以给某一个功能语言，如"打招呼"，安排不同的语境，如与生人、熟人、好友、长辈、领导说话等，一个一个地操练，让学生学会当什么角色说什么话。第二步是把课文话剧化，故事化，情节化。若课文是文章，话剧化的具体做法是找出课文中的各种人物角色，按照情节分段，把这些人物角色和情节段落分配给学生人数相当的小组，让学生先在小组里，然后在全班把这个课文当话剧来表演。通过课文话剧化的操练，学生可以熟悉课文内容，了解课文中的人物角

---

① 周明朗：《语言社会化过程与初级汉语作为外语教学》，《语言教学与研究》，1994年第3期。

色,熟练地按照不同功能使用课文中的语言。若课文是会话,故事化具体做法是,先让学生在学生人数与对话角色相当的小组里按情节分段轮换角色操练会话,然后再让学生以对话中的每个角色的身份把对话的内容当作故事来陈述。通过课文故事化操练,学生按功能使用了课文中的语言,学会了从不同角色的角度陈述同一个事件。除了课堂操练以外,教师还可以把以上某些活动当作作业安排在课外进行。

(三)华语教材的编写也需要充分利用华语语码跟华人身份相匹配这个原则,传达中华文化,创造浓厚的趣味性,编排出高度的课堂操作性华语教材

除了按语言学习渐进的原则组织语言资料以外,还有一个同样重要的功能是宣传中华文化,培养高尚的华人,以便达到华人身份与华语语码的恰当匹配。要达到这个目标,华语教材需要有选择性地传播中华文化价值观,需要用海外华人子弟可以接受的方式讲中国故事。具体说,华语课本要考虑其内容和价值观与华人子弟居住国的价值观兼容的问题。因为这两种价值观若相冲突,大多数华人子弟会抵制这种相冲突的中华价值观,从而抵制华语学习,疏远甚至拒绝认同自己的华人身份。例如,"孔融让梨"这个故事的传统解读是难为美国生长的华人子弟所接受,因为这个故事的传统的"让"的价值观与这些华人子弟的美国价值观相冲突,"让"的这种价值观不会帮助他们成为成功的、对社会有贡献的美籍华人。所以,这个故事在华语课本中至少可以提供两种不同于传统的解读:一是"让",可以把大梨给兄长,自己再选一个小梨,因为人小吃不完一个大梨,其结果有可能是浪费,而浪费行为是被西方学校教育所摒弃的;二是"不让","不让"是真实表达自己,因为自己饿了,需要吃一个大梨。加上传统解读,学生至少可以三选一,还可以再产生自己的第四种或更多的解读。

华语教材怎么讲中国故事才能让华人子弟接受中国故事,热爱中国故事?其中的重要方法之一是华语教材必须编得有浓厚的趣味性。这种趣味性是相对华人子弟的背景、年龄等因素而言。具体做法是:(1)华语教材的内容要避免"假""大""空";(2)华语教材的内容要力争具体化、人物化、人性化。例如,教材中若编排现代中国历史的淮海战役,就需要把这场战役的政治放到课本以外,而聚焦在这场战役里国共双方将领采用的战略战术上,同时兼顾介绍战地的人文地理。华裔学生读了这样的课文,产生了兴趣,就会自己去寻找读物,去了解淮海战役的全景。在学生达到主动想解淮海战役之前,他们看到的应该是一个高度可读的课文,否则就走不到全面了解那一步。所谓高度可读性是指这个课文应该跨越政治、文化、地域等因素。这个可读课文介绍"共军"将领粟裕采用了什么战略战术,决策过程中有什么困难,是否有过误判,如何调整自己的战略战术,如何利用当地地貌等等。这个课文也介绍某位"国军"将领,如杜聿明,采用了什么战略战术跟粟裕对抗,结果如何,有何反思等等。课文还可以从两位将领的家庭背景、教育程度和人生经历等方面入手,分析他们的对抗、他们的战略战术和他们的历史宿命。整个课文像讲中国现代史上的一个战例,包括其人文地理因素,而不是仅仅为了介绍一段政治历史。如此教材便可让学生从一个战役了解到现代中国的政治、军事、人文、地理等,让学生进一步确认自己和这个中国的关系。

华语教材的编排还需要与教学法相呼应,充分考虑到课文在课堂上的可操作性。课文采用的文章要有利于话剧化,即有故事,有多个人物角色,有丰富的情节。这种课文便于教师让学生分组活动,编排"话剧",演绎不同人物角色,按不同的情节说不同的话语。课文采用的会话,除了会话人的多样性以外,还要有观点的多样性,情节的多样化。这种课文不但易于让学生有兴趣地排练"话剧",演绎不同的角色,而且可以让学生练习讲述同一个故事中的多个角度的观点。

(四)华语师资培训需要考虑华语教育的以上三个特点,在国际汉语教育师资培养的基础上增加华人历史、国别华人社区研究、华语专论、华语教育概论、华语教学法等课程,还需要安排专门的华语教育实习

这样有的放矢的培训,一是让他们认识到华裔学生对华语认同的重要性,二是让他们掌握教师在语言课堂发挥作用的方法[①]。这样培养的华语教师才能胜任华语教学。

四、结语

　　本文指出,华语教育不同于国际汉语教育,华语教育的最大挑战是华人子弟对华语和华人身份的认同困惑,即华人身份的认同缺失、认同分裂、认同重叠。本文根据语言认同过程理论提出,面对这一挑战的策略是化抽象认同为具体身份,建立身份与华语语码的直接匹配。

　　这一策略在华语课堂上和华语课本上的实践方法为:(1)语言操练角色化;(2)角色演练巩固身份;(3)身份语码匹配升华认同。

　　在汉语迅速全球化的今天,华语教育与对外汉语教育的异同不仅仅是一个学术问题,更是一个亟待解决的语言政策问题。能否全面地认识这个问题,解决这个问题,涉及到中国能否为华语教育提供正确的教学指导思想、行之有效的教学法、优良的师资和实用的教材,事关中国是否能在日益重要的世界华语教育中起积极的主导作用。

[①] 周明朗、符平:《教师在语言课堂中的作用》,《世界汉语教学》,1998年第1期。

近年来海外华文教育发展的现状、问题及趋势[①]

刘华　程浩兵

一、引言

　　华文教育是面向广大华侨华人,尤其是华裔青少年这一庞大特殊群体开展的学习华文、传承中华文化、保持民族性的"留根工程"和"希望工程",是延续海外华侨华人中华民族之根、中华文化之魂的基础性工程。华文教育关系到海外华人社会的可持续发展,以及和谐华人社会的构建[②]。近年来,随着中国政治地位的不断提高和经济持续高速发展,"汉语热""中华文化热"持续升温,海外华侨华人对华文教育的需求迅速增长,华侨华人学习华文和中华文化的热情空前高涨,海外华文教育出现了喜人的局面。国务院侨务办公室副主任马儒沛表示,目前,华文教育正处于历史上的最好时期[③]。

[①] 中央高校基本科研业务费专项资金"海外华语语言生活状况调查及多媒体语言资源库建设"(暨南跨越计划,12JNUKY008)、"理论粤军"2013年度重大资助项目"东南亚华侨华人语言生活及华语语料库建设研究"(LLYJ1321)资助。

[②] 张冬冬:《裘援平:华文教育关系华人社会和谐及可持续发展》,2013年8月3日,www.chinanews.com/hwjy/2013/08-03/5119637.shtml,2013年10月1日。

[③] 李志晖、林辉:《国务院副主任马儒沛委员:动员各界做好华文教育》,2013年3月11日,http://news.xinhuanet.com/2013-03/11/c_114976723.htm,2013年10月1日。

二、近年来海外华文教育现状概述

华文教育作为海外基础最雄厚、范围最广泛、教育最规范的中国语言文化教育体系重要部分之一,对帮助海外华侨华人学习华文,了解中华文化,自觉担任中外文化交流合作的促进者,效果最为显著。在世界经济一体化的大环境下,华文的实用性价值日益凸显,海外华文教育在当下有非常好的发展,而且形势越来越好,现将近年来的基本情况简要介绍如下:

(一)全面普及与重点扶持相结合

首先,就全世界华文教育普及的广度而言,据了解,目前有5000万华侨华人遍布在海外170多个国家和地区,各国的华侨华人为了留住中华民族的根、中华传统文化的魂和对祖(籍)国的情,创办了不同形式的华文学校。目前,全世界已建设有约2万所华文学校,数百万华裔学生正在校接受华文教育[①]。华文教材的发行区域覆盖了50多个华侨华人聚居国。

其次,就推广华文教育的方法而言,相关部门采用抓重点、树榜样、加强扶持的方法,较有代表性的例子就是海外华文教育示范学校的评选。这项评选活动主要由国务院侨办和中国海外交流协会主办,目的在于树立示范学校的榜样作用,从而带动其他华校的快速进步,促进所在国家和地区的华文教育发展。2009年,已经挂牌了首批58所海外华文教育示范学校;2011年,第二批46所学校获得授牌。未来5年,国务院侨办将建设300所海外华文教育示范学校,并给予重点扶持。

(二)"输血计划"和"造血计划"并重

1987年8月,国务院侨办从广州华侨补习学校选派了两位教师,赴马达加斯加邹省塔马塔夫华侨学校教授华语,从此开启了国务院侨

[①] 张冬冬:《裘援平:华文教育关系华人社会和谐及可持续发展》,2013年8月3日,www.chinanews.com/hwjy/2013/08-03/5119637.shtml,2013年10月1日。

办长期外派教师的工作。2011年,国务院侨办派出教师400余人,2012年派出教师700余人,2013年拟派出教师800余人。目前,外派教师遍布五大洲的近300所华校,主要集中在华侨规模较大的东南亚国家[①]。侨办将根据海外华校的需要,继续扩大外派教师规模,每年从国内选派大批优秀教师赴海外重点华校支教,壮大海外华文教师队伍。

同时,海外华文教育想要长期稳定发展,必须培养本土华文教师。因此,国务院侨办和一些国家启动了"造血计划"。近年来,为方便海外华文教师学习,提高海外华文师资队伍的教学质量,侨办组织国内教育专家和资深老师,奔赴世界多个国家开展华文教育培训活动,或者是邀请海外华文教师来华培训。下表是2013年一些重要的华文教师师资培训活动。

表1　2013年主要华文教育师资培训活动

主办单位	承办单位	时间	活动名称
国务院侨办	———	2013年6月—12月	华文教育·教师研习
中国海外交流协会 中国华文教育基金会	———	2013年5月—12月	海外华文教育名师巡讲团
中国华文教育基金会	北京市侨办	2013年4月—8月	2013华文教师教学技能"金辉"北京培训班
中国华文教育基金会	广西壮族自治区侨办 广西师范大学	2013年8月	2013越南、马来西亚华文教师课堂教学技能广西培训班
国务院侨办 中国海外交流协会	暨南大学华文学院	2013年6月—7月	2013印度尼西亚华文教师普通话培训班
国务院侨办	青岛大学华文教育基地	2013年4月—5月	2013泰国华文教师普通话正音培训班

---

① 范超:《国侨办今年外派教师超800人》,http://www.chinanews.com/hwjy/2013/05-21/4839854.shtml,2013年10月10日。

续表

主办单位	承办单位	时间	活动名称
中国海外交流协会	云南省海外交流协会 云南师范大学华文学院	2013年4月	2013缅甸华校校长教师培训班
中国海外交流协会	马来西亚华校董事联合会总会	2013年3月	2013马来西亚华文独中班主任培训班
中国华文教育基金会	华侨大学 泰国华文教师公会	2013年3月、10月	泰国华文教育本科学历班
中国海外交流协会 云南省海外交流协会		2013年8月	缅甸华文学校教师培训班

（三）文化教育内容与形式的创新

人力资源与社会保障部副部长邱小平表示，海外华文教育从汉语语言教学发展到全面提供语言文化国际视野的全方位服务，进入了一个全新的阶段[①]。习近平总书记说"博大精深的中华文化是海内外中华儿女共同的魂"[②]。由此可见，文化在海外华文教育中的重要性。但是，中华文化博大精深，我们该选取哪些内容来教？以及通过什么样的方式来教？这是我们必须解决的问题。

近二十年来，政府部门也在不断提高中华文化教育的效果，举办了一系列与中华文化有关的教育活动，这些活动不管是内容还是形式上，都有了一个新的突破。详细情况参见表2：

---

① 侨讯网:《北京华文教育工作座谈会在京举行》,http://www.qiaoxun.org/bencandy.php?fid=85&id=88538,2013年10月9日。
② 新华网:《2010年海外华裔及港澳台地区青少年"中国寻根之旅"夏令营开营,习近平出席并讲话》, http://news.xinhuanet.com/politics/2010-07/25/c_12371012.htm,2010年7月25日。

表 2　主要中华文化教育活动

主办单位	起始时间	活动周期	活动名称	活动宗旨
国务院侨办国家汉办等机构	1993年	每年一次	华人少年作文比赛	鼓励世界华人少年学习和继承民族的语言文化,提高其使用民族语言文字的能力
国务院侨办中国海外交流协会	1999年	不定期	中国寻根之旅	帮助海外华裔青少年学习中文,了解中国国情和中华文化,促进海内外华裔青少年的交流
国务院侨办中国海外交流协会	2011年	每年一次	中华文化大乐园	达到学会一首歌、一支舞、一套拳、一幅画、一件手工艺品的基本教学目标
国务院侨办北京市人民政府中华全国青年联合会	2011年	每年一次	"水立方杯"海外华裔青少年中文歌曲大赛	吸引海外华裔青少年学习中文,在海外华人群体中弘扬中华文化,培养中华民族情
中国海外交流协会	2012年	每年一次	海外华裔青少年中华文化大赛	进一步激发海外华裔青少年学习汉语和中华文化的兴趣

(四)远程教育技术的运用和推广

从 2006 年开始,中国华文教育基金会陆续在美国、印度尼西亚、文莱达鲁萨兰国、葡萄牙等国家开展远程培训工作,已有 3000 多名海外华文教师受益。"2012 华文师资远程培训"项目涵盖了幼儿师资远程培训、初级汉字与汉语速成教学培训、中级华文阅读教学培训、高级汉语教学法培训等各个层级的华文教学内容。印度尼西亚万隆、雅加达、葡萄牙里斯本等多个地区的 300 余名华文教师在当地通过远程视讯系统参加了培训;2013年5月,北京四中网校董事长邱济隆签署了开展葡萄牙、印度尼西亚和文莱华文教师远程培训的合作备忘录,借助北京四中优秀的基础教育和网络教育,把优秀教学成果推向世界,从而促进海外华文教育的发展;2013年6月,由上海市侨办、上海海外文化推广中心——澳大利亚新金山中文学校共同主办的海外华文师资远程培训,在上海和墨尔本两地同步举行,来自墨尔本的230多位华文教师参加了培训,此次活动为澳大利亚华文教育增添了新的平台和内容;2013年8月,由国务院侨办与厦门大学携手共建的华文网络远程学历教育项目启动,该项目旨在服务海外华侨华人及华裔新生代的华文教育,为广大华侨华人和两岸同胞,在华文教育与中华文化传播领域的合作搭建交流平台。

三、主要国家华文教育现状

(一)马来西亚

华裔人数达620多万的马来西亚,是中国大陆和港澳台地区以外,全世界华文教育最为发达之地。该国有华文小学、独立华文中学和华文大专院校,是国外唯一拥有小学、中学、大专完整华文教育体系的国家。

在2013年的马来西亚大选中,现任首相纳吉布为争取到得华人选票,大打"华教牌":先是宣布如能继续执政,将拨出1亿令吉的教育专款扶持华文教育,紧接着又批准新建关丹中华中学和宽柔中学第二分校,并且批准柔州一华小迁入伊斯干达特区,拟批准槟城韩江学院升级为韩江传媒大学学院。马来西亚目前共有61所"独中",约有7万在校生;华文小学超1300所,在校生超过60万;还有3所华文大专院校[①]。马来西亚为在中华文化母体之外如何发展华文教育,以及如何处理华文教育与当地国民教育之间的关系,树立了一个

---

① 林旭娜、林亚茗著:《走读南洋之马来西亚华文教育》,http://news.nfdaily.cn/content/2013-05/20/content_69263406_2.htm,2013年10月15日。

范例。

2013 年 7 月,裘援平指出,华文教育是马来西亚构筑多元社会、多族群国家的需要,发展华文教育对马来西亚经济繁荣、社会进步、国家发展也非常有利。马来西亚已经成为中国在东盟最大的贸易伙伴,双边贸易额去年已达到 900 亿美元,而且还在以很快的速度增长。两国之间的教育交流也越来越深,马来西亚政府对华文教育也保持着越来越开放的姿态和政策[①]。

(二)泰国

泰国是国务院侨办开展华文教育工作的重点国家,也是国务院侨办外派教师数量最多的国家。自 1991 年起,侨办已选派了 947 位教师赴泰国任教。在侨团积极倡导,侨界鼎力支持,侨商大力相助,华校教师共同努力下,泰国形成了独具特色的华文教育体系,开创了具有发展后劲和不竭动力的办学模式。泰国教授华文的学校可分为四类:由泰国教育部批准开办的民办华文小学和中学;由政府开办的大学和私立大学开设的中文系或中文教育班;由泰国教育部批准的公立及私立职业技术学院和技校开办的各类中文培训班;各类私立或者社会开办的华文短、长期培训机构。据了解,目前,全泰国学习中文的人数已突破 80 万[②]。随着中国的发展壮大和中泰合作关系的加强,泰国民众学习中文的热情越来越高,华文教育既面向侨胞,也面向当地主流社会,培养熟悉两国语言和文化的各类人才。

(三)印度尼西亚

印度尼西亚的华文教育曾出现过三十多年的断层,所以,相比东南亚其他国家(如新加坡、马来西亚、菲律宾),目前印度尼西亚的华文教育要滞后很多。

在 2004 年之后,印度尼西亚的三语学校发展迅速。但是,现今

---

① 黄鸿斌、张冬冬:《裘援平在马来西亚详述华文教育四种新态势》,http://www.chinanews.com/hwjy/2013/07—04/5004853.shtml,2013 年 10 月 15 日。

② 杨凯淇:《裘援平谈泰国华文教育:两国合作需更多中文人才》,http://www.chinanews.com/hwjy/2013/10—14/5378578.shtml,2013 年 10 月 20 日。

三语学校仍存在很多问题,比如缺乏统一的华文教材、华文课时量少、华文师资欠缺、教学质量难以保证等。

尽管从2013年开始,印度尼西亚本土华文教师逐渐呈现"学历化、规范化、青春化"的发展趋势,但是很多学校仍然没有华文教师。而且,国民学校华语的教学课时太少,一星期只有区区一两节课;另外,很多国民学校规定学生的华文成绩必须达到75分以上,学生的学习压力很大,容易产生厌学情绪。

印度尼西亚华文教育的发展,除了依赖国内的投入之外,应该多向马来西亚、新加坡、菲律宾学习;大力加强同中国教育部门的联系与合作,推动两国政府间达成教育及文化方面的协议;从国家政策层面,为华文教育的发展与印中文化交流提供法律保障。同时,印度尼西亚华社需要形成全国性、权威性的华文教育组织,以使华校之间消除隔阂、加强合作、互通有无。此外,印度尼西亚华文教育还需要适应时代的发展需求,一方面帮助学生打好华文基础,另一方面要培养出适合社会需要的高水平人才。

(四) 美国

近年来,美国的华文教育发展越来越好。华文教育家梁培炽说:"尽管已从事多年的华文教育,但让我感触最深的还是最近这几年,越来越多的高校设置了华文专业,华文已经成为美国最主要的外国语言。"[①]

管中窥豹,从几个典型的华校的发展,我们可以看到美国华文教育的发展状况。成立于1994年的美中实验学校,不到十年,学生数量由最初的八十名增加至现在的近千名,校区也由开始的一个增至现在的三个。旧金山南侨学校,涵盖了从幼儿园到高中,共七个时段的华文教育,学生数量从刚开始的三十多名,增加到现在的近两千名。建于2003年的波士顿艾克顿中校,共设有38个中文语言班,学生人数由最初的一两百增至目前的七八百。成立于1911年的明伦

---

① 《华文在美国越来越受欢迎》,http://www.jmnews.com.cn/c/2010/05/10/10/c_1076714.shtml,2013年10月20日。

学校,是夏威夷历史最长、规模最大的中文学校,一百多年来,培养了许多例如联邦参议员邝友良等栋梁人才。2013年,美国希望中文学校、特拉华春晖中文学校、哈维中文学校和美中实验中文学校被中国国务院侨办评为海外华文教育示范学校。

此外,一些非盈利性公益组织也促进了美国华文教育的发展。例如,始建于1994年的全美中文学校协会,会员学校达到两百所,遍布美国三十七个州的几乎所有大、中城市;学生人数达3万以上,服务和影响遍及千万个华裔家庭。该组织致力于加强全美各中文学校之间的交流与合作,有力地促进了美国华文教育事业的发展。2013年11月,协会与云南省侨办、云南省海外交流协会达成合作协议,携手推进美国华文教育的发展①。

(五) 韩国

据了解,韩国本来有老华侨约两万人。近几年来,中国赴韩经商、工作、留学人员迅速增加,目前,在韩国居留超过3个月的中国公民已达80多万,获得韩国永久居住权(F5签证)的新华侨已超过10万。韩国华侨十分重视子女的中文教育,韩国全国共有全日制华侨中学4所、小学26所、幼儿园2所,学生3000多人,教师200余人②。

(六) 其他地区

欧洲的华文教育大部分是周末学校,华文教师也是兼职。目前,在西班牙的华人超过三十万,中文的普及教育已经引起了西班牙政府的重视,并给予了一定力度的支持。很多学校都开设了中文课程,虽然不是核心科目,但是可以保证华侨华人孩子一周接受两到三小时的中文课程教育。北美地区现有570万华侨学子对中国文化教育强烈渴求。澳大利亚华裔多数不懂中文,内心亦不愿学中文,但其父母设法让孩子接受中文教育,了解中国文化,澳大利亚的中文学校日

---

① 《全美中文学校协会与云南海交会共推华教发展》,http://www.gqb.gov.cn/news/2013/1105/31562.shtml,2013年11月30日。

② 谢萍:《国侨办官员走访韩国侨社与华校听侨声问侨情》,http://www.chinanews.com/hwjy/2013/02-15/4564210.shtml,2013年10月20日。

益增多,华裔进入中文学校的数字也逐渐攀升。

四、海外华文教育存在的问题

(一)"被中文"现象严重

"被中文"是指出生在国外或幼年就赴国外的华人后裔新一代,他们有着黄皮肤、黑头发的华人特征,却不喜欢学习和说中文,讲得一口流利外语,常被父母逼着学中文。目前,华侨华人正经历着从"落叶归根"向"落地生根"进行转变的过程,华裔新生代对于中国的认同感明显减弱,华裔青少年的中华文化"断根"现象日趋普遍,这其中,华文教育问题显得更为突出。澳大利亚《大洋日报》记者陈贺义表示,很多华裔根本不情愿学中文,之所以硬着头皮去学,是因为父母的"威逼利诱"。[1]

(二)华文教师严重短缺

印度尼西亚广肇总会副总主席胡建章表示,海外华文教育和中华文化的传承教育需要大量教师,但在东南亚国家,尤其是印度尼西亚,华文教师较少,且他们的年龄大多在60岁以上,这使得印度尼西亚的年轻华裔缺乏足够的华文教育[2]。印度尼西亚雅加达华文教育协调机构执行主席蔡昌杰则坦言,印度尼西亚华文教育现在已经出现了断层,华文教师、管理人才匮乏,亟需培养年轻一代华文教育接班人[3]。马来西亚吉隆坡教育局华文科前督学彭德生表示,国民中学华文师资短缺现象日趋严重,目前国内开办的华文科母语班

---

[1] 唐小晴:《华裔新生代频现"被中文"海外华文媒体高层支招》,http://www.chinanews.com/zgqj/2013/07-13/5038822.shtml,2013年10月1日。唐小晴:《华裔新生代频现"被中文"海外华文媒体高层支招》,2013年7月13日,http://www.chinanews.com/hwjy/2013/07-13/5038822.shtml,2013年10月25日。

[2] 奚婉婷:《海外侨胞建议广东多向东南亚输送华文教师》,http://www.chinanews.com/hwjy/2013/01-25/4522443.shtml,2013年9月20日。

[3] 娄晓:《30余华文教育工作者聚北京 共话华教现状与发展》,http://www.chinanews.com/hwjy/2013/09-30/5342277.shtml,2013年10月15日。

(POL)已经超过1000个班,全国有多达200至300个华文老师空缺急需填补①。菲律宾华校也面临着师资短缺和教师非专业化的问题。老一辈华文教师退休后,到2015年,华文教师将缺少1000多名。同时,在职教师中,只有约10%的老师毕业于师范类专业,较低的教师素质,难以保证课堂教学质量。菲律宾华教中心副主席黄端铭说:"现在从事华教工作的青年人不多,华文教师数量短缺的情况会持续很长一段时间。"②

(三)华文教育理论研究滞后

华文教育有其自身特点和规律。近年来华文教育发展迅速,但理论研究相对滞后,成为华文教育发展的一大瓶颈。华文教育如何建立具有本土特色的教学体系?怎么样提高教学质量?怎么样提高华文教学的趣味性?怎么样加强教学评估?怎么样加强师资培训和华文教师资格的认证?华文水平测试的标准该如何制定?怎么样建立统一的华文教学大纲?这些问题解决不了,将严重制约华文教育的发展。

(四)其他问题

当前,华文学校一般由华侨华人或者华社自己筹资兴办,并且大多数华校并未纳入当地国民教育体系,面临诸多困难。

远程华文教育发展迅速,但整体而言还存在很多问题。《侨务工作研究》中的文章认为,"海外华文教育网站因面临着资金、技术、人才匮乏等诸多问题,发展水平参差不齐,大部分地区都没有专门的华文教育网站。"③

海外成长的学生不受中国传统教育的束缚,低年级教学采用中国传统的管理模式还可以维持教学秩序,对中、高年级的学生则较

---

① 范超:《大马国民中学现华文教师"师资荒"急需近300人》,http://www.chinanews.com/hwjy/2013/09-16/5288045.shtml,2013年10月1日。
② 林浩:《菲律宾华教中心副主席:应借祖籍国促华教发展》,http://www.takungpao.com/sy/2012-11/02/content_1335661.htm,2013年10月1日。
③ 宋剑、郑文标:《网络时代华文教育问题的思考》,《侨务工作研究》,2012(6),http://qwgzyj.gqb.gov.cn/hwjy/169/2140.shtml,2012年12月1日。

难,所以怎么样适应当地中高年级的教育秩序,使华文教育长期延续,提高成效和影响力?怎么样在华文教育的课堂上,培养学生跨文化的交际能力?这些对于我们都是挑战,我们要不断探索华文教育与华人华侨所在国主流教育的关系与对接途径。

(五)海外华文教育发展趋势

海外华文教育在当下有非常好的发展,而且形势越来越好。今年两会期间,马儒沛建议,国家继续逐年增加华文教育经费投入,着手试点支持政府或民办教育机构,在海外华侨华人后裔和中国外派人员较集中的国家,举办由所在国和中国学历双重承认的中文学校,并研究制定这些人来华后入学的衔接政策。此外,应动员社会力量,做大做强"中国华文教育基金会",发挥其民间公益组织的作用,作为政府主渠道工作的有效补充[①]。

新形势下华文教育的发展面临着新方向,根据目前华文教育的状况,笔者对未来华文教育的发展趋势做了如下探讨:

(一)新生代侨民回乡学习

侨二代、三代长期生活在国外,很多人已经不会讲普通话,不认识中国字。针对这种情况,国内的一些侨乡全力支持发展华侨子女学校,让长期生活在国外,无法开展普通话交流的华侨子女回乡学习。随着祖国经济实力的不断提升,预计将会有越来越多的"侨二代""侨三代"回祖国接受高等教育。

(二)多渠道合作办学

海外华文学校应同中国相关学校加强合作。合作办学能让华校共享国内学校的师资和管理资源,快速成长。例如,菲律宾华文教育界正通过与中国知名大学合作的方式建设华文学校。2009年,菲律宾华教中心与暨南大学华文学院签订了合作共建协议,在密三密斯

---

① 李志晖、林辉:《国务院副主任马儒沛委员:动员各界做好华文教育》,http://news.xinhuanet.com/2013—03/11/c_114976723.htm,2013年10月1日。

光华中学进行了合作办学试点。合作共建以来,光华中学已摆脱了生源短缺、管理混乱的困境,步入良性发展轨道。

(三)海峡两岸加强合作

中国台湾地区在海外开展华文教育的历史比较悠久,而且秉承了中国重视海外华文教育的传统,从来没有中断过。两岸华文教育界应加强交流,共同探寻华文教育发展规律;携手合作,共同致力于华文教育大发展;凝聚共识,形成推动两岸华文教育合作的强大动力。面对蓬勃发展的世界华文教育,海峡两岸教育合作还要深化,应该建立两岸华文教育的协商机制,协调华文教育方面的工作[①]。

(四)资源整合,协同发展

从侨办系统内着眼,侨办应探求系统内几所院校之间的联动机制,从不同层面发挥每所院校的功能作用,整合资源,形成覆盖所有教育层次的、连贯的华文教育体系,使华文教育成为国民教育中独特的环节和有益的补充。从国际上来看,我们要把中国大陆的力量和港澳台的力量有效的整合在一起,把国内的力量和海外的力量,华人华侨的力量以及驻在国主流社会的力量协同起来,把华文教学界和华文传媒界的各种力量整合起来,共同推动海外华文教育事业的发展。

六、结语

通过对近年来海外华文教育发展现状的分析,我们对其有了更清楚的认识。需要强调的是,海外华文教育在当下的良好发展形势有目共睹,但是我们不能因此盲目乐观,毕竟目前海外华文教育的普遍水平依然差强人意,其面临的一些问题,例如,教材问题、教师问题、教法问题等等,并没有彻底有效地解决。更加令人担忧的是,海

---

① 杨伏山:《华侨大学副董事长马儒沛提华文教育"三建议"》,http://www.chinanews.com/zgqj/2013/08-25/5203153.shtml,2013 年 11 月 1 日。

外华裔新生代对中华民族的认同感越来越弱,出现了不同程度的文化断层,有的甚至讨厌学习中文和中国文化,很多孩子是被父母逼着学习中文。这不得不让我们反思,在当下,海外华文教育的发展所面临的最迫切需要解决的问题到底是什么?我们在短期内可以有效解决的问题又是什么?如果能够回答这些问题,我们有理由相信海外华文教育会有一个更加美好的未来。

海外华文教育的特征、问题及对策研究[①]

耿红卫

俗话说,"有海水的地方就有华人"。是的,据史料记载,在秦朝统一中国以前的七国纷争时期,就有小部分中国人由于战乱而散落海外,主要漂流在今天的泰国一带,距今有2000多年的历史。然而,海外华侨华人办教育,是从华人社会形成后,创办学校算起的,至今只有300余年的历史。随着中国综合国力的日益增强,对外交流的进一步扩大,华文的文化价值和商业价值逐日提升,华文在所在国的地位也日渐提高。因此,移居海外的中国人更多,华文教育也呈现出蓬勃发展的良好态势。但在发展中还出现一些问题,需要有效的策略来解决。

一、海外华文教育的特征

当今,海外华文教育是面向海外华侨、华人、华裔及其他外国人开展的中国语言文化教育,是一种面向世界的特殊教育,呈现出以下特点:

[①] 河南省高校青年骨干教师资助计划基金项目:海外华文教育的发展研究,项目编号:2009GGJS—041;河南师范大学国家社科基金培育项目:多元文化视野下的华侨华人与汉语文教育在海外的传播路向研究。

(一)教育终身化

华文教育首先作为一种语言教育,要求学习者达到能通晓对语言基本功能的运用。比如:一个生活在汉语环境中的中国孩童,从出生之日起,就受到中国汉语言文化的熏陶,到小学便开始系统学习中国语文课,一般每周 8—10 小时,而且其他课程也都用汉语作为教学媒介语,这样到小学毕业时,他们才具有一般的阅读和写作普通文章的能力。而一个生活在外国语言环境中的海外华侨华人儿童,仅在小学阶段每天接受 1—2 小时,甚至不到 1 小时的华文课,或一个仅仅接受短期培训的成年人,他们是很难达到华文教育的目标和标准的。因此,海外华文教育的终身化,是由其自身的语言特点和作用所决定的[1]。

(三)教育个性化

过去的华文教育对象较为单一,主要是对海外华侨华人子女进行中华语言文化及相关知识的教育。今日的华文教育在教育对象上更加广泛,除华侨、华人、华裔外,还有少数英、法、葡、阿等语系的外国人,有自幼儿园到大学的各级各类学生,有下自平民百姓、小商小贩上至政府要人、学界精英。他们在语言、文化方面的基础有别,学习目的和学习环境各不相同,对学习内容、学习深度、难度等各有各的要求。而社会的需要对每个人的要求也不同,因此可能有不同的学习问题与需求,必须在教学上有不同的强调。它需要针对不同教育对象,采用不同的教学内容,选用不同的教学手段,施行不同的教学方法,因材施教。比如:对于华侨华人子女,由于他们具有民族文化之根,因此要注重语言文字的讲授,还要加强对其中华文化知识的灌输,使他们能为所在国的经济发展和社会进步作出良好服务的同时,认同于中国(祖国),为中华文化的传播和发扬光大作贡献;对于非华裔的外国人,由于他们没有中华民族的文化背景,因此教学重点应放在教会他们对汉语言文字的运用上,同时兼顾对其进行中华文

---

[1] 唐燕儿:《海外华文教育:趋势、问题与策略》,《清华大学教育研究》,1999 年第 4 期,第 75 页。

化的传授,使他们更好地了解中国、认识中国、愿意与中国合作。

(三) 教育多样化

海外华文教育的目的和任务主要有两点:一是教会学生掌握汉语听、说、读、写、译的技能,了解中国语言和文化的基本内容和精神,进而培养华裔青少年的民族素质和对中国的感情;二是通过中华文化的传播和与世界文化的交流,促进华人所在国与祖籍国的友好往来[①]。其目的和任务决定了海外华文教育结构的多样化以及多层次、多形式办学的需要。就教育体系而言,不仅有幼儿园、小学、初中、高中教育,而且有专科、本科、研究生教育;就教育形式而言,不仅有全日制教育、正规教育,而且有非全日制教育、业余教育等多种形式;就教育层次而言,不仅培养有初级、中级华文人才,而且培养有学士、硕士、博士等高层次华文人才;就办学主体而言,不仅有华侨华人社团办、私人办,而且有政府办、华界与当地政府联合办等多个主体。

(四) 教育内涵扩大化

第二次世界大战前,海外华族大都未加入所在国国籍,华文教育还属于侨民教育的一个有机组成部分。第二次世界大战后,由于新中国鼓励侨民加入所在国国籍及所在国的同化政策等因素,海外侨民大多加入所在国国籍,向华人转化,侨民教育也逐步转向华人教育。而海外华文教育便成为面向华侨和华人及华裔的中华民族语言文化教育。20世纪80年代以来,随着中国改革开放政策的实行、综合国力的增强和国际地位的提升,华文教育的经济和文化价值日益彰显,接受中华语言文化教育的非华裔的外国人逐渐增多,海外华文教育的内涵进一步扩大。具体可以表述为:既包括在各级华文学校学习中华语言文化的所有华侨、华人、华裔和非华裔的外国人,也包括世界汉语教学(一些大学、中学开设的汉语专业)中既注重学习汉语(华语)又注重接受中华语言文化熏陶的华裔和非华裔。

---

① 黄碧芬、陈嘉庚:《"诚毅"与华文教育的"育人"》,《华文教育研究与探索》,广州:暨南大学出版社,1998,第28页。

二、海外华文教育存在的问题

目前,海外有华侨华人3,000万(实际上超过此数),分布于全球五大洲100多个国家和地区①。华文学校5,000多所,华文教师达2万多名。其中世界华文教育的重点地区亚洲有华文学校3,000多所;欧美各国的华文学校如雨后春笋,蓬勃发展,美国就有华文学校500多所,学生6.8万人②。海外华文教育总体说,已经开始进入蓬勃发展时期,但依然面临着诸多问题。

(一)海外华文教育资源过于分散

中华文化博大精深,涉及到语言、文字、文学、天文、地理、历史、风俗、文化等。对华侨华人充满了吸引力,然而华文教育资源遍及世界各地,教育机构极其分散,彼此之间缺乏联系。对于学习和研究华文的人,只能依靠所在地有限的教育资源,而无法得到广博的中华文化资源。这种资源分散的现象如果不早日解决,势必会影响21世纪海外华文教育的整体发展。

(二)师资不足且教学水平参差不齐,影响华文教育的质量

海外华文教师主要有以下几种类型:一是在所在国受过华文教育且具有较高学历的华文教师;二是从中国聘请的中文教师;三是有一定的华文底子,经过简单培训取得华文教育任教资格的华文教师;四是自身华文水平不高,但为了华侨华人子女的学习需要而受聘或自愿担当教学任务的教师。另外,也有极少精通华文的非华人教师。其中人数最多的是第三种、第四种类型的教师,华文水平不高,严重制约着华文教学质量的提高。近些年来,随着全球"华文热"的升温,华文教师日益显得匮乏,尤其是高水平的、受过正规训练的华文教师

---

① 向大有:《二十世纪海外华侨华人沧桑巨变》,《八桂侨刊》,2000年第2期,第1页。孙达先:《海外华文教育初论(纲要)》。周小兵、谭铭章:《东西方华教的桥梁——国际华文教育会议文集》,广州:广东人民出版社,1997年,第110页。

② 周世雄、林去病:《面向21世纪的海外华文教育》,《第三届国际华文教育研讨会论文集》,第242页。

更为缺乏,不能不引起国内外华文教育机构和教育工作者的极大关注。

(三) 华文教材不足,针对性不强

海外各地使用的华文教材来源不一,有来自中国的,有来自华文教育水平较高的新加坡的,也有当地政府或华人社会自编的。这些教材存在着各种各样的问题:或程度过于艰深,不适合海外华裔儿童的汉语水平;或脱离当地华人的具体生活状况,也较少考虑到学生的兴趣和需要;或粗制滥造、品质低劣[①]。即使这样的教材,种类和数量也严重不足,因而海外华校极少有选择的可能性。目前,海外各地大都将华文教育纳入当地教育体系的一部分,实施教育时很难从现有的教材中选出合适的内容,因此对华文教育的开展造成很大的障碍。

(四) 华文教育的合法地位得不到保证,授课时间少

海外华文教育除新加坡等国将华文同英文并列作为第一语文进行教授外,绝大多数国家都把华文作为第二或第三外语来开设,授课时间很少,每天大多只授课 1—2 小时。即使在华文学校学习,时间也得不到保证。因为绝大多数华文学校都属于夜校、周末学校和培训班性质。这致使海外华侨华人子女大多只能掌握一定数量的中华语言文字而已,谈不上进行熟练的听、说、读、写,严重地影响了他们对中华文化的传承和发扬光大。

(五) 经费投入有限

华文教育的经费来源主要有:第一,当地政府不支持,所有的经费来源全靠华侨华人社会机构和人士的捐资。第二,以华侨华人办学为主,地方政府给予一定的补贴。第三,政府将华文学校纳入国民教育的体系中,参与华校的管理、改革与发展,提供全部或大部分资助,但此类学校太少。第四,中国在一些侨居国独立办学或与华社合

[①] 尉万传:《利用互联网资源辅助华文教学》,《海外华文教育》,2003 年第 4 期,第 55 页。

资办学。随着华校生源的日益增多,多数学校在提高办学质量和规模等方面都显示出经费投入不足的问题。对此,中国各级侨务办公室、驻外领事馆及海外各华社,还有其他热心华文教育的人士,都做出了很大的努力,但远远不能满足海外众多学习者的需要。

三、海外华文教育持续发展的策略

海外华文教育存在着诸多问题,必须采取切实措施予以解决:

(一)建立海外华文教育总网站,整合海外华文教育资源

国内外现有的有关海外华文教育教学的内容、网站散置于各类分类目录中,不易寻找。因此,应当充分发挥国际互联网络的优势,建立华文教育总网站,将全球各国、各地、各学校的华文教育资源与文化相关资源汇集在一起,并加以有效的整合。主要包括华文教育、中华文化、专业教育、华人社区动态、生活咨询等栏目。各项分类及网页连接均采用多维度分类架构,包括咨询内容分类、地区、语言、呈现媒体及使用者等构成多维度的交叉检索及咨询组合与引导机制。学习者登录此网站很容易找到自己所需要的资料[1]。

(二)稳定教师队伍,提高教学质量

一些国家的华文教师待遇不高,社会地位低下,致使许多教师弃教从商或其他职业。可以发动华界捐资助教,也可以通过斗争等方式争取当地政府对华文学校的补贴,进一步提高华文教师的工资和生活待遇。在确保现有教师规模的基础上,发掘并动员过去华文学校的教师及受过华文教育的学生们,重新加入华文教师队伍执教,献身于华文教育事业。并采取有力措施提高教学质量:(1)当地各级高校成立华文学院或华文专业,培养当地华文师资。(2)组织华文教师到北京语言大学、暨南大学、华侨大学等有华文教育的大学进行短期、中期或长期学习,提高华文教师的学历层次。(3)充分利用中国

---

[1] 唐燕儿、李坚:《海外华文教育发展之困境与对策》,《清华大学教育研究》,2001年第2期,第149页。

在海内外举办的"汉语水平考试"(HSK),规范华文教师的教学内容、水平和测试方式等①。(4)当地有关社团,如华文学校校友会、基金会、联合会、宗祠同乡会等组织举办"华文教师及汉语进修班"或通过中国大陆的华文教育专家、学者到世界各地华校讲学或举办培训班等方式,来提高华文教师的教学水平。

(三)编制华文教材,增强其适用性

海外华校主要有两种,一是周末中文学校,作为第二语言教学,主要集中在美洲、大洋洲、欧洲;二是全日制华文学校,有的以华语为教学媒介语,有的不是,主要集中在东南亚地区。两类学校普遍存在教材版本落后、数量不足等问题。应根据上述不同情况,有针对性地编写教材。华文教育情况良好、规模大、机构齐全、实力雄厚的国家,能够自编符合本地华文教育特点的教材,如马来西亚、新加坡等。多数国家必须与中国有关单位合作,才能编写出既能体现中国文化内容又能与当地语言文化相结合的新教材,才能保证教材的系统性和完整性。如1996—1997年,暨南大学华文学院和暨南大学出版社分别与柬埔寨华人理事会和北美地区中文学校协会合作,编写出版的系列教材就比较成功。北京语言大学和暨南大学出版社也正在与泰国、日本等国华校协作,分别编写、出版适合泰国和亚洲部分国家全日制华校的华文教材②。

(四)实行计算机辅助教学,提高学生学习华文的积极性

目前海外学习华文的人很多,层次有别,利用传统的人人对话进行讲授华语有一定的难度。最好利用现代化的教学媒体——计算机辅助教学,以激发学生的学习兴趣。海外华裔学好华文的关键环节就是语言教育,不但要求学生掌握读、写,还要掌握听、说。多媒体辅助教学使学习者一面在屏幕上观看文字,一面反复听取发音、会话,进行听力训练,并且具有播放华文影片及动画的功能,从而使学习者

---

① 林莆田:《广州海外华文教育交流会述评》,《海外华文教育》,1994年第2期,第52—53页。
② 丘进:《海外华文教育四议》,《汉字文化》,1998年第2期,第54页。

处于较好的语言学习环境中,提高学习效果。另外,编排多媒体课程软件可以将教材内容分割为许多片段,并将有关之片段加以再连结,呈现树状或网状结构,允许使用者掌握主动权,依照自己的兴趣和需求,自行涉猎丰富的教材内容,这种方式,对于背景各异的海外华文学习者而言,特别适合个别化学习[①]。

(五)争取多方支持,确保华文教育的地位日益提高

近年来随着华文经济价值的提升,世界各国政府更加重视华文教育,鼓励和支持华侨华人办学,并实行了较为开放的教育政策。但是并没有把华文教育提高到应有的地位。因此要继续努力:第一,华人社会还要为华文教育——母语教育的合法地位而努力,争取当地政府进一步放宽对华文教育的限制。即便作为第二外语开设,也要有更多的学习时间保证。第二,海外华界要加强同中国的文化交流。许多国家要求华文教育要加强同中国的文化交流。中国政府在政策、经济方面要给予大力支持,作为海外华文教育的强大后盾。第三,发动华人社会及其他各界人士捐资,在多国成立华文教育基金会,最大限度弥补经费之不足。

[①] 唐燕儿:《海外华文教育、趋势、问题与策略》,《清华大学教育研究》,1999年第4期,第78页。

20世纪90年代以来的菲律宾华文教育改革：
探索、成效与思考[①]

朱东芹

菲律宾华文教育兴起于19世纪末，在20世纪50年代中期达到顶峰，20世纪70年代初受菲律宾政府"菲化"政策制约陷于低谷。进入20世纪90年代，鉴于华文教育式微的现实，菲华社会展开了"拯救华文教育"的行动，并开始了对华文教育改革的探索。然而，在目前华菲融合不断推进的大背景下，拯救华教的努力成效不大，华教的发展前景并不乐观。

一 菲律宾华文教育改革的探索过程

中菲建交之后，华侨大批入籍，身份的改变也带来了华人心理的变化，面对现实，越来越多的华人开始考虑融合于当地的问题，加之1976年后侨校的全面菲化，华文教育的空间受到挤压，进入20世纪80年代后，衰退之势日益加剧，这一问题也引起了华社的普遍关注和重视，并在20世纪90年代初引发了华社"挽救华文教育"的行动。

[①] 本文的项目内容：中央高校基本科研业务费专项资金资助项目"两岸关系与海外华侨华人社会的发展"（JBSK1145）；中央高校基本科研业务费."华侨大学！侨办"科研基金资助项目"华侨高等教育与提升中国国家文化软实力的互动研究"（10QKS06）

其中,1991年5月成立的"菲律宾华文教育研究中心"(简称"华教中心")在华文教育的改革中扮演了重要的角色,这是一个由一群关心菲律宾华文教育的华人组建的民间机构,成员大都有从教的背景,对菲律宾华文教育及其存在的问题也相当熟悉。1991年,华教中心成立后,他们就开始对"菲化"以来的华教进行反思和检讨,同时也开始了对华教进行改革的探索和思考,并于1995年以后,开始主导对新时期菲律宾华文教育的政策、制度、内容及方法进行了全面调整。迄今为止,菲律宾华文教育改革大致可分为以下三个阶段:

1. 1991—1994年:探索华文教育的重新定位和华语教学的重新定性问题。

自从1899年菲律宾第一所华侨学校建立,教育的目的便设定为培养既能适应华侨社会、中国社会,又能适应菲律宾社会的中国公民,作为"国民教育",其宗旨在于保住华侨的民族性、培养对祖国的认同感和爱国心,因此,在教学内容中,除英语和其他基本知识外,中文与中国传统价值观念仍是重点,华语教学也是一种"母语"即"第一语言"教学,这种情形一直持续到侨教菲化之后的20世纪80年代。1991年,华教中心开始对华文教育衰退的问题进行反思,认为在华人社会当地化的大背景下,之前将华文教育视为"国民教育"的定位、将华语教学视为"第一语言"教学的定性已不再适应现实的社会发展,应该进行调整。事实上,在1975年华人大批入籍和1976年侨校全部菲化之后,从严格意义上来讲,菲律宾"华侨教育"就转变为"华人教育"了,成了菲律宾教育体系中的一个有机组成部分,教育的目的不再是培养中国公民,而是培养菲律宾公民。而在20世纪90年代初华教中心所做的实地调查中,实际情况令人堪忧。华教中心副主席黄端铭先生对那次课堂巡视记忆犹新,全班三十多个小学生,显然都是新生代的华人,应是菲律宾籍无疑的,但当老师提问:"你是哪国人?"时,除了一两个学生回答"是菲律宾人"外,其余的都答说自己"是中国人"①。这情形不禁让巡视的诸位感到愕然甚至惊心,试想,如果不是华人而是原住民的教育官员前来巡视,那他们将作何感想

---

① 2010年3月笔者对菲律宾华教中心副主席黄端铭先生访谈记录。

呢？而孩子的这种观念，除了家庭之外，更多地还是受学校教育的影响，改革华文教育刻不容缓。但对于该如何调整，华教中心起初并没有明确的想法，于是，一方面走出去，到各华校进行实地调研，另一方面请进来，由国外请来汉语教学的专家传授经验。从 1991 年 11 月到 1994 年 11 月三年的时间里，华教中心就组织了 1 次华语教学讲习会和 9 次华语教学讲座，分别邀请了来自中国和美国的专家讲授华语教学的相关问题。其中，1991 年 11 月由北京语言大学吕必松教授主讲的、以《第二语言教学》为题的华语教学讲习会尤其具有重要意义。吕教授是我国汉语教学的专家，时任北京语言学院院长兼国家汉语办公室主任，在当时菲华社会还在为华语教学的定位而迷惑的时候，吕教授有关"第二语言教学"的演讲就如同新思维一样为刚刚起步的菲律宾华文教育改革指点了方向，使华教中心及其他热衷华教改革的人士颇受启发。结合菲华社会的当地化程度不断加深的现实，经过四年的调查研究，华教中心大胆地提出了有关华文教育定位和华语教学定性的新的构想，即菲律宾华文教育应定位为菲律宾华族的民族教育，是菲律宾教育体系中的一个重要组成部分。为配合融合于主流社会的大方向，新时期菲律宾华文教育的目标确定为培养具有中华文化气质的菲律宾公民。在此基础上，华语教学的定性问题也被提出来。基于现实，华人新一代在菲出生成长，菲语是第一语言，华语已不再适宜作为母语即第一语言进行教学，而应定性为第二语言教学。

华教中心的改革设想对传统华教的定位与定性是一个颠覆，一经披露，便在华社内部引起了轩然大波。期间，尤其是围绕华语的"第二语言"定性问题，华社展开了激烈的争论和论证，大多数人一时难以接受这样的改变。一方面是因为情感的因素，诚如中国台湾学者余英时所言："文化对人有'安身立命'的功能，个人想寻求精神的归宿，仍舍文化莫属。离开自己的文化本土，纵使在物质上空无所有，在精神上仍拥有丰富的文化资源，他们凭着这些文化资源，才能在新土上重建基业。"背井离乡的华人之所以热衷于出资兴教，目的亦正在于此，传承中华传统文化，"存国性""播国风"，把根留住，这正是华人在异域"新土"寻求"安身立命"的"精神归宿"[①]。而如今要舍弃华语的"母语"地位,无疑是斩断了维系华人与故土的联系的那条情感纽带,没了这条纽带,"精神家园"安在?也有人表达了另一种情感上的不解,他们质疑道:我们华人在这里本来就是二等公民,现在还要把自己的语言也当作第二语言,这么做岂不是自贬身价吗?另一方面还有政治因素。战后在冷战的大背景下,菲律宾政府追随美国,反共亲台,因此,菲华社会也一直为亲台势力所掌控,在战后近半个世纪与台湾的密切往来中,也在菲华社会培养出一批亲台人士,华社的主流意识形态也倾向台湾。这种情形直到1994年华社领导团体——菲华商联总会(商总)首访中国大陆之后才发生转变,经过商总内部激烈的斗争,在20世纪90年代末,商总才完全实现了转向,确立了脱离中国政治的纠葛,立足菲律宾、促进华菲融合的方针。而作为菲华社会的领导机构,商总的转向具有重要意义,在整个菲华社会引起了连锁反应,扭转了战后近半个世纪菲华社会的亲台局面。因此,在20世纪90年代中期之前亦即华教改革的初期,在当时亲台派仍在菲华社会居主流的情况下,华教中心就提出将华语由第一语言降级为第二语言,确实难免遭遇强大阻力。当时,华教中心的成员甚至因为这一提议而被亲台派人士指斥为"亲大陆的"[②]。改革初期,阻力重重。

2. 1995—2004年:制订教学大纲、编制教材和改革教法。在进行了近四年调查研究的基础上,1995年,华教中心提出了华文教育改革的总体构想,并着手具体实施。

首先,制订了教学大纲,包括幼儿园、小学、中学在内的教学大纲在1996年后相继出版。大纲中明确规定:菲律宾华语教学的对象是以菲律宾语为第一语言的华校中、小学生;菲律宾华语教学的目的是通过听、说、读、写的技能训练,培养学生使用华语进行交际的能力。大纲还对每个年级的教学提出了具体的目标,对应当掌握的字、词、语法点、文化项等都有明确的要求。

[①] 李亦园、李少园:《从闽南华侨诗词看闽南文化的多元一体性》,黄少萍:《闽南文化研究》,北京:中央文献出版社,2003年,第186页。

[②] 2010年3月笔者对菲律宾华教中心副主席黄端铭先生访谈记录。

其次，根据大纲编制新的教材并改革教法。教材内容陈旧、脱离现实是教材改革面临的主要问题。战后至 90 年代教改之前，菲律宾华文学校的教材主要包括以下几种："校总"出版的教材、新疆书店出版的教材[①]、中国台湾地区赠送的教材、中国大陆赠送的教材，后两种教材存在内容与菲律宾当地较疏离的问题，前两种也存在种种问题。以教改前华校使用较多的新疆版的教材为例，新疆版的《幼稚园华语课本》《小学华语课本》《中学华语课本》是 1976 年出版的，到 90 年代教改的时候，使用已近 20 年，内容较为陈旧、不生动，练习也很呆板[②]。教材内容引不起学生的兴趣，且存在疏漏，尤其是教材编撰仍秉持将华生作为中国国民、将华语作为第一语言的指导思想，与华人已经融合于当地的现实格格不入。针对教材存在的问题，华教中心从中国大陆请来汉语教学的专家，与本地老师一道共同调研，用了 4—5 年的时间，编制出一套适合本地的本土化教材，1997 年 4 月，《菲律宾华语课本》1—12 册出版，2000 年 6 月，《菲律宾华语课本》13—20 册出版，另外，还分别于 2000 年和 2002 年发行了配套录音磁带和多媒体光盘。目前，这套教材共有三个版本：简体版、繁体版和通用版。其中，简体版和繁体版内容一样，主要供给本地华校使用；因为对这套教材反映较好，海外其他华社也希望能够使用，于是华教中心又编写了通用版，将原版中有关菲律宾本地的内容删掉了，于 2001 年 11 月正式发行，目前，印尼、泰国、日本、韩国等国的华校有使用这套教材。在菲律宾本地华校的教学中，早期使用繁体版较多，近年来，情况发生较大变化，目前使用简体版的较多，普遍的反映是简体版的教材好教好学。

改革教材之外，还改革了教学方法，以往的教学都遵照华语为第一语言的原则进行教学，改革后则依据"第二语言教学"的原则进行调整，由以往的"读、写为主"改变为现在的"听、说为主，读、写为辅"。课堂教学侧重加强学生听力和口语能力的训练，精简教材内容，课堂

---

① 20 世纪 90 年代教改前，新疆书店的教材用得较多。在菲化时期，政府禁止使用外来的教材，严格来说，当时使用外来教材涉嫌违法。

② [菲]林文诚：《浅谈华语教学的三个转变》，菲律宾华教中心：《新世纪华语教学序言》，马尼拉：菲律宾华教中心，2000 年，第 61 页。

练习多样化,以强化语言技能;读和写的能力则放在其次,在学生具备一定听说能力的基础上,循序渐进地培养,目的在于当学生小学毕业时具有基本的对话能力和简单的读写能力。而在课堂教学方法的改革中,围绕三个问题展开的争议最激烈:1.教学语言问题;是继续使用方言闽南语还是改用普通话;2.是教繁体字还是简体字;3.是教注音符号还是汉语拼音。菲律宾华人绝大部分祖籍闽南,因此,闽南语是菲华社会的通用语言,在传统的华语教学中,闽南语是绝大多数学校的通用教学语言,而且学生回到家中仍有说闽南语的语言环境;20世纪90年代以后随着教改将华语作为第二语言的原则确定,加之中国大陆方面影响的加强,也有人提出既然学华语的终极目的在于掌握这种语言工具,那就该直接教学生标准的普通话而不是方言,以省去将来学生需二次学习的麻烦;但围绕这种提议是否符合菲华社会的实际、是否符合语言学习的规律,华社一直争议不断;至于对第二、第三点的争议,则明显带有政治色彩,甚至有人就直呼简体字为"共产字"。因为之前在菲华社会,台湾的影响较大,故较多华校追随台湾,教的是繁体字和注音符号,但实事求是地讲,汉语的方块字本身就非常难学,对于新生代的海外华人来说,汉语已不再是他们的第一语言,要当作一门"外语"从头学起,对于小朋友来说,尤其困难①。而拼音符号也是如此,远不及罗马字母的拼音来得简单,对于英语乃必修课的菲律宾华人来说,学拼音也更加容易。对于本身就对学习华语缺乏兴趣并有畏难情绪的华生来说,如果能尽量地使学习变得更加简单有趣,才有利于调动他们的积极性。因此,针对后两个问题,华社越来越多的人倾向认同"写简识繁""汉语拼音为主、注音符号为辅"的原则②。

课堂之外,还辅之以课外活动和竞赛以为补充。如通过不定期地举办朗诵会、演讲比赛、文艺小品表演等让学生展示自己的华语能

---

① 有个例子是说,十九年前,马尼拉某华校一个名叫刘丽华的四岁学童,上学的第一天,就被老师要求写自己的名字。"刘丽华"三个繁体字,曲曲弯弯、横横竖竖,总共也有几十笔,这个第一天上学的小孩子可被难倒了,吓哭了。第二天,她吵着不上学。为此,她父亲写了一封信,登在报上,呼吁华校采用简体字,以减少学童对汉语的畏难情绪,提高学习兴趣。

② [菲]王宏忠:《是采用简体字的时候了》,菲律宾华教中心:《新世纪华语教学序言》,马尼拉:菲律宾华教中心,2000年,第38页。

力,此外,还有一些常规性的活动,如曾任密三密斯光华中学校长的王宏忠先生就提及他任教时曾在学校推广一个"说中国话"的课外活动,规定课外在校园里只能讲华语,如果讲菲语达50句就扣一分,分数跟评名次挂钩,通过这个方式在校园创造一个说华语的小环境,当时效果不错,连校小卖部的华侨都反映,去买东西的孩子都争着抢着说华语,不过活动进行一个月后被迫停止,因为有家长提出不愿意孩子因此被扣分影响评优。不过,近年侨中学院又采用了一个新办法,改惩罚为奖励。让学生下课后带着纸条,去找老师聊天,说了多少句华语,把数目记下来,根据这个加分,结果下课后老师被团团围住,应付不过来。通过加分而不是减分的办法,学生说华语的积极性被很好地调动了起来,也不像前一种办法会引发家长的质疑①。

3. 2005—2014年:解决师资和考试问题

2005年,华教中心提出了华教改革的第二个十年计划,主要解决两个问题:师资问题和考试问题。就师资而言,菲律宾的华语教师可大致分为两部分,一是菲律宾本国培养的,人数约占全部华语教师的95%,其余5%来自国外,包括来自中国大陆(内地)、中国香港、中国台湾的新移民及留学生。其中,本国培养的华语教师又分为几类:50年代从本地开办的华侨师范专科学校毕业的;50—60年代在本地高中毕业后到台湾上大学毕业的。目前,这两部分人是华校华语教学的领导骨干。还有一部分是华校菲化前初高中六年制中学毕业和菲化后四年制中学毕业的华校学生,是目前华语教师队伍的主力。本国培养的教师是教师队伍中比较稳定的部分,也是华语教学改革成败的关键所在。来自国外的新移民教师是华语教师队伍中比较不稳定的一部分。这些教师虽然华语水平一般都较本国培养的教师高,但也存在一些问题,包括大部分没有长期任教的打算,只是以教书为作为过渡的职业;多数未受过语言教学的专门训练,在业务上有待提高;大多数新来乍到,需要一定时间熟悉华人社会及华校教学情况,等等②。可见,就师资来看,本地师资是主流且较稳定,但有老龄

---

① 2009年6月30日笔者对菲律宾华密三密斯中学前校长王宏忠先生访谈记录。
② [菲]沈文:《菲律宾华语教师的抽样调查》,菲律宾华教中心:《菲律宾华文教育综合年鉴》,马尼拉:菲律宾华教中心,2008年,第63页。

化趋势,非专业化现象也较严重;外国师资不稳定且业务素质参差不齐。

　　针对师资存在的问题,包括华教中心、商总、晋总(菲律宾晋江同乡总会)在内的团体都积极采取措施,主要包括:1."派出去":(1)从1993年4月起,华教中心配合中国国侨办,每年4月(菲暑期)组织华语教师团到中国大陆参加培训,一般为期三周,多在大学,由专家讲座;(2)1993年4月起,华教中心联合中国国侨办,每年4月组织菲华青少年夏令营赴中国大陆学习,来回交通费由陈永栽提供;2."请进来":(1)1993年6月起,华教中心启动华校华语师资队伍"输血计划",开始为各校从中国聘请华语教学督导、华语教师;(2)1998年6月起,晋总开始委托华教中心,与中国国侨办合作实施"志愿者老师方案",从中国聘请华语教学督导赴菲,到各校进行华语教学督导工作,人数逐年增多,第一年仅有18人,2009年已超过200多人;(3)1998年11月起,晋总开始与华教中心一起举办马尼拉地区华语教学讲习班;(4)2002年起,商总开始联合华教中心、校联一起举办华语教师培训班,为期一年或两年。显然,在解决师资的问题上,"请进来"比"派出去"的力度大,主要也有解"燃眉之急"的性质,大量志愿者老师的到来确实在一定程度上缓解了菲华师资的不足,但志愿老师一般待一年的时间,轮换较快,不是长久之计;"请进来"专家所做的师资培训效果也有限,有些参训者就反映,培训"往往只是短短的两三个星期……时间太短了,犹如填鸭式的授课,消化不了,吸收不了多少养分,没多大得益。"而且,每年参加培训的老师不一样,没有连续性,这样子学不了多少东西。如果能聘请固定的师资赴菲对相对固定的一批华语教师进行培训,系统地授课,并持续一定的期限(如每批为期三个暑假),这样受训者能达到师专毕业水准,会比较好[①]。因此,要从根本上解决师资的问题,还是要从菲华社会内部想办法。鉴于此,2004年后,伴随新的十年计划的酝酿,华教中心联合其他机构提出了菲华师资的"造血计划",即将以前接受"外援"的被

[①] [菲]尤建财:《千夫指与孺子牛》,菲律宾华教中心:《新世纪华语教学序言》,马尼拉:菲律宾华教中心,2000年,第99—100页。

动的"输血计划"推进一步,通过派出人员到中国大陆学习,学成后回菲任教,以达到菲华自身师资供给的良性循环。按华教中心的构想,计划从 2004 年起,希望在十年内培养本地中学毕业生赴中国大陆读大学本科,而且是对外汉语教学专业,计划用 10 年时间培养 500 人。从目前实施的结果来看,与这一目标还有不小的差距,据统计,从 2004 年至 2011 年共送出 103 人,已学成回国 30 人,分配到各华校任教。这一结果与目标的差距也说明了这一计划实施的难度,一方面是经费获得的困难,需要争取菲本地华商的经济资助,争取中国大陆大学提供奖学金;另一方面是观念方面的,菲律宾历来是亲西方的,受西方媒体的影响很大,直到现在还有人抱有中国落后的错误观念,因此,争取学生还要做这方面的工作。

而就考试问题而言,目前华教中心已建立了一个试题库,同时也在承办全菲的少儿汉语考试。但就全菲华校的考试制度来看,目前还处于各自为政、一盘散沙的"无政府"状态,没有一个统一的评价体系。应该说,这不利于把握华教的水平并有针对性地改进。2009 年 1 月下旬,在由菲律宾华教中心组织的"首届菲律宾华校高峰会议"上,建立华校评价机制的问题也被提了出来。目前设想评价依据至少有两条:一是按照菲律宾政府的规定,必须要符合相关的办学的基本条件;二是考虑是否可以组织全菲华校的统考,通过统考来考察华校的教学水平。但关于"统考"的意见一经提出就遭遇了反对意见,因为华校的生存依靠生源,如果组织统考,成绩公开了,那考得不好的学校就可能面临生源流失的危险。目前看来,关于评价机制的问题还在讨论之中,以目前的情形看,要想在短期内达成共识也比较困难。在华教中心教改的时间表中,这也是一个需要分阶段推进的项目。

而 20 世纪 90 年代以来的华教改革中,除了华教中心外,其他团体也做了大量工作。如 1993 年成立的"菲律宾华文学校联合会"(简称"校联")也通过举办各种研讨会、教学观摩、组织教师到台湾进修、举办各种学术比赛、开办计算机班等许多活动来促进华教的发展。菲华社会的领军团体——菲华商联总会也做了大量努力。近几年,商总除了捐巨款支持华文教育外,还做了四件有创新意义的工作:一是向菲律宾华教中心购买一万多册教材,赠给全菲华校,向国务院侨办争取大批汉语教材,免费分送72所华校,2004年又加送配合汉语教材使用的多媒体光盘,解决了华文教育的教材导向问题,同时也减轻了学生的负担;二是资助有志从事华文教育的本土青年前往华侨大学和福建师范大学接受为期两年的系统师资培训;三是与中国国家汉办、福建师范大学、华侨大学合作,选派师大、华大优秀学生志愿者赴菲律宾任教,以解决本地师资缺乏的问题;四是商总文教委员会组团到福建取经学习和邀请教育专家到菲律宾讲学交流,"走出去"与"请进来",交流频繁①。目前,华社对华文教育的普遍重视,加之近几年世界范围内兴起一股"汉语热",汉语作为一种实用语言的价值在菲律宾也引起了人们的关注②,一系列有利条件的出现似乎使华社人士看到了华文教育的一线生机。

二 菲律宾华文教育改革的成效和问题

20世纪90年代初以来,菲华社会展开的"挽救华文教育"的行动声势浩大,华社对教育的投入也非常大,每年有近1亿比索的投入,关心华教成了一种"时尚","宗亲会、同乡会,甚至兄弟会、联谊会都动员起来了"③。经过二十多年的努力,华文教育改革取得了一些成绩,如在华文教育的定位和华语教学的定性问题上达成了共识,教材改革成效显著,教学方法的改革在不断推进,捉襟见肘的师资来源也有所改善,改革之后的华教显露出一线生机,但总体来看,效果差强人意。目前,菲律宾有华文学校120多所,华语教师2800多位,学生约10万余人④。学校主要集中在马尼拉,除了有实力的几所华校外,其余基本都是不具规模的"麻雀"学校。华校培养的学生,毕业后不能讲流利的华语。曾有人这么说:"在菲律宾,如果闭上眼睛,要怎样才能将华人从上亿菲律宾人民中指认出来?别相信语言。当地华

---

① [菲]史学浩:《多元文化视野中的华文教育——菲律宾华文教育的生存与发展之道》,2006年10月10日,http://gocn.southcn.com/qw2index/2006dzkwlsfbq/200610100039.htm。
② 2006年10月,菲律宾雅典耀大学成立了全菲第一所孔子学院,向菲律宾社会推广汉语和中国文化。
③ [菲]庄文成:《一点小遗憾》,庄文成:《正经话》,马尼拉:菲律宾潮流出版社,2011年,第96页。
④ 若加上50多所幼儿园,则共计170多所,教师3000多位。

人的菲律宾语,讲得跟土著一样流利,甚至也比他们的华语好。一个在华校毕业数年后的年轻秘书,已经无法使用'条理分明'的华语,而且说不上几句就得窘迫地转换语言;许多年长者虽然能看能写华文,但说起华语来难免有点生疏失准、荒腔走板。"①菲华著名学者洪玉华也曾指出:"事实上,即使当今这些在菲出生的华人能说华语,那也是一种带菲语腔调并用菲语句法构成的华菲掺杂在一起的语言,一听便知道他们是菲律宾华人。"②即便在华文学校接受教育,然而,对于华文,绝大多数学生还是不能说、不能看、不能读,对中国文化也没有兴趣,因此,不少人认为华文教育是"失败的"。

  对比几位华人的观点,我们可以看出华教今昔的巨大差距。在谈到 20 世纪 50、60 年代的华侨教育时,一位菲华文化界人士这样回忆:"我们五六十年代的中学生华文的基础不错……最主要的原因是,从前我们受过高初中正规的华文教育,传授华文的时间与英文是并驾齐驱,当时的家长、学生普遍地重汉轻英,在家里讲闽南语,在学校和同学们交谈同样是闽南语。学校当局更向台湾聘请许多中文教员来菲授课,提高华文教学的水准……我们所读的华文课本,全部是由台湾商务印书局所提供的,这些课本与台湾学生所读的并没有两样,以水准来说,是比较高的,学生们除了在学校读华文之外,更喜欢看一些华文的漫画书籍及小说,小孩子喜欢看《儿童乐园》,中学生已懂得看琼瑶的小说了。那个时候,也是菲华文艺复兴的时代,文艺社纷纷成立,中学生能写散文、小说及新诗等,这是华社文艺全盛的时代。"③而一位新生代的华人教师这样形容当下的华教:"如今的学生确实比五年前差多了。五年前我讲课,同学们一脸的困惑,好像我讲的是什么外星语似的。'鸭子闻雷',实在令人心痛。五年前的学生,华语(闽南语)虽说得不好,但碰到老师,却仍然很勉强地讲上几句还算流利的话。如今的学生,碰到老师,一开口就是菲律宾语,叫他们讲华语(闽南话),他们依旧讲菲律宾语。起初还以为他们故意把老

---

① [新]林宝玲:《菲华社团逾两千,积极服务获认同》,(菲)(马)《星洲日报》,2001 年 3 月 18 日。
② [菲]洪玉华:《融合与认同:二次大战之后菲律宾华人社会的社会变化》,《南洋问题研究》,1989 年第 3 期。
③ [菲]李荣美:《让我们来关心华教的问题》,(菲)《商报》,2003 年 8 月 21 日。

师的话当耳旁风,其实不然。问题不是他们不说,而是他们不会说!这些都是中学二、三年级的学生了,接触华文教育少说也有十年了,却连最基本的讲话能力也没有培养好。"① 也有华人这样痛心于今日的华教:"什么是华文教育的现状?以笔者的亲身经验,大多数华文学校的学生,不论小学生或中学生,除了极少数来自大陆、港台的学生,大多数都不会听普通话(国语),甚至闽南话,至于讲、读、写就更不用说了。这里说的'大多数',可以说是 90% 以上。"②

菲律宾华教改革,迄今已逾 20 年,然而,在族群融合的洪流之下,改革显得异常艰难,还面临不少问题。问题分为两个层面:宏观层面和微观层面的。

宏观层面主要是指受历史上政治认同差异及名利之争影响,华社在教改问题上也未能实现团结,依旧是各自为政。战后,受冷战格局及中菲关系影响,菲律宾的华侨华人在政治认同上也呈现分裂的状态,表现为亲台湾派与亲大陆派的对立。这一状态一直持续到冷战结束后的 20 世纪 90 年代中期,伴随菲华领军社团商总的转向而开始改变。但受历史的影响,华社并未能马上实现团结,在教改问题上也是如此。受华社以往由于政治立场差异而分裂为不同派别的影响,华社在教改中也呈现各自为政的局面。90 年代启动的华教改革是由华教中心推动的,但并不是所有的人或社团都认可华教中心的主导地位,因此,对其活动并未积极呼应。最典型的事例莫过于为了继续推进教改,2009 年 1 月 19 至 24 日,华教中心在马尼拉组织召开了"首届菲律宾华校高峰会议",全菲 170 多所华校,除去 50 多所幼儿园,还剩下 120 多所学校,这次高峰会议到会 87 家、100 多位领导人,尚有约四分之一缺席。缺席,最主要的原因便是以往由政治分歧造成的隔膜还未完全消弭,其中,历史上有"亲台"背景的"校联"系统的一些学校没有出席就是证明,可见,战后长期受两岸政治裹挟的菲华社会至今还未完全治愈分裂之痛。

---

① [菲]蔡艺术:《让华裔子弟衷心热爱华文教育》,菲律宾华教中心:《新世纪华语教学序言》,马尼拉:菲律宾华教中心,2000 年,第 170—171 页。
② [菲]黄庆麟:《切实改革,大有可为》,菲律宾华教中心:《新世纪华语教学序言》,马尼拉:菲律宾华教中心,2000 年,第 104 页。

微观层面的:有关教学内容、教学方法及师资、考评等具体问题仍存在争议,未能针对实际问题灵活有效地予以解决。如关于教学语言问题是继续使用方言闽南话还是改用普通话一直有着不同意见,近年来,采用普通话的呼声渐高,在实际教学中,各华校做法不一,而那些主张采用普通话教学的学校,在改用普通话的过程中存在着一刀切、缺乏过渡手段和灵活性,因此在实践中暴露出一些负面影响。如一位南岛的华人就反映,他的一个就读于当地华校的孙儿,本来学业还算可以,自从中国的志愿老师来后,情况起了变化。最近,孩子恳求母亲,说他只要念英文,不读汉文了,因为一看到汉字他就害怕。说老师在课堂上讲什么他也听不懂,但老师又强迫他背念,而且功课越来越多。原因就是,志愿老师用普通话教学,小孩子听不懂,更别说吸收老师所讲的东西了,而老师为了急于表现教学成绩,就进行"填鸭式"教学,结果就是孩子看到汉文就害怕[①]。教育是个循序渐进的过程,而且有其自身规律,教学语言要不要变、该如何变,值得深入探讨。

三 思考与建议

1. 针对宏观层面的问题,现在华教的当务之急是各方人士摒弃分歧,推动建立一个华教的领导机构,下设实践及研究机构,研究与实践相结合,以推动华教改革。在菲华社会,不团结是历史的痼疾,也是华文教育改革的主要障碍之一。目前,华文教育界还是各自为政:你办一个活动,我办一个活动,早上请校联,下午请华教中心;菲华文教育没有一个统一的机构,华教中心和校联还是各自为政各行其是,以往台湾在扶持菲华教方面做得很不错,菲华校中有大量亲台人士也与此有关。现在,条件允许的情况下,我们也应该积极介入,加大参与和投入的力度;同时,也可参与协调,推动设立两个机构:实践机和机构研究机构,以便菲华教改取得实质性成果。

---

① [菲]庄文成:《华文教育能"起死回生"?》,庄文成:《正经话》,马尼拉:菲律宾潮流出版社,2011年,第187页。

2. 针对微观层面的问题,如果就教学内容、教学方法存在争议,可以考虑在实践中边摸索边调整,而不宜采取先入为主的观念和行政命令一刀切的手段,否则有害无益。而就师资而言,引进志愿者老师有重要意义,但其本身也面临一些困难。据统计,目前华文学校的 2800 多名华语教师中,共有来自中国的志愿者老师 419 人,其中包括 351 人由国家汉办派出,68 人由国侨办派出。侨办派出的较为专业,有教学经验;汉办派出的大部分为本科毕业生,有冲劲和热情,但缺少经验,且流动性大。不像侨办派来的老师到菲后会先接受华教中心安排的一系列课程和讲座,能了解华社、华教及主流社会的情况,汉办派来的年青人到菲后就被分配到各地的华校任教,缺乏一个教学管理机制,因此,遇到的问题较多①。对师资捉襟见肘的菲华文教育,志愿者老师解了燃眉之急,然而,终究这还是个治标不治本的办法,如何用好这有限的资源,又如何能使师资顺利实现由"输血"阶段到"造血"阶段的过渡,还有许多值得思考的问题。

3. 做华裔新生代的工作,建构他们对中华文化的认同感,是延缓华文教育危机的根本举措。20 世纪 60 年代以来,菲律宾华文教育的衰退,除了教育"菲化"这一客观原因外,还有一个重要的主观原因,就是伴随族际关系的发展和新生代的成长,融合的观念渐趋深入人心,对于华裔新生代而言,对祖籍国认同的渐行渐远,已使得他们对中华文化乃至中文的情感和兴趣失去逻辑归依。

而就海外华文教育而言,更具相关性的是文化认同。文化认同的"二元性"乃至"多元性"和"非排他性"的属性为我们建构华人的中华文化认同提供了充足的伦理与法律空间,华人本身在种族与血统上的渊源则成其为建构中华文化认同的重要基石和情感渊源。我们可以从这一逻辑推导出发,尽可能地促进新生代华裔建构中华文化认同,帮助他们从感知到认知再到兴趣和接纳中华文化,只有他们建立对中华文化的认知和喜爱,华文教育才能摆脱无本之木、无源之水的危机状态。而在海外华人社会的实地调研中,我们深刻感到:父辈

---

① [菲]庄文成:《华文教育能"起死回生"?》,庄文成:《正经话》,马尼拉:菲律宾潮流出版社,2011 年,第 188 页。

的观念对于下一代的祖籍国文化认同有着关键的作用。许多实例表明：父辈对祖籍国怀有感情并有意识地通过言行表达和引导子女保留中华文化传统、要求子女接受华文教育的，这样家庭的子女往往也对祖籍国有着一定的认知和感情，同时也具有较强的华语能力和对中华文化的兴趣。反之，即便父辈本身对祖籍国有一定认知和感情，但如果在子女的成长和教育上采取顺其自然或放任的态度，对是否保留中国文化影响和接受华文教育是无所谓或随他/她（子女）去的态度，往往这些家庭的孩子的华语水平很差，对祖籍国和祖籍国文化的认知也很少并缺乏兴趣，自然也没有认同感。因此，要改善华文教育的大环境，做家长和新生代的工作显得尤其重要。一方面，做父辈的工作，让他们在构筑下一代对祖籍国的文化认同方面发挥积极作用；另一方面，做新生代的工作，通过加强信息传播、文化交流和引导，帮助他们建构对祖籍国文化的认同。

在菲华社会，华文教育一直是一个热议的话题，"没有华教就没有华社"，这是大多华人的共识，但他们也都无一例外地对华教的现状与前景表现出忧虑。由政治分歧和名利之争导致的隔膜与对立是菲华社会的痼疾，也是华文教育改革的障碍之一，然而，近十多年来，随着两岸关系的进展以及中国国力与向心力的增强，华社已出现了团结的大局，我们希望看到在此有利形势下，菲华各界尤其是教育界人士能够精诚合作，推动菲华教改结出成果。

新加坡华文学校教育体系消亡的原因分析[①]

黄 明

新加坡是中国之外唯一以华人为主的多民族国家,华人占全国总人口的76%,实施双语教育前,华文教育体系比英文教育更为庞大,有小学至大学(最初以汉语方言为教学语言)的完整体系。实施双语教育数十年后,华校消亡,华人以华语方言为主的语用习惯发生根本转变。是什么原因导致华文学校教育体系在短短数十年间如此快速消亡?目前学界还没有人对此进行系统研究。国外针对新加坡华文教育的研究以新加坡学者为主,其代表人物当属新加坡南洋理工大学中华语言文化中心周清海教授。此外,还有吴元华、郭振羽、谢泽文、Janet、Edwin、s. Gopinatban等。他们的研究涉及双语教育制度下华文教育变化的方方面面,包括华语的地位、华人语言转移等。中国国内学者周聿峨、李国梁、徐大明等也间接探讨新加坡华文教育,但上述研究均未系统分析新加坡华文学校教育体系消亡的原因。本文根据在新加坡收集到的大量第一手资料,对新加坡双语教育制度下华文学校教育体系消亡原因进行较为全面、系统、深入的研究。

---

① 基金项目:教育部人文社会科学研究规划基金项目(11YJA740036)。

一、新加坡华文教育的发展及式微趋向

新加坡近三代华人大规模的语言转移是由汉语方言转向"华语"和英语,目前华人以讲英语为主,使用"华语"的比例逐渐下降,汉语方言几乎绝迹。该语言转移的发生与新加坡华文学校教育体系消亡具有直接关系。新加坡旧式的华文学校教育始于私塾。在新加坡1819年开埠之前已有不少华人私塾(Chinese Writing school),它们由闽侨、粤侨所办[①][②][③]。至20世纪初,华文教育逐渐脱离私塾形式,出现学堂这一新式教育。由于清朝政府的劝学政策、康有为及其保皇党的鼓吹提倡、孙中山及其革命党的推波助澜、本地华社的不懈努力、国民政府的大力支持,华文学校在新加坡迅速发展。1954年前,无论是学校数量还是学生人数都超过本地政府全力支持的英文学校。其中,华校由1921年的32所增加到1941年的370所[④],1938年,新加坡在校学生中的60%在华校,30%在英校,到1959年,仍有44%在华校,51%在英校[⑤][⑥]。新马华人自己创办的(华文)南洋大学(南大)1953年获准成立,完善了由小学、初中、高中到大学这一庞大的华文学校教育体系。然而,该体系因华族学生转入英校而不断衰弱。1977年南大被要求改用英语为教学媒介语,不久后并入(英文)新加坡大学(现为新加坡国立大学),华校中小学学生人数快速下降,1986年全部转入英校,至此华文学校教育体系彻底瓦解。

总的看来,华校式微的原因包括国际和国内因素。二战后,西方国家和东南亚地区排华浪潮迅速蔓延,华人、华文、华校陷于极度艰

---

① 郑良树:《马来西亚华文教育发展史》(第一分册),吉隆坡:马来西亚华校教师会总会,2010年,第10页。
② 许苏吾:《新加坡华侨教育全貌》,新加坡:南洋书局,1949年,第7页。
③ 林蒲田:《华侨教育与华文教育概论》,厦门:厦门大学出版社,1995年,第29页。
④ 郑良树:《马来西亚华文教育发展史》(第二分册)吉隆坡:马来西亚华校教师会总会,2001,第248—249页。
⑤ 吴元华:《务实的决策——人民行动党与政府的华文政策研究》,新加坡:联邦出版社,1999,第283—287页。
⑥ Gwee Yee Hean, *150 Years of Education in Singapore*, Singapore: Teachers' Training College, 1969:147.

难的处境①。新加坡国内因素主要有历史、政治、经济等。英国统治新加坡140多年,英语一直是行政、司法、商业等重要领域的语言,英国人退出新加坡时留下一个英语占优势的语言环境。行动党新政府继续使用英语作为行政、司法等领域的语言,英语的社会地位便无法动摇②。如此以来,在学校教育体系中,英语的优势和华文的劣势已经不言而喻。

二、新加坡语言政策变迁的政治牵制

从政治环境而言,新加坡历届政府都重视英文教育,压制华文教育。二战后西方资本主义大环境是以反共为主潮流,从美国到欧洲,然后席卷东南亚。新加坡华校比较关心中国的国家大事,1949年后又出现向往新中国的倾向。政府认为华校是反殖民主义的"左派分子温床",带有强烈的"中国文化沙文主义"色彩。而且,左派暴动以及种族冲突经常以语言和教育问题为导火线③,华校的语言问题自然也成为爆炸性的政治问题,以致殖民地政府企图大力发展英文教育以取代华文教育。由于政府的全力资助,英校的学费低、设备好、教师素质高,生源不断扩大④。行动党政府虽然不像殖民地政府那样试图压制华校,还在一定程度上支持华文教育,但考虑到国际国内政治形势,也认为偏重英文教育才符合新加坡的国家利益。新加坡华人约占全国人口的75%,常常被周边邻国和英美等国称为"华人城市"。为了消除周边国家的疑虑,新加坡从自治到独立后极力树立"新加坡人"的形象,力求在本地区保持"中立",以求生存。在学校教育方面,李光耀采取温和渐进的方式,逐渐把华文教育转向偏重英文的教育,希望以此把华人对中国的认同和中国意识转向对新加坡的认同和新加坡意识。

---

① 杨松年:《传统文化与社会变迁》,新加坡:新加坡同安馆,1994年,第50页。
② 云惟利:《语言环境》,《新加坡社会和语言》,新加坡:南洋理工大学中华语言文化中心,1996,第17、65页。
③ 郭振羽:《新加坡的语言与社会》,台北:正中书局,1985,第12—90页。
④ 陈金燕:《探讨冷战对新加坡华文教育兴衰的影响》,北京:北京大学,2006,第18—21页。

华校学生政治活动妨碍华校的发展。20 世纪五六十年代东南亚国家掀起排华浪潮,新加坡的政治局势错综复杂,社会动荡不安,罢工罢课活动不断,仅 1961 年就有 116 次罢工①。而且,学生罢课与工人罢工总是连在一起。所有这些政治活动,华校生都积极参与,英校生却很少参加。华校频繁的政治活动不仅招来政府的严厉压制,也使家长对华校望而却步,许多家长担心华校的环境影响学习而为子女选择英校。如,1954 年新加坡各大报纸头版头条刊登华文中学动乱事件,该年注册就读英校的新生人数首次超过华校②③。针对华校学生频繁参与罢课罢工活动,1956 年《各党派报告书》也特别提出:"学生不应该参与政党活动和劳资纠纷。"④

政府当局利用行政手段在升学、就业等方面压制华文教育。1949 年殖民地政府成立马来亚大学,招生时只录取英文中学毕业生,拒绝接受华校生。如果华校生想进入该大学,需要另外考取同等学力的英文证书。后来的新加坡大学、工艺学院和教师培训学院等高等学府也只录取有英文证书的学生。这样,华校中学毕业生失去了直接进入当地大学深造的机会。在此政治环境下,东南亚唯一的华文大学南洋大学(本文中以下简称"南大")生存空间一步步被缩小,直至无处存身。李光耀认为,"没有一个东南亚国家愿意看到一所华文大学冒起"。为了把南大的华文教育转向英文教育,行动党政府上台后采取一系列手段:不承认南大学位;要求改组南大;把南大的灵魂人物(创办人)陈六使驱逐出境;拘捕和开除对改组南大不满而罢课的学生;频繁更换南大当局(24 年内更换 9 任校长);要求停止招收马来亚的华族学生,以此切断南大 50% 以上的学生生源⑤。

新加坡的语言政策首先服务于国家政治,自然也是偏重英文学

---

① OngYen Her, *The Politics of Chinese Education in Singapore During the Colonial Period (1911—1959)*, Singapore: University of Singapore, 1974, p. 119.

② 陈金燕:《探讨冷战对新加坡华文教育兴衰的影响》,北京:北京大学,2006 年,第 190 页。

③ AngBeng Choo, *The Reform of Chinese Language Teaching in Singapore Primary Schools (1974—1984): A Case Study in Language Planning and Implementation*, Singapore: National University of Singapore, 1991, p. 34—38.

④ Janet Shepherd, *Striking a Balance: The Management of Language in Singapore*, Frankfurt am Main: Peter Lang Gmbh Europaischer Verlagder Wissenschaften, 2005, p. 117.

⑤ 陈金燕:《探讨冷战对新加坡华文教育兴衰的影响》,北京:北京大学,2006 年,第 32—36 页。

校教育。二战后,殖民地政府大力发展英文教育,压制华文教育,语言政策采用的过渡式双语教育,目的就是以英文教育取代华文教育,要求华校用英语讲授其他学科的课时至少占到小学教学总课时的三分之一,初中的二分之一,高中的三分之二[1][2]。行动党政府的政策也是偏重英文教育,以致引起维护华文教育者的不满:"马来亚大学毕业的华籍学生,可以不识最简单的华文,仍居高官领厚禄",而南大毕业生就业机会很少[3][4]。行动党政府语言政策中以"英语为主、母语为辅"的过渡——保持式双语教育逐渐将华校的教学媒介语转为英语,华文学校最终被英文学校取代。

三、华文教育逐步萎缩的经济驱动

从国家层面而言,重视英语是新加坡经济发展的重要保证。虽然经济价值并不是应用某种语言的唯一因素,却是决定性因素[5],因此,二战后政府当局把双语教育与经济发展紧紧联系起来。新加坡是一个缺乏天然资源的岛国,发展经济主要依赖国际商贸、世界科技、工业化,而英语是国际贸易和世界科技的语言。政府有充足理由重视英语,而政府重视英语本身又无形中提高了英语的经济价值和地位。对华校而言,没有经济支撑,学校不可能维持下去。政府以经济手段控制华校往往可收奇效。二战前华校有华社作为经济后盾,二战后经济不景气,华社对华校的支持减少,华校面临严重的经济压力,只能增加学费,结果导致大量华校生转入英校。无奈之下华校只

---

[1] Lee Chong Kau, *Choice of Education Among the Singapore Chinese:A Study of the Factors Which Contribute to the Choice of Education Medium Among Chinese parents in Singapore*, Madison:Singapore:University of Singapore, 1967, p. 6.

[2] Ting-Hong Wong, *State Formation and Chinese School Politics in Singapore and HongKong, 1945—1965*, Madison:University of Wisconsin-Madison, 1999, pp. 193-194.

[3] 吴元华:《务实的决策——人民行动党与政府的华文政策研究》,新加坡:联邦出版社,1999年。

[4] Thiru Kandiah, John Kwan-Terry, *English and Language Planning:a Southeast Asian Contribution*, Singapore:Times Academic Press, 1994, p. 115.

[5] Robert B. Kaplan, *the Oxford Handbook of Applied Linguistics*, New York:Oxford University Press, 2002, p. 231.

能接受政府给华校的微薄辅助金①。同样由于经济原因,英校的设备和条件比华校优越,这也是吸引学生的另一优势。而且,华校接受政府的津贴后,学校的行政及教学等都要受政府管制,不得不按政府的要求为英文提供最多课时②。

从个人层面而言,经济价值与事业前程是学生选择英校的最主要原因。对升学、就业和升职影响越大的语言,价值越高;社会职业中需求越高的语言,越受重视,也越受家长的青睐,家长鼓励子女学习该语言。Gardner、Peal 和 Lambert 等指出,家长的语言态度直接影响子女学习和使用语言。在新加坡,语言能力是攀登教育阶梯的决定性因素③,而教育阶梯的高度决定一个人社会阶梯的高度。根据 Murray 的研究,新加坡将子女送往英校就读者主要是基于经济上的考虑④。

具体到升学、就业和升职,华校毕业生几乎没有什么机会,他们很难找到工作或接受高等教育⑤。从升学来看,本地大学阻碍华校生接受高等教育制约了华文中小学的发展。"本邦高等教育录取新生均以英文程度为标准,华校毕业生罕能直接升入"⑥。例如,1967年一些南泽理工大学(本文中以下简称"南大")学生大四毕业后因找不到工作去新加坡大学中文系继续深造,被当作二年级学生,需要再读两年才能获得大学本科学位⑦。从就业来看,英校生工作前景好而华校生就业机会少。"政府、商行、会计公司等均以英文为唯一应

---

① 陈金燕:《探讨冷战对新加坡华文教育兴衰的影响》,北京:北京大学,2006 年,第 20 页。
② 丁莉英:《新加坡华校课程及教科书的演进初探》,新加坡:南洋大学,1973 年,第 8 页。
③ Larry Ser Peng Quee, *Socio-cultural Factors and Attitudes of Chinese Singaporeans towards English and Mandarin*, Singapore: National University of Singapore, 1987, p. 25.
S. Gopinathan, "Language Policy in Education: A Singapore Perspective", *Evangelos A. Afendras and Eddie C.Y. Kuo. Language and Society in Singapore*, Singapore: Singapore University Press, 1980, p. 187.
④ 郭振羽:《新加坡的语言与社会》,台北:正中书局,1985 年,第 82 页。
⑤ Antoni OL. Rappa and Lionel Wee, *Language Policy and Modernity in Southeast Asia*, New York: Springer Science Business Media, Inc. 2006, p. 99.
⑥ 吴元华:《务实的决策——人民行动党与政府的华文政策研究》,新加坡:联邦出版社,1999 年,第 288 页。
⑦ 周清海:《语言与语言教学论文集》,新加坡:泛太平洋出版社,2004 年,第 2 页。

用语文,置受华文教育者于无用武之地。"①事实上,即使是清洁工、包装工等也要求应征者"略懂英语",由此可见,英语在工作领域里的权威地位。当时华校生处于"毕业就是失业"的社会环境,不满和失望可想而知②③。为帮孩子学英语,许多华族家长有意把家庭语言改为英语,连英语水平较低的家长都用不标准的英语跟孩子交谈④⑤。此外,升职困难、收入偏低加重华校生的失落感。政府部门、教育或其他领域的行政阶梯里,华校生晋升机会非常少⑥,而华校毕业生的薪酬有时还不到英校生的一半。在南大学位获承认前,其毕业生在私人机构只能领取高中生的薪水。1978 年李光耀再次强调,"基于经济发展的趋势,欲成为专业人士及行政人员都必须具有能说能写流利英语的条件"⑦。经济学者李赐安认为,"从一开始,经济因素就是形成新加坡国家政策的主要内容"。"每一样事物都和经济分不开,和生计也分不开"。1966 年开始实施强制性双语教育,目的之一就是逐步解决受英文教育者与非受英文教育者之间就业机会、工资收入不均的问题⑧⑨⑩。

---

① 吴元华:《务实的决策——人民行动党与政府的华文政策研究》,新加坡:联邦出版社,1999 年,第 288 页。
② 许佩娟:《论新加坡华语及方言中的语码选择的问题》,新加坡:新加坡国立大学,1993 年,第 90—91 页。
③ Wong Kian Kei, 1956 *Singapore Student Movements-the Political Environment and Chinese Education Politics*, Singapore: National University of Singapore, 1999, p. 123.
④ Rita Elaine Silver, "The Discourse of Linguistic Capital: Language and Economic Policy Planning in Singapore", *Language Policy*, 2005(4).
⑤ Mandarin, *The Chinese Connection*, Singapore: Promote Mandarin Council, 2000, p. 32.
⑥ 周清海:《多语环境里语言规划所思考的重点与面对的难题——兼谈香港可以借鉴些什么》,《普通话教育的发展和推广国际研讨会(2002)论文集》,香港:香港大学教育学院普通话培训测试中心,2003 年,第 10 页。
⑦ 关汪昭:《英语在新加坡的传播与演变》,云惟利:《新加坡社会和语言》,新加坡:南洋理工大学中华语言文化中心,1996 年,第 160—161 页。
⑧ 吴元华:《务实的决策——人民行动党与政府的华文政策研究》,新加坡:联邦出版社,1999 年,第 279—280 页。
⑨ Mandarin, *The Chinese Connection*, Singapore: Promote Mandarin Council, 2000, p. 36.
⑩ Chiew Seen-kong, "Bilingualism and National Identity: a Singapore Case Study", Evangelos A. Afendras and Addie C. y. Kuo: *Language and Society in Singapore*, Singapore: Singapore University Press, 1980, p. 238.

四、社会语言环境影响下华族学生语言态度的转化

在殖民地政府统治东南亚的年代,侨社、侨校和侨报被称为华人华侨社团三宝。侨社主要包括三种社团组织:同宗会、同乡会和同业会。除了在法律上没有合法地位以外,侨社的权威性、广泛性、治理性、认同性和组织性都比今天一般的政府有过之而无不及①。侨社对新加坡、马来西亚华文教育的创立和发展起了决定性的作用,几乎所有华校都是由当地华人华侨通过侨社捐助成立。每当侨社的经济与社会地位出现大幅度波动时,华文教育立刻受到影响。1960 年行动党政府开始建设基层社区组织,成立人民协会和联络所等,组织人民集体参与社会、文化、教育及体育活动。通过这些地方组织与民众连成一体,政府使整个社会变成一个组织系统。另外,随着城市重建计划中卫星镇的建设,民众逐渐住进建屋发展局的组屋,各民族原来的居住分布局面发生了根本改变。新建卫星镇都有联络所、疗养所、市场、英校等②。随着政府社会管理功能的逐渐加强和各种福利制度逐渐完善,侨社的"小政府"功能渐被替代,从而降低了侨民对侨社的依赖。总之,侨社、侨校、侨民之间的联系逐渐变弱,后来甚至中断联系,也是华校衰亡的主要原因之一。

政治和经济因素决定了英语的重要地位,创造了重视英语的社会环境,华文在现实社会中低人一等。结果,受教育程度越高的人在社会上越少用华语;成就越大的人越不愿讲华语,华语被视为不成功人士的语言③。在此强烈的社会导向下,华族家长不得不考虑子女的前途和命运。孩子毕业后都要进入社会去求职、工作、生活并获得社会的认可,而在英语重要的社会环境里,华校生受歧视、找工作难、待遇低、地位低,这样的社会语言环境直接影响在校生学习和使用语

---

① 陈金燕:《探讨冷战对新加坡华文教育兴衰的影响》,北京:北京大学,2006 年,第 8 页。
② 顾石宝:《新加坡社会变迁与华文教育之改革》,新加坡:南洋大学,1971 年,第 15—17 页。
③ 周清海:《多语环境里语言规划所思考的重点与面对的难题——兼谈香港可以借鉴些什么》,《普通话教育的发展和推广国际研讨会(2002)论文集》,香港:香港大学教育学院普通话培训测试中心,2003 年,第 10—11 页。

言的态度。不仅如此,新加坡偏重英语的社会还会衍生出另外一个矛盾:一方面,新加坡需要掌握先进科技、英语能力强、具有国际竞争力的人才,并大力投资教育培养年轻一代;另一方面,这些被培养出来的人才更有条件、更容易(往往也更有意向)移民国外[①]。为了留住这些人才,政府为他们提供更优裕的工作、生活条件。如此一来,英语的社会地位更是水涨船高。

五、语言感情性依附影响下华族语言文化的使用与继承

凯尔曼(Kelman)在讨论多语社会建设国家认同时指出,各不同语言群的人,通常对自己的族群及语言具有一种"感情性依附"(Sentimental Attachments),常会阻碍国家意识的建立。在这种情况下,当政者必须设法满足个人及各民族语言群的基本要求,使得人民对现存的社会政治结构产生一种"工具性依附"(Instrumental Attachments)。长期之后,这种对国家政体的依附感,可以由"工具性"而转变为"感情性",从而萌生新的国家意识[②]。

具体到个人而言,语言的工具性依附通常体现在接受哪种语言教育对个人的生存和发展更有保障,也就是更能提高个人的经济和社会地位。语言的感情性依附则表现在各民族是否有权利学习、使用、继承和发扬本族语言文化。在新加坡政治、经济和社会等因素的作用下,大多数华族家长和学生都认识到掌握英语的重要性。由于双语教育的实施,英校既重视英语又教授华语,英校毕业生在个人经济与社会地位方面深得其利,英文教育能够满足人们对语言的工具性依附。另一方面,大多数华族家长希望子女在学好英语的同时,也学习本族语言文化,以免"忘本忘根"。1958年起英校开设以华语为第二语文的必修课,使华族学生对本民族语言和文化的感情依附也得到一定程度的满足。或者说,英校以"英语为主、母语为辅"的双语

---

① Jason Tan S. Gopinathan Ho Wah Kam, *Education in Singapore: a Book of Readings*, Singapore: Simon & Schuster(Asia)pte ltd. ,1997, p. 14.

② 云惟利:《语言环境》,云惟利:《新加坡社会和语言》,新加坡:南洋理工大学中华语言文化中心,1996年,第17、65页。

教育消除了许多华族家长心理上的障碍,减少了对英校的抵制心理,也容易将基于经济原因而选择英校的决定予以"合理化",基本上满足了华族家长希望子女英语和华语二者兼得的愿望,也就加快了华校学生人数锐减的趋势①②。

相对而言,传统的华文教育本身存在着难以适应社会发展要求的弊病。过去的华文教育注重与中国关系的一面,而忽视了更重要的一面,即华文教育对海外华人谋生的实际效用。显然,华文教育团体也意识到华文教育与华人现实生活的矛盾越来越突出,无法适应华人求生存求发展的需要。面临社会发展的现实,传统的华文教育也亟待改革③。1963—1965年间,针对华校学生人数锐减的趋势,各华文教育团体包括新加坡中华总商会、华校董教联合会、华校联合会、华校教师总会、华文中学教师会以及学生家长联合会等一致认为,最重要的解决办法是提高华校的英文程度,并采取了具体措施,如:改革华校英文教学方法,增加英文课授课时间,英文教师以英文为教学媒介等④。尽管华校提高英文教学的措施没有产生增加学生生源的理想效果,但华校教育观念的改变以及努力是务实的行动,对配合国家双语教育具有积极的作用,也有利于在一定程度上(重视听说能力)保持华族语言文化。

新加坡由小学、中学到大学完整而庞大的华文学校教育体系于20世纪末彻底瓦解,其中有国际和国内两大因素。国际上主要是西方国家和东南亚地区的排华浪潮,国内主要有政治、经济、社会、语言文化等因素。新加坡政府当局利用行政和经济等手段压制华文教育,使华校生感到升学无门、就业困难、升职无望、收入微薄、地位低下、前途渺茫;同时采用以过渡式为主的双语教育,逐渐把华文教育转向英文教育。此外,新加坡政府对社会各阶层管理功能的加强以

---

① 郭振羽:《新加坡的语言与社会》,台北:正中书局,1985年,第82页。
② Ang Beng Choo, *The Reform of Chinese Language Teaching in Singapore Primary Schools 1974—1984: A Case Study in Language Planning and Implementation*, Singapore: National University of Singapore, 1991, pp. 34—38.
③ 郭梁:《东南亚华侨华人经济简史》,北京:经济科学出版社,1998年,第147—148页。
④ 吴元华:《务实的决策——人民行动党与政府的华文政策研究》,新加坡:联邦出版社,1999年,第239—240页。

及教育改革,弱化了侨社与华校之间的联系。传统的华文教育本身难以适应社会发展要求和海外华人的生存需要,而英校后来实施的"英语为主、华语为辅"的双语教育,满足了华族家长希望子女学好英语同时也不放弃本族语言文化的愿望。

侨务公共外交视阈下华文教育发展策略[①]

陈鹏勇 项 健

一、前 言

侨务公共外交就是通过侨务渠道开展的公共外交,蕴含侨务外宣、华文教育、海外联谊、权益保障等许多基础性工作[②]。这种非传统的外交新形式以海外侨胞的参与为核心,其中华文教育则是开展侨务公共外交的重要途径。侨务工作和华文教育关系海外侨胞的生存和发展,尤其是海外侨胞新生代的生存和发展,华文教育是维系海外侨胞与祖(籍)国联系的情感纽带。新形势下的华文教育不仅具有民族语言教育的一般意义,而且在侨务公共外交视阈下,还具有了更为重要的国家战略以及涵养侨务资源的意义。为了更好地促进侨务公共外交和华文教育的双向互动关系,我们需要从侨务公共外交视阈下华文教育面临的机遇与挑战入手,分析华文教育应以怎样的发展策略推进侨务公共外交。

[①] 本文为2013—2015年国务院侨务办公室课题"华文教育在推进侨务公共外交中的作用与对策研究"(编号 GQBY2013014)和2012年度暨南大学教学改革课题"华裔留学生教学管理与服务平台构建——以暨南大学华文学院为例"(暨教(2012)74号)的前期成果。

[②] 何亚非:《释放侨务公共外交巨能量》,http://www.gqb.gov.cn/news/2013/1016/31344.shtml,2013年10月16日。

二、侨务公共外交视阈下华文教育面临的机遇与挑战

(一) 侨务公共外交视阈下华文教育面临的机遇

1、中国国力的增强,全球化进程加速,中国与世界的交往更加密切,海外迫切希望重新认识和了解中国,华文热不断攀升。进入新世纪以来,侨务工作面临前所未有的有利形势和大好机遇。我国的综合国力大幅度提升,国际地位和影响力明显提高,中国在促进世界和平与发展中发挥着日益重要的作用。国内的持续发展不断地改善着我国的国际环境,使得海外侨胞对祖(籍)国的向心力和凝聚力大大增强了,这是我们做好侨务工作的最大机遇。中国的改革开放、经济崛起提升了华语在全球的地位,海外侨胞在全球经济活动中进一步活跃①。中国近些年来致力推行对外开放政策,中文市场崛起并且在国际社会逐渐占一席之地,世界各地使用华语的趋势日愈广泛,信息科技方面的中文使用例如中文网络、中文搜索网站、华文窗口系统及全球中文频道等愈来愈蓬勃,而在经贸方面,对华语作为交易用语的全球侨胞企业网络也在不断增长中②。如今,有两万多所华文学校广泛分布在世界上100多个国家和地区,华文教师有数十万人,在读学生达到数百万人③。借助世界范围内兴起的华文教育热潮,在重新审视华文教育的内涵、探讨华文教育现实展开的多种路径的基础上,不断增强中华文化的现实生命与活力,无疑成为提升中华文化竞争力的可供选择的最现实路径。

2、十七届六中全会以来,国家更加重视文化的繁荣发展,重视文化软实力建设,国际文化教育交流进一步增强。党的十七届六中全会提出,要弘扬中华文化,推动中华文化走向世界,支持海外侨胞

---

① 周聿峨:《全球化对海外华文教育的影响》,《暨南学报》(哲学社会科学),2001年第3期,第13—18页。
② 张晓卿:《建立全球侨胞网络世界》,马来西亚:《星洲日报》,2000年9月24日。
③ 李海峰:《充分发挥侨务工作在弘扬中华文化中的积极作用》,《求是》,2012年第8期,第22—24页。

积极开展中外人文交流①;党的十八大报告提出,将扎实推进公共外交和人文交流,维护我国海外合法权益。2013年6月7日,裘援平在接受中新网记者采访时表示:"无论是与周边国家人民间的友好交往,还是促进中外文化交流,侨胞都发挥着他们独特和重要的作用,侨胞已成为中国与世界各国沟通交流的重要纽带和桥梁。"②这一系列举动都显示出了中国政府在积极推动海外侨胞支持中国公共外交事业上的新气象、新风貌,其政策引导性正在不断拓展和强化,必将为侨务公共外交事业的发展注入一支"强心剂"③。因此,增进海外侨胞对中华文化的认同,对于弘扬中华民族优秀文化,维系和发展与祖(籍)国的联系和交往,推进"一国两制"伟大实践和中国完全统一进程,具有重要的战略意义。而且,鼓励和支持海外侨胞积极传承、传播中华民族的优秀文化,可以让住在国民众更多地了解中华文化,不断增强中华文化在世界上的影响力。

3、全国侨务工作会议的召开,将侨务公共外交与华文教育作为五年规划重点内容,并给予政策支持。随着海外侨胞在全球影响力的增强,2011年9月,国务院正式印发《国家侨务工作发展纲要(2011—2015年)》,对"十二五"期间的侨务工作作出全面规划和部署。该纲要首次把"拓展侨务公共外交"列为我国侨务工作未来五年的重要任务之一。在一个月后召开的全国侨务工作会议上,戴秉国强调,今后要重视"拓展侨务公共外交""要鼓励海外侨胞以多种方式向住在国政府及主流社会介绍中国的基本国情、发展道路和内外政策,帮助他们客观看待和认识中国的发展进步。要使海外侨胞成为促进中国与住在国各领域合作交流的友好使者"。时任国务院侨务办公室主任李海峰也要求:"侨务部门要针对外界关注的热点问题,组织海外侨胞实地参访和交流,鼓励他们通过所见所闻,向当地主流

---

① 《中共中央关于深化文化体制改革 推动社会主义文化大发展大繁荣若干重大问题的决定》,http://news.xinhuanet.com/politics/2011-10/25/c_122197737.htm,2011年10月25日。

② 裘援平:《侨胞已成为推进中国周边外交的重要力量》,http://www.gqb.gov.cn/news/2013/0608/30103.shtml,2013年6月8日。

③ 金正昆、孙冰冰:《海外华侨华人参与:当代中国侨务公共外交路径研究》,《社科纵横》,2012年第11期,第36—39页。

社会全面、真实地介绍中国。"①此次会议还对"十二五"期间华文教育的发展给予了量化的指标与政策支持。国侨办将进一步加大对华文教育的投入,扩大奖学金发放及受益范围,并组织形式多样的中外文化交流活动。2013年6月21日,在贯彻落实《国家侨务工作发展纲要(2011—2015年)》和全国侨务工作会议精神工作中期检查座谈会上,何亚非表示:"党的十八大着重强调,要扎实推进公共外交和人文交流,夯实国家关系发展的社会基础,这是赋予侨务工作的一项新使命。"②

(二)侨务公共外交视阈下华文教育面临的挑战

1. 华文教育需经受多元文化价值观的冲击和挑战,机遇与挑战并存。华文教育所面临的挑战首先是文化的整合,全球化时代必将带来侨胞的文化整合③。全球化背景下,多元文化价值观对海外侨胞的影响主要表现在:一方面做好全球人,需强调不同的价值观念、生活方式之间的发展与协调;另一方面作为祖(籍)国或住在国的国民,在参与世界现代化、全球化的进程中,既要保持祖(籍)国的民族性,又要凸显住在国的文化特质,需在二者之间寻求平衡。也就是说,海外侨胞所面对的是怎样使民族性、传统性、现代性在全球化所提供的广阔的文化情境中获得更多的对话和多样性的发展。

面对多元文化、多元价值诉求交错的现实文化生态,中华文化面临着多重挑战。首先,汉语在国内受到多种语言特别是英语强势地位的挑战。语言的命运就是文化的命运,更表征着一个民族的命运。随着经济全球化的发展,世界各国文化"软实力"的竞争日趋激烈,不少国家都将推广本国语言作为国家战略,千方百计地提高本国语言

---

① 谢萍:《全国侨务工作会议首提"侨务公共外交"》,http://www.chinanews.com/zgqj/2011/10-21/3406592.shtml,2011年10月21日。
② 何亚非:《推进公共外交和人文交流是侨务新使命》,http://www.gqb.gov.cn/news/2013/0624/30229.shtml,2013年6月24日。
③ 周耒峨:《全球化对海外华文教育的影响》,《暨南学报》(哲学社会科学),2001年第3期,第13—18页。

的国际地位①。外语教育特别是英语教育在不断挤占汉语教育的空间和资源,语言的纯洁性以及由语言承载的文化传承在现实生活中出现了断裂。发达国家凭借他们教育资源的优势和各种优惠条件,利用自己在高等教育领域中的主导地位,扩大对发展中国家的政治、文化、价值领域的精神渗透,各种各样的西方文化通过多种途径影响着发展中国家。如何保障中华传统文化的延续和发展,是文教研究乃至国家发展的重大命题。

2. 华文教育自身缺乏整体公共外交战略,整体层次、规模和影响力有限,文化教育资源整合力度不够。作为一个历史悠久、文化灿烂的大国,我国文化公共外交的资源十分丰富,但这些资源的利用率相对较低。当前华文教育主要集中在学前教育、小学教育、中学教育以及部分高等师范教育,总体层次不高,与美国等西方发达国家推行的"精英教育"存在很大差距,这些因素都严重制约了华文教育的国际化发展,在一定程度上也制约了我国公共外交的发展和国际地位的提升。华文教育的生源更多的是我国的周边国家和一些发展中国家,来自发达国家的人数比例偏小,使得文化的传播范围比较局限;对来华留学生教育发展水平的考量过分单纯地注重规模的大小,对其发展的具体环节没有合理的规划。此外,华文教育缺乏公共外交战略,在发展策略上过于强调留学生数量,没有涉及到留学生的层次、科类分布等结构性指标,也没有指出达成目标的方法与途径,因此难以抓住核心,形成优势②。

3. 与孔子学院、国际学院等其他中华语言文化机构存在一定竞争关系。为促进中外语言和文化交流,弘扬中华民族优秀文化,塑造中国良好的国际形象并构建中国的软实力,中国政府设立了专项财政拨款并启动汉语教育项目和推广汉语计划。2004 年国务院批准实施"汉语桥工程"五年行动计划,这是中国政府首次制定实施系统、创新、面向世界的推广汉语计划。此外,孔子学院作为中国在海外以教授汉语、传播中国文化为宗旨的公益机构,自 2004 年开办以来,得

---

① 包文英:《试论汉语国际教育中的公共外交意识》,《华东师范大学学报》(哲学社会科学版),2011 年第 6 期,第 100—104 页。

② 缪毓烨:《公共外交视域下来华留学生教育研究——以上海交通大学为例》,上海交通大学,2012 年。

到了许多国家汉语学习者的热烈欢迎①。截至 2012 年,国家汉办已在 110 个国家和地区建立了 400 所孔子学院和 535 个孔子课堂②,发展速度很快,势头很强劲。此外,各种形式的国际学院、汉语培训机构也如雨后春笋,在数量上发展很迅猛。中国的汉语推广与海外华文教育既有区别又紧密联系。二者的共性在于其学习内容都是汉语,区别在于海外华文教育的主体为海外侨胞子弟,除汉语语言学习外,还包含了海外侨胞对中华文化的传承和与祖(籍)国的情感联系等内涵。因此,海外华文教育与汉语推广并行交错,在生源方面也存在一定的竞争关系。在国际汉语热背景下,华文教育必须整合双方的资源,开展合作,从而有利于中华文化的传播和软实力构建,为汉语推广增添助力③。

三、侨务公共外交视阈下华文教育发展策略

(一) 战略上,把华文教育的人才培养放在公共外交的国家战略平台上来研究和实践

华文教育的宗旨与使命决定了它与我国的公共外交有着天然的联系。华文学校和华文教育是中国文化"走出去"国家战略的重要举措,也是开展公共外交的有力平台。把华文学校建设和华文教育的人才培养放在公共外交的国家战略平台上来研究和实践,这是华文教育单位和教师应具有的大局观。我们要借助这个平台让华裔和非华裔学生学习汉语,用汉语了解中国、中国社会和文化,并能用我们的语言(汉语)来表达他们的观点和看法,同时在接触中国语言、文化和社会后,又能用他们的语言(母语)向其同胞讲述我们的"故事"。

如果说以前华文教育的推进主要靠学校教育,那么在侨务公共

---

① 周聿峨、罗向阳:《论海外华文教育与中国汉语推广》,《贵州社会科学》,2008 年第 6 期,第 119—124 页。

② 许琳:《充分发挥孔子学院综合文化交流平台作用助推"中国梦"走向世界》,《华文教育与研究》,2013 年第 2 期,第 1—4 页。

③ 周聿峨、罗向阳:《海外华文教育与中国汉语推广》,《贵州社会科学》,2008 年第 6 期,第 119—124 页。

外交视阈下,华文教育的推进则是立体式的,例如信息科技方面的中文互联网、中文搜索网站、电视媒体方面的全球中文频道以及大量出现的华文报刊,这些都为华文教育的开展创造了良好的大环境。同时,通过对华文学生群体内"意见领袖"的培养,以及各种有利于加强文化认同活动的展开,来配合我国的政府外交,从而优化我国的国家形象。通过华文教育,构建认识和了解中国的文化平台,可以更直接、更广泛地面对外国公众,从而能更有效地增强本国的文化吸引力和政治影响力,改善国际舆论环境,维护国家的利益。

(二) 政策上,加大华文教育在侨务公共外交中的投入,提升华文教育的规模、层次和体系

华文教育一般有三方面的资金来源:政府资助、社会集资、收取学费。资金不足历来都是制约华文教育发展的一个主要因素。因此国家在政策上要加大对华文教育的人力、物力、财力的投入,支持编写高质量的教材、提供丰富的图书资料、培养高素质的师资、建立华文教育信息网络等举措,不断改进华文教育方法,提高华文教学质量。同时,加大对华文教育基地建设、科研宣传、技术革新、学生交流等方面的投入,推动华文教育与住在国主流社会的教育制度接轨。

在学校层面,以经费资助为支撑,想方设法减轻华文学生的经济负担,增强华文教育的吸引力。以拓展奖助学金渠道为例,丰厚的奖学金、助学金既彰显着国家雄厚的经济实力,也为吸引来自世界各地的优秀留学生学习中华语言文化提供了物质基础。同时,奖学金政策也反映出一国的对外开放水平和国际交流程度,并直接关系学生群体中"意见领袖"的培养[1]。更重要的是,科学、合理的奖学金政策,有助于从源头上选拔综合素质较高的"关键人",他们具有较好的汉语水平、学习能力以及沟通水平,在他们长期受资助的过程中,更亲近中国,也更易接受中国文化,他们对华的认知也更容易在其传播范围内得到传播。因此,学校要拓展奖、助学金方面的渠道,除了国内的教育拨款外,还可以邀请海外侨胞、外国友人、海外基金会或企

---

[1] 缪毓烨:《公共外交视域下来华留学生教育研究——以上海交通大学为例》,上海交通大学,2012年。

业联盟共同为华文教育增砖添瓦。

就当前现状而言,还要加强华文教育的"系统化"和"产业化"。构建从幼儿园到博士后的华文教育系列培养路线,增强华文教育在幼儿起点教育的师资力量,推进华文教育高端学科的设置,加强与海内外综合实力较强的高校合作办学,促使华文教育具有更高学历学位授权点;此外,推进华文教育产业化,将华文教育作为一种教学产品推向市场,接收华裔学生的同时也招收中华语言文化的爱好者和学习者,从而提升华文教育的规模、层次和体系。

(三) 形式上,建立华文教育与海外涉华部门、海外侨胞及文教机构、民间社团的合作平台

积极参与国际官方文教交流活动。积极参加政府文化年活动,以文化教育为平台,打造国际汉语文化品牌专业,传播中华文化。留学生教育可以成为"政府文化年"的亮点活动。来华留学生教育作为文化项目,不但要"引进来",还要以丰富多彩的形式"走出去",在公共外交活动的舞台上,通过展示"来华留学生"的形象,可以对塑造"中华文化形象"形成互动和有效的补充。

参与教育团体活动,开展跨国合作办学。华文教育作为一项独立事业,也具有参与侨务公共外交的功能。通过加入相关的国际教育机构或联合团体,与世界其他文教机构开展合作,拓展与国外大学(特别是海外侨胞多、汉语热的国家)合作办学的渠道,采用在国外设立专门机构、设立分校等办学模式实施跨国合作办学。

重视学生社团和校友会建设。积极鼓励和支持学生社团的建设和发展,打造精品留学生活动,可以在校园内营造良好的中华文化氛围。校友是学校最宝贵的资源之一,是学校最重要的形象推广使者。鼓励学生以多种方式参加、组织或者开展学生校友会活动,有利于向住在国政府及主流社会的外国友人介绍中国的基本情况、发展道路和内外政策等等,帮助他们客观地认识中国的发展进步,使留学生成为促进中国与住在国各领域合作交流的友好使者。

(四) 内容上,在中华语言文化教学的基础上,将侨务公共外交作为华文教育的一门选修课程,加强国际理解能力的培养

学校作为教育的主阵地和文化交流的中心,都应该责无旁贷地承担起培养具有国际视野、了解国际规则、能够参与国际事务和国际竞争的国际化人才,努力把学校打造成基于国际理解教育的公共外交平台。要以讲台作为开展国际理解教育的主阵地,丰富师生的公共外交知识;以事件作为加强国际理解教育的契机,培养师生的公共外交意识;以科研作为深化国际理解教育的主抓手,总结师生的公共外交经验;以活动作为检验国际理解教育的主载体,提高师生的公共外交能力。

从事华文教育活动也是在进行公共外交和跨文化交际与交流。作为推广与传播中国语言和文化的使者、作为开展公共外交的"民间外交官",我们应该在新视角下重新审视华文教育人才的培养,要在夯实语言知识与语言教学技能的基础上,更加重视文化传播能力与公共外交能力的培养。

(五) 对象上,既要坚持华文教育的民族性,也要衔接华文教育的国际化,推进华文教育融入主流教育

与住在国主流社会的教育制度接轨,是目前海外华文教育发展的明显趋势和必然选择[①]。华文教育的最根本性质是民族教育、母语母文化教育,通过系统的、全面的汉语言文字和中华优秀传统文化教育,能够直接、有效地传授中华优秀文化,培育华裔青年的中华文化特质。传统意义的华文教育,主要面向海外侨胞和归侨侨眷。新时期的华文教育也吸引了越来越多的非华裔留学生,对象较为特殊,如何满足不同学生群体的需求是华文教育研究的重点,如何协调民族性和国际化成为华文教育研究的重要方向。在教学上则要重视华裔学生和非华裔学生的个性化、多元化的培养方式。加快华文教育融入住在国主流教育,可以从以下几个方面考虑:一是提升华文学校

---

① 李嘉郁:《融入主流的华文教育与华文教育工作的思考》,《八桂侨刊》,2012年第2期,第69—76页。

的社会地位,尽量把华文教育纳入正规国民教育的体系,以便更多得到来自当地国家的保障和支持。二是根据主流社会的中文考试标准制订学校的教学规划,根据主流社会的中文教师资格标准培养和培训华文教师。三是努力凸显作为族裔教育的华文教育的国际化、生源的多元化和中文学校社会功能的当地化[①]。

四、结语

华文教育鼓励学生积极融入当地环境,参与"文化交流""教育交流"等有利于国际友好的"侨务公共外交"活动,既有利于海外侨胞的长期生存发展,也可促进住在国的经济社会进步,同时增进华裔学生、非华裔学生与住在国民众对中国的亲近感,为提升中国的国际形象提供有力的支撑。因此,在侨务公共外交视阈下,华文教育需要与时俱进,将开展侨务公共外交,展示当代中国新形象,作为重点目标;将促进中华语言文化传播,展示中国教育新形象,作为核心内容;将增进中外文化交流,展示中华文化新形象,作为重要形式,实现华文教育与侨务公共外交的协同发展。

[①] 李嘉郁:《融入主流的华文教育与华文教育工作的思考》,《八桂侨刊》,2012年第2期,第69—76页。

汉语国际教育中的规范冲突问题
——与郭熙先生商榷

戴昭铭

"规范冲突"指语言教育和语言传播过程中因标准不一致而发生的矛盾。在汉语国际教育新形势下,规范冲突日益尖锐,且表现多样。在宏观规范即代码规范层次,有普通话和各地华语的冲突、规范汉字与传承汉字的冲突;在微观规范即特征规范层次,有儿化音和轻声规范必要与否与范围大小的冲突、各种异名词语与异形词语的冲突、传统语法和新兴用法的冲突等等。在规范推行过程中,各种冲突的总体表现是中国大陆的成文规范与境外华人社区使用规范的冲突。冲突发生的根本原因在于语言文字的变异性,而规范观念未能与时俱进与某些规范标准欠缺可接受性则是引发冲突的主观因素。传统的规范观念认为任何语言变异都是不好的,但是,刚性的规范观念、僵化的规范标准可能使规范工作失去效应,而过于宽松的规范观念、欠缺本位立场的规范措施则又可能导致规范标准的消解。因此,如何在汉语国际教育中与时俱进地更新规范观念,探索出一种既不失本位立场又刚柔适度的规范工作新模式,是汉语国际教育工作者面临的迫切问题。郭熙先生结合在东南亚诸国从事华语教学的经验和体会,进行了一些理论探讨,成绩斐然。然而,他关于华文教学必须"当地化"的理论,研读之后却令人不敢苟同。在此不揣谫陋,特与郭先生商榷之,并就正于大方之家。

一、"当地化"理论的由来及其内容

郭先生的"当地化"理论有一个形成过程。2002年,郭先生在《语言文字应用》第3期上发表了"域内外汉语协调问题刍议"一文,提出在国外进行汉语教学应当用"协调"代替"规范""规范化"等提法。同年又发表了"普通话词汇和新马华语词汇的协调与规范问题"和"华语的规范与协调"两文[1],再次论证和重申了以"协调"代替"规范"的必要。理由主要是:

"规范"应该是在一国范围之内或者说是在内部进行的人为的对语言使用标准的干预,它的对象是本国的共同语。……"协调"是在国与国或地区与地区之间进行的对语言使用标准的干预,它的对象是不同国家或地区的共同语[2]。

如果用"规范",可以表明是人们有意识的干预,但是,这一提法就又意味着域内、域外汉语中,有一种汉语是不规范的。我们用"协调"这个提法,反映出域内汉语和域外汉语的平等,反映出这种协调的双向性、互动性[3]。

笔者觉得,首先,从语义的恰当性上看,与其用"协调",还不如用"沟通"[4];其次,"规范"作为一个术语,主要用为名词,意义相当于"标准",名词的词性和用法是"协调"一词所不具备的。因此用"协调"代替"规范",在使用上会很不方便。尽管如此,如果确如所说,"协调"的提法可以减轻发生规范冲突时对方心理上的不适,还是有积极作用的,也就不妨权宜用之。

2007年,郭先生在《论华文教学的当地化》[5]一文(以下简称《当

---

[1] 分别发表于《南京社会科学》2002年第12期和新加坡《联合早报》2002,12,7 言论版。上述三篇文章均收入作者的论文集《华语研究录》(商务印书馆,2012)。本文对郭文的摘引均出自《华语研究录》。

[2] 郭熙:《华语研究录》,北京:商务印书馆,2012年,第125页。

[3] 同上书,第127页。

[4] 《全球华语词典》(商务印书馆,2010)在其"前言"中用了"沟通",表示的意思相当于郭文所用的"协调"。

[5] 此系2007年在台北举行的一次学术会议上提交的论文,后改题为《关于华文教学当地化的若干问题》,发表于《世界汉语教学》2008(2),现收载于作者的论文集《华语研究录》中。

地化》)中把他的"协调"观点发展成了关于"当地化"的论述。文章开头交代了"当地化"这一概念相当于英语的 localization(本土化),接着论述了促使华文教学当地化的若干因素,然后就"当地化"概念所包括的具体内容作出了集中交代:

一般说来,华文教学当地化主要体现在以下几个方面:(1)语言要素的当地化;(2)文化内容的当地化;(3)语料的当地化;(4)教学方式的当地化;(5)教学管理的当地化;(6)师资的当地化;(7)其他[①]。

作者说,出于专业背景的考虑,他只就上述 7 个方面的前 3 个方面涉及的几个具体问题进行讨论。下面是他在"讨论"中提出的主要观点:

(一) 文本的选取(按:指教材范文的编选)

文本所记录的语言应该是地道(或通用)的华语[②]。

华文教学文本类型也要考虑当地化[③]。

(二) 常用字的确定

华文教学当地化过程中,当地的专用字是必须教的……例如"奋、捷、杪"等……[④]

(三) 常用词的选择

讨论华文教学的当地化,词汇更是一个重要方面。……只要是常用词,不论其"出身"如何,都应是教学的重点[⑤]。

(四) 规范标准

一个比较可行的做法或许是说某个领域、某个言语社区"可接受"或"不可接受",不宜笼统地说"合语法"或"不合语法"[⑥]。

---

① 郭熙:《华语研究录》,北京:商务印书馆,2012 年,第 265 页。
② 同上书,第 266 页。
③ 同上书,第 267 页。
④ 同上书,第 269 页。
⑤ 同上书,第 270 页。
⑥ 同上书,第 271 页。

(五) 华文水平测试

由于各地华语的差异和教学上的当地化,华文水平测试应以通行的华语为主体,尽可能回避一些过分地域化的题目①。

(六) 当地化中的其他问题

1. 防止当地化过当

当地化过当会影响到华语内部一致性的培育,进而影响到华人社会的沟通②。

2. 防止简单化

不应把"方言化"当作当地化,也不应把"罗惹化"(即所谓"杂烩式华语、罗杂华语"等)当作当地化③。

3. 不应实行地域排斥

郭文最后的结论是:

(1) 当地化是华文教学必由之路;

(2) 华文教学当地化需要学界的积极研究,研究需要科学化;

(3) 当地化不应和主体化相对立④。

由上列摘录可以看出,郭先生关于华语教学"当地化"问题,已经形成了较为系统的观点和方法。本文称之为"当地化"理论。

二、"当地化"概念含混,自相矛盾,不便操作

"化"作为一个后缀,加在名词或形容词后,表示事物由一种性质或状态转变成另一种性质或状态。郭先生把华文教学"当地化"设为理想的性质或状态来追求,如果按照字面来理解,就是要把他认为不够好的"主体化"⑤教学转变为"当地化"教学。从语义上说,没有这

---

① 郭熙:《华语研究录》,北京:商务印书馆,2012年,第272—273页。
② 同上书,第273—274页。
③ 同上书,第274页。
④ 同上。
⑤ 郭文未对"主体化"作具体解释,据本人理解,他说的"主体化"指的就是在域外汉语教学中执行与国内同样规范标准的做法。如果这个理解没错的话,那么与其称为"主体化",还不如称为"一体化"。

个"转变"就不能称为"化"。从前面郭先生所述的"当地化"概念可见,他认为,华文教学"当地化"不仅包含语言要素、文化内容、语料等内在方面,还包含教学方式、教学管理、师资等外在方面,此外还有一个不明所指的"其他"。这样的"化",可算是彻底、全面的"转变"了。确实,似乎只有作这样"彻底"的理解,才符合他"当地化是华文教学的必由之路"的论旨。

然而,如果稍微细心一点阅读,我们又会发现这样的推断未必符合作者的原意。因为在该文的第三部分论及"几个具体问题"时,似乎并无这样彻底的主张。比如关于文本的来源问题,有这样一段概括性的话:

就理论而言,教学中的文本可以来自所有的华语社会的言语作品,可以来自中国大陆、香港、澳门和台湾,也可以来自开展华文教学的其他国家或地区。抛开各种社会文化因素,作为华人社会的共同语,可以寻找到有共性的文本作为教学的材料。从这个意义上说,文本所记录的语言应该是地道(或通用)的华语[①]。

作为教学文本,既然可以是包括中国大陆、港澳台以及"开展华文教学的其他国家或地区"的"所有华语社会的""有共性的文本",只要其中所记录的语言是"地道(或通用)的华语"(按:指非方言)就行,可见在文本来源和语言标准上,作者还是看重并强调共性的。只是在此前提下,作者才强调指出应当考虑到当地的"社会在心理上是否能够承受,教师在教学上是否方便,是否适合学生的语文学习需求"[②]等3个方面。然而这3个方面只能算是共性中的特性。在共性的前提下顾及个性,应当不能算是彻底的"当地化"。

再如关于文本类型问题,一方面在强调海外华语有与大陆汉语不同的特色的前提下,作者主张"华文教学文本类型的选择也要考虑当地化",另一方面又说:"阅读,尤其是精读课,应选择通用性经典文本;口语或听力材料,可以适当补充当地的文本。"[③]然而,在"通用文本"外"适当补充"的当地文本,分量比例应该不大,也不能算是彻底

---

① 郭熙:《华语研究录》,北京:商务印书馆,2012年,第256页。
② 同上书,第267页。
③ 同上。

的"当地化"。

还有关于常用字的问题,作者也只是强调了"当地的专用字是必须教的",并没有否定通用字教学的必要。因为通用字教学是天经地义的,其必要性不言而喻,作者不可能有否定之意。然而各地必教的专用字再多,与必教的通用字相比,在数量上也是不成比例的。这些字由于在当地流行又常用,教学难度并不大。这一点属于照顾地方用字需要的权宜办法,并没有改变文字教学的共性基础,也还算不上彻底的"当地化"。

另外,关于常用词问题,尽管作者说"只要是常用词,不论其'出身'如何,都应是教学的重点",但紧接着又说:"不过,我们觉得在教当地词汇的时候,应该告诉学生这些词在华人社会中的通行用法。例如新加坡的'脚车''巴沙''公公''婆婆'等就可以在词表后面附上'自行车''市场''爷爷''奶奶'之类。"[①]然而这样一份词表,正是要把当地的异形词语向通用词形作沟通式引导,表面上看是词汇教学"当地化"了,实质却是把当地词汇的解释"主体化"(即通用化)了。这个措施很有用处,但是其性质与其说是"当地化",还不如说是"主体化",因为其中所用的注释标准本身就是"主体的""通用的"。

如此看来,"当地化"理论本身就包含着逻辑和观点上的矛盾,使人感到含混模糊、不好领会。那么,郭先生是在有意制造一种含混模糊、不好领会的理论吗?如果说"是"的话,未必有点冤枉他。因为在"当地化"一文中,他不仅对于在海外从事华语教学的方方面面都做了较为细致的论析,而且又特地提出要"防止当地化过当""防止简单化""不应实行地域排斥",最后还把"当地化不应和主体化相对立"作为"结论"之一提出。真可谓小心翼翼、面面俱到。既然如此,郭文未对"主体化"作具体解释,据本人理解,他说的"主体化"指的就是在域外汉语教学中执行与国内同样规范标准的做法。如果这个理解没错的话,那么与其称为"主体化",还不如称为"一体化"。怎么在论述上还有这么多逻辑矛盾呢?

问题就出在"当地化"这一概念的使用上。

---

① 郭熙:《华语研究录》,北京:商务印书馆,2012年,第270页。

诚如郭先生所言,"当地化"这一概念来自英文的 localization,他不取"本土化"的译法而将之定为"当地化",是为了回避"本土"一词在汉语中的本来意义①。然而这并没有避开 localization 一词的多义性。Localization 一词源于 local,local 有地方的、当地的、本地的、局部的、乡土的、狭隘的、片面的等多种含义,其核心义素是与"主体""全部"相对的"局部",而由其构成的抽象动名词 localization 则有定位、定域、局限、地方化等多项意义;即便其中"地方化"一项,还可以作"彻底的地方化"和"使添上地方色彩"两种理解。然而从 local 一词的本义而言,人们一般都倾向于前一种理解。比如美国的一种 local colour,中文译名就是"乡土文学",那是一种彻底地方化的文学,相当于中国的"方言文学"。不过话说回来,尽管郭文把华文教学"当地化"强调到"必由之路"的程度,我们仍不能断定他在主张彻底的当地化,至多在主张使华文教学添上一些地方色彩。如果这样的推断合乎郭先生的本意,他就不应当使用"当地化"这一术语。如果实在非用它不可,那就应该先把这一概念明确定义为"增添一些当地色彩"。然而郭文并没有给出这个定义,却不断频繁地使用"当地化"这一术语。于是就使自己必然地陷入了逻辑、理论上的混乱矛盾。作者自己尚且矛盾,他人就更不便理解和操作了。

三、"当地化"理论易致教学标准的取消

任何教学都要执行一定的标准,语言教学尤其如此。以往,我们在国内进行对外汉语教学时,制定的标准基本上是以国内推广普通话(本文中以下简称为"推普")的规范为依据的。随着一些地区的汉语教学的发展,人们已经认识到这个标准有些偏严,缺乏宽容度,不便执行。对此,陆俭明先生在 2004 年提出并论述了建立"大华语"概念的问题。他说"大华语"是"以普通话为基础,而在语音、词汇、语法上可以有一定的弹性、有一定宽容度的汉民族共同语"②。"大华语"

---

① 郭熙:《华语研究录》,北京:商务印书馆,2012 年,第 216 页。
② 陆俭明:《汉语走向世界与"大华语"概念》,《作为第二语言的汉语本体研究》,北京:外语教学与研究出版社,2005 年,第 52 页。

的"弹性"和"宽容度"既纠正了"推普"标准偏严的弊端,突破了有标准而难执行的困境,又适应了国际汉语教学新发展的急需;既能增强世界华人的凝聚力,更有利于海外华语教学工作的推进。从本土汉语到全球性"大华语",是汉语观念的更新、汉语视野的拓展,也是汉语规范观念与时俱进的革新。与之俱行的,必然是海外华语教学标准的变化。

但是,这个变化是有前提的。前提就是"以普通话为基础""要提倡以普通话为规范标准"[1]。在这个前提下才是"不一定要求境外华语港澳台国语要不折不扣地完全受中国普通话规范的限制,也可以有一个容忍度"[2]。如果不是在这个前提下来谈"容忍度",就可能使教学成为以各地华语的流行说法为标准的"当地化"。在郭先生的"当地化"一文中,我们找不到对"以普通话为基础"的强调,相反随处可见的是对当地流行说法的规范价值的强调。比如他说:"语言规范标准本身就是一个复杂的问题……'正确'和'不正确'常常是由特定的语言使用领域决定的。在不少情况下,离开使用领域,很难做出恰当的判断。一个比较可行的做法或许是说某个领域、某个言语社区'可接受'或'不可接受',不宜笼统地说'合语法'或'不合语法'。……语言的可接受性是分层次、分领域、分言语社区的。"[3]"在语言规范标准的采用方面,应该尊重语言规范和规则层级性的客观存在。"[4]是的,语言规范是可以划分层级的,至少可以分成高层规范和低层规范两个层次;语言规范的可接受性应当得到强调,缺乏可接受性的规范标准是推行不开的。但是,如果把"可接受性"的判定范围限制在使用某一华语变体的局部社区内,就等于把"当地"的低层规范当成了目标规范,既无视高层规范统领低层规范的资质的存在,也会忽略把低层规范发展到高层规范的必要。陆先生说:"我们在汉语教学要求上,可以这样说:'达到普通话'要求,那是高标准;'达到

---

[1] 陆俭明:《汉语走向世界与"大华语"概念》,《作为第二语言的汉语本体研究》,北京:外语教学与研究出版社,2005年,第53页。
[2] 同上。
[3] 郭熙:《华语研究录》,北京:商务印书馆,2012年,第276页。
[4] 同上书,第273页。

大华语'要求,那是基本要求。"①

"大华语"即各地通行的华语,陆先生尚且判定为"基本要求"(大致相当于本文说的"低层规范"),郭先生却把规范层次限定于"某个言语社区",这样一来,他的"当地化不能和主体化相对立"的"结论"就成了架空的议论,无法落实,能够落实的只有他一再强调的"当地化"标准。然而,华语社区分散于全球各地,相互之间存在"可接受性"的差异,此社区可接受的规范不一定在彼社区也可接受,假如没有能够涵盖所有华语社区的核心规范作为基础教学标准,仅仅以狭隘的"当地""可接受"与否为取舍标准,就等于取消了统一的教学标准。没有统一标准的华语教学,会固化乃至扩大各地华语的歧异,使"大华语"失去凝聚力,裂变出许多"各自为政"的"语言诸侯""海外孑遗"。这个结果也许并非郭先生提倡"当地化"的初衷,但是按照《当地化》一文的逻辑,只能推出这个结果。而真的要是出现这个结果,对汉语国际教育的损害是严重的。

四、"当地化"教学会导致"局限语码化"

"局限语码"和"复杂语码"是英国学者巴兹尔·伯恩斯坦(Basil Bernstein)提出的区分两种言语体系的概念。他认为,语言是"一个由一切可能性所组成的世界","是用词语有所为时所用的全部选择及其规则",言语"是社会关系所采取的形式调节说话者在结构和词汇层次所做的选择","不同的社会结构会生成不同的言语体系或语言代码"。他把由社会结构(或社会关系)决定的个人选择所生成的言语体系(或语言代码)区分为"复杂语码"和"局限语码":复杂语码"句法选择范围很大",能把说话人的目的、意图、独特经验明确地用词语表达出来;局限语码"可选择的范围(句法选择)大大缩小","词汇选自一个很窄的范围","如果一个说话者是倾向局限语码的,那么语码就通过计划步骤不使他方便地用词语详细阐述自己的个人意

---

① 陆俭明:《汉语走向世界与"大华语"概念》,《作为第二语言的汉语本体研究》,北京:外语教学与研究出版社,2005年,第52—53页。

图"。"在运用复杂语码时,听话者所依赖的是用词语详细阐明的意义。""在运用局限语码时……双方身份上的一致规定了意图相同的区域,所以也规定了语码的范围。"尽管"两种语码没有优劣之分","但是,社会可能赋予不同的语码体系所诱发、维护、并不断加强的经验以不同的价值"。而且,在运用复杂语码时,言语体系要求在准备讲话时进行的遣词造句要比在局限语码里高一层[①]。

"复杂语码"和"局限语码"的概念我们比较陌生,似乎分别与我们熟悉的"正式语体"和"随便语体"大致相当。很显然,就语言教育的目标而言,理应使受教育者兼擅两种语码,即成为对"局限语码"和"复杂语码"都能熟练掌握和运用的人,而不是仅仅囿于"局限语码"并难以向"复杂语码"发展的人。这就要求我们的国际汉语教学是一整套科学的、严密的、系统的教育工程,使受教育者能够在相应合理的教学时间里打下基础,并由"局限语码"上升到"复杂语码"。其中的任何一个环节措施失当,都可能使上升过程中断,使学习僵化在"局限语码"阶段。

作为一个为了改进华语教学而提出"当地化"理论的学者,郭先生已经意识到这一理论可能造成的风险。他说:

> 应注意文化的主体性和多样性的统一。这是华文教学当地化过程中不可忽略的方面。这里所说的主体化是指中华文化在教学中应该占主要位置。这一点可能会有人不同意,但笔者认为,中华文化主体化是华文教学的前提。强调中华文化主体化不是要和当地化对立起来,它实际上和华文教学的基本出发点是相吻合的,因为华文教学中如果没有中华文化的主体化,可能会使华文教学"四分五裂",学生学到的华文会成为一种新的"局限语码",这显然有违通过华文教学促进世界华人沟通的初衷[②]。

郭文是在讨论"当地化"措施时论及"文体的选取"中的"文化内涵"问题时说的上述这番话。其中"文化内涵"指的是作为教材的文本所承载或反映的文化内容。然而问题也正在于此:"局限语码"和

[①] 巴兹尔·伯恩斯坦:《复杂语码和局限语码:社会根源及影响》,《社会语言学译文集》,北京:北京大学出版社,第101—109页。

[②] 郭熙:《华语研究录》,北京:商务印书馆,2012年,第253页。

"复杂语码"是文化内容问题吗？恰恰不是。按照伯恩斯坦的说法，"语码"指的是说话人通过词汇选择和句法选择所构成的言语体系，"复杂和局限这两种语码是由各自的社会关系形式生成的"①，"跟中层阶级及其附属阶层相关联的规范系统可能导致复杂语码的方式，而与工人阶级的某些阶层相关联的规范系统可能造成囿于局限语码的人"②。伯恩斯坦在文中并未提及教学文本中的"文化内涵"问题。郭文在教学文本的文化内容与语码习得之间建立起生硬的联系，是对伯氏理论的曲解，而说教学文本"中华文化主体化"就能免除学成"局限语码"的后果，则更令人有风马牛不相及之感。

不过，如果不坚持海外华语教学中普通话标准的引领作用和核心地位，而一味主张"当地化"教学，则真有使教学结果成为"局限语码"的可能。这里的根本原因在于，在海外许多华人社区，华语因受到当地官方语言、原住民语言、英语以及汉语方言的挤压，从来就一直是局限于社区或家庭日常生活中的"局限语码"，地位不高，水平也不高。华人社会中真正兼擅局限语码和复杂语码的只是占少数比例的文化精英，然而文化精英本已不是华语教学的对象。华语教学的主要对象是华族青少年，主要任务是把他们从社区中习得的"局限语码"提升到"复杂语码"的层次。既然除了上层文化精英以外的当地华语大都是"局限语码"，那么主张华语教学"当地化"，无异于主张华语教学"局限语码化"。用局限语码化的水平来教本已有局限语码基础的学生，教出来的只不过是更成系统的局限语码。这也许并非郭先生的本意，但却是《当地化》一文可能推断出的逻辑结果。

五、"当地化"理论与统一的汉语教学和评估标准体系相冲突

汉语国际教育作为一项事业，与其他公益性事业相比有两个明显的特点：第一，作为国家语言战略的组成部分，它需要服从国家的

---

① 巴兹尔·伯恩斯坦：《复杂语码和局限语码：社会根源及影响》，《社会语言学译文集》，北京：北京大学出版社，1985年，第265页。
② 同上书，第115—116页。

指导和规划;第二,作为公共交际能力的培养过程,它所达到的目标要有普遍适用性。这两个特点决定了无论在哪个国家或地区进行的汉语教育,都必须接受国家统一制定的汉语教学与评估标准的指导与检验。

汉语教学与评估标准涉及语言、教师、教材、内容、能力、水平等多方面问题,它的研制是一套系统工程,不仅需要全球性语言战略的广阔视野,更需要高水平的语言理论和先进的语言教学理念的指导,还要借鉴先进国家同类标准并吸收其长处,难度较大。"国家汉办"以往在对外汉语教学管理工作中也相应制定了一些标准,由于水平不尽如人意,曾不断受到批评。不过平心而论,有标准总比没有标准强,像《汉语水平等级标准和等级大纲》《汉语水平词汇与汉字等级大纲》等文件所起的作用主要还是正面的、积极的。进入 21 世纪后,随着汉语国际教育的全球性展开,标准建设也有所跟进。2007 年,"国家汉办"推出了《国际汉语能力标准》和《国际汉语教师标准》。然而正如王建勤先生所指出的,《国际汉语能力标准》所使用的"汉语作为外语的学习者"这一概念不能包括占全球汉语学习者 70% 左右的华裔汉语学习者,是"一个重要的战略疏忽"。[①] 王先生是说应该认识到"华裔汉语学习者"有自身的特点,应该把他们与将"汉语作为外语的学习者"区别看待。但是即便如此,他并不认为不同的学习者应该有不同的教学与评估标准,相反应取同一标准。比如关于教材问题,他认为:"今后的教材编写与出版必须针对海外学习者的多种需求,编写面向不同类型学习者的汉语教材。……教材的类型可以多样化,但必须与面向世界汉语教学的教学标准挂钩,即编写和出版基于世界汉语教学界公认的标准的汉语教材。"[②]

然而,在郭先生的《当地化》及其相关的系列论文中,我们看不到对于统一的国际汉语教学与评估标准的强调,看到的只是一些模棱两可的矛盾说法。比如:"由于各地华语的差异和教学上的当地化,

---

① 王建勤:《汉语国际传播标准的学术竞争力与战略规划》,《云南师范大学学报》,2010 年第 1 期,第 125 页。

② 王建勤:《汉语国际推广的语言标准建设与竞争策略》,《语言教学与研究》,2008 年第 1 期,第 125 页。

华文水平测试应以通行的华语为主体,尽可能回避一些过分地域化的题目。"①那么,什么是"通行的华语"的标准呢? 它同《汉语水平等级标准和等级大纲》中规定的标准是不是一致的呢?"过分地域化的题目"可以"回避",是否意指"当地化"的内容只须教学而不必测试呢? 又如:"单一规范标准不利于激励不同地区的华语学习者,而多标准又会在教学效果、学生语文水平等绩效评估上产生负面影响,因此,应建立适合多样性的教学或学习绩效评估指标体系……"②那么,这种"多样性的教学或学习绩效评估指标体系"和国家统一制定的国际汉语教学与评估标准是一种什么关系呢? 文中从来没有提到,大概作者认为那正是他所反对的"单一规范标准"吧。可是,假如回避了国家统一制定的教学与评估标准,由各地华语教学者"多样化"地各行其是地测试与评估,如何能保证测试与评估的结果具有权威性和科学效验呢? 这是最令人担心的。失去了统一的国家标准的引领和检验,付出的代价很可能将是华语教学整体水平的下降。这大概是郭先生所不愿看到的结果吧!

综上所论,我觉得"当地化"理论问题甚多,不宜实行。在汉语国际教育中应持的基本理念是:中国立场、华夏本位、全球视野③。这一理念是我八年前提出的,现在我仍坚信其正确性。不过现在我认为还应增加一项全球汉语规范的基本原则,就是大华语"一体多元"的原则。"一体"就是以普通话的规范标准为本体,"多元"就是容忍多种变异的海外华语变体的存在。普通话既引领海外华语的规范走向,又从海外华语中吸取有用成分发展自己。在形形色色的规范冲突中,如果不持这样的理念和原则,汉语国际教育就会失去核心和基础。相反,只要我们真正坚持这个理念和原则,海外华语社区的有识之士就会顺势跟进,共同维护全球汉语的健康发展。《全球华语词典》的编纂和出版,已成为妥善处理汉语变异规范冲突的一个良好范例。著名的新加坡、该词典学术顾问之一的周清海先生在词典座谈

---

① 郭熙:《华语研究录》,北京:商务印书馆,2012 年,第 272—273 页。
② 同上书,第 273 页。
③ 详见《全球汉语时代的文化问题和规范问题》,此文是本人提交给 2006 年 3 月在北京召开的"语言文字规范化工作学术研讨会"的论文,《南开语言学刊》,2007(1)。

会上总结新加坡三十多年语文规范实经验,就是"一贯强调趋同(按:指趋向普通话和简化字的标准),让华语保留共同的核心,避免出现不必要的差异",并认为"过分强调自己的语文特点,是没有必要的","会使自己陷于孤立"。作新加坡的华人汉语专家,周先生不提自己国华语教学应该"新加坡化",反而不断强调向大陆"趋同"的必要,他的话也许更值得"当化"理论的主张者深思。

汉语国际化与推广普通话

彭 俊

引 言

当今世界需要汉语和汉语教学,与此相呼应,国际汉语教育和推广工作应运而生,汉语正在快速走向世界。总观海内外的汉语生活状况[①],着眼汉语的规范自强和传播发展,探讨行之有效的策略和办法,尤为重要。本文认为,建立汉语国际规范和实现汉语的民族性统一[②],是汉语国际化的基本任务和前提条件;面向国际社会推广普通话和规范汉字(本文中以下简称"双推"),是促进汉语规范自强和传播发展的必要举措和基本办法。普通话和规范汉字不等于汉语规范的整体,但就其简明扼要、集系统规范于具体形式而言,作为普及汉语规范的实践重点,作为建立国际规范的核心要义,作为谋求国际共建的基础平台,在当前和今后一个时期都具有紧扣主旨的务实性和操作性。依此观点,本文具体讨论建立汉语的国际规范、实现汉语的民族性统一以及开展国际"双推"、促进汉语国际化等紧密相关的问题。

应该陈言在先的是,本文分三个部分讨论汉语国际化需要国际

---

① 国家语委自 2005 年开始发布的年度《中国语言生活状况报告》,均列"海外华语传播概况"章节。
② 指汉语作为华人族裔母语的内部规范统一。

规范、需要规范华语[①]、需要倚重国际"双推"等等,仅仅是言及这几个现实问题的重要性和相互关联,尚远远不及深入其中的复杂繁难。我们更多地看到,汉语的国际化与规范建设问题,受到海内外学界和相关机构的极度重视。例如《中国语言生活状况报告》《全球华语词典》等等的相继推出,都是远见卓识的奠基工程和务实成果,其实践和理论意义的一个重要方面,乃是在汉语国际化的时代背景下,从实探究汉语国际规范是否应该建立、能否建立、如何建立等一系列问题。

一、汉语国际化与汉语国际规范

汉语国际化需要应对的问题众多,但关涉全局的基本问题是汉语规范的国际化。没有规矩不成方圆,当代的语言国际传播必然包含着语言规范的国际推广,离开了语言规则和规范,语言的国际应用和教学将无所适从。这方面的宏观思考和准备,首先应当是做好国际性的语言规划,它包括在国际层面确立汉语的地位,包括从国际交往的需要出发确立汉语的国际规范。这是一个包含多层级任务的系统工程,需要全方位地拓展视野,把握规划的基本原则和任务目标。

(一)汉语规划的国际视野

语言的国际化标志,是在本土之外广泛传播,为其他国家和民族广泛采用语言的国际化过程,是适应域外环境和语言竞争的过程,也是在交流互动中获得成长的进程。因此,当代的语言规划需要兼顾民族性和国际性的协调统一,亦即立足规范自强、谋求传播发展。两者之间民族性是主要的,因为语言是民族的重要特征之一,一种民族语言首先是为本民族使用、服务的。国际原则也要考虑,因为现在的世界是开放的世界,一个国家、一个民族不能封闭自己、与世隔绝[②]。

世界上普遍存在着民族及语言的跨境现象,中国是跨境语言众

[①] 华语指以普通话为基础的全世界华人的共同语。参见《全球华语词典》。
[②] 陈章太:《语言规划研究》,北京:商务印书馆,2005年。

多的国家①,其中汉语的跨境尤为突出,分布世界各地的华人社会及华语生活,涵盖了民族及语言跨境的多种类型。历史形成的汉语跨境,当然不同于当今的主动传播,也有别于严格意义的国际化,但正因如此,汉语规划才须要大开国际视野:既要关注中国版图区划内的语言生活现状,也要正视华人社会的华语生活现状;既要推进汉语的民族性统一,也要支持汉语的国际传播。语言的规范统一,乃是国际化的基础和先决条件。我们强调汉语规划的国际性,旨在满足国际社会对汉语的应用需求;正视海外华语,实则是关注民族母语内部的规范统一。

  汉语规范本是由来已久的内部问题,只是今天到了务须放眼世界、务求内外一致的时候,因为事关汉语如何面向世界、能否得体畅行:大陆(内地)用简体字和普通话,台湾用繁体字和国语,香港用繁体字和广东话,在外国人看来是三种语文②。有鉴于此,无论从世界各地的华人社会看,还是从承袭汉字的日本、韩国和推行普通话的新加坡、马来西亚等国家看,还是从所有需要汉语和汉语教学的国家看,汉语在各地域内部和相互之间的顺畅交流,包括口语、书面交际和越来越重要的信息转换处理,都需要一个共同认可、普遍通用的国际规范。可以想见,达此目标任重道远,需要应对来自语言和社会多方面的现实问题,需要旷日持久的协调整合,但正因如此,我们更加需要一个照应汉语世界的统筹规划。

  语言规划包括地位规划和本体规划两个层次或方面,二者的功用与目标,针对共同语、标准语或官方语而言,集中体现为建立统一的语言规范,促进国家和民族的语言健康发展。《中华人民共和国国家通用语言文字法》确立了普通话和规范汉字作为国家通用语言文字的地位和规范,明确规定"国家推广普通话,推广规范汉字"。这项专门的语言文字法规,体现了地位规划和本体规划的高度统一,同时规定了实施要求和推广办法。需要明确的是,汉语规范的专门立法,旨在强化汉语规范的权威和普遍适用性,绝不是限制其适用范围。

---

① 戴庆厦等:《论跨境语言研究的理论与方法》,《云南师范大学学报》(哲学社会科学版),2009年第3期,第24—27页。

② 周有光:《朝闻道集》,北京:世界图书出版公司,2010年。

一如语言规划的照应范围,关涉语言的所有领域及前瞻时空,汉语规范的适用范围,自当覆盖全部的汉语生活。从汉语国际化的层面看,汉语规范的适用范围和领域,取决于汉语传播和国际应用的发展需要。进一步讲,普通话和规范汉字是汉语规范的核心内容,确立和巩固汉语的国际地位,务必开展国际层面的"双推"工作;建立和实施汉语的国际规范,也务必以此作为根本依据。

(二)汉语规范的国际共建

建立汉语国际规范,是发展汉语和顺应国际化的现实需要。提出和讨论这个问题绝非无端臆想或务虚前瞻,因为当今汉语已经发生了时代变化,更开启了国际性的变化时代。大势毋需多言,从汉语和国际化的现实情况看,达成汉语规范的国际共识,关键在于尊重和协调国际共建;尊重和协调国际共建,关键在于以发展的眼光看待现行的汉语既有规范,即既有规范是国际规范的现实基础,有待向国际规范发展。在这个前提意识下,全面认识既有规范的基础意义,把握推广既有规范的目标,方可达成汉语规范的国际共识和共建,实现汉语规范自强和传播发展的相得益彰。

语言随社会生活发展,世界各地的汉语均有地域特色,推广既有规范的现实意义和重要作用,不仅在于现时地满足各地不同层次的规范化需求[①],更在于长远地疏通汉语的国际交流、协调汉语的互动发展。因此,推广既有规范的重点和目标是:基于普通话和规范汉字的普及应用,关照客观需求的包容整合、约定俗成。也就是说,既有规范的国际推广,实质是海内外汉语的求同通异、通异而同,亦即建立国际性的汉语规范[②];国际规范的协调共建,实质是国际"双推"在实践上的协调推进、在理论上的协调创建。

承上所言,建立汉语国际规范,应该定位为实践问题,不能依靠单纯的理论辨析,只能进行"行而后知、知而后行"的往复实践和优化整合。企望坐而论道地创建一套标准化的行为准则和操作规定,无

[①] 此指语音、词汇、语法和文字及吸收方言与外语成分等。
[②] 通融相异的语言成分,求得共同的语言理解。引自彭俊《求同通异、通异而同》,《世界华文教育》2010年第3期。

论是严谨地简约规避还是宽泛地兼容并包,都难免失之于削足适履、有名无实而宽严皆误。当然,这不是一概否定任何理论思考,主张托辞尊重语言规律而静观其变。就建立汉语国际规范而言,尊重语言规律的创建,是指基于语言事实的科学归结和基于约定俗成的"约俗成定"。这就要求做到,不预设任何条条框框,尊重各地域华语在交际互补中约定俗成的集约成果,尊重关于这些集约成果的任何套路和形式的"约俗成定",尊重这些"约俗成定"同普通话和规范汉字的砥砺磨合和优胜劣汰。

要而言之,建立国际性的汉语规范和实现汉语的民族性统一,是汉语国际化的基本任务和前提条件。鉴于汉语的广泛跨境事实,这个道理显而易见:只有建立国际通用的汉语规范,才可能全方位地协调汉语的民族性统一;只有实现汉语的民族性统一,才可能确立和巩固汉语的国际地位,促进汉语国际化的健康发展。这个道理是否符合实际,还需要考察汉语国际传播的历史和现状,具体地看一看跨境汉语或境外华语有无规范化的需求,以及需要什么样的规范。

二、汉语国际化与华语的规范化

汉语的国际化进程,遵循着语言传播的一般规律。语言传播的历史告诉我们,一个国家或一个民族的语言在本土之外的传播,大致经由两种主要的途径和形式:一种是这个国家或民族的政治经济文化活动把它带到本土之外,一种是这个国家或民族的移民把自己的语言和文化带到移居的地域。当代中国的经济崛起和文化振兴,为汉语国际传播提供了现实动力,中国移民的悠久历史和可观规模,也为之奠定了深厚基础[①]。这个基础是汉语国际化的历史铺垫和现实基础,是汉语走向世界的独特国情,将长期作用于汉语的国际化进程。

务实面对不可回避的语言国情——既有遍布世界各地的华语社会,也有规范不一的港澳台地区,我们需要开展扬长补短的规范化工

---

① 现今五千万海外华侨华人分布世界各地,华语社会及其华文教育体系遍及五大洲一百多个国家,形成了汉语国际教学和应用的基础氛围。参见《2009年海外华侨华人概述》,北京:世界知识出版社,2011年。

作。特别应该郑重其事地强调:华语的规范化问题至关重要,华语能否实现规范化,直接影响和决定着汉语的民族统一和传播发展。研究华语生活的规范化问题,关键在于考察华语生存的人文社会环境,把握华语社会的变化趋势和发展需求,亦即顺应语言发展规律,据实探讨推广普通话和规范汉字的必要性和可行性。

(一) 华语社会的由来与发展变化

在华人社会中,作为民族母语的汉语,有一个言简意赅的名称"华语"这个概念的用语好,好在它鲜明地标示了华人语言的民族属性。因为生活在海外的华人,自称自己的族裔语言为华语,或者在他们身边的外国人看来,华人讲华语,都是顺理成章再自然不过的事。从历史上看,华人社会的原生态华语,是中国不同地区的出国移民带到海外的汉语方言,并由此形成不同国家和地区的以某种方言为主的传统方言社会,如在菲律宾、泰国、美国旧金山等国家和地区,分别形成了繁衍至今的闽南话、潮州话和粤语的方言社会。纵观当今华语社会的基本面貌,传统方言依然延续,普通话的流行也蔚然成风。

各地华语的生存环境互不相同,与大陆本土的环境更不一样,这就必然发生多向性的变化。概括起来看,华语发展变化的动因和走向呈现两种情况:其一是生存环境导致华语的分歧性变化。华语分布世界各地,既要表达和反映不同地域的社会生活和自然形态,又与当地语言密切接触、相互浸润,在内容和形式上呈现出明显的地域性差异和特色。其二是社会需求导致华语的趋同性发展。随着新移民的大量增加,以及各国华人社会之间的密切交往,传统的单一方言社会和用语需求发生了重大变化,不仅各地的华人社会需要通用的共同语,全球华人社会也需要通用的共同语。这两种情况表明,华语的地域特色具有客观的必然性,不可也不应强求改变,而华人社会的共同语需求,则需要语言规划的支持和引导。

综上所述,海外各地的原生态华语是汉语方言,在不同国家和地区的生活环境和主要语言的影响下发生变异;在当代华人社会结构发生变化和汉语国际化的背景下,华语社会迫切需要共同语,最终将选用普遍通用的标准语——普通话。这个判断是否成立,我们只能求证于华语社会生活的现状和发展趋势。

(二) 华语生活的现状与规范化需求

华语社会生活,是指海外华人族裔社会应用民族母语的生活状况。在多元文化环境中,华语的使用方式和传播途径主要有四种:最基本的方式是作为族裔社会和家庭内部的生活用语世代相传,族裔子弟在生活中自然习得;另三种是华文教育、华文传媒和华文文学,它们是华语面向族裔内外的社会生活方式。

总体而言,当前华人社会的语言是五方杂处,文字是繁简并行。但是,在这个方言和繁体字的传统天地里,普通话和简体字呈现出强劲的持续上升趋势。从培育华裔新生代的华文教育看,这个趋势不仅标志着华人社会的前瞻性选择,也昭示着华语社会的未来前景:新型中文学校主要采用普通话和简体字、汉语拼音;传统全日制华文学校的方言教学也逐步由普通话教学替代。这里提供一个典型实例,见证从原生态的方言开始,华语一步步追寻共同语和标准语的客观走向:

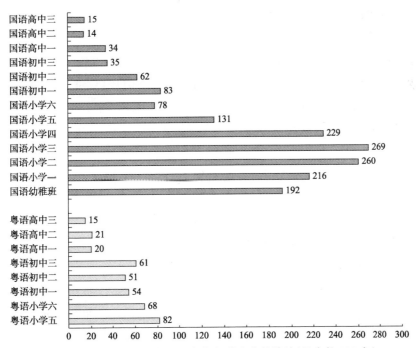

美洲中华中学校 2009 年 2 月各年级学生人数统计(总人数 193 名)

始建于 1888 年的美洲中华中学校①,地处传统的粤语社区美国旧金山,师生始终以广东籍华人为主,在 2009 年的 1993 名学生中,祖籍广东者为 1817 人。校史记载,"侨校教学,向以四邑方言为主,到 1926 年才以广州话教学"——这是华语追寻方言区共同语的必然性选择。1988 建校百年,增设幼稚园和国语班;1996 年加强国语课程,星期六下午增设国语班;2000 年增设国语幼稚班;2005 年为适应粤语班学生转读国语班的需要增设国语拼音班——自此追寻民族共同语的步伐不断加快,至 2009 年,呈现以上统计情况:国语班学生 1621 名,占 81.3%;粤语班学生 372 名,占 18.7%;粤语班的百余年历史渐近尾声。

在世界各地不同的传统方言社区,类似的"自发性"变化普遍地发生,表明这个变化或选择有其必然性。究其所以然,多方面的社会动因固然重要,但起决定作用的根本原因是汉语的固有特点及自在规律——拥有多种方言的汉语需要普遍通用的共同语,需要统一规范的标准语;汉字演化的动因和目标也是如此。华语社会的客观走向再次证明,半个世纪前确立的普通话标准和《汉字简化方案》,与历史上的雅言、通语、官话、国语及甲骨文、金文、隶书、楷书一脉相承,顺应了语言文字的社会需求和应用发展,是汉语科学的标准化成果。华人社会的主动选择说明,普通话和规范汉字的社会声望与实际应用已经辐射到海外,基于汉语自强和国际化的需要,全方位"双推"的条件和时机已经成熟。

三、汉语国际化与国际"双推"

承前所述,语言的规范统一,乃是国际化的基础和先决条件,面向国际社会推广普通话和规范汉字,旨在奠定汉语自强和国际化的根基。具体说来,国际"双推"的任务目标有别于中国本土,不仅是直接推广普通话和规范汉字的应用,更在于以此作为汉语国际规范的根本依据和核心内容,协调全球汉语的交流互动,整合发展过程中的

---

① 引自《美洲中华中学校 2009 年毕业特刊》。

分歧;国际"双推"的环境条件不同于中国本土,需要全面把握汉语规范的系统性,审视本土汉语和跨境汉语的多重内部关系,针对不同层面的具体情况,分别看待和应对,才能有效发挥国际"双推"的重要作用。

(一) 海外华语和本土汉语的关系

从语言和民族的关系看,海外华语与本土汉语是宗于一族的民族母语华语是华人社会族裔语言的统称,作为族裔母语,反映的是个人或民族成员对民族语言和民族文化的认同,直接指向民族共同语[1]。作为全世界华人的共同语,华语同汉语一样,都包括普通话及多种方言,都是超越各种方言、代表民族共同语的指称,共同指向全民族普遍通用的标准语普通话。从华人社会的语言实践看,"华语"一词视作"国语"和"普通话"的同义词,作为与方言对立的概念普遍使用[2]。这就是华语和汉语的根本关系和共同内涵,亦即开展国际"双推"、构建汉语国际规范的现实依据。

目前华语和汉语的若干分歧,是汉语跨境之后呈现的大同小异。50多年来,中国大陆经过推广普通话和《汉语拼音方案》《汉字简化方案》等规范化成果,形成了包括吸收方言成分和"汉化"外来语的系统规范,而华语一般没有经过这样的社会规范,加之受特定环境和多种外语及方言的影响,各有自己的语言习惯和做法,不仅用方言方音"汉化"外语的现象普遍存在,而且方言及口语可以不加取舍、自由自在地进入书面语言。对此现状,我们基于语言文字的系统性,具体分析如下:

从语言的系统性看,所谓民族共同语,是指普遍通用的语音系统和词汇、语法系统。普通话作为民族共同语的标准语,是集约语音、词汇和语法的规范化系统。从语音系统看,目前华语和汉语基本达成一致,《汉语拼音方案》是拼写汉语的国际标准(编号:ISO7089);从词汇和语法系统看,需要协调和规范的问题相对较多,其中主要问

---

[1] 李宇明:《论母语》,《世界汉语教学》,2003年第1期,第48—58页。
[2] "巴刹(集市)华语、不纯正的华语难登大雅之堂,我们应当讲比较纯正的华语。"例见《全球华语词典》。

题是如何对待方言成分和外来语的影响①。只有抓住这个主要问题,进行积极的人工干预,用统一的方式接受方言成分和外来语,方可达成汉语的国际规范。由于目前没有统一的规范,使得华语和汉语仍旧以不同的方式吸收方言和外来语,例如继续用方言语音转化外来语,这就必然继续扩大二者在词汇及文字等方面的分歧和差异②。因此,普通话的国际推广,需要全面地把握其规范汉语的系统性,不可只强调"普通音",轻视或偏废词汇和语法的示范性和主导作用。

从文字的系统性看,作为表达语言的符号系统,文字不仅实现了语言的书写形式,更衍生了语言的书面语体,即书面语言或文学语言。所谓语言和文字的密切关系,主要是文学语言和文字应用的对应关系,实指二者的互动成因和相互规约。汉语和汉字的成因与规约更是明显——汉字和汉语的紧密契合历久弥新,古今汉语和汉字均具有相互对应、同步变化的时代特征。基于汉语的发展,这个特征不仅表现为汉字形体结构及字义的变化,更表现为常用汉字的换代更替及汉字组合关系的变化。正如普通话反映现代生活的内容,不仅集约了具有时代特点的基本词汇,也由此集约了表现这些词汇的常用汉字群体和组合形式。因此,规范汉字和普通话具有系统性的对应关联,汉字规范化的具体问题,特别是常用汉字的规范化问题,应结合普通话的推广逐步解决。不妨这样说,汉字从属于汉语,汉语决定着汉字的特点及演化,在符合表达汉语的前提下,汉字趋于从简。

以上分析归为两点:其一,华语和汉语各有适用空间和运作系统,所谓建立汉语国际规范,就是解决两个子系统的交际互动和融通对接问题。把握语言规范的系统性和层次性,既可以区别看待华语和汉语的不同存在空间,维护不同地域社会语言的稳定性,又可以有

---

① 陆俭明:《新加坡华语句法特点及其规范问题》,《海外华文教育》,2001年第4期,第1—11页;2002年第1期,第1—10页。

② 如"巴仙:英语percent的音译。"例见《全球华语词典》。此外还有八仙、巴生、保生等音译,因此"80%"被写作"八十八仙"等等。此例足见只有把握语言规范的系统性,才能化解一系列不同层面的具体问题。

序解决不同层面的规范化问题。其二,语言的规律是约定俗成,境内外汉语的交流互动,是达成统一规范的实践途径;开展汉语国际"双推",是顺应规律的全方位策应。为此,推行普通话和规范汉字需要紧密结合、协同进行,以普通话的口语交际为基础,以普通话的书面语交际为平台,用言语交际带动文字的规范应用,这不失为积极稳妥、相得益彰的策略和办法。

(二) 普通话和华语方言的关系

以华语方言作为推广普通话的基础与对象,构建汉语的国际规范,需要全面认识普通话和华语方言的语言文化关系,充分借鉴国内"双推"和保护方言与地域文化的成功经验。

广泛流行于华人社会的粤、闽、客家等各种方言,是地域文化的基本构成和重要载体,传递着华人社会的乡音乡情,也承载着华人族裔的传统文化和民族精神。方言是民族共同语的生成基础,民族共同语是方言的升华凝聚。可以说,一个民族的语言文化,因方言众多而丰富多彩,因共同语的形成而博大精深。因此,推广普通话与保护方言及地域文化并行不悖,普通话和华语方言的关系是和谐统一、相辅相成。

当今世界主要语言的生机活力,无不植根于重要的跨境传播发展。华语方言作为跨境的汉语,不仅别开生面地丰富了汉语的承载内容,还源源不断地生发着新鲜语汇和表达形式,既是增强汉语活力的宝贵资源,也是汉语国际化的现实基础。有了这个资源和基础,国际"双推"才有可能施展,否则只得从零开始。针对这个资源和基础,国际"双推"才有方向,否则就是无的放矢。实践证明,有方言基础的群体或个人,能够更好更快地学会普通话,轻视方言和地域文化的积极作用,或者过分强调方言的负迁移影响,不符合语言教学的实践情况。

以上分析归为两点:其一,语言的传播发展远不是单向性的输出,更由此得到丰厚反馈而生机无限。从汉语的国际化发展看,全面认识普通话和华语方言的基本关系,把握二者的互补相成意义,既可受益于民族共同语的生成机理,也有利于实现国际"双推"的特定任务目标。其二,国际"双推"的基本受众是华语方言群体,既有具体方言的鲜明个性,也有华语方言的群体特征。因此,在推广实践中,既要充分借鉴国内"双推"的成功经验,也要创造性地利用相关科研成果。国内的一些成熟办法和基本举措,如"以正音为主兼及词汇和语法"的普通话培训测试、在教育和传媒领域率先垂范、研发针对特定方言区的教材教法、制定中长期推广规划等等,值得在国际"双推"中实施和借鉴。在这个基础上,针对华语方言群体的培训测试和教材教法等等,还需要专门研究和重点开发。这是因为,国际"双推"面向的群体不同于国内,需要注重培训教学的基础性,讲究培训测试的针对性,更加强调务实应用的实践性。

四、结语

汉语国际化的主旨或标志是汉语的国际应用,只有建立统一的汉语规范,才能最广泛地达成汉语的有效交际,同时最有效地整合汉语发展过程中的分歧。在理论上确立普通话和规范汉字的主导地位,在实践上面向国际社会大力推广,对于协调共建汉语国际规范、促进汉语国际化的健康发展,具有奠定基础、策应全局的重大意义。

第二编

华文教学研究

对海外华文教学的多样性及其对策的新思考[①]

郭 熙

引 言

海外华文教学的多样性问题得到了越来越多的关注。笔者曾就此进行过几次讨论[②],指出海外华文教学在教学对象等多个方面都存在不同程度的差异,其语言教学的性质也各不相同,因此应该采用不同的教学模式、教学大纲、教材、考试方式等等。我们早期的讨论多集中在一些情况熟悉的国家或地区。随着我们对华文教学的进一步关注和各种实地考察机会的增多,发现又有不少新的情况应该介绍和讨论。下面分别以近期对印度尼西亚、泰国、菲律宾、意大利、荷兰、瑞士等国的考察为例进行一些说明。

[①] 本文得到教育部重大攻关项目"新形势下国家语言文字发展战略研究"(批准号:10JZD0043)和国务院侨办研究项目"传承与认同——新形势下海外华文教育策略研究"(批准号:GQBY2011021)的资助。

[②] 郭熙:《海外华人社会汉语(华语)教学的若干问题:以新加坡为例》,《世界汉语教学》,2004 年第 3 期。郭熙:《华文教学当地化的若干思考》,《世界汉语教学》,2008 年第 2 期。郭熙:《论海外华文教学的性质和地位》,《华语研究录》,北京:商务印书馆,2012 年。

一、华文教学对象的多样性

　　华文教学对象的多样性在以往的讨论中已经有所提及,而最近的考察使我们的认识有所加深,看到的情况比我们过去观察的更为复杂。

　　以印度尼西亚为例。在以往的文献中,凡涉及印度尼西亚的华文教育,首先就会谈到该国禁用华语的历史。的确,华文教学在印度尼西亚曾被禁止了 32 年,它导致印度尼西亚华语文的断层。这自然会让人想到,在这种环境下生长的新一代印度尼西亚华人的华文学习应该是第二语言学习,在教学上应该采用第二语言的教学方法。然而事实并非完全如此。实地考察发现,一些地方的情况不同于雅加达、万隆、三宝垄等地。处于印度尼西亚苏北省的棉兰、西加里曼丹的坤甸和山口洋地区的学习者分别会说不同的汉语方言,例如棉兰和坤甸使用潮州话(闽南话),而山口洋使用客家话。这是雅加达等地所没有的。笔者 2005 年 1 月曾经在山口洋开展华文教师培训工作,发现当地参加培训的年轻学员所占比例相当高,其华语表达能力明显强于印度尼西亚其他一些地方。当然,在雅加达等地新生代学习者中,也有一些程度比较高的,例如雅加达的陈玉兰,先后在中国获得了学士、硕士和博士学位,现在已经成了雅加达一所中文学校的校长,但这是少数。上述情况表明,从教学性质上看,印度尼西亚的华文教学并非单一的第二语言教学。

　　接下来的情况更让我们吃惊。暨南大学派赴印度尼西亚的教师发现,印度尼西亚还有一些地方的华文水平更高,我们所提供的教材对那里的学生来说太简单,不适用。2011 年 7—8 月间,笔者利用外出授课的机会,对印度尼西亚巨港和巴淡地区进行了实地考察。考察中看到的情况和上述教师反映的情况一致,这使我们进一步加深了对印度尼西亚华文教学对象多样性的认识。在巨港,老一代的华人说闽南话,新一代的华人通常只会听,不会说;但他们有机会接触华语,因为巨港所处的印度尼西亚苏南地区华人数量比较多,估计有二十多万人。位于廖内群岛(KepulauanRiau)的巴淡岛及附近一些地方的华语使用情况更是令人振奋。巴淡与新加坡隔海相望,新加坡的高层建筑可以尽收眼底。新加坡的华文电视台几乎是巴淡地区华人必看的,当地人戏称这是新加坡为巴淡开的频道。巴淡附近还有华人数量很多的马来西亚的新山,而新山地区的华人是讲华语的。这样,巴淡、新加坡和新山构成了一个华语金三角。有人提出,应把巴淡打造成一个海外中华文化传承和展示的基地。然而,在这样的语言环境中,当地华语学校所使用的教材却并不理想。一些学校使用新加坡的华文教材,也有的使用中国的教材,主要有两种:一是侨办赠送的《汉语》[1],一是《中文》[2]。但这两套教材对这里的华文教学似乎都不适合。前者虽说是供东南亚使用的教材,但主要针对的是第二语言学习者,后者则主要是根据北美中文学校的情况编写的。

荷兰华语教学的情况也不尽相同。在有十多所学校校长参加的华文教学座谈会上,校长们分别介绍了自己学校的情况、经验和困难,使我们对荷兰的华语教学有了更进一步的了解。这些学校学生数量不一,有的多达六百人以上,如丹华中学,也有的三百多人,如鹿特丹区中文学校和海牙中文学校,还有的在百人左右。这些学生的语言背景跟过去大不相同,即越来越多的是普通话背景,也还有一些学校的非华人比例不断上升,有的甚至已经达到80%。各校学生的实际水平也很不一样。不少学校已经开设中学水平的华文教学,如丹华中文学校和鹿特丹区中文学校,他们使用的教材是《中文》(初中版)[3]。被国侨办命名为海外华文示范学校的丹华中学开设有26个不同的班级,学生从零起点到高中水平都有。笔者一行对丹华中学进行了实地考察,并选听了几节课,从课堂上可以明显感受到华语学习者语言背景的不同。据介绍,许多学生通过华文的学习爱上了华文。他们在学完初中课程以后,不愿离开,继续学习高中课程。我们参加了学生自己组织的诗歌朗诵会,同学们语言之熟练,感情之充沛,让人感叹不已。在这次调研中,一些学校反映暨南大学华文学院编写的《中文》太简单,学生很快就学完了。任课教师随后还给笔者

---

[1] 北京华文学院编写,彭俊主编:《汉语》(第二版),暨南大学出版社,2007年。
[2] 暨南大学华文学院编写,贾益民主编:《中文》(第二版),暨南大学出版社,2007年。
[3] 郭熙主编:《中文》(初中版),暨南大学出版社,2010年。

来信,指出《中文》初中版对作文的指导不够,不能满足学生的需求。而以往我们听到的都是《中文》太难了,学生接受不了。这两种相反的说法或许也可以说明海外华文学习者的层次和语言背景差异甚大,他们对教材的需求也很不同。当然,这中间还有另外一种可能,即,随着中国的快速发展,大家学习华文的积极性提升了。

二、管理模式的多样性

世界各地华校的管理模式也呈现出多样性。

马来西亚的华文学校由董教总统一管理,人们已经非常熟悉,不需再介绍。而在欧洲等地,如荷兰、意大利和瑞士,更多的是通过中文教育协会来协调。各地中文教育协会的组成并不相同,但总体上都是以一些热心华文教育的华商为主来运作的。许多华商在商业运作上很成功,但他们毕竟不是教育家,甚至也没有教育工作经历,他们凭借自己的激情和热情,投入资金,开展社会宣传,但未能考虑或做到在各校中开展协调工作,未能形成统一的教学管理、质量保证体系。当然,也有一些地方正朝这方面努力,例如荷兰,当地的教育协会就组织各华文学校校长进行华文教学的联谊讨论,介绍经验,分析问题,力求华文教学有更大的发展。

比较起来,菲律宾的管理模式非常有特色。菲律宾的华文教学是通过菲律宾华文教学研究中心来协调的。菲律宾华教中心的领导人都是长期从事华文教育的专家,不仅在教学上有丰富的经验,还有许多研究成果。菲律宾有华校160多所,情况各异。华教中心成立前,教材五花八门:有大陆的,也有台湾的;有简体的,也有繁体的;更没有针对性强的教学大纲。此外,人们对菲律宾华文教学性质的认识也不一致。吕必松(1992:1)把菲律宾的华语教学定性为第二语言教学,这在理论上对菲律宾的华语教学产生了积极的影响[①]。但当地华教界并没有简单地把华语教学"二语化"。1991年5月成立的菲律宾华教中心,认识到菲律宾的华校学生既不同于中国大陆和港

[①] 吕必松:《华语教学讲义》,北京语言学院出版社,1992年。

澳台的学生,也不同于欧美等地的外国学生,而是具有菲律宾华社背景的一个特殊群体。这些学生使用的华语教材必须具备菲律宾华社的特别背景。因此,他们主张菲律宾华文教育应该转轨,并强调教材的科学性、实用性和针对性。他们制定了十年制中小学华语教学大纲,对每一级的华语教学都有具体的规定。他们编写了多种华语教材,其中幼儿园教材 6 册,中小学教材 20 册。除课本外,还配有录音带、电脑光盘、练习本、写字本、教师手册、教案集等。菲律宾华教界还非常重视教师队伍的建设。据《菲律宾华文教育综合年鉴》(1995—2004),1992—2004 年,接受过中国国家汉办培训的菲律宾华语中小学教师达 379 人、415 人次,而接受侨办培训的有 222 人、245 人次[①]。我的同事近来赴菲律宾进行调查,回来后对菲律宾华文教学的前景充满信心。菲律宾的这些成就,显然是与他们的华文教学研究中心的管理模式分不开的,更是与菲律宾华教界科学地认识菲律宾华语教学的实际分不开的。

还应该说明的是,菲律宾的华文教育还得到了菲律宾政府的支持。菲律宾的华文教学曾受到政府的影响。"菲化"结束后,政府开始支持华文教育。暨南大学华文学院在菲律宾密三密斯合作建设光华中学就得到了当地政府的大力支持,这与其他一些国家的华文教学总遇到政府的多方阻挠形成了对照。这一情况的出现或许与当地华社提出的华文教育目标有关。菲律宾华教的目标是培养具有中华文化素质的菲律宾公民。在重视华语教学当地化方面,菲律宾应该是一个很好的样板。

三、教师队伍和课程设置的多样性

(一) 教师队伍

各地华文教师也呈现出多样性。基本上由四部分人员组成:(1)

[①] 菲律宾华文教育研究中心:《菲律宾华文教育综合年鉴(1995—2004)》,马尼拉:菲律宾华文教育研究中心,2008 年。

当地教师,以华人居多;(2)旅居当地的华侨、留学生;(3)中国志愿者;(4)其他。

近年来,海外华文教师的组成也发生了一些变化。例如印度尼西亚的华文教师原来以年龄大的教师为主,现在出现了年轻化的趋势。暨南大学华文学院在印度尼西亚开展的远程华文教育课程中,前几届的学员年龄都很大,以至于他们毕业时媒体报道说是"爷爷奶奶大学生毕业"。近年来,雅加达、万隆等地一些年轻的学员陆续加入,但他们的华语基本上都是第二语言,所以在华语的语音、语法学习方面有明显的困难,而巨港等地则呈现出另一种情况。暨南大学华文学院在巨港开办的华文教育远程教育专业的学员84人,其中只有4人是大龄学员。这些年轻的学员中,有的只学习了6个月的汉语,但他们对汉语的理解力并不差,他们的汉字书写能力也令人鼓舞。可以想见,未来这些地方的华文教学将不再为师资问题所困扰。

意大利中文学校的教师多来自中国国内,有志愿者,也有的本来就是国内的中小学教师;泰国的华语教师队伍有泰国华人,有旅居泰国的华侨,还有大量来自中国的志愿者。一个值得关注的情况是,越来越多的原来从事其他专业的高学历的侨民或移民开始进入华文教育领域。

(二) 课程设置

海外华文教学中,不同的学校课程设置常常不同。在英国和美国,不少中文学校通常每周只有两节中文课。因此,这些学校常常抱怨国侨办赠送的教材内容太多,也有的抱怨练习量太大。这次调查中我们看到,意大利、瑞士等一些地方的课程远远超过了过去的课程设置。意大利是华人移民数量增长较快的国家之一。以佛罗伦萨为例,目前该地区的中国移民已经超过两万人,并以每年18%的速度递增。随着移民的增加,新生子女也越来越多。不少新移民自身教育程度不高,他们的社会交际圈基本上是在华人内部,因此新形成的华人社会是一个相当紧密而且封闭的群体,其子女习得的基本上是父辈的方言或者带有方言色彩的普通话。由于种种原因,这些新移民对下一代的母语教育非常重视。佛罗伦萨华商联中文学校的华文课程达到每周12课时,从周一到周六每天下午2个小时。瑞士的中文学校中很多也是新侨民的子女,他们也非常重视华文教学,每周的华文课程是6小时。他们使用国内的语文课本,用12年的时间教完国内6年12册语文课本。欧美许多中文学校抱怨《中文》太难,但对这些新侨民的子女来说实在太容易,根本无法满足他们的需要。

四、问题讨论

近年来,人们越来越关心海外华文教学质量的提升,其中说得最多的是"三教"(即教师、教材、教法)问题[①]。人们试图通过多种方法解决这些问题。教师方面希望通过培训,颁发资格证书来解决;教材方面通过统编教材来解决(现在也开始提倡"国别化"教材了);教法方面则强调新的教学方法的采用,尤其是所谓现代化教学手段的采用等等。上述三个问题中,教法问题最具争议性,而且已经有很多的讨论。下面就教师和教材这两个与华文教学多样性有密切关系的问题谈些粗浅的想法。

(一) 教师

教师显然是一个大问题。教师的培训自然重要,问题是如何培训。近年来国家汉办、国务院侨办都组织了不少培训,但目前的培训多偏重语言知识和教学方法方面,在教学理念的更新方面还不够,而且缺乏宏观协调,重复培训的现象比较突出。

考察发现,海外一些地方的华文教师师资素质值得担忧。以泰国为例,除了泰国华人、旅居泰国的华侨之外,泰国大量的华文教学任务由中国派出的志愿者来承担。他们分散到各个地区和学校。这些志愿者为汉语国际教育做了大量的工作,也取得了不少的成绩,但他们来自国内高校不同的学科,有的并未受过语言学尤其是语言教学的专业训练,不少只是经过短暂的培训就派出了,而到国外后更是缺乏管理和指导。除了教学经验欠缺、业务不熟之外,还有一个重要

[①] "中国语言生活状况报告"课题组:《2005—2009中国语言生活状况报告》,北京:商务印书馆。

问题是一些人缺乏责任心。刚到国外时不适应当地的各种环境,到后期又盼着回国,中间则热衷于旅游。一些学校的师资配置也令人担忧。例如,某高校中文系有中文教师三人,当地教师一人,国内公派一位,由于和专业不对口,难以胜任教学任务;而另一位志愿者,则总在考虑回国后的前程问题。这些都直接影响了教学效果。如何处理这些相关问题,值得深入研究。

另一方面,虽说教师的年轻化趋势越来越明显,专业性也正在增强,但由于经费、人才的缺乏,不少地方不得不靠非专业出身的家长义务任教。而在一些传统华校,尤其是东南亚一些国家的华校,老一代华文教师还在发挥作用。他们有热情和感情,但他们的教学理念可能有些陈旧,教学水平以及与学生的互动能力也可能不是很强。因此,加快培养新一代教师,尤其是培养他们的责任心,迫在眉睫。

(二) 教材

统编教材的观念越来越受到挑战,当地化、多样化的理念开始浮现。例如有人提倡"国别化"教材,以解决国别文化差异问题,避免文化和意识形态冲突。但这并不能解决同一国家内部不同语言背景学习者的差异问题。因此,在我们看来,理想的教材应该是在国别化之外,再加上对象化。以意大利为例,这里的教材既要考虑意大利国情的需要,又要考虑意大利的华文学习者并非单一群体。像佛罗伦萨和瑞士的中文学校在教材选用上的困难,靠现有教材是无法解决的:用现有的海外教材显然无法适应需要,而国内的语文教材也同样不合适。我们试想,一个18岁的青年读的是为12岁的孩子编的《语文》,会是什么样的情况呢?

对于教材当地化和多样化,我们也听到一些质疑的声音。例如,说英语教学分布在全世界,并没有人提出选用不同的英语教材,事实上也有其他语言的教材是一本打天下的。我们承认,的确很少看到英语所谓的当地化教材,但是,我们必须认识到华语和英语的地位有着重大的差别。英语是强势语言,各地的英语传人不需要为英语的传承问题而苦恼。尽管华语地位近年来不断提升,人们使用华语的自豪感正在加强,但仍然无法和英语相比,它还需要我们作为传承语言去不断地推进维护工作。

在这种情况下,编写各地适用的教材必须考虑几个不同的方面。一是教材编写队伍深入教材使用国调研,跟当地教师座谈了解学生的状况和实际需求;二是吸收当地有经验的教师进入教材编写队伍;三是教材编好后到适用地试教;四是教材编好后,由教材编写人员和当地教师沟通,阐述编写的理念,以便教师使用。经验证明,这几个方面非常重要。另一方面,鉴于目前的印刷技术,不必急于批量印刷教材,可以仿照国侨办处理《中文》(初中版)的方式,把教材上传至网络,供各地使用者下载试用。考虑到一些国家或地区网络不发达或网速限制无法下载,也可以制成光碟,寄送当地。

还应当说明的是,永远没有可以包打天下的教材。现在教材的种类已经很多,所谓的"国别教材"实际上早已出现,例如在泰国的书店,我们可以看到泰国华文工作者编写的大批教材,而新加坡、马来西亚更是有自己的《华文》教材系列,这些教材已经进行了很好的"国别"尝试。事实上,教材不仅在于"国别",更在于学习对象。

另一方面,华文教学的成功与否,教材只是一个因素,更重要的因素是教师。教师应该根据自己的需要进行选择和调整。因此,培养教师如何选择教材应该成为教师培训中的重要一环。

(三)其他问题

教法问题涉及面比较广,如果能够正确认识华文教学的多样性,实施不同的教学方法,问题并不难解决。事实上,海外华文教学还有一些方面值得讨论。以菲律宾为例,很久以来,方言问题一直困扰着菲律宾华语教学界,甚至出现了两种截然对立的观点:一种主张教授他们原来的方言比如闽南话,以保住"根",一种认为学习者掌握华语已经不易,使用方言必然影响到华语教学,主张杜绝方言教学。我们在这里重新提出这个问题,实际上是想进一步思考菲律宾华语教学的多样性问题。闽南话在菲律宾的一些地区已经逐渐消失,但在南方的棉兰老地区的使用仍然非常普遍,当地华文学校教华语以外的科目时,有的就以闽南话为教学媒介语。以密三密斯光华中学所在的城市为例,当地华社领袖中,能使用华语的非常少,以至于我们选派学校负责人的时候,必须考虑其具有英语或闽南话背景。我们相信,在菲律宾的华语教学中,如果能够考虑到方言的作用,会有更好的效果。

再如,语言规范问题是海外华文教师非常关心的。总体而言,我们主张保护各地华语的多样性,但这种多样性与语言规范的关系值得进一步研究。这方面的研究还不够。可喜的是,《全球华语词典》已经出版,《全球华语大词典》也已经列入中国"十二五"规划的重大项目,而《全球华语语法研究》也已经列入中国国家社会科学基金重大攻关项目,这方面研究的深入,会对海外华语文教学的一些具体语言问题有所帮助[①]。

结　语

海外华文教学质量需要提高,保证教学质量需要多种措施。单靠统编教材,统一培养老师,或单单强调教学方法或模式是无法解决这些问题的。教材国别化可以加强教材的针对性,但并不是唯一的途径。做好华文教学,必须从实际出发,鼓励多元发展,差异发展。受到条件限制,教师选派,教材使用等,都不可能简单地靠国别化来解决。提高质量靠管理,但一切都包办,恐怕也是无益的。

---

① 李宇明主编:《全球华语词典》,北京:商务印书馆,2010年。

"继承语"理论视角下的海外华文教学再考察[①]

曹贤文

引 言

随着中国综合国力和国际影响力的快速增长,"汉语热"持续升温,一些地区的汉语学习人数不断增长,目前已达5000多万[②]。在日益扩大的一些地区的汉语学习者群体中既包括数量庞大的非华裔学习者,也包括数量同样众多的华裔学习者。近几十年来,针对非华裔学习者的汉语教学一直处于国际汉语教学研究的中心位置,而对于华裔学习者的汉语教学却未能得到相应的重视,尤其是对上述两类一些地区的汉语学习者的共性特征和个性差异至今仍缺乏系统的比较分析和深入讨论。

传统上我们将针对海外华裔学习者的汉语教学称为华文教学[③]。近年来,对华文教学的研究引起了一些学者的关注,不过学界对于华文教学的性质,华文学习者的语言特征和学习特点,以及华文

[①] 基金项目:国家社科基金"动态系统理论视角下汉语二语发展中的变异研究"(14BYY088)。感谢《华文教学与研究》编辑部宗世海教授提出的宝贵修改意见和惠寄的文献资料;本文中的一些观点曾跟业师郭熙教授讨论过,得到了先生的点拨和指教,一并致以诚挚的感谢。

[②] 许琳:《充分发挥孔子学院综合文化交流平台作用助推"中国梦"走向世界》,《华文教学与研究》,2013年第2期。

[③] 郭熙:《华文教学概论》,北京:商务印书馆,2007年。

教学应采取的有效教学方式等重要问题仍缺乏比较一致的认识。例如，就华文教学的性质来说，传统上主要依据教学对象的血缘关系和族属意识来界定，然而从学科范畴来讲，华文教学到底是一种什么类型的语言教学？跟其他类型的语言教学具有怎样的区别和联系？到目前为止，学界的看法仍存在较大分歧。

早期的海外华人侨居国外，绝大部分保留中国国籍，仍将自己视为中国国民，他们在当地兴办华文教育，希望在国外的华文学校能与国内的教育体制保持一致[1][2]，所以早期的海外华文教育基本上等同于国内的语文教育。第二次世界大战以后，由于国际形势的巨大变化，海外华人发生了从"落叶归根"到"落地生根"的转变，海外华人大量融入当地社会，加入当地国籍而成为当地国的公民，而且随着土生华人的增加，华人社会和海外华文教育均发生了巨大变化，原有的语文教育方式开始不能完全适应海外华文教学的现实状况。

受到对外汉语教学理论的影响，从上世纪八九十年代开始，一些学者提出应该把华文教学作为第二语言教学，例如，吕必松[3]、蔡振翔[4]、贾益民[5]、张胜林[6]等都认为，华文教学是指以海外华人学生为对象的汉语作为第二语言教学。不过李军、刘峰[7]等则对上述观点表达了自己的担忧，他们主张"华文教育应该是一种新型的母语教育"，认为"将东南亚地区的华文教育当作第二语言教学来对待存在很多的不当，必须尽快扭转这种很大程度上是由中国大陆教学理念的影响和受过中国华文教育师资培训的老师的倡导而形成的教学指

---

[1] 麦礼谦：《传承中华传统：在美国大陆和夏威夷的中文学校》（肖炜蘅译），《华侨华人历史研究》，1999年第4期。
[2] 许肇琳：《从"落叶归根"到"落地生根"看海外华侨华人社会的演变和发展》，《申八桂侨史》，1993年第2期。
[3] 吕必松：《华语教学讲习》，北京：北京语言学院出版社，1992年。
吕必松：《汉语和汉语作为第二语言教学》，北京：北京大学出版社，2007年。
[4] 蔡振翔：《从华文教育到华语教育》，《华侨华人历史研究》，1996年第2期。
[5] 贾益民：《华文教育学科建议刍议——再论华文教育学是一门科学》，《暨南学报》，1998年第4期。
贾益民："海外华文教学的若干问题"，《语言文字应用》，2007(3)。
[6] 张胜林：《华文教学的学科性质、定位与学科特性初探》，《华侨大学学报》（哲社版），2001年第3期。
[7] 李军、刘峰：《东南亚地区华文教育的模式与性质分析》，《东南亚研究》，2003年第3期。

导思想"。另一些学者则试图糅合上述两种观点,李方[①]提出华文教学是一种含有母语基因的非母语教学;班弨[②]把汉语与海外华人母语的关系分为母语、半母语和非母语;范开泰[③]认为,"华文教学既是本族语教学,又是外国语教学;既有第一语言教学的因素,又有第二语言教学的因素"。郭熙[④]则把海外华人社会的汉语教学细分为四种类型:多元环境下的母语第一语文教育、多元环境下的母语第二语文教育、多元环境下的母语第二语文教育(方言)和学龄阶段的汉语作为第二语言的教学;吴英成[⑤]根据新加坡的情况把华文教学划分为第一语言教学和第二语言教学两种类型;李宇明[⑥]也持有类似的观点,但认为不管是第一语言的华文教学还是第二语言的华文教学都是母语教学。此外,也有一些学者明确将针对华裔的华文教学与针对非华裔汉语二语/外语教学区分开来,认为它们分属于不同性质的汉语教学,例如,宗世海[⑦]、丘进[⑧]、郭熙[⑨]等。凡此种种观点和论争,既说明海外华文教学的性质仍有待进一步廓清,也显示仅根据第一语言与第二语言、母语与外语这种传统的二元方式来界定华文教学的属性可能并不合适,需要从理论上另辟蹊径。

与针对海外华裔移民后代的华文教学相仿,国际上也存在着针对西班牙裔海外移民后代的西班牙语教学、针对法国裔海外移民后代的法语教学,针对日本裔海外移民后代的日语教学,等等。最近一二十年来,国际学术界逐渐认识到,这一类语言教学既不等同于第一语言母语教学,也跟一般的外语或二语教学存在着明显差异。为了

[①] 李方:《含有母语基因的非母语教学——海外华文教育管见》,《语言文字应用》,1998年第3期。
[②] 班弨:《论母语与"半母语"》,《暨南学报》(哲学社会科学版)2008年第5期。
[③] 范开泰:《关于华文教学学科建设的若干理论思考》,《暨南大学华文学院学报》,2008年第3期。
[④] 郭熙:《海外华人社会中汉语(华语)教学的若干问题——以新加坡为例》,《世界汉语教学》,2004年第3期。
[⑤] 吴英成:《多语环境下汉语作为第二语言教学:新加坡经验与模式》,《云南师范大学学报》,2009年第2期。
[⑥] 李宇明:《海外华语教学漫议》,《暨南大学华文学院学报》,2009年第4期。
[⑦] 宗世海:《简论海外华文教学的质量及其控制——以美国和东南亚为例》,《华文教学与研究》,2010年第4期。
[⑧] 丘进:《对外汉语教学与海外华文教育之异同》,《教育研究》,2010年第6期。
[⑨] 郭熙:《论海外华文教学的性质和地位》,《华语研究录》,北京:商务印书馆,第233—248页。

解决这类教学面对的理论和实践问题,一种新的理论——"继承语"(heritage language)教学理论开始兴起。"继承语"理论跳出了传统上从第一语言与第二语言,母语与外语这种二元角度划分语言教学的窠臼,提出了一套新的理论体系,对"继承语"的性质、"继承语"学习者的特点和相关教学实践进行分析研究,本文将在介绍这一新兴理论的基础上对海外华文教学进行重新考察。

一、"继承语"理论及相关研究

(一)"继承语"理论研究的发展历史

"继承语"一词最早出现于1977年加拿大的"安大略继承语项目"的描述中,不过直到20世纪90年代,学者们才开始在语言政策和语言教育领域广泛使用这一术语[1](Cummins,2005)。其中最明显的标志是,在美国外语教学学会(ACTFL)1996年制定的《21世纪外语学习标准》中,"继承语说话者"(heritage speaker)一词首次被多次使用。在《21世纪外语学习标准》这样高级别的文件中纳入"继承语说话者"的概念,标志着继承语教学研究的巨大进步,即美国外语教学界正式承认了并非所有的非英语语言的学习者都是传统意义上的"外"语学习者。更重要的是,它引起人们关注这样一个事实:传统的外语教学模式是否符合继承语学生的学习需求[2]?为了推动继承语教育的发展,1999年美国应用语言学中心、美国国家外语中心在加州州立大学长滩分校召开了第一届美国继承语大会。会议倡议:建设一种新的"继承语"教育体系来应对国家、社区和公民在提升非英语语言能力方面日益迫切的需求。紧接着,2000年在加州大学洛杉矶分校召开了"继承语优先研究课题研讨会",与会学者就继承语教育的重点研究内容和未来研究方向进行了深入讨论,提出了继承

---

[1] Cummins, J. A proposal for action: Strategies for recognizing heritage language competence as a learning resource within the mainstream classroom [J]. *Modern Language Journal*, 2005,89(4):585-592.

[2] Webb,J. & B. Miller, *Teaching Heritage Language Learners: Voices from the Classroom*. Yonkers, NY: American Council on the Teaching of Foreign Languages, 2000.

语教育需要优先解决的一系列重点研究课题。在对继承语教育的基本理论问题形成共识以后,2002 年,第二届美国继承语大会在华盛顿召开。这次会议的目标是让公众意识到继承语在经济、个人和社会等方面能带来的益处,设计从语言到行动的计划。

上述三次重要的会议不但吸引了社会公众和学术界对继承语教育问题的关注,也促成了相关学术组织和研究机构的成立,并推动了一批有关继承语教育研究文献的出版。第二次美国继承语大会后,由应用语言学中心发起的"美国继承语发展联合会"正式成立[1]。2003 年,加州大学洛杉矶分校世界语言中心和语言教学联盟共同创立了美国继承语资源中心,并于同年创办了专业学术刊物《继承语学刊》。美国继承语资源中心于 2006 年成为美国教育部重点资助的 15 个国家语言资源中心之一,是美国唯一的继承语资源中心,担当起继承语教育研究关键基地的角色[2]。随着继承语教学和研究的快速发展,越来越多研究者加入这一新的领域,研究范围也超出美国,扩展到了其他许多国家。为适应这一新的国际趋势,2010 年美国继承语资源中心在加州大学洛杉矶分校召开了首届继承语国际会议,第二届继承语国际会议也于 2014 年 3 月成功召开。

十几年来,继承语教育研究迅速发展,得到了社会各界越来越多的重视,并成为应用语言学研究的热点领域之一。例如,国际上几大著名的外语学习刊物,如《现代语言学刊》《应用语言学年度评论》《第二语言习得研究》《国际双语教育和双语制学刊》等都出版了关于继承语教育的专刊;很多权威的外语教学研究综览,如 Van Deusen-Scholl & Hornberger[3] 主编的《语言和教育百科全书》、Long, M. & C. Doughty 主编的《语言教学手册》、Gass, S. & A. Mackey[4] 主编的《劳特利奇第二语言习得手册》等都辟出专章讨论"继承语"教

---

[1] AAHL (The Alliance for the Advancement of Heritage Languages), *About US*. 2014, 11—12.
[2] NHLRC (National Heritage Language Resource Center), *Home Page*. 2014, 11—12.
[3] Van Deusen-Scholl, N. & N. Hornberger, *Encyclopedia of Language and Education-Volume* 4: *Second and Foreign Language Education* (2nd edition), New York: Springer Science + Business Media, 2008.
[4] Gass, S. & A. Mackey, *The Handbook of Second Language Acquisition*, New York: Routledge, 2012.

学问题。同时,关于继承语理论和教学研究的学术论文、著作和博士毕业论文也大量涌现,"继承语学习研究已经成为继英语作为第二语言研究之后的一个独立的新兴研究领域"[1]。

(二) 对"继承语"和"继承语学习者"的界定

"继承语"的同义称谓很多,常用的有"社区语言"(community language)、"家庭语言"(home language)、"少数民族语言"(minority language)、"祖语"(ancestral language)等[2][3]。Fishman(2001)根据美国的情况把继承语定义为一种"与学习者有着某种特殊家庭联系的非英语语言"[4]。Valdés则依据说或者理解这种语言的能力来定义"继承语学习者",认为"继承语学习者是在说非英语的家庭里长大,他们会说或者能听懂这门家庭语言,并且一定程度上具有英语和这门继承语的双语能力"[5]。Polinsky, M. & O. Kagan提出可以从广义和狭义两个角度来定义继承语,她们认为Fishman对继承语的描述属于广义的定义[6]。广义的继承语是家庭和文化传承的一部份,这门语言可能已不再在家里使用,继承语说话人也可能不会说,而要作为一个二语学习者来学习这门语言。狭义的继承语则是"由于个体转向另一门主体语言而没有完全习得的第一门语言"。狭义的定义着重于继承语学习者的语言能力,即具有一定程度的继承语能力而不仅仅是具有家庭传承纽带,这一认识比较接近Valdés的观点。从语言教学的角度来看,广义的继承语定义对于激发学习动机

---

[1] Kagan, O. &K. Dillon, 'Issues in Heritage Language Learning in the United States', In N. Deusen-Scholl &N. Hornberger (eds.), *Encyclopedia of Language and Education-Volume 4: Second and Foreign Language Education* (2nd edition), New York: Springer Science+Business Media, 2008,143—156.

[2] Center for Applied Linguistics, *Heritage Briefs*, 2010, 11—12.

[3] 陈平:《政治、经济、社会与一些地区的汉语教学》,《世界汉语教学》,2013年第3期。

[4] Fishman, J., '300-plus years of heritage language education in the United States', In J. Peyton, D. Ranard & S. McGinnis (eds.), *Heritage Languages in America: Preserving a National Resource*, Washington, DC & McHenry, IL: Center for Applied Linguistics & Delta Systems: 2001,81—98.

[5] Valdés, G, 'The teaching of heritage languages: an introduction for Slavic-teaching professionals', In O. Kagan & B. Rifkin (eds.), *The Learning and Teaching of Slavic Languages and Cultures*' Bloomington, IN: Slavica: 2000, 375—403.

[6] Polinsky, M. & O. Kagan, 'Heritage Languages: In the "Wild" and in the Classroom', *Language and Linguistics Compass*, 2007,1(5): 368—395.

和促进目的语文化学习等方面具有一定的积极作用,而根据学习者的语言能力所作的狭义继承语定义对设计具体的语言教学更有针对性。

继承语的广义和狭义定义代表了界定继承语学习者的两种不同视角:(1)族裔、历史和社会政治视角。"继承语学习者是对祖裔语言产生兴趣的人"[1]。他们具有某种"传承动机"(heritage motivation),是在与某种语言具有很强文化联系的家庭中长大的[2]。这一定义代表了一种族裔取向,追溯个体的语言文化之"根",同时也有社会政治学方面的意义,即让学习者感受到可以于当下重习忘却的母语和重拾丢失的传统以再造历史的权利。(2)基于实际的语言能力和家庭语言环境视角,即继承语学习者需要具有一定程度的继承语能力,仅有族裔关系而不具有任何继承语能力的人不视为继承语学习者,Valdés的定义采用的就是这种视角,这种视角更加关注继承语学习者的语言能力及其水平上的差异。

(三)继承语学习者的语言特点

1. 继承语学习者与外语学习者的差别

根据 Campbell, R. & J. Rosenthal 的研究,典型的继承语说话者具有如下语言特征[3]:类似母语的发音和流利性,掌握大部分句法规则,词汇量丰富,熟悉与语言使用有关的基本隐性文化规范,但缺乏正式的、高级的语域知识,读写能力差,使用不标准的变异形式,以及不同继承语说话者在语言能力上存在很大的差异,等等。Polinsky, M. & O. Kagan[4] 指出继承语说话者的听力比其他方面

---

[1] 何纬芸、苗瑞琴:《继承语之习得及其社会化》,姬建国、蒋楠:《应用语言学——西方人文社科前沿述评》,北京:中国人民大学出版社:2007年,第239—255页。

[2] Van Deusen-Scholl, N., "Toward a definition of heritage language: Sociopolitical and pedagogical considerations", *Journal of Language, Identity, and Education*, 2003,2(3): pp. 211—230.

[3] Campbell, R. & J. Rosenthal 2000 Heritage languages[A]. In J. Rosenthal (ed.), *Handbook of Undergraduate Second Language Education*[C]. Mahwah, NJ: Lawrence Erlbaum Associates: 165—184.

[4] Polinsky, M. & O. Kagan Heritage Languages, "In the 'Wild' and in the Classroom", *Language and Linguistics Compass*, 2007,1(5): pp. 368—395.

的语言能力强,说话能力"构成一个连续统,一头是类似于本族语者的能力,另一头是仅能说一点日常家庭用语"。Kagan, O. & K. Dillon[①] 将继承语学习者和外语学习者的语言知识和能力进行了系统的比较,参见表1。

表1 继承语学习者和外语学习者的语言知识和能力比较

语言知识和能力	典型的继承语学习者	一般的外语学习者
语音	发音、重音、语调等接近母语者的水平,不过其发音系统可能是方言的	基本上获得了一种标准语或者标准方言的发音系统,但有外语口音
词汇	获得了丰富的词汇,但这些词汇限于家庭、社区和宗教等使用场合,大量的词语借自主体语言	词汇很有限,但与标准语或者有声望的方言一致
语法	能恰当地使用大部分语法系统,但对语法规则不熟悉	熟悉语法规则但不会流利地使用,也不能在真实的生活交际中完全理解
社会语用规则	掌握与家人和社区成员之间语言互动相关的语用规则,但在其他社会互动领域的语言能力有限	除了适用于课堂的社会语用知识和能力以外,其他方面的社会语用知识和能力非常有限
读写技能	没有发展出初级水平以上的读写技能,不过能够快速发展这方面的能力,在获得读写能力的早期就能学会处理冗长的文本	在发展读写能力方面,具有较好或者很好的基础

从表1可以看出,由于继承语学习者对目的语已经具备了一定基础,他们比一般的外语学习者更容易达到接近母语者的高级语言

---

① Kagan, O. & K. Dillon, "A new perspective on teaching Russian: Focus on the heritage learner", *Slavic and East European Journal* 2001, 45(3): pp.507-518.

水平,因此,这是一种有待开发的语言资源①。

2. 继承语习得与一语习得和二语习得的异同

一般来说,继承语习得始于家中,而典型的二语学习则是从学校课堂中开始的。继承语学习者在语言发展阶段(语言习得关键期)由于转向另一门优势语言而中断了继承语的学习,因此,继承语习得可以视为发生在双语而非单语环境下未完成的一语习得,同时又具有二语习得的很多特点,即具有一语习得和二语习得的双重特征,但又不同于常规的一语习得和二语习得。Montrul 对第一语言、第二语言和继承语三种语言习得的特征进行了比较②,见表 2(黑体为继承语习得的特征)。

表 2　第一语言、第二语言和继承语习得的特征

一语习得	二语习得
对该语言接触早	对该语言接触晚
自然条件下丰富的输入(口头语言输入)	教学和(或者)自然条件下的各种输入(包括口头语言和书面语言输入)
能控制在年幼时获得的一些语言特征(例如,语音系统,一些词汇和一些语法结构等)	习得的语法可能是不完全的
产生语言发展错误	产生语言发展和语言迁移错误
结果是成功和完全的	结果是可变的语言水平,典型情况下是不完全的
不发生化石化	化石化很典型
动机和情感因素对发展语言能力没有明显的作用	动机和情感因素对语言发展起作用
5 岁以后的学校学习使更加复杂的结构和词汇得到发展,同时元语言技能也得到发展。	接受读写和正式的教学

---

① Peyton, J., D. Ranard & S. McGinnis (eds.), "Heritage Languages in America: Preserving a National Resource", Washington, DC & McHenry, IL, *Center for Applied Linguistics & Delta Systems*, 2001.

② Montrul, S., "Current Issues in Heritage Language Acquisition", *Annual Review of Applied Linguistics*, 2010, 30: pp. 3−23.

由表2可知,学习者早期对继承语的接触类似于一语习得,但在随后的语言发展中,通常是在学习者进入当地的主流教育系统学习后,中断了继承语的学习,转向了另一门优势语言,使得继承语的发展在语言习得关键期被中断。当学习者习得另一门优势语言后,再继续学习继承语时,由于受到另一门优势语言的影响,继承语学习便具有很多二语学习的特征,因此,继承语习得既有一语习得的部分特征,又兼有二语习得的部分特征,但又不全同于一语习得或二语习得。基于上述继承语学习者与外语学习者、继承语习得与一语习得和二语习得之间的差异,下文将据此对华文教学的性质进行重新考察。

二、汉语作为"继承语"的华文教学再考察

(一)华文教学的性质

根据继承语理论,我们认为,华文教学本质上是针对海外华裔汉语学习者的一种继承语教学。继承语有广义和狭义之分,相应地,华文教学也可分为广义的华文教学和狭义的华文教学。狭义的华文教学,其教学对象的特点是小时候接触过华语(包括方言),但在成长过程中由于转向另一门主体语言而没有完全习得华语,因而需要把华语作为继承语来学习。广义的华文教学,其教学对象范围更加宽广,是包括所有海外华裔学习者的汉语教学,但在具体的教学层面,又与汉语作为第一语言教学和第二语言教学中的针对华裔学习者的教学会产生部分重叠。也就是说,广义的华文教学是一个以狭义华文教学为核心,包括了从第一语言教学到继承语教学到第二语言教学的连续统。为了清楚地说明,我们根据所有汉语学习者的特点和教学特征,将汉语教学大致分为四种类型:汉语作为第一语言的母语教学、汉语作为第二语言的国家通用语言教学、汉语作为继承语的狭义华文教学、汉语作为第二语言的外语教学。这四种汉语教学的特点详见表3。

表 3　汉语教学的类型与教学对象说明

汉语教学的类型	教学对象	说明
汉语作为第一语言的母语教学	国内汉语为母语的语文学习者，以及马来西亚和新加坡部分华文小学、华文独中和华文学院的华裔学习者	除了中国国内的语文教学以外，在马来西亚的国民教育体系中，设有从小学到大学的正规华文教育学校，这部分华文教学的性质和教学方式类似于中国汉语作为第一语言的语文教学
汉语作为第二语言的国家通用语言教学	国内汉语为非母语的少数民族汉语学习者	汉语普通话是国家的通用语言，我国在民族地区提倡双语教育，对于母语非汉语的少数民族学生来说，汉语教学是一种作为第二语言的国家通用语言教学
汉语作为继承语的狭义华文教学	在海外中文学校和正规教育系统中学习的绝大部分华裔汉语学习者	绝大部分海外华裔学习者小时候接触过华语（包括方言），但在成长过程中由于转向另一门主体语言而没有完全习得华语，他们的汉语教学具有独特的特点，体现了华文教学的本质特征，是华文教学需要着力研究的对象
汉语作为第二语言的外语教学	主要是海外非华裔汉语学习者	对海外非华裔学习者来讲，汉语是一门外语。另外，因各种复杂因素的影响，有些华人移民的多代后裔已经发生民族身份融合或者民族身份转换，一些人虽然血统上还有部分华人的基因，但无论是族属意识，还是家庭生活已经几乎没有跟中国语言文化联系的痕

续表

汉语教学的类型	教学对象	说明
		迹,对于这些具有部分华人基因的人来说,他们的汉语教学亦可属于广义的华文教学,但在具体教学方法上应采用第二语言教学方法

根据上面的分类和描述,我们将华文教学与其他类型汉语教学之间的关系,图示如下:

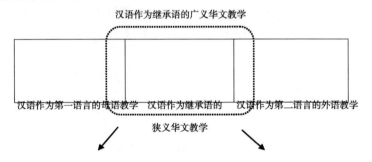

图 1　华文教学与其他类型汉语教学之间的关系

由上面的分析可知,广义的海外华文教学是指针对所有海外华裔学习者的汉语教学,虽然在教学层面,它与汉语作为第一语言教学及汉语作为第二语言教学存在部分重叠,但从典型的华文教学——狭义的华文教学来看,很明显它既不同于第一语言教学,也不同于第二语言教学,需要针对学生的特点采用专门的教学方法才能满足他们的学习需求。如前所述,目前对外汉语教学界理论上存在一种倾向:将华文教学视为汉语作为第二语言的教学。这种理论倾向反映在教学实践中的表现是,很多学校对有汉语背景的华裔学生和无非汉语背景的非华裔学生常常不加区分放在一起教学。这样的理论导向和教学方式显然忽视了华裔和非华裔两类学生学习汉语时存在的诸多差异,如:(1)开始学习时的汉语水平不同;(2)汉语各种语言技能和语言要素的发展程度不平衡 ;(3)对中国文化知识背景不同;

(4)学习动机和学习目的不同;(5)交际的需要及身份认知和认同的需要不同;(6)学习结果不同,和普通外语学习者相比,继承语学习者经过大学四年专业训练,可以成为高水平语言人才,达到前者难以企及的水平。鉴于这两类汉语学习者之间存在上述不同特点,需要采取针对性的不同教学路径和方法进行教学。

(三) 狭义华文教学的路径和方法

对狭义汉语继承语教学——狭义华文教学的理论框架、教学目标、教材资源、测试评估和教学方法等进行专门研究是华文教学研究的核心内容。因文章篇幅所限,本处重点讨论狭义华文教学的路径和方法。针对典型的继承语学习者与非继承语学习者的不同特点,Kagan & Dillon 曾提出了宏观和微观两种教学路径[①],我们认为狭义的华文教学应该采用宏观路径,它与采用微观路径的汉语作为二语/外语的教学具有明显的不同。具体内容参见表4。

表4 汉语教学的宏观路径和微观路径

教学领域	宏观路径(狭义的华文教学)	微观路径(汉语作为二语/外语的教学)
词汇教学	与年龄相适应的、书面的、正式的、学术的词汇	全领域的各种词汇
阅读教学	几乎从一开始就是相当大的、复杂的文本	小文本,逐渐慢慢地增加容量和复杂性
写作教学	强调内容,逐渐提高拼写、语法和风格	由句子逐渐提升至段落
说话教学	强调独白和讨论	开始为对话,逐渐进步到独白和讨论
听力教学	各种各样的本族语言输入(例如,电影、纪录片、演讲等)	由简短的文本逐渐增加容量和复杂性
文化教学	包含着相关文化信息的全领域语言输入(例如,音频、视频和纸本等)	开始时是孤立的、去语境化的、学习者经验非常有限的文化项目

---

① Kagan, O. & K. Dillon, "A new perspective on teaching Russian: Focus on the heritage learner", *Slavic and East European Journal*, 2001,45(3): pp. 507-518.

在上述宏观教学路径的基础上,狭义华文教学可采取一些特别的教学策略,它与汉语作为二语/外语教学的教学策略明显不同。具体内容参见表5。

表5 狭义的华文教学和汉语作为二语/外语教学的具体策略

教学方法或内容	狭义的华文教学		汉语作为二语/外语的教学	
	成人学习者	儿童学习者	成人学习者	儿童学习者
发音操练	－	－	＋	±
语法操练	±	±	＋	±
汉字练习	＋	＋	＋	＋
与日常生活相关的词语练习	－	－	＋	＋
其他正式场合的词语练习	＋	＋	＋	＋
强调表达正确	±	±	＋	＋
强调表达庄雅	＋	＋	－	－
浅易的小文本	－	±	＋	＋
文学性的大文本	＋	±	±	－
华人历史文化	＋	＋	－	－
华文文学经典	＋	＋	±	－
……				

(注:"＋"表示重点教学内容,"－"表示非重点教学内容,"±"表示其中部分为重点教学内容。)

从华文教学界的主流理论和教学实践来看,海外华校/中文学校的华文教学走的是一条基本符合继承语教学理论的路子[①],但在主流教育系统中华裔学习者和非华裔学习者之间的差异常常被忽视。本文提出从继承语的理论视角来重新审视华文教学,旨在从一种新的理论视角来思考华文教学的问题,以便华文教学界和对外汉语教学界可以借鉴继承语理论的研究成果,进一步深入探讨以狭义汉语

---

① 郭熙:《华语教学概论》,北京:商务印书馆,2007年。

继承语教学——狭义华文教学为中心的许多课题,如:(1)汉语继承语学习者,尤其是狭义汉语继承语学习者不同于汉语二语/外语学习者的语言特征;(2)狭义汉语继承语习得不同于汉语 L1 习得和 L2 习得的规律和特点;(3)狭义汉语继承语教学的项目设计和课程设计;(4)汉语继承语学习者的个体因素(如学习动机,心理认知方式、身份认知、语言文化认同等)及其对继承语习得的影响;(5)针对狭义继承语学习者的教学内容;(6)针对狭义汉语继承语学习者的教材编写;(7)针对狭义汉语继承语学习者的教学方法;(8)汉语继承语水平测试和评估,等等。

近年来,随着继承语教学研究的不断深入和学界的积极推动,除了在理论上取得了许多基础性研究成果,使我们大大加深了对继承语教学的认识以外,国外主流教育体系已经接纳了继承语教学理论,并在教学实践层面采取了相应的措施,例如,美国一些大学中的西班牙语、汉语等教学项目,已经开始在初、中级教学阶段对继承语学习者和非继承语学习者尝试双轨教学。如,哈佛大学、耶鲁大学、普林斯顿大学、加州大学洛杉矶分校等著名高校的汉语项目已经开始在初级阶段分设"汉语常规班"(针对非继承语学习者)和"继承语学习者班"(针对继承语学习者)。有的学校甚至实施三轨教学,例如,康奈尔大学根据学习者的背景将初级汉语教学分为三种类型:"汉语常规班""普通话背景的继承语班"和"粤语背景的继承语班"。除了美国以外,吴英成[①]、陈平[②]等学者也纷纷从新加坡和澳大利亚等地主流教育系统中汉语教学的现状提出了继承语学生和非继承语学生分班教学的建议。这是一个令人欣喜的开始,不过到目前为止,对外汉语教学界对于汉语继承语教学和汉语分轨教学的理论认识还不够深入,能够针对继承语和非继承语学习者的不同特点,实施相应教学改革措施的教学项目仍为数极少。因此,本文抛砖引玉期待着对外汉语教学界关注继承语和非继承语学习者存在的客观差异,借鉴国际继承语教学研究的成果探讨如何创新汉语教学理论和教学模式,从

---

① 吴英成:《多语环境下汉语作为第二语言教学:新加坡经验与模式》,《云南师范大学学报》,2009 年第 2 期。

② 陈平:《政治、经济、社会与海外汉语教学》,《世界汉语教学》,2013 年第 3 期。

教学设计、教材编写、教学策略和测试评估等各个层面均采取必要的措施来应对这些差异,以满足不同类型学习者的学习需求,进一步推进国际汉语教学和研究的发展。

华裔汉语学习者解读
——新加坡视角

吴英成　邵洪亮

一、关于华裔汉语学习者及相关概念

(一) 关于华裔

华裔不同于华侨。华侨与华裔在国籍身份上完全不同,华裔已经不再是中国公民。华裔的国籍身份、当地的社会语言生态及华裔的不同世代、不同家庭常用语、不同教育背景等,都会使个体对汉语、汉文化的认同产生深远影响。因此,同为华裔,他们之间的汉语能力和对汉文化的认同却千差万别。

(二) 关于族裔语

族裔语(heritage language)这个概念是伴随移民社会而产生的。这是一种将个体与他的历史和族群联系在一起的语言[①]。华裔的族裔语就是汉语。

[①] Valdés, Guadalupe Heritage language students: Profiles and possibilities. In Joy Kreeft Peyton and Scott McGinnis (eds.), Heritage languages in America: Blueprint for the future, McHenry: Center for Applied Linguistics and Delta Systems, 2001:37-77.

当一个国家有一个跨族群联系的社会主导语(social dominant language)(或称共同语)存在,那些非社会主导语的族裔语都是一种相对弱势的语言,即使该族裔语为族群内部的交际语,仍会面临着逐渐被社会主导语替代或同化的趋势。

就新加坡的情况来看,自独立建国后,英语在新加坡占据主导地位,是各族群之间联系与沟通的共同语,尤其在政治、经济、法律、教育、科技和行政等公共领域,英语俨然成为高阶与强势的行政与工作语言。在新加坡的双语教育体制里,所有新加坡学生都必须修读以英语为一语科目,而且英语也是科学与人文科目的教学媒介语。汉语(当地称华语)、马来语、淡米尔语作为族裔语仅仅是各族群的一门必修科目。英语的强势主导地位势必对新加坡族裔语的生存产生重大的影响与冲击,同时渐渐地影响了新加坡华族的语言生态。因此,尽管新加坡华裔人口占全国总人口的74.2%[①],但是以英语为家庭常用语的华裔人数却呈现持续的增长趋势。

新加坡教育部所做的关于华族小一新生家庭常用语(1980—2009)的统计数字[②]显示,新加坡华族家庭已经出现"脱华入英"的情况。1980年至2009年的统计数字显示:以汉语为家庭常用语的华族小学生,从1980年的25.9%增至1990年的最高峰67.9%,随后便开始逐年递减,2000年为55.4%,2004年为47.3%,2009年降至40%。反观以英语为家庭常用语的华族小一新生人数却不断向上攀升,从1980年的10.3%增至1990年的26.3%,到2000年升至42.3%,更于2004年以48.3%首度超越汉语,处于主导地位。到了2009年,以英语为家庭常用语的华族小一新生更是多达60%。这一变化如图1所示:

---

① Singapore Department of Statistics, *Population trends 2012*. Singapore:Department of Statistics, Ministry of Trade & Industry, 2012.

② 摘自2009年3月17日李光耀资政讲稿。

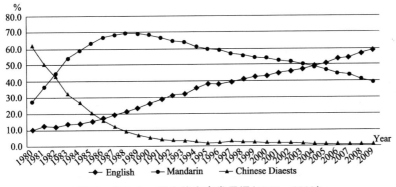

图1 华族小一新生的家庭常用语(1980—2009)

图1数据清楚显示了新加坡汉语教学所面临的最大挑战是华族家庭语言环境的变化。新加坡汉语教学正经历着从一语教学向二语教学的转变,这种转变势必对汉语教学与研究产生深远影响。

(三) 关于华裔汉语学习者

根据"关于族裔语"节所述。汉语对华裔而言,就是他们的族裔语。由于当地的社会语言环境不同、代际差异、家庭常用语差别,华裔汉语学习者的内部情况十分复杂。

尽管从总体来看,学习者学习汉语作为族裔语的动机与学习汉语作为外语的动机存在一定差异,前者相对重视文化的继承和发展,后者更加重视语言的工具性。但是完全使用一语的教学方式对非汉语环境下的华裔汉语学习者进行汉语教学,已经无法适应华裔汉语学习者的特质。

在新加坡,面向华裔进行的汉语教学首先面临的最大挑战就是学习者有两大类型:第一类是来自以汉语为家庭常用语的学习者(Chinese—speaking learners);第二类是来自以英语为家庭常用语的学习者(English—speaking learners)。由于入学时按照年龄分级,这两类学生往往被分在同一个班级进行学习,因而给汉语教学带来了极大的挑战。对于第一类学习者,尚可以使用接近于一语的教学方式;对于第二类学习者,就要使用二语的教学方式,需要重视英汉语言对比和英语的正负迁移作用。类似的挑战在澳大利亚也同样存在,"给学生分班,尤其是给在澳大利亚出生或生长的华裔子弟分班,往往是一件很难做到让各方满意的工作"。①

在现行的新加坡双语教育体制下,英语被定位为一语和其他科目的教学媒介语,汉语被定位为二语。但是,目前新加坡的汉语教学仍然采用传统的一语教学方式,而现行的汉语教材也多半参考中国大陆的《语文》、中国台湾的《国语》等教材。照搬一语教材与教法,造成了新加坡汉语教材的内容与本土现实生活有所脱节,较难引起新生代华裔学习者的学习兴趣,教学效果自然也大打折扣。许多华裔学习者纵然学了近十年的汉语,听说能力依然较弱,无法读写者更不在少数。

由于身处非汉语环境下的多语社会,华裔汉语学习者大多具有双语人特征,因此,接下来有必要首先对双语能力及双语人特征作一宏观介绍与分析,在此基础上,分析华裔汉语学习者类型及其双语能力的衍变过程,并构拟华裔不同世代双语能力的架构过程。

二、双语能力与双语人特征

(一) 双语记忆表征模式

心理语言学领域的"双语记忆表征"(bilingual memory representation)着重探讨双语学习者的大脑如何操作、储存及组织两种语言。Kroll & Stewart 提出"双语记忆表征的非对称性模式"(the asymmetrical model of bilingual memory)②,如图2所示:

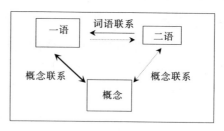

图2　双语记忆表征的非对称性式

---

① 陈平:《政治、经济、社会与一些地区的汉语教学》,《世界汉语教学》,2013年第3页。
② Kroll, Judith F. & Erika Stewart, "Category interference in translation and picture naming: Evidence for asymmetric connections between bilingual memory representations". *Journal of Memory and Language*, 1994, 33:149—174.

该模式的前提是以一语作为个体主导语的地位已经形成和稳固。该模式说明,在双语记忆中,词语联系和概念联系同时起作用。学习者一语和概念系统之间的联系(实线)较二语和概念系统之间的联系(虚线)强,而二语到一语的词语联系(实线)又较一语到二语的词语联系(虚线)强。当然,这种联系是动态发展变化的,随着学习者二语水平的发展,这两种联系的强度也会有所变化。

根据该模式,我们可以得出以下两个重要结论:第一,学习二语的过程与习得一语的过程有根本的区别。大多数学习者在学习二语时,基本上已经习得一语,大脑中已贮存了大量的概念,思维能力也已经具备,已经形成了一个与思维能力紧密联系在一起的相对完整的语言系统。他们开始学习二语时,总是不自觉地使用一语进行思维活动,试图借助一语作为"中介"以理解二语所表达的概念,并且把自己所熟悉的一语形式迁移至二语的表达上。因此,二语学习绝不是在一张白纸上画画儿。一语对二语学习产生影响,这是一个不可回避的现实问题。这种影响将会终身伴随着二语学习者。尽管二语学习者到了高级阶段,其一语对二语的影响将会减弱,但绝不会彻底祛除。因此,在二语教学过程中,尤其在初始阶段,适度使用学习者的一语作为二语学习的辅助手段,是符合双语学习者认知心理的。第二,即使是成功的二语学习者,其所拥有的两种语言双向转译能力也不可能完全对等,其"接收转译技能"优于"生成转译技能"。

(二) 双语能力内部层次

双语能力一般是指一个人具有运用两种(及以上)语言的能力。鉴于双语能力的内部层次性,一个人所拥有的两种语言能力不可能完全对等。首先,双语能力至少包括四个方面的内容:(1)运用一语[A]的能力;(2)接收二语[B]并将之转译为一语[A]的能力;(3)生成一语[A]并将之转译为二语[B]的能力;(4)运用二语[B]的能力。据此,我们可以使用双语运算公式:$[AB]=[A]+[B→A]+[A→B]+[B]$加以标示。其次,双语能力的四个方面是有层次的:当学习者的二语能力还处于初级阶段时,其双语能力主要体现在第(1)和(2)两个方面,"接收转译技能"[B→A]相对较容易掌握;当学习者的二语能力发展至中级阶段,其双语能力在第(3)个方面才会有良好的表现,"生成转译技能"[A→B]比"接收转译技能"[B→A]的难度相对更大一些;当学习者的二语能力晋升到高级阶段,其双语能力在上述的四个方面都得到了相对均衡的发展。因此,双语能力并非静态的能力,而是动态且不断发展变化的能力;同时,两种语言双向转译能力也不可能完全对等,每个人的双语能力之间一定存在主从之分。

(三)双语社会功能

一语和二语的社会功能有着明显的差异:一般情况下,每个人的一语是其日常社会交际和思维活动的主导语,而前提是该语言也是学校的教学媒介语。尽管一个人可能是双语人,同时掌握两种或多种语言,但正如"双语能力内部层次"中所述,一个人所具备的两种语言能力不可能是完全对等的。

以新加坡为例,尽管新加坡华人大多数具备双语能力,但每个人都有自己的个体主导语,也即每个人日常生活中都有一种优选使用或最熟稔的语言。一个人在思维或做梦的时候,通常使用其主导语,这是最简易和形象的辨认办法。然而,在多语社会环境下,个体主导语可能与社会主导语一致,也可能不一致。

既然每个人都具备一种个体主导语,而且往往由其一语充当,那么一个人所学习掌握的二语主要起到从属作用(auxiliary function)或增值作用(value added function)。所谓"从属",即二语不是一个人交际的主导语,而是在不适合使用一语进行交际的场合,用来促成交际的语言。所谓"增值"是指一个双语人的优势不在于他会使用二语[B],而是能够将二语[B]转译为一语[A](即具备"接收转译技能")。或将一语[A]转译为二语[B](即具备"生成转译技能")。因此,一个双语人务必在"接收转译技能"[B→A]和"生成转译技能"[A→B]中发挥作用,才能真正体现其双语的优势和价值。

(四)双语人特征

狭义上的双语人是指十分完美地掌握了两种语言的人。他们可以随时随地毫无障碍地使用这两种语言,并且与掌握其中任何一种语言的单语人进行交流也是十分自然并无差别。这样的双语人不仅在日常生活中具有使用两种语言的能力,而且能够熟练地使用两种语言与受过良好教育的本族语使用者进行交际①。

广义上的双语人泛指拥有两种语言能力的人。两种语言能力之间,可以从比较接近到差别很大。这在现实生活当中都存在。多种不同的双语能力组合模式构成了一个连续体(continuum)。现实生活中真正的双语人(real bilingual),更多的还是指那些既非单语人,又非完全精通两种语言的人。比如有人精通英语,同时会理解汉语口语(具备"听"的能力),虽然不具备汉语"读""写"能力,甚至有可能"说"的能力尚比较薄弱,但是不能不说他已经具备某种程度的双语能力,因为他已经远远超越了只具备英语单语能力的人。

对双语人的界定持广义看法的学者认为,两种语言能力对等的完美双语人更像是神话般的人物,纯属极端理想层次的概念,在现实生活中几乎不太可能存在②。前面"双语记忆表征模式"节提到的"双语记忆表征的非对称性模式"也正好说明了这一点。

Valdés将神话般的双语人(mythical bilingual)的双语能力描述为:AB。同样大小的字母表示该双语人对于语言A(一语)和语言B(二语)都一样精通。这意味着该双语人能够运用其中一种语言做到的事情(如背诵童谣、祷告、撰写学术论文、讲笑话、与兄弟姐妹争论等),也能够运用另一种语言而做得一样好。事实上,一个人所拥有的两种语言能力完全相同,只是一种理论上的可能。由于两种语言鲜少出现在同一种交际语境中,每个个体与其他人交际时也没有机会同时运用两种语言去执行同一任务,所以他们不可能发展出具有同样高水准的双语能力。

如上所述,现实生活中真正的双语人,其不同的双语能力组合模式构成以下连续体:

---

① Valdés, Guadalupe, 'Heritage language students: Profiles and possibilities'. In Joy Kreeft Peyton and Scott McGinnis (eds.), *Heritage languages in America: Blueprint for the future*, 2001, 37～77. McHenry: Center for Applied Linguistics and Delta Systems.

② Ibid.

$$A \quad A_b \quad A_b \cdots\cdots \rightarrow Ab \quad // \quad Ba \leftarrow \cdots\cdots B_a \quad B_a \quad B$$

A 主导区   B 主导区

这个连续体需要从以下几个方面来加以理解：

第一，A 主导区是以语言 A 作为个体主导语；B 主导区就以语言 B 作为个体主导语。A 主导区内部和 B 主导区内部的双语组合是一个渐变的过程，但每个人在形成某种主导语 A 或 B 之后，其在 A、B 主导区之间不可能跨越。这个连续体的两端实际上就是单语人，两种单语人之间在汉语能力和文化认同方面存在天壤之别。

第二，在这个连续体当中，每个双语组合中的字母先后顺序反映的是语言习得顺序。字母大小不同代表两种语言 A 或 B 所处的不同水平。比如，在新加坡，Ab 主要反映了第一代华裔的双语能力，作为一个早期的双语人，他以汉语为主导语，而英语的掌握尚处于初级阶段；Ba 主要反映了第三代华裔的双语能力，作为一个双语人，英语已经成为其主导语，但他仍然持有一定的汉语能力。

第三，省略号表示，这个连续体内部的组合模式实际上是无定的，如果真要细分，可以说每个个体之间都会有差异。

三、华裔汉语学习者类型及其双语能力衍变

（一）华裔汉语学习者基本类型

总体而言，华裔汉语学习者在入学前，就其初始的语言能力来看，主要存在 4 种基本类型：

a | b | ab | ba

如上所述，双语组合中的字母先后顺序表示语言习得顺序。在此全用小写的字母表示，这是因为华裔儿童在入学前，绝大多数人的一语或二语尚处于基础阶段。少数多语家庭成长的儿童，两种语言几乎同时开始习得，甚至很难分辨一语和二语。这就是说，一语作为主导语的地位在此时实际上并未真正稳固，甚至经过往后的学习，很有可能被二语替代。在新加坡社会，a 表示族裔语汉语单语人；b 表

示社会主导语英语单语人;ab 表示汉语一语,英语二语的双语人;ba 表示英语一语,汉语二语的双语人。

上述 4 种基本类型可以归并为一、(三)节"关于华裔汉语学习者"所提到的两类学习者——来自以汉语为家庭常用语的学习者(a/ab)和来自以英语为家庭常用语的学习者(b/ba)。

(二) 华裔个体双语能力线形衍变进程

由于家庭语言背景不同,华裔个体之间的初始语言能力差别会很大。华裔个体幼年的初始语言能力不同,其双语能力线形衍变进程也会有所差别。此外,华裔汉语学习者的双语能力的衍变,很大程度上受到学校教育的影响,这是毫无疑问的。因此,只要在当地接受主流的学校教育,并且接受当地社会主导语作为教学媒介语的华裔个体,其双语能力线形衍变进程主要有以下几种情况:

第一,如果学校除了社会主导语(比如英语)作为教学媒介语之外,还开设汉语课程作为单科学习科目,就会出现以下 4 种线形衍变过程:

(1) 汉语单语人:a→a**b**→a**b**→……→Ab/aB(汉语主导或英语优选)

(2) 汉英双语人:ab→a**b**→a**b**→……→aB(英语优选)

(3) 英汉双语人. ba→**b**a→**b**a→……→Ba(英语主导)

(4) 英语单语人:b→**b**a→**b**a→……→Ba(英语主导)

英语优选(English preferent)与英语主导(English dominant)的差别其实比较细微,主要考虑到前者的一语是汉语,并且入学后仍继续把汉语作为一门单科在学习;后者的一语是英语,尽管入学后也把汉语作为一门单科,但总体来看,汉语水平却不及前者。

第二,如果学校除了社会主导语英语作为教学媒介语之外,未开设汉语课程作为单科学习科目,或者学生没有选择学习汉语,就会出现以下 4 种线形衍变过程:

(5) 汉语单语人:a→a**b**→a**b**→……→aB(英语优选)

(6) 英双语人:ab→a**b**→a**b**→……→aB(英语优选)

(7) 英汉双语人:ba→ba→ba→……→Ba(英语主导)

(8) 英语单语人:b→b→b→……→B(英语单语)

根据上述华裔个体双语能力 8 种线形衍变进程,不管华裔的初始语言能力如何,只要在当地接受主流的学校教育,并且接受当地社会主导语作为教学媒介语,最终结果基本上都是社会主导语将成为个体的优选或主导语言(包括出现完全不懂汉语的单语人),唯一的例外是:少数第二代华裔,尽管接受的是英语作为教学媒介语的主流教育,但由于其入学后仍在继续学习汉语,并且,他跟父辈的家庭用语仍延用汉语,加上他之后的工作性质或社会圈子仍然是面向华人为主,那么也有可能汉语将成为其个体的优选或主导语言。

根据"关于华裔汉语学习者"节所述,在新加坡,英语是社会主导语,也是教学媒介语,修读汉语对华裔学生而言是强制性的。因此,华裔汉语学习者的双语能力线形衍变过程主要是(1)-(4)的情况。这也意味着,新加坡华裔汉语学习者经过学校教育之后,除了英语成为其个体的优选或主导语言之外,其汉语能力相对于其他国家的华裔,总体上处于较高水准,更加符合双语人的特征。这一点要归功于新加坡双语教育体制。

四、华裔不同世代的双语能力架构

(一) Valdés 的族裔代际双语能力组合模式

Valdés 指出:"移民的双语能力遵循特定的代际模式。不同世代的双语人对英语和族裔语的熟练程度有所不同"。作者同时列出了美国的英语社会族裔"代际双语能力组合模式"(bilingualism of different generation),如表 1 所示:

表 1 代际双语能力组合模式

世代	可能的双语能力特征	
第一代	A 族裔语单语 或	Ab 族裔语主导
第二代和第三代	Ab 族裔语主导 或	aB 英语优选或主导
第四代	Ba 英语主导 或	B 英语单语

这个"代际双语能力组合模式"呈现的是英语社会族裔不同世代之间的双语能力自然更替的大致结果:许多第一代移民毕生都是只使用族裔语的单语人,也有一些人掌握了有限的英语,成为早期的双语人,但仍以族裔语作为其强势主导语。到了第二代和第三代,移民社群中的大多数人已经掌握了相当程度的英语,他们当中的大多数都是英语优选或英语主导。并且,他们中的许多人还能够运用族裔语与第一代移民交流。最后,到了第四代,大多数移民后裔已经成为了使用英语的单语人,只有少数人还保留了族裔语的一些能力,但也是英语明显优于族裔语,占绝对强势主导地位。不过,表 1 的不足之处在于,每一代人从幼年到成年的双语能力动态发展和变化的过程未能反映出来。

(二)华裔不同世代的双语能力架构

在"代际双语能力组合模式"的基础上,结合华裔个体双语能力线形衍变进程节描述的华裔个体双语能力线形衍变进程的几种情况,我们构拟了以英语为主导语的社会中华裔不同世代双语能力的架构过程,如表 2 所示:

表 2 华裔不同世代的双语能力架构过程

世代	幼年		成年
第一代	a	成年移民后	A/Ab
	汉语单语	→	汉语单语或汉语主导
第二代	a/ab	受学校教育后	Ab/aB

续表

世代	幼年		成年
	汉语单语或汉英双语	→	汉语主导或英语优选
第三代	ab/ba	受学校教育后	aB/Ba
	汉英双语或英汉双语	→	英语优选或英语主导
第四代	ba/b	受学校教育后	Ba/B
	英汉双语或英汉单语	→	英语主导或英语单语

值得注意的是：

第一，表2所反映出来的华裔幼年的语言使用情况完全取决于家庭常用语。

第二，表2所反映出来的华裔不同世代成年人的双语能力，与Valdés提出的"代际双语能力组合模式"基本一致。

第三，表2中的"学校教育"指以英语作为教学媒介语的当地社会主流学校，而非以华语作为教学媒介语的（旧制）"华校"。

第四，表2呈现的是以英语作为主导语的社会的一种普遍情况，基本上还是一个呈自然状态的更替过程。

不过，以下因素将对华裔双语能力的架构过程产生一定的影响：

1）国家语言政策。比如，在新加坡，汉语政策与种族挂钩——华族学生自小学一年级开始必须修读汉语作为二语；修读汉语是强制性的——凡符合要求的华族学生，其族裔语（新加坡称"母语"）必须是汉语而非其他语言。只要这个语言政策不变，那么不管是第几代华裔，因为他们会或多或少地接受汉语的培训，因此，成为英语单语人的可能性就几乎没有，绝大多数华裔将定格在 Ba（以英语为主导语，汉语为从属语）的层次。

2）华裔的家庭背景。以英语作为主导语的社会，越是处于高阶社经地位的人群，其使用英语的机会更多，因而汉语能力和汉文化认同感便越发薄弱。

3）社会主导语的国际影响力。比如，同属东南亚的新加坡和马来西亚，由于新加坡的社会主导语英语的国际影响力高于汉语，而马来西亚的社会主导语马来语的国际影响力明显较弱，因而新加坡华裔代际之间双语能力的更替相对于马来西亚华裔就越发快速和显现,经过第二代的过渡,到了第三代以后基本上形成了以英语为主导语,汉语为从属语(增值语)的双语能力模式。可以预见,如果新加坡没有国家语言政策的影响,没有特别营造汉语习得的环境,到了第四代,必将与英语单语人无异。反观马来西亚华裔,他们对于汉语的态度相对要积极许多,许多华裔还是选择民办的"华校"来强化自身的汉语学习。

4) 汉语在当地社会的实用价值。比如,在新加坡社会,由于华裔社群人数占总人口的多数,加上新加坡与中国在政治和经济方面的双边联系紧密,交往频繁,因此,虽然汉语并非新加坡的社会主导语,但其实用价值还是高于其他英语国家,因而新加坡华裔学习汉语的动机相对于其他英语国家的华裔又强一些,实践机会也多一些。

5) 中国的国际地位。中国在世界上的政治、经济、军事和文化地位的提升,以及中国同华裔居住国之间的政经双边关系的发展,也会影响华裔学习汉语的动机。

五、面向华裔的汉语教学研究新领域

目前,西方学术界已十分关注与族裔、族裔语言和文化相关的系列问题。其中跨际语(translanguging)、语言政策,以及多元身份认同(multipleidentities)等已然成为了研究热点。这几个方面也是面向华裔的汉语教学研究中需要拓展的新领域。

(一) 跨际语

所谓跨际语,是指运用两种语言来塑造概念、积累经验、获得智慧和知识的过程[①]。也是两种语言以动态、有效融合的方式在理解、

---

① Baker, Colin, "Foundations of bilingual education and bilingualism" (5th edn), Clevedon: *Multilingual Matters*, 2011.

说话、读写,尤其在学习等思维活动中加以运用的过程①。最近几年,跨际语研究已经成为双语教育、族裔语教学、二语教学等领域的热点课题之一②③④。过去对两种语言之间的"语码混用"(code—mixing)、"语码转换"(code—switching)等现象的研究,也都可以纳入到跨际语的研究范畴。在多语多文化的移民社会,如何有效地培养真正的双语、双文化人才,使学习者通过学校教育既能够进一步掌握好社会主导语,又能够学好族裔语汉语,深入了解汉文化,是摆在汉语作为族裔语教学工作者面前的重要课题。

(二) 国家语言政策与规划

国家语言政策会对族裔语的保持,对族裔双语能力的架构产生直接影响。吴英成、黄志远就新加坡双语政策的背景、沿革,以及所面临的挑战进行过详细的论述⑤。陈平对澳大利亚汉语教学的历史与现状的分析,同样证明了国家语言政策对汉语教学的重大影响⑥。关于语言政策问题,还可以继续分国别深入地加以探讨。

(三) 多元身份认同

凡是移民的后裔都会存在多元身份认同的问题。事实上,族裔的身份认同问题十分复杂,至少涉及三个层面:(1)国籍;(2)血缘;(3)族裔语言和文化。其中,国籍认同和血缘认同,十分刚性,比如,作为一名新加坡华裔,他认为自己是"新加坡人"(国籍认同)或是"华

---

① Lewis, Gwyn, Bryn Jones & Colin Baker, "Translanguaging: Origins and development from school to street and beyond". *Educational Research and Evaluation: An International Journal of Theory and Practice*, 2012, 18: pp. 641−654.

② Garcia, Ofelia & Claire. Sylvan, "Pedagogies and practices in multilingual classrooms: Singularities in pluralities", *The Modern Language Journal*, 2011, 95: pp. 385−400.

③ Hornberger, Nancy H. & Holly Link, "Translanguaging and transnational literacies in multilingual classrooms: Abiliteracy lens". *International Journal of Bilingual Education and Bilingualism*, 2012, 15: pp. 261−278.

④ Li, Wei, "Moment analysis and translanguaing space: Discursive construction of identities by multilingual Chinese youth in Britain", *Journal of Pragmatics*, 2011, 43: pp. 1222−1235.

⑤ 吴英成、黄志远:《新加坡华语政策与规划的硬道理》,《汉语与汉语教学研究》(日本),2012年第3期。

⑥ 陈平:《政治、经济、社会与一些地区的汉语教学》,《世界汉语教学》,2013年第3期。

人"(血缘认同)是没有异议的。如果族裔语不是国家主导语,那么国籍认同与族裔语言和文化学习原本就无关。即使血缘认同也不能成为学习族裔语言和文化的直接动机。过去汉语教学界一直有一种看法,认为华裔在学习汉语和汉文化的动机方面,与其他外籍人士相比必然有差异,因为华裔是汉人(存在血缘认同)。然而,这些差异性可能存在,但是并不绝对,因为华裔内部的差异性非常大,华裔对汉语和汉文化的学习动机并不是伴随血缘关系而与生俱来的。

  事实上,从族裔语学习的角度来看,应该更加关注的是学习者对族裔语言和文化的认同,因为这种认同会直接影响华裔学习汉语、汉文化的动机。居住国的社会语言生态、华裔所处的不同世代、不同家庭常用语、不同教育背景等都会影响华裔对汉语、汉文化的认同。语言认同与文化认同在特定条件下也会割裂,有的只认同文化,不认同语言,有的只认同语言,不认同文化,但两者又会相互影响。这一系列族裔身份认同问题将成为人类学、社会学、教育学、语言学共同关注的课题。

华裔学生汉语习得研究的现状与思考

盛继艳

一、引言

进入 20 世纪 90 年代以来,"汉语热"已在全世界范围内日趋形成。一般认为汉语学习者总人数在 3000 万以上,其中华人华侨约占总人数的 70% 多[①]。这些数据表明,目前华裔是国际汉语教学的对象主体,注重华裔学生特点及其汉语习得研究对于推动华文教学及国际汉语推广意义深远。

汉语作为第二语言的习得研究起步比较晚,学者们一般认为始于 20 世纪 80 年代初。专门针对华裔学生汉语习得所作的研究要更晚些,从我们所掌握的文献来看,约为 20 世纪 90 年代初,较早成果是 1990 年吴英成《学生汉字偏误及其学习策略的关系》。本文以 1990 年作为起点,对迄今二十多年来华裔学生汉语习得的研究情况进行了考察。华裔学生汉语习得研究大体可分为两条主线:一是关于华裔学生自身特点的研究,具体包括华裔学生的汉语学习动机、汉语学习环境、语言背景、文化背景、文化适应性、语言与文化的认同、华裔学生学习汉语的优劣势等方面的研究;另一条主线是关于华裔学生习得汉语本身的研究,具体内容涉及汉语语音、词汇、语法、汉

[①] 贾益民:《海外华文教学的若干问题》,《语言文字应用》,2007 年第 3 期。

字、语用及语言技能等方面。本文将后者作为主要考察对象,在对其现状加以梳理的基础上,就当前该领域所存在的问题以及进一步研究的空间进行了讨论。

二、华裔学生汉语习得研究的现状

(一) 汉语语音习得研究

关于华裔学生汉语语音习得的研究,目前我们掌握的文献有 15 篇,约占相关研究成果总数的 42%。从研究对象的国别来看,主要集中于印尼,如从声、韵、调进行全面调查分析的《印尼华裔学生学习汉语普通话语音的难点及其克服办法》[1]、《关于印尼华裔学生汉语语音的调查及相应的教学对策》[2],就声调进行研究的《印尼华裔留学生汉语普通话双音节上上连续调偏误实验研究》[3]、《印尼华裔留学生汉语声调习得分析》[4],专门考察韵母偏误的《印尼华裔留学生汉语三合元音韵母偏误分析》[5]等。

董琳莉(1997)通过对被试汉语中介语语音与汉语普通话语音的对比,从声、韵、调三个方面分析了印度尼西亚华裔学生语音学习上的难点及其产生原因,该文能够从被试所操的印度尼西亚语、英语及汉语方言等多个角度进行分析,这对他人研究很有启发性[6]。除董文外,上述其他成果都是偏误分析,其研究方法也基本相同,皆属于语料分析法,不同的是在分析语料的具体操作上,一类采用了听辨分析法,一类是实验法。倪伟曼和林明贤通过对被试语料所进行的听

---

[1] 董琳莉:《印尼华裔学生学习汉语普通话语音的难点及其克服办法》,《汕头大学学报》,1997 年第 2 期。
[2] 倪伟曼、林明贤:《关于印尼华裔学生汉语语音的调查及相应的教学对策》,《华侨大学学报》,2002 年第 2 期。
[3] 王功平:《印尼华裔留学生汉语普通话双音节上上连续调偏误实验研究》,《暨南大学华文学院学报》,2004 年第 4 期。
[4] 王茂林:《印尼华裔留学生汉语声调习得分析》,《暨南大学华文学院学报》,2006 年第 2 期。
[5] 王茂林、孙玉卿:《印尼华裔留学生汉语三合元音韵母偏误分析》,《世界汉语教学》,2007 年第 7 期。
[6] 董琳莉:《印尼华裔学生学习汉语普通话语音的难点及其克服办法》,《汕头大学学报》,1997 年第 2 期。

辨分析，归纳出印度尼西亚华裔学生汉语语音的主要问题，并得出了印度尼西亚华裔学生上声偏误率最高的结论①。对此结论，王功平也有同样的认识，并且通过语音实验的方法对该课题做了进一步研究，指出印度尼西亚留学生发普通话双音节上上连读调时所存在的主要偏误是：调域偏小、最大音高值偏低、音节发音时长偏长且前后字的时长比例不当②。王茂林同样采取了语音实验对比法，验证了印度尼西亚华裔学生四声习得由易到难的顺序是：阴平、去声、阳平、上声，另外该文还指出绝大多数印度尼西亚华裔学生的强势语言已不再是汉语方言而是当地的印尼语，由于他们大多会讲英语，其语调偏误与母语为英语的汉语学习者是一样的③。王茂林、孙玉卿也采用语音实验的方法，专门就印度尼西亚华裔学生汉语三合元音韵母的习得偏误做了分析④。

除了印度尼西亚，现有成果中还有一些关于菲律宾、泰国、越南等国华裔学生的研究，如：李红印关于泰国学生汉语语音偏误的考察⑤；王燕燕对菲律宾华裔学生汉语语音习得情况的调查分析⑥；蔡整莹、曹文关于泰国学生汉语语音偏误的分析⑦；吴门吉、胡明光关于越南学生汉语声调偏误溯因的讨论等⑧。其中王燕燕经调查分析，证实了赵元任先生关于"调域而不是调型造成了外国学生学习汉语声调的困难"的观点。

（二）汉语词汇习得研究

从目前我们所掌握的文献来看，专门讨论华裔学生汉语词汇习得的成果并不多，仅4篇。萧频、张妍的"印尼学生汉语单音节动词

---

① 倪伟曼、林明贤：《关于印尼华裔学生汉语语音的调查及相应的教学对策》，《华侨大学学报》，2002年第2期。
② 王功平：《印尼华裔留学生汉语普通话双音节上上连读调偏误实验研究》，《暨南大学华文学院学报》，2004年第4期。
③ 王茂林：《印尼华裔留学生汉语声调习得分析》，《暨南大学华文学院学报》，2006年第2期。
④ 王茂林、孙玉卿：《印尼华裔留学生汉语三合元音韵母偏误分析》，《世界汉语教学》，2007年第7期。
⑤ 李红印：《泰国学生汉语学习的语言偏误》，《世界汉语教学》，1995年第2期。
⑥ 王燕燕：《菲律宾华裔学生汉语语音的调查与分析》，《世界汉语教学》，1997年第3期。
⑦ 蔡整莹、曹文：《泰国学生汉语语音偏误分析》，《世界汉语教学》，2002年第2期。
⑧ 吴门吉、胡明光：《越南学生汉语声调偏误溯因》，《世界汉语教学》，2004年第2期。

语义偏误的主要类型及原因"[①],从词汇语义的角度对印度尼西亚学生使用动词出现的语义偏误进行了统计,分析了同义词、多义词、易混淆词、汉语词法错误类推 4 种语义偏误类型及其产生原因。萧频、李慧的《印尼学生汉语离合词使用偏误及原因分析》经考察发现[②],由于汉语中大多数离合词的意义在印度尼西亚语中是用单纯词表示的,因此低年级汉语水平的学生在学习离合词时往往把离合词当作一个整体来使用,出现"该离不离"的偏误,而高年级的学生又常把"离"的规则泛化,从而出现"该合不合"的现象。张翠翠《东南亚华裔学生常用单音动词使用情况考察——以 6 个常用单音动词的分析为例》一文认为,东南亚华裔学生使用单音动词时正确率较高,偏误大部分与义项义相关,偏误的义项都是单音词的常用义项[③]。干红梅的《语义透明度对中级汉语阅读中词汇学习的影响》选择了日韩、欧美、华裔三组被试进行实验对比分析,得出的结论是:华裔学生汉语生词汇习得受语义透明度影响大于日韩小于欧美[④]。

(三) 汉语语法习得研究

关于华裔学生汉语语法习得的研究,虽然数量不多,仅见两篇,但既有偏误分析也有习得过程的考察。柳兰《对有粤语背景的华裔学生习得普通话被动句的研究》一文,跟踪调查了 5 个有粤语背景的美国华裔学生习得普通话被动句 7 种基本句型的过程,并与 4 个美国白人学生的习得过程进行比较分析,得出被试的语言背景对被动句的习得顺序没有大的影响,对习得水平确有影响的结论[⑤]。杨海明的《对外汉语语法教学的定位与"管用、精当、易学"——以东南亚

---

① 萧频、张妍:《印尼学生汉语单音节动词语义偏误的主要类型及原因》,《暨南大学华文学院学报》,2005 年第 4 期。
② 萧频、李慧:《印尼学生汉语离合词使用偏误及原因分析》,《暨南大学华文学院学报》,2006 年第 3 期。
③ 张翠翠:《东南亚华裔学生常用单音动词使用情况考察－常用单音动词的分析为例》,北京语言大学硕士学位论文,2009 年。
④ 干红梅:《语义透明度对中级汉语阅读中词汇学习的影响》,《语言文字应用》,2008 年第 1 期。
⑤ 柳兰:《对有粤语背景的华裔学生习得普通话被动句的研究》,北京大学硕士学位论文,2001 年。

华裔留学生"了"教学为例》[1],以东南亚华裔留学生"了"的教学为例,讨论了对外汉语语法教学原则的落实问题,并指出"多余、残缺、错位"是东南亚华裔留学生使用"了"时的主要偏误类型。

(四) 汉字习得研究

从目前我们所掌握的 5 篇相关文献来看,通过对汉字习得偏误的考察与量化分析来归纳华裔学生汉字习得特点是现有成果的主要研究方式。吴英成以一篇 130 字短文作为实验导引刺激物,通过听写的方式对新加坡华中的 30 名高一学生进行了汉字习得实验[2]。结果显示:从汉字结构看,偏误率最高的是形声字(79.6%),其次是独体字(17.1%),再次是会意字(3.3%);从偏误性质而言,别字高达88%。另外,吴文还对偏误发生的表面策略进行了归纳,认为偏误来源是由被试在旧有经验的基础上对汉字进行有原则却过度泛化所致,属于"语内偏误"。尉万传从共时和历时两个角度,采用定性和定量分析相结合的方法,对东南亚华裔留学生(包括 9 个国家 518 人)的汉字偏误进行了系统地考察,将其偏误划分为错字、别字、不规范字三大类及诸多小类,经量化分析,得出东南亚华裔留学生汉字偏误的总体特征是较欧美、日韩留学生偏误类型更加复杂多样,分布呈现较大的差异性和不平衡性。李嘉郁对华裔学生的 301 个错别字进行了统计分析,认为华裔学生的汉字认知规律不同于其他外国学生,而类似于中国国内的小学生[3]。

除了对华裔学生习得整字偏误的考察研究外,单韵鸣、安然还通过摄像观察、访谈调查等方式对 4 个华裔学生的汉字书写过程做了动态考察[4],与非汉字圈学生进行比较后发现:华裔学生书写速度在初级水平阶段比非汉字圈学生快得多,到了中级两者的书写速度则

---

[1] 杨海明:《对外汉语语法教学的定位与"管用、精当、易学"——以东南亚华裔留学生"了"教学为例》,载《第四届全国语言文字应用学术研讨会论文集》,四川大学出版社,2005 年。
[2] 吴英成:《学生汉字偏误及其学习策略的关系》,载《第三届国际汉语教学讨论会文选》,北京语言学院出版社,1990 年。
[3] 李嘉郁:《谈华裔学生汉字习得特点》,《海外华文教育》,2006 年第 1 期。
[4] 单韵鸣、安然:《华裔学生汉字书写特征的个案研究——基于与非汉字圈学生的比较》,《华文教学与研究》,2010 年第 2 期。

趋于相同；华裔学生没有结构性偏误，笔画偏误较少，且只在初级水平阶段出现；华裔学生和非汉字圈学生在初级和中级水平阶段都存在笔顺问题。

汉字正字法意识形成与发展是汉字认知研究的一个主要方面，也是体现汉字习得研究特色的领域之一。张金桥采用词汇判断任务探讨了印度尼西亚华裔留学生汉字正字法意识的形成与发展，并指出印度尼西亚华裔留学生正字法意识的形成要早些，其原因可能与印度尼西亚华裔留学生非正式的汉语学习经历有关①。

（五）语用习得研究

专门讨论华裔学生汉语语用习得的论著不多，这里我们重点谈及两篇，一篇是对被试言语行为的整体情况进行考察的《华语教学的语用学思考》②，一篇是单从拒绝言语行为的角度来考察东南亚华裔学生的汉语习得情况的《汉语拒绝言语行为及东南亚华裔留学生习得情况分析》③。前者主要对东南亚华裔学生在初级阶段口语学习中所出现的语用问题进行了观察和分析，将偏误类型归纳为误用礼貌性原则、误用语用前提、违反表达的简洁性原则三类，并从语用学角度提出了解决对策。后者采用了问卷的形式，从愿望维度和语言表现维度对中国人与华裔学生的拒绝言语行为进行对比，结果显示留学生的委婉拒绝率略低于中国人（相差6%），而直接拒绝比例远远高于中国人（近20%）。另外，该文指还出东南亚华裔学生实施拒绝言语行为时存在两个方面的问题：一是语言表达过度简单、过度复杂、不会表达；二是语用失误。

（六）语言技能习得研究

关于华裔学生汉语听、说、读、写技能习得情况的研究，有的独立成篇，有的散见于相关的一些论著当中，总体特征可以概括为华裔学

---

① 张金桥：《印度尼西亚华裔留学生汉字正字法意识的形成与发展》，《语言文字应用》，2008年第2期。
② 刘正文：《华语教学的语用学思考》，《暨南学报》，1998年第4期。
③ 唐玲：《汉语拒绝言语行为及东南亚华裔留学生习得情况分析》，《暨南大学华文学院学报》，2004年第2期。

生的听说能力优于读写。关于华裔学生听说技能习得研究我们重点考察了4篇,分别是《华裔背景对听力教学的影响及对策》[1]、《华裔学生的听力教学探析》[2]、《华裔学生的汉语口语教学及其相关因素》[3]、《华裔留学生汉语口语教学浅谈》[4]。朱文认为,华裔背景对汉语听力技能的培养既会产生正迁移也会造成负迁移,二者并不是截然分开的,在一定情况下会相互转化。罗平立指出一定的汉语听力基础、文化差别小、年龄小且接受能力强是华裔汉语听力课学习的优势,词汇量少和语法结构不熟悉则是其主要障碍[5]。李善邦概括了华裔学生的汉语口语的总体面貌。罗平立对华裔学生学习口语时的障碍与难点进行了剖析,并探讨了适合他们的口语教学方法和技巧[6]。

三、当前研究存在的问题

从前文所进行的梳理情况来看,至目前关于华裔学生的汉语习得研究可谓是喜忧参半。喜的是,就论著的数量而言,近些年的大幅增多表明华裔学生汉语习得研究越来越受到关注;忧的是,从研究领域的分布、研究维度以及研究方法的科学性等方面看,均尚存不足,具体讨论如下:

1. 目前成果数量信息层面显示,该领域研究存在严重的不平衡性。首先就研究内容而言,成果相对丰硕的语音习得研究约有15篇,而其他各方面的研究不过三四篇,如此大的差距可能与作为语言物质外壳的语音更易于被感知且能够作穷尽研究有关;从研究对象的国别和区域来源看,在目前所掌握的33篇相关文献中,以东南亚华裔学生作为研究对象的论著25篇,美国2篇,未加以明确的6篇。以上两方面数据表明,截至目前华裔学生汉语习得研究的聚焦点是关于东南亚华裔学生的语音习得研究,相比之下,对于欧美、日本等

---

[1] 朱湘燕:《华裔背景对听力教学的影响及对策》,《暨南大学华文学院学报》,2001年第2期。
[2] 罗平立:《华裔学生的听力教学探析》,《长沙大学学报》,2002年第1期。
[3] 李善邦:《华裔学生的汉语口语教学及其相关因素》,《华侨大学学报》,2002年第4期。
[4] 罗平立:《华裔留学生汉语口语教学浅谈》,《玉林师范学院学报》,2009年第1期。
[5] 罗平立:《华裔学生的听力教学探析》,《长沙大学学报》,2002年第1期。
[6] 罗平立:《华裔留学生汉语口语教学浅谈》,《玉林师范学院学报》,2009年第1期。

其他区域华裔学生的各方面研究都十分薄弱,亟待全面展开研究。

2. 现有成果虽然涉及汉语习得研究的各领域,但较零散,不系统,基于现有研究很难全面了解华裔学生汉语习得的总体情况。另外,现有成果以偏误分析为主(偏误分析成果 28 篇,约占到总数的 87%),而且大多止于语言要素层面的微观考察与描述,缺少对华裔学生汉语习得水平、习得发展过程、习得顺序、习得策略以及包括认知心理和文化适应性在内的习得影响因素等方面的探讨。然而目前的华文教学研究还是初步的,不全面的,更说不上系统[①],国内华文教学还处于套用对外汉语教学学科机制的阶段,为了建立、完善华文教学学科体系,有必要对华裔学生汉语习得的特点及规律进行系统、深入、多角度研究,从而充分了解华裔学生汉语习得的个体性差异,把握共性特征,为设计出符合华裔习得模式的华文教学体系奠定科学、坚实的理论基础。

3. 目前成果在研究方法上存在"被试选择无控制"现象。具体表现为:被试数量普遍太少,对被试的语言背景、个体差异缺乏考虑等。目前成果多属于定量分析,要是被试数量达不到一定规模,其结论在科学性和信度上都会大打折扣。另外,华裔学生的汉语背景极其复杂,不但不同区域学生的汉语水平不同,即便是同一区域的差异也很大。因此在选择调查对象时,除了要考虑被试的数量,还应该尽量把被试的区域来源、语言背景、移民年限、性别身份等因素考虑进去,使研究结论更具准确性和科学性。

四、进一步研究的空间

经上述回顾与梳理,我们认为华裔学生汉语习得研究还有很大的空间值得探讨。本文结合华裔学生特点和国内华文教学的实际需求,对该领域的进一步研究提出几点建议。

---

① 郭熙:《华文教学概论》,北京:商务印书馆,2007 年。

(一) 华裔学生汉语习得发展过程研究

施家炜曾对汉语习得的发展过程从广义和狭义两个角度分别加以界定,并强调所有学习者都会经历基础句法、变异词序、词法发展与复杂句子结构四个渐进发展阶段,这些发展阶段是有序且定序的,可能因某种因素而中止,却不能颠倒或超越[①]。那么是否所有的华裔学生在习得汉语的过程也都会经历这四个阶段呢?符合这一习得规律的华裔学生的阶段表现与非华裔又有哪些差异?来华留学的华裔学生真正的零起点很少,甚至有一些新生可直接进入初级下或中高级学习(他们当中有系统学习过汉语的,但不完全是)。另外,华裔学生"跳级"现象较为多见,而且适应起来并未显得特别吃力,这对于非华裔背景的学生来说几乎是不可能的,哪怕是同属汉字圈的日韩学生。这些现象某种程度上说明,华裔学生的汉语习得发展过程可能更具多样性、更富于变化。华裔学生汉语习得发展过程研究关乎到华文教学的总体设计,值得探究。

(二) 汉语语法习得顺序研究

在汉语作为第二语言习得研究领域,语法习得顺序研究起步较早,成果丰硕。内容大致可分为两类:一类是特定的汉语语法项目发展过程研究;另一类是不同的汉语规则习得顺序研究[②]。研究对象多是母语为英语的学生,日、韩语其次。与势头强劲的对外汉语教学领域的语法习得顺序研究相比,华文教学领域的相关研究则寥寥无几。然而,在国内的华文教学中我们发现,华裔学生对于某些语法项目的理解能力和应用准确性要远远优于非华裔,甚至"无师自通"。这让我们不得不反思国内华文教学中至今仍在套用的对外汉语教学语法体系是否符合华裔的汉语发展模式?我们的语法教学是否存在"过度讲解",以至"事倍功半"的情况?若要解答这些疑惑,就很有必要对华裔学生的汉语语法习得顺序进行全面而深入地研究,搞清楚

[①] 施家炜:《国内汉语第二语言习得研究二十年》,《语言教学与研究》,2006 年第 1 期。
[②] 王建勤:《第二语言习得研究》,北京:商务印书馆,2009 年。

是否存有一定的习得顺序、该顺序与母语为汉语者和非华裔汉语学习者有何异同、能够有效影响该顺序的因素有哪些等。关于这些问题的探究,对国内华文教学颇有指导意义。

(三) 华裔学生汉字习得心理研究

汉语教学过程中我们发现,华裔学生在字形感知、正字法意识的形成、汉字书写等方面较非华裔留学生存在一定优势,这在现有成果中已得到证实。华裔学生在汉字习得上的优势说明该群体的汉字认知过程一定有别于非华裔。徐彩华曾通过心理学实验法对成熟汉语母语者和外国留学生的汉字认知特点进行了深入研究,并就影响留学生学习汉字的文本因素展开了讨论[1]。那么华裔学生在汉字认知方面有何特点?他们的汉字认知加工习惯是真的如一些学者所指出的与汉语母语者相似,还是近似于汉字文化圈的日韩学生,或者具有某些显著的个性特征?他们在习得汉字的字形、字义和字音方面存在哪些特征和优势?到底是哪些因素能有效促进华裔汉字习得优势的形成?此类课题的深入探讨,将会对华裔学生汉字教学的总体设计提供理论基础。

(四) 华裔学生汉语学习策略研究

关于汉语作为第二语言的学习策略研究近些年受到了诸多学者的关注,但专对华裔所进行的研究很少见到。江新认为留学生汉语学习策略的使用受其母语和学习时间的影响较大[2]。李强、姚怡如、刘乃仲经调查指出,被试的汉语水平与整体学习策略相关性显著[3]。我们反观华裔群体,由于海外青少年历来就有家庭、社区的华语文背景,加之其语言学习经历的复杂性,使得华裔个体在汉语言背景、汉语学习时间、汉语水平等方面均呈现出较大差异。基于江、李等学者的分析,我们可试作推测,华裔学生在习得汉语各语言要素过程中所使用的策略应该更加丰富且具有华裔特征,值得深入探讨。

---

[1] 徐彩华:《汉字认知与汉字学习心理研究》,北京:知识产权出版社,2010年。
[2] 江新:《汉语作为第二语言学习策略初探》,《语言教学与研究》,2000年第1期。
[3] 李强、姚怡如、刘乃仲:《汉语学习策略与个体因素的相关性研究》,《语言教学与研究》,2011年第1期。

(四)华裔学生汉语习得的共性与个体差异性研究

现有研究在选择被试上大多只考虑到其华裔身份,以区别于非华裔,如此进行研究应该说有失严谨。对华裔的汉语习得情况进行研究,除了要考虑年龄、性别、性格、学习态度、学习动机、认知方式及语言能力等影响第二语言习得的普遍因素外,还应充分考虑他们的区域来源、汉语方言背景、华语背景、语言学习经历、移民背景、学习目的和需求、文化适应性等华裔的特质因素。应该说这些因素对华裔学生习得汉语产生了非常大的影响,一方面促进了华裔群体汉语习得共性的形成,另一方面也催生了华裔个体之间十分显著的差异性。共性之于个体的汉语习得往往表现为优势,而存在于共性下的个体差异却给我们的传统教学带来了不小的挑战。比如"华裔学生很少真正的零起点",这是华裔群体十分鲜明的共性特征。应该说华裔学生所具有的这或多或少的汉语基础,使他们的汉语习得水平往往要优于非华裔,这一优势尤其体现在汉语学习的初级阶段。然而正是这或多或少的汉语基础对分班、课程设置、教材选编、进度制定等教学安排工作提出了更高、更复杂的要求。另外,郭熙介绍华文教学大纲的编制情况时曾指出:目前还没有一部真正意义上的华文教学大纲,国内华文教学基本上都在套用对外汉语教学的大纲,这主要是由于华文教学对象背景的特殊性、差异性加大了华文教学大纲的编写工作的复杂性和难度[①]。由此看来,华裔学生汉语习得的共性及个体差异性研究,对推进国内华文教学大纲的编制,乃至整个华文教学体系的建立意义重大。

总之,华裔学生的汉语背景相当复杂,这一显著特点冲击着国内仍遵循着对外汉语教学传统模式的华文教学。由于华文教学领域,从大纲设计、课程设置、教材的编写到华文水平测试及华文教学研究,都尚未成熟完善。作为这些课题的基础性研究,华裔学生的汉语习得研究很值得全面、系统地总结,尚存的研究空间亟待充实和填补。

---

① 郭熙:《华文教学概论》,商务印书馆,2007年,第133页。

华文水平测试的总体设计[①]

王汉卫　黄海峰　杨万兵

引　言

　　随着汉语作为第二语言教学的升温,汉语水平考试种类增多是必然的。20 世纪 80 年代以来,国内外推出了一系列汉语(中文、华语文、中国语)作为第二语言的大型标准化水平考试。从日本举办的"中国语检定"、北京语言大学举办的汉语水平考试(简称 HSK)、教育部举办的中国少数民族汉语水平等级考试(以下简称"民族汉考",字母缩写 MHK)、美国举办的 AP 中文考试、台湾地区举办的华语文能力测验(简称 CPT),一直到中国国家汉办推出的新汉语水平考试(HSK)系列、北京语言大学的汉语水平考试(HSK)改进版系列和汉语应用能力测试(C. TEST),以及最近教育部和国家语言文字工作委员会联合推出的汉语口语水平测试(HKC)等。

　　既然已经有这么多"测试",为什么还要推出"华文水平测试"(以下简称"华测",字母缩写 HSC),在进入本文的主体部分之前,这是

[①] 本文阐述了华文水平测试的一些基本问题,是我们对该测试的阶段性认识,该测试由暨南大学华文学院、华文教育研究院华文水平测试中心主持开发。华文水平测试,文中以下简称"华测"。本文在写作过程中曾得到郭熙、谢小庆、彭恒利、张凯、郭树军等多位先生指正,华测中心邵明明、凡细珍、王延苓、吴笑莹多次参加讨论,华测子项目组成员和《华文教学与研究》编辑部及匿名审稿专家也对本文提出了宝贵意见,一并感谢。

我们必须回答的问题。

纵观汉语水平考试的发展和类型,迄今为止,无论国内外,除了民族汉考,几乎所有考试都通吃所有"汉语作为第二语言"的考生,理论上这会带来一些问题,事实上也的确如此[①][②]。正如中国国内的少数民族,他们跟一般意义上的汉语二语者在同质性程度上有着巨大的差异,因为历史和现实的原因,海外大量存在的华人也给"外国人"这个概念在语言同质性上带来巨大的挑战。20世纪90年代以前,东南亚的华文教育尚未复苏,西方发达国家的新华人移民圈也尚未成型,然而近年来这两方面的情况都发生了巨大的变化,华测正是适应这个变化而做出的积极举措。

语言,不仅是交际的工具,更是文化认同、民族认同、身份认同的工具。一般外国人学习汉语,通常仅仅是把汉语作为交际工具来学习使用。相应的,"对外汉语教学"的主要属性也是交际工具的教学。而"华文"之于海外华裔,则不仅是交际工具,更是文化认同和民族认同的工具,这也正是华文教育的初衷[③]。简言之,"对外汉语教学"跟"华文教育"是性质不同的两种教学,理所当然,也应该有专属于自己的考试,否则,就不能形成完整的"华文教育"体系。

测试具有强烈的后效作用,也是实践上的教学指挥棒。华测的推出,从测试理论上是对同质性问题的关注,从测试实践上,是对海外华裔这个巨大的语言文化群体的关注,是对考教关系的关注。华测并不仅仅是一个考试,而是汉语(华语)教学和汉语(华语)测试的全局性问题之一。研发针对海外华裔的"华测",将会成为"汉考"史上继MHK(民族汉考)之后的一个里程碑式的发展,对"汉考"的理论和种类,对"汉教"的理论和模式,都将起到重要的推进作用[④]。

---

① 陈宏:《关于考生团体异质程度对HSK(初中等)信度的影响》,载《汉语水平考试研究论文集》,北京:现代出版社,1995年。
② 任杰、谢小庆:《中国少数民族考生与外国考生HSK成绩的公平性分析》,《心理学报》,2002年第2期。
③ 郭熙:《华语研究录》,北京:商务印书馆,2012年。
④ 王汉卫:"论华语测试的三个基石",《暨南大学华文学院学报》,2009年第1期。

一、华测的参照性质

（一）二语测试能否回答母语二语的关系

陈宏谈到过这样一个问题："北京语言学院汉语水平考试中心在向海外推行汉语水平考试（以下简称 HSK）时，经常会遇到一些汉语教师问到这样的问题：获取 HSK 各级证书的考生，其汉语能力分别相当于哪一水平的以汉语为母语者？"并且认为这是 HSK 所不能回答的问题①。

HSK 不能回答这个问题，这是由它的性质决定的。HSK 有常模参照的成分——它的常模则是由典型的来华留学生构成的；HSK 又以目标参照为基础——它有基于和面向留学生的"汉语水平等级标准"等明确的大纲②③④⑥。这样，HSK 的外部效度就当然"不可能伸张得那么大"了⑦。

我们同意这样的观点，"目标参照本身就隐含着常模，常模参照也能折射出目标参照的影子"⑧。标准参照离不开常模，问题的关键是常模的性质——是一个零起点来华留学生的常模，还是一个母语者的、千百年累积下来的常模。以后者为常模得出的常用字、常用词、基本语法点、基本文化点等等就是汉语的标准，而且这是早已确立的标准。比如我们说某某"小学文化"，就语文能力来说，即意指某某具有一般小学生的读写能力，而"一般小学生"就是母语者的常模，"一般小学生的读写能力"就是母语者的读写标准。这个标准当然可

---

① 陈宏：《第二语言能力结构研究回顾》，《世界汉语教学》，1996 年第 2 期。
② 刘英林、郭树军、王志芳：《汉语水平考试（HSK）的性质和特点》，《世界汉语教学》，1988 年第 2 期。
③ 刘英林：《高等汉语水平考试的总体设计与理论思考》，《语言文字应用》，1994 年第 1 期。
④ 张凯：《标准参照性的语言能力测验——兼论 HSK 的参照性质》，载北京语言学院汉语水平考试中心编《汉语水平考试研究论文选》，北京：现代出版社，1995 年。
⑤ 谢小庆：《汉语水平考试的分数体系》，载北京语言学院汉语水平考试中心编《首届汉语考试国际学术讨论会论文选》，北京：北京语言学院出版社，1995 年。
⑥ 刘镰力：《中国汉语水平考试（HSK）的等级体制》，《世界汉语教学》，1999 年第 3 期。
⑦ 陈宏：《第二语言能力结构研究回顾》，《世界汉语教学》，1996 年第 2 期。
⑧ 刘英林：《高等汉语水平考试的总体设计与理论思考》，《语言文字应用》，1994 年第 1 期。

以具化为数字：识字量、写字量、读懂词汇、使用词汇、阅读速度、写字速度、写作速度……

语言能力的终极标准只能从母语者那里去寻找，而一旦找到了这个标准，譬如一把尺子，不分高个儿、矮个儿，不管对谁都是适用的。也就是说，以母语者常模为标准，即可回答二语者和母语者语言水平的关系。

仍然以尺子为例，拿一把以"米"为最小单位的尺子显然不适合测量人类，而拿一把直尺去测"三围"也勉为其难。回到语言测试上来，一方面坚持参考母语者标准（尺子），一方面根据被试的特点开发出相应精度、风格、用途的测试（直尺、角尺、皮尺等），我们就能衡量任何二语者，回答其汉语水平相当于什么程度的母语者。

华测需要的是结合海外华语的实践，参考、研究、调整汉语母语标准，最终确立华测的标准，这个标准是跟"母语者水平"挂钩的，在此基础上，基于华测的成绩当然就可以回答跟汉语母语者的关系这个问题了。

（二）华测是能够回答母语二语的关系

"获取 HSK 各级证书的考生，其汉语能力分别相当于哪一水平的以汉语为母语者？"这也许不是一般外国人关心的问题，但却必然是海外华人社会关心的问题。

从历史以及现实上看，海外华裔，成年移民者自然拥有母语者的水平，海外出生的第一代移民后裔，通常也保持了较好的汉语（华文）水平，一般来说，移民的时间越久远，后裔的华文水平就越差，有些最终失去了跟中国的联系，严重的甚至丢失了自己的华人身份。

显然，汉语/华文是海外华裔跟祖籍国相互认同的重要凭证，想知道自己的汉语水平相当于什么程度的汉语母语者，这既是理智的需要，更是情感的需要。对华测来说，回答这个问题就是最本质的学术追求。

（三）华测的参照性质

经过上文的讨论，华测的参照性质可以表述如下：以汉语母语者标准为基础,以典型华裔为常模对母语者标准进行调校,最终得到"华语标准",这个标准就是华测的参照目标,典型华裔就是华测的参照常模。下文我们对这个参照做一点具体的解释。

首先,海外华人社会已经有非常久远的历史,以东南亚华人社会为主体,某种程度上,"华语"已经成为海外华人社会的"标准语言",再加上过去的几十年间华语文在东南亚的断层,以及第一语言和第二语言的掌握要求本来就存在差异,在这些因素的综合作用下,坚持完全意义上的汉语母语者标准是行不通的,也是没有必要的。然而,母语者标准的存在又是非常必要的,没有这个标准,"华语文"的标准将不知所云,华测也将在很大程度上丧失它应有的意义和功能。所以,我们必须制定和执行一个略等于汉语母语而低于汉语母语的参照标准,即华语标准。

获取华语标准不是一件容易的事。海外华人社会语言状况复杂,如何求取一个能够基本代表海外华人社会现有最大语言共核的常模水平,这显然是非常棘手的问题。稳、健的解决方案是尽可能多地选取一些代表性的"点",描写其语言变异和语言能力变异的基本情况,对照标准汉语和母语者水平,找到变异程度上的平衡点。另一种较为积极同时也可能更可行的方案是走大胆假设,小心求证,以测校测,逐渐完善的开发路线(谢小庆,2010)。

总之,只有将"华测"建设成母语标准参照性质(或者说更多地具有该性质),才能使自己的"解释"具有理论效度。

二、"华测"的宏观结构

(一)"华测"的横向结构

从英语以及汉语的测试实践上看,把听力和阅读捆绑测试,是习惯的做法。所谓"捆绑测试"有两方面的实际表现:一是听力和阅读作为一张试卷、一次考试;二是听力考试中含有阅读的成分(阅读选择项)。

"捆绑测试"的理由有两个:一是听力和阅读都是输入性的能力;

二是听力和阅读考试采用的都是客观性试题,便于评分和试题分析。

我们认为华测应该在这个问题上做出新的探索。首先,从语言习得上看,听和说是更接近自然习得的能力,而读和写无论在母语者或二语者,都是专门学习的结果。其次,华裔的特点是尽管有全日制、半日制华校的存在,但习得方式的差异、听说读写能力的失衡是一种普遍的客观情况。有鉴于此,我们不主张听力和阅读的"捆绑测试",而要为其彻底"松绑"。

彻底"松绑"并不意味着同一个级别的考试要参加听、说、读、写四次考试。考试有极强的实践性,这就决定了考试必须顾及它的可操作性,尽可能为用户提供方便。听和说属于一个类型——自然习得类,读和写属于一个类型——专门学得类,前者总体上属于口语能力,后者总体上属于书面能力。所以,可以把听、说合并为一个考试,读、写合并为一个考试。

这样的测试设计能体现语言的认知过程和特点,也满足交际性语言测试的需要。从语言测试理论的发展来看,交际性语言测试是未来的发展趋势。听说、读写的测试设计体现了语言的习得属性、功能属性,也符合交际性语言测试的发展方向。

(二)"华测"的纵向结构和能力分级

就母语的发展来说,一般情况下,学龄前是听说能力的迅速发展期,学龄后到小学毕业,是读写能力的迅速发展期,当然,这一阶段的听说能力、特别是说话的能力也随着认知能力和知识面的提高而提高。进入初中以后,母语能力的发展就更主要的表现为随着知识面的拓宽而带来的词汇量的增加、读写能力的增强,以及跟跟专业知识关联的听说能力。

从出生到小学毕业是一个漫长的时期,也是基本的母语言能力逐渐成形的时期。因此,如果华测的分级体系和分数试图跟母语者关联,就必须重视这一阶段的分级。更明确地说,华测的整个分级体系应该主要表现为跟这一阶段的对应,而初中以后则宜大而化之。

1级(入门级)——入读小学的华语文能力。

2级（基础级）——小学2年级的华语文能力。
3级（提高级）——小学4年级的华语文能力。
4级（初通级）——小学毕业的华语文能力。
5级（熟练级）——初中毕业的华语文能力。
6级（母语级）——高中毕业的华语文能力。

这里需要解决三个问题：

问题1：如何从不同层级的母语者那里抽取较为纯粹的汉语能力。

问题2：如何从不同层级的母语者那里抽取较为核心的汉语能力。

问题3：如何建立适应于自然语言发展（即随着认知能力的发展而发展）的测试内容。

这是三个相互关联的问题。所谓"较为纯粹的汉语能力"是指使用汉语的能力，而非关于汉语的能力。所谓"较为核心的汉语能力"是指能够满足"使用"，而非满足"规范"的汉语能力。如果强调"普通话"的规范，带浓厚方言味道的"母语者"的能力等级就很难乐观了，我们必须找到理论和方法，使测试结果可接受、有意义、合情合理，这就必然涉及到"标准"的再讨论、再认定——即华语化（详见下文）。

至于问题3，这是一个严峻的问题，HSK的测试实践还没有在同一个系列的考试上明确体现协调认知能力的发展跟语言能力的发展，这方面还有很多问题需要解决。

三、华测的"标准"

一、关于"标准"的解释

在语言测试领域，"标准"至少有两方面的含义：第一，正误判断的依据，即"规范"；第二，等级评价的依据，即能力表现的描写。

对于一般汉语作为第二语言的考试来说，规范意义上的标准，即什么是对，什么是错，依据的是国家的语言文字规范，这不是考试方有资质表述的问题，考试方需要做的是在"规范"的框架下进一步制定考试"大纲"而已。

华测则不同。关于"华语""华文",学术界对于这两个概念的内涵和外延还缺乏充分的描写。以《现代汉语词典》为例,1965年的试用本未收入"华文、华语",第1版收录"华语",而"华文"则直到1996的修订本才收录①。至于这两个词条的解释,从最早出现直到今天都仍然是"华文:指中文""华语:指汉语"②。

然而,华测对华语文基本面貌的描写和基于描写的规范性工作既责无旁贷,也无可回避,这将涉及到语音、词汇、语法、语用等诸多方面。只有经过这样的工作,海外华裔的"华语文"能力才能得到符合其身份的鉴定,这也是华测"标准"建设的重中之重。

"规范"直接关联到评价,但主观题的评价还涉及到"标准"的第二层含义,即"能力表现的描写"。以前的汉语水平考试当然少不了能力等级标准的描写,但失之于笼统。例如HSK高等口试的标准:

"5级:内容充实,能用语音语调较纯正的普通话得体流利地表达思想。词汇丰富,使用恰当。能比较形象、生动地描写事物,语气自然。语法结构清楚,能较熟练地使用汉语中常用的口语句式,并能根据交际需要变换句式和说法。有极个别语音语法错误,但不影响交际。口语表达接近以汉语为母语者。"③

华测不能满足于这样的等级标准。事实上,即便是主观性试题,只要基础研究足够到位,也仍然可以提出一系列量化的评价标准。例如针对口语可以数字化的标准至少有语速、句长、用词量、用词等级、重复次数、中断次数、中断时长……而量化标准即意味着有效降低评价的主观性,从而使主观题评价标准更为客观,评分者信度将得以增强。

(二)华测的标准系列

如何构拟汉语作为第二语言能力的标准,既有专文探讨④,更有

---

① 郭熙:《语言教学与研究》,2007年第4期。
② 中国社会科学院语言研究所词典编辑室编:《现代汉语词典》(第6版),北京:商务印书馆,2012年。
③ 刘镰力、李明、宋绍周:《高等汉语水平考试的设计原则和试卷构成》,载北京语言学院汉语水平考试中心编《汉语水平考试研究论文选》,北京:现代出版社,1994年。
④ 王佶旻:《制定汉语作为第二语言的能力标准的初步构想》,《语言文字应用》,2012年第1期。

HSK 二十几年的摸索,至于华语文能力的标准问题,一切尚待开始。结合上文的讨论,华测至少需要以下的基础性工作来构建它的"标准"系统,来支撑其最基本的运作。

◇ 华语语音标准及语音大纲
◇ 华语词汇标准及词汇大纲
◇ 华语汉字标准及汉字大纲
◇ 华语语法标准及语法大纲
◇ 华测功能、话题大纲
◇ 中华传统文化大纲
◇ 华语听力能力等级标准
◇ 华语口语能力等级标准
◇ 华语阅读能力等级标准
◇ 华语写作能力等级标准

这样,至少有 10 个属于华测自己的标准性基础文件需要建设,它们是华测构建的核心要素,是华测主体面貌之由来。

四、华测必须突出的测试内容

相较于一般作为第二语言的汉语测试,华测内容上必须更多地融入文化因素,当然也必须是适当地,不能喧文化这个"宾"而夺语言这个"主"。至于如何"融入",这是进一步的问题,尚待研究解决。除了文化问题,汉字也是华测必须突出的一个内容。

几十年来,对外汉语教学一直重听说,汉语水平测试自然与汉语教学相辅相成。相比较而言,重听说的教学和测试模式更适合非华裔,而对于华裔,读写(特别是写)则无论对个人还是对整个华人社会都有着至关重要的意义。

"写"的重要、"文"的意义,有社会语言学者早已经注意到这一点,面对新加坡的讲华语运动,陈松岑等有过这样的论述:"如果只推广华语而不提倡华文,不但用华语来继承传统文化的愿望会落空,华语的使用价值将进一步下降而逐渐被英语所取代,新加坡将变成完全西化的社会,新加坡的华族事实上也将不再是真正的'华族'了。"①我们赞同这个观点,并有过这样的呼应:"民俗文化可算是相对最持久的祖籍国特征,比文化难于保持的是语言,比语言更难于保持的是文字。反过来,华人身份的流失,首先是从汉字开始的,这是一个可怕的开始。"②

所以,华测一方面要照顾现实,彻底把听说跟读写分开,另一方面更要引领未来,在读写测试中强化汉字的价值。总之,开发对促进汉字读写有强力反拨作用的测试,是华文测试的特征和使命。

为此,必须开发出一些新题型和新的测试方式,这方面我们已经有了初步的尝试,但还远远不够,更多能够突出华测特点的相关题型尚待开发③④。

五、结论及余论

测量总是首先基于理论的,理论效度是测量的基础,华测就是建立在华裔不同于一般意义上的外国人(指语言状况)这一基本理论上的。早在十几年前,陈宏从测试实践中发现了 HSK 跟"中国背景"的不适应,发出了事实上的华测第一声⑤。

总结上文,华测的总体特点和性质可以归结为以下几点:

第一,它是标准参照加常模参照。(这一点跟 HSK 没有不同,不同处在以下几点。)

第二,它参照的语言标准是基于母语标准的华语标准。

第三,它参照的语言能力标准是基于母语标准的华语能力。

第四,它的常模是以汉语为准第一语言的海外华裔,是具有典型性的华裔群体。

第五,它有不同于以往的横向和纵向的宏观结构。

---

① 陈松岑、徐大明、谭慧敏:《新加坡华人的语言态度和语言使用情况的研究报告》,载李如龙主编:《东南亚华人语言研究》,北京:北京语言文化大学出版社,1999 年。
② 王汉卫:《华语测试中的阅读研究》,北京:北京大学出版社,2012 年。
③ 同上。
④ 杨万兵、文雁:《初级汉语半听力与全听力测试对比实验研究》,《语言文字应用》,2012 年第 3 期。
⑤ 陈宏:《第二语言能力结构研究回顾》,《世界汉语教学》,1996 年第 2 期。

第六,它有突出文化和汉字的微观特征。

上面 6 点即为华测的基本面貌,然而世界上不存在为测量的测量,华测应不应举办、该不该推出,除了取决于华测的面貌,更跟基于华测能做出什么决策密切相关。

测量总是跟决策相关、决策总是跟后效相关①。评价一个测量好不好,信、效度等指标固然重要,这是它的科学本质,但更重要的是看它能引起(引起了)什么样的决策和后效。华测,因为它的性质,也因为它的测试对象的不同,基于它的决策至少有以下几点,它 HSK 系列的考试有所不同,可以形成互补:

(1) 监测海外华人社会华语文现状、变迁的依据;

(2) 海外通用华文教材的编写依据;

(3) 海外华裔中小学生华文学习的阶段性检验标准;

(4) 海外华裔入读当地各级华校的华语文标准;

(5) 海外华裔入读中国各级学校的华语文标准;

(6) 海外成年华裔华语文水平的检验标准;

(7) 中国国家各直属、隶属机关、企事业单位选拔、录取、录用、奖励海外华裔的语言依据;

(8) 海外高校中文系的入学检验标准;

(9) 华人所在国政府选拔、录取、录用、奖励华裔的华语文依据。

至于因决策而带来的后效,以及基于华测的内容、标准等不同于以往而带来的后效,不再赘言,但可以预期的是,基于华测的反拨作用,将会出现更加多样、也更加积极的教学模式和效果,海外华人更多的华语文学习热情和行动也有理由值得我们期待。

---

① 张凯:《语言测验理论与实践》,北京:北京语言文化大学出版社,2002 年,第 159 页。

华文水平测试总体设计再认识[①]
——基于印尼、菲律宾、新加坡的调查分析

王汉卫、凡细珍、邵明明、王延苓、吴笑莹

引　言

由于历史和现实的原因,海外华裔无论是在语言还是文化上都同一般的外国人有着很大的区别,以一般外国人为考试对象的汉语水平考试(HSK)在海外华裔这个语言群体上的适用性存在着问题[②③]。为此,暨南大学华文学院、华文教育研究院华文水平测试中心自 2010 年起开始致力于研发专门面向海外华裔的华文水平测试(简称"华测",HSC),并于 2013 年正式向外推出了华测总体设计的理论框架,其中包括参考母语者能力标准设立华测等级标准、参考汉语母语标准构建华语标准、突出汉字和中华文化两大特色等设计理念[④]。这些设计思想的提出都是建立在华裔不同于一般外国人的理论基础上的,那么在实际的情况中,这些测试设计是否符合或满足海

[①] 本文是华文水平测试子项目"华文水平测试海外需求调查"(项目编号:20120611)的阶段成果,暨南大学华文学院赴海外上课的多位老师都为调查的实施付出了心血,海外众多华语教师接受了我们的调查,编辑部及匿名审稿专家对本文提出了宝贵意见,谨此一并致谢。

[②] 陈宏:《关于考生团体异质程度对 HSK(初中等)信度的影响》,《汉语水平考试研究论文集》,北京:现代出版社,1995 年。

[③] 任杰、谢小庆:《中国少数民族考生与外国考生 HSK 成绩的公平性分析》,《世界汉语教学》,2002 年。

[④] 王汉卫、黄海峰、杨万兵:《华文水平测试的总体设计》,《华文教学与研究》,2013 年第 4 期。

外华裔的普遍需求？这需要实地调查来回答。因此,华测中心赴海外开展了较大规模的需求调查,实地深入了解海外华裔的测试需求,以进一步明确华测的设计理论与方向,开发出真正意义上的符合华裔需求与特征的华文水平测试。

一、华测海外需求调查问卷的设计、发放与回收

(一) 调查问卷的设计

问卷的题目设置主要从华测总体设计的基本理论出发[①],具体设问主要围绕如下 5 大设计思想进行:

① 华测的基本性质,以海外华裔为测试对象,这是华测研发与设计的出发点,也是最基本的理论依据。同时,华测面向的是海外的广大华裔,因此应定位为脱离具体教材、考查应考者实际汉语水平的水平测试。

② 参考普通话标准建立华语标准。海外华语在语音、词汇、语法诸方面都跟普通话有所区别,形成了自己的变体。理论上,变异永远是存在的,也是正常的。如果忽视这些客观存在的变异,一味地强调普通话的标准,等于无视变异的存在,华语背景的被试就会得到抑制性的评价——这不是我们实施华测的初衷,也不利于"汉语家族"(也即"大华语")在世界的传承和传播。所以,我们应该尝试参考普通话标准和华语的实际情况建立华语标准,这个"华语标准"的建立是华测赖以成立的基础之一。

③ 参考一般中国人的语义能力建立华测能力等级标准。这个想法原本就是受华人社会的启发[②],海外华人想知道,跟中国大陆的母语者进行横向比较,自己的汉语(华语)水平是什么样的,这也是海外华裔最朴素、最基本的需要。理论上,如果能力标准的设计不跟中国国内中小学的语文能力标准相关联,考试成绩就难以简单解释为

---

① 王汉卫、黄海峰、杨万兵:《华文水平测试的总体设计》,《华文教学与研究》,2013 年第 4 期。
② 陈宏:《关于考生团体异质程度对 HSK(初中等)信度的影响》,《汉语水平考试研究论文集》,北京:现代出版社,1995 年。

相当于什么程度的中国人。反之,这个问题就会迎刃而解。

那么,我们是不是应该按照母语者的能力标准去要求海外华人呢? 恐怕不是,曲高和寡,没有多少人能实现的标准无异于虚设。反过来,我们也不应该以一般外国人的水准来要求海外华人。例如新HSK最高级(6级)的词汇范围仅仅为5000高频词①,对于一般的外国人来说,达到这个水平已经不错了,但对于海外华人来说,能够达到这个级别的人有很多,远远超过这个级别的人仍然很多。HSK的量程不够,从测试后效来说,这将会抑制海外华裔华语水平的发展。所以,以一个什么样的能力标准要求海外华人,这是一个非常严肃的问题,而且不可能从理论上推演出明确的答案,这就需要广泛调查,然后再权衡。

④ 华测应以突出汉字为特色之一。汉字作为汉语(华语)的书写工具,是中华文化的重要载体,是海外华裔与祖籍国身份认同的重要凭证,也是最容易流失的祖籍国特征②③。因此,相对于一般外国人,华测应该在"读写测试"中适当提高对汉字的要求,具体怎样把握,需要了解海外华人社会的普遍反映。

⑤ 华测应以体现中华文化为特色之二。长期以来,对外汉语教学及考试,对中华文化多采取回避的策略。学术界好像有一种担心,如果我们重视在教学和考试中融入中华文化就文化沙文主义了。笔者的看法是:第一,文化是语言的灵魂、是民族的灵魂,语言从来都不是、也永远不会仅仅是"工具";第二,华测的设计对象是华人(我们当然不排斥非华人参加该考试),跟华人谈中华文化,不但可以,而且应该。总之,文化的话题对华测来说也是不能绕开的。

以上5大设计思想都是从华裔不同于一般外国人的理论基础出发而初步确立的华测理论架构,而这些设计是否真的满足了华裔的实际诉求,具体的松紧度如何把握等等,需要相关调查数据的支持。

本文主要总结分析上述5个方面的相关数据,并研究探讨数据

---

① 国家汉办/孔子学院总部:《新汉语水平考试大纲 HSK 六级》,北京:商务印书馆,2010年。
② 陈松岑、徐大明、谭慧敏:《新加坡华人的语言态度和语言使用情况的研究报告》,李如龙主编:《东南亚华人语言研究》,北京:北京语言文化大学出版社,1999年。
③ 王汉卫:《华语测试中的阅读研究》,北京:北京大学出版社,2012年。

背后应有的启发和认识,以佐证或修订华测总体理论设计思想。

(二) 问卷的发放与回收

东南亚是海外华人华侨最集中的地区之一,也是华侨华人人口最多的地区[①]。据估算,东南亚华人华侨总数约3348.6万,约占全球4543万华侨华人的73.5%[②]。其中,印度尼西亚又是最有代表性的国家:区域大国、华人华侨数量最多(一般估计有800万到1000万,甚至更多)、华文教育经历波折最大、上世纪末以来华文教育恢复也最为迅猛[③]。新加坡和菲律宾的华人华侨人数在东南亚各国中位居前五,其中新加坡的华人华侨人数更是占到了该国总人数的77%[④]。因此,受限于现实的调查条件,我们借助工作的方便,对印度尼西亚、菲律宾、新加坡的一些地区进行了实地调查。我们认为,具备华文教学实践经验的教师对华测的态度最值得重视,因此海外华语教师成为我们此次调查的主要对象。

本次调查共发放问卷1160份,回收615份,有效问卷605份,有效回收率为52.16%。

(三) 数据处理

采用数据处理软件 EXCEL2003 和专门的统计软件 SPSS17.0 对问卷数据进行统计处理。

(四) 调查问卷的信度

信度(Reliability)反映了问卷的可靠性程度。Cronbach α 信度系数是目前最常用的信度系数, 般认为可接受的 α 系数不应低于 0.70[⑤]。本次调查问卷的 α 系数为 0.745,说明本次调查问卷数据具有较高的可靠性。同时,α 系数还受到问卷题目数量的影响,题目数

---

① 陈奕平:《东南亚华侨华人与广东软实力:思路与建议》,《华侨与华人》,2010 年第 1 期。
② 庄国土:《东南亚华侨华人数量的新估算》,《厦门大学学报》(哲学社会科学版),2009 年第 3 期。
③ 宗世海、刘文辉:《印尼华文教育政策的历史演变及其走向预测》,《暨南大学华文学院学报》,2007 年第 3 期。
④ 郭熙主编:《华文教学概论》,北京:商务印书馆,2007 年。
⑤ 秦晓晴:《外语教学研究中的定量数据分析》,武汉:华中科技大学出版社,2003 年。

越多,系数可能越高。本次调查问卷共设 13 个问题,分别指向华测设计的 5 大方面,α 系数能够达到 0.745 在很大程度上显示出了问卷较高的内在一致性程度。

二、问卷调查结果的统计分析

本部分我们对调查结果按照上文所谈的 5 个方面分别进行展示,希望调查数据能够对我们的原有认识形成验证或修正。

(一)华测的基本性质

关于华测的基本性质,主要有两个方面的问题,一个指向华测的对象,一个指向华测的考试性质,即成绩测试还是水平测试。问卷调查数据如表 1、表 2:

表 1　华测专门以海外华裔为测试对象

国别	选项及人次					加权均值
	1	2	3	4	5	
印度尼西亚	12	18	64	62	103	3.87
菲律宾	12	31	50	34	69	3.60
新加坡	14	21	29	24	54	3.58
总体	38	70	143	120	226	3.71

备注:①1、2、3、4、5 分别代表"非常不同意""有些不同意""一般""有些同意""非常同意"。下同。

②加权均值=(1×人次+2×人次+3×人次+4×人次+5×人次)/总人数。均值越大表示同意的程度越高。除特别说明,下同。

从上表可以看出,三个国家和总体的加权均值分别为 3.87、3.60、3.58 和 3.71,这意味着华测专门针对海外华裔开发测试这一设计思想获得了来自印度尼西亚、菲律宾、新加坡这三个国家调查数据的较高支持。

表 2　不结合具体教材,考察考生的实际水平

国别	选项及人次					加权均值
	1	2	3	4	5	
印度尼西亚	16	42	89	67	43	3.31
菲律宾	12	28	51	40	66	3.61
新加坡	17	11	18	34	57	3.75
总体	45	84	157	135	169	3.51

上表的数据显示,表达支持华测开发成"水平测试"的仍占多数,印度尼西亚、菲律宾、新加坡和总体的加权均值分别为 3.31、3.61、3.75 和 3.51。数据表明,华测开发成水平测试的设计思想也获得了较高支持。

上述两个问题的调查结果总结起来就是一句话:华测应该是针对海外华裔开发的华语水平测试。

(二) 关于华语标准

评价标准就像一把双刃剑,太宽太严都不利于汉语(华语)的发展。太严了打击学习者的积极性,而且实际上也做不到;太宽了不利于全球华人语言的一致性,变异太大最终导致交流上的障碍,需要格外小心。因此,在这一部分我们分别设置了语音、词汇、语法方面的宽严度问题,以了解海外华裔关于华语标准的态度。

表 3　严格按照普通话的语音标准而非华语的语音标准

考试等级	国别	严宽度及其选择人数					加权均值
		1	2	3	4	5	
低等级	印度尼西亚	56	71	68	40	22	2.61
	菲律宾	46	50	42	39	20	2.68
	新加坡	34	40	33	22	11	2.54
	总体	135	164	148	98	48	2.60

续表

考试等级	国别	严宽度及其选择人数					加权均值
		1	2	3	4	5	
高等级	印度尼西亚	14	18	59	67	99	3.85
	菲律宾	12	17	57	56	52	3.61
	新加坡	7	11	41	45	35	3.65
	总体	33	46	157	168	186	3.73

备注:从"1"到"5"标准越来越严,均值越大表示标准越严格。

上表数据显示:低等级的语音标准,印度尼西亚、菲律宾、新加坡三个国家和总体均值都在 2.7 以下,而高等级的均值则都在 3.60 以上。我们对高等级和低等级的加权均值作差异检验,$P=0.00<0.05$,低等级和高等级的宽严度具有显著差异。词汇方面,低等级的均值在 2.3 左右,高等级的均值在 2.6 左右;语法方面,低等级的均值在 2.6 左右,高等级的均值在 3.4 左右。且低等级和高等级的宽严度都具有显著差异。篇幅所限,不再展示词汇和语法方面的具体数据。

从调查数据,我们可以看出:①大多数受访者都认为应该承认华语的存在,不能完全以普通话的标准为华测的标准。②初级倾向于在语言形式诸方面采取较为宽松的评价标准,随着等级的提高,渐渐收窄标准。

这样的调查结果跟我们原有的认识也是吻合的,既尊重普通话标准,又尊重海外华语的现实,以一定程度的调和为基调,在高级水平上引导向普通话标准靠拢,这才是务实和理性的华测态度,也是"汉语国际教育""大华语"等概念下应有的态度。

(三) 参考一般中国人的语文能力建立华测能力等级标准

华语能力标准跟华语标准紧密相关,都需要一个平衡,合适的标准才能发挥积极作用,跟母语者直接关联的标准也才能得到最多的解释。关于华语能力标准,我们设计了三个题目,调查结果如下:

表 4 华测能力等级参考中国人的语文能力

国别	选项及人次					加权均值
	1	2	3	4	5	
印度尼西亚	11	19	59	104	64	3.74
菲律宾	12	27	43	50	61	3.63
新加坡	10	13	23	41	52	3.81
总体	33	59	125	195	166	3.72

从上表我们可以看出,表达支持"华测能力等级参考中国人的语文能力"的占绝大多数,三个国家和总体的均值都在 3.6 以上。

进一步,我们调查了海外华文教师认为海外华人的听说和读写能力应该达到中国人的什么程度。数据显示,无论是听说能力还是读写能力,达到中国人的 60%、70%、80% 这三个选项上的得分较为集中,三个国家的加权均值,读写和听说能力都集中在 70% 附近,听说为 72.66%,读写为 70.57%,读写的比例略低于听说(详见下表5、表6)。对于海外华裔来说,汉语(华语)的听说较容易,要求相对高一些;读写较难,要求相对低一些。数据与华裔的实际能力水平相吻合,充分表明了所得调查数据的可靠性。

表 5 海外华语教师认为海外华裔的华语听说能力大概应该达到中国人水平的百分比

国别	百分比及其人次					加权均值
	60%	70%	80%	90%	100%	
印度尼西亚	83	68	61	30	14	73.13%
菲律宾	92	41	36	26	3	70.25%
新加坡	36	35	33	29	6	75.25%
总体	211	144	130	85	23	72.66%

表6　海外华语教师认为海外华裔的华语读写能力大概应该达到中国人水平的百分比

国别	百分比及其人次					加权均值
	60%	70%	80%	90%	100%	
印度尼西亚	120	54	52	21	9	70.04%
菲律宾	93	40	36	23	6	70.35%
新加坡	54	33	29	18	5	71.87%
总体	267	127	117	62	20	70.57%

(四) 华测与汉字

汉字是汉语(书面)能力最基础的指标。汉字作为汉语(华语)的书写工具,是中华文化的重要载体,是海外华裔与祖籍国身份认同的重要凭证,也是最容易流失的祖籍国特征[①][②]。因此,相对于一般外国人,华测应该在"读写测试"中适当提高对华裔的汉字要求。从表7可以看出,这一设计思路获得了海外教师的高度支持,印度尼西亚、菲律宾、新加坡三个国家及总体数据的加权均值都在3.96以上。

表7　读写测试适当提高对汉字的要求

国别	选项及人次					加权均值
	1	2	3	4	5	
印度尼西亚	11	15	55	70	107	3.96
菲律宾	5	10	36	61	81	4.05
新加坡	3	6	27	42	59	4.08
总体	19	31	118	173	247	4.02

---

① 陈松岑、徐大明、谭慧敏:《新加坡华人的语言态度和语言使用情况的研究报告》,李如龙主编:《东南亚华人语言研究》,北京:北京语言文化大学出版社,1999年。

② 王汉卫:《华语测试中的阅读研究》,北京:北京大学出版社,2012年。

那么在读写测试中如何适当提高对汉字的要求？这需要关联国内母语者的识字标准与要求。表 8 的数据显示，1500 字、2000 字的选中率远高于其他选项，从均值来看，印度尼西亚、菲律宾、新加坡和总体均值分别为 2132、1855、1929、1994，可见 2000 字左右是一个大概的识字量标准。

表 8　相对中国小学毕业 3000 字的识字要求，华裔小学毕业的识字量应为多少

国别	选项及人次				加权均值
	1500	2000	2500	3000	
印度尼西亚	86	67	54	50	2132
菲律宾	102	56	17	15	1855
新加坡	58	56	14	12	1929
总体	246	179	85	77	1994

根据表 6 的调查数据，一般海外华人的读写能力应达到中国人的 70.57%，乘以国内小学毕业要求的 3000 字，得到 2117 字。这跟表 8 的数据十分接近，形成了相互的佐证。

（五）华测与中华文化

文化方面我们设计了对儒家文化等 8 方面文化因素的调查，调查受访者认为哪些方面的文化内容应该在测试中得到重视。该项调查是多选题，调查显示，无论是印度尼西亚还是菲律宾和新加坡，在上述调查项中脱颖而出独占鳌头的都是中华民俗，其次是当代中国和中国历史。文化的问题其实就是这么简单，什么是华人，什么样的华人才"最华人"，这样的调查结果就是通俗的答案——保持了中华民俗，并对中国的过去（中国历史）和现在（当代中国国情）保持强烈兴趣（了解和关注）的中国人的后裔。具体数据如下图：

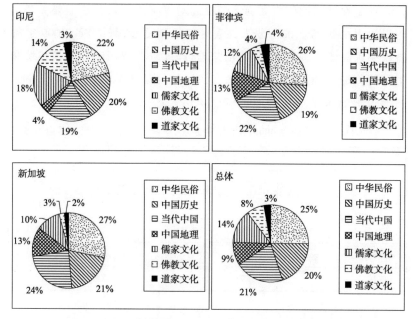

图 1 海外华语教师认为华测应该重视的中华传统文化

三、基于调查结果的华测设计再认识

通过本次华测海外需求调查,我们对海外华裔的需求有了更加深入的了解,获得了非常重要的参考信息。这些信息一方面验证了我们早前关于华测的总体设计思路,同时也将华测的具体设计往前推进了一步。

(一)调查结果对华测总体设计的验证

早前我们对华测有一些基于"理论"的总体设计[①],本次调查验证并强化了我们原有的一些认识,也让我们进一步明确了华测开发的基本思路:

① 华测的基本性质应该定位为针对海外华裔研发的华文水平测试。这不仅是海外华裔的普遍诉求,同时也是维系华语世界大融

---

① 王汉卫、黄海峰、杨万兵:《华文水平测试的总体设计》,《华文教学与研究》,2013 年第 4 期。

合的必要举措,对此,华测责无旁贷。

② 华语标准。海外华人社会语言状况复杂,华语标准的制定需要尊重华语实际,权衡"标准"和"变异",求取一个能够基本代表海外华人社会现有最大语言共核的"大华语"标准。

③ 华测能力标准的制定应以中国人的语文能力标准为参照依据,经过调整,确立华测的能力标准。

④ 汉字和中华文化应该在华测中突出体现。

(二) 以汉字为落脚点的华测能力等级设计——调查结果对华测具体设计的推进

调查结果显示,海外华裔大多希望自己的测试成绩能够解释为相当于什么程度的汉语母语者,而要跟中国国内母语者挂钩,汉字是最重要的一个立足点。落实了汉字这个立足点,阅读和写作的能力分级大体可以得到初步定位,听说能力也可以获得一个重要的参考依据。如何设定以汉字为落脚点的华测能力等级?我们主要结合国内义务教育语文课程标准中的相关汉字要求及海内外汉语(语文)学习者的实际来进行考虑。

《义务教育语文课程标准》(2011 年版)中的学段汉字标准如下:

表 9　国内义务教育语文课标中的汉字能力标准

标准 年级	汉字能力标准	
	汉字认读	汉字书写
小学 2 年级	1600	800
小学 4 年级	2500	1600
小学毕业	3000	2500
初中毕业	3500	无明确标准

从上表我们可以看出,中国官方对学前的汉字学习没有明确的要求,但总体来说母语者一般既没有可能学前不具备听说能力,也没有可能完全不具备汉字能力。

因此,首先需要考虑的是学前识字的问题。如果华测有一个入读小学的能力等级,对小学华语教学的规划,无疑有着重要的意义。

有了这个标准,也便于提醒海外家长注意对孩子汉语汉字的启蒙。所以,不管是海内还是海外,"学前识字"不是问题,问题是"学前识多少字"。综合国内儿童的识字情况、最小交际平台所需要的最低词汇量①,以及学龄前较长的时间段,我们暂且将入读小学的汉字水平(认读)定位为600字。

另外,根据语言习得理论,2岁到青春期之前(即12岁以前)为关键期②,习得越早,也就相对越容易习得。至于汉字,正因为它不是拼音文字,不易自学,而汉字又直接影响了阅读能力,阅读能力则直接决定了个人自主学习的能力,所以,这一切都决定了汉字的要求(尤其是认读要求)不能太低,否则汉语汉字的价值将被我们自己否定。特别是在基础阶段不但不能放松,而且宜采取前紧后松的策略,使汉字能够成为孩子们认识世界、自主学习的工具。因此,我们参考调查结果的2000字左右,适当提高了4级(小学毕业)的识字量,定为2400。

基于以上的数据和考虑,我们将华测六个等级③的汉字能力标准设计如下:

表10 华测六个等级的汉字能力标准

标准 等级	汉字能力标准	
	汉字认读	汉字书写
1级(入读小学)	600	不作要求
2级(小学2年级)	1200	600
3级(小学4年级)	1800	1200
4级(小学毕业)	2400	1800
5级(初中毕业)	3000	2400
6级(高中毕业)	3500	3000

---

① 史有为:《对外汉语教学最低量基础词汇试探》,《语言教学与研究》,2008年第1期。
② Lenneberg, E., *Biological Foundations of Language*, New York: John Wiley and Sons, 1967.
③ 王汉卫、黄海峰、杨万兵:《华文水平测试的总体设计》,《华文教学与研究》,2013年第4期。

四、结语

　　此次海外需求调查,虽然未能在大范围内铺开,但调查结果也为华测的研发设计提供了重要的参考。通过对华测的基本性质、华语标准、华语能力标准、华测与汉字、华测与中华文化 5 个主要方面问题的调查,我们进一步明确了华测设计的总体思路,即应将华测研发设计为专门针对海外华裔研发的、关联母语者能力标准、突出汉字与传统文化的水平测试。除此之外,此次华测海外需求调查也使我们的研发设计进一步深化、具体,在调查结果的基础上,我们设立了以汉字为落脚点的华测能力等级。我们有理由相信,基于调查结果的华测设计必将更好地服务于海外的华语教学,带动海外华人的华语学习热情和华语发展的崭新局面。

基于教材库的新加坡华文教材分析与思考[①]

周小兵　李亚楠　陈楠

汉语国际教育发展的瓶颈之一,是高质量的适用教材不够。从学习对象看,国际汉语教材有两大类:供华人华裔使用的教材;供非华人华裔使用的教材。新加坡华人占总人口的70%,华文教学和教材方面有很多特点。

本文以国家汉办与中山大学共建的国际汉语教材研发与培训基地"全球汉语教材库"中相关数据为基础,系统考察新加坡华文教材,对比全球汉语教材,总结新加坡华文教材的特点,找出华文教材开发中存在的普遍问题,提出解决策略,以促进华文教材的系统开发。

一、全球汉语教材概述

国际汉语教材研发与培训基地始建于2009年5月。2011年3月,网络"全球汉语教材库"(www.ctmlib.com)初步建成,含40多个国家出版的15000多册/种教材信息;目标是:(1)为全球汉语教学提供教材信息;(2)为教材系统评估提供支持;(3)为教育、出版机构提供咨询。以下分7点概括论述全球汉语教材情况。

[①] 基金项目:广东省哲学社会科学规划项目(GDC13EW02)。

(一) 资源类型

基地实体教材分 3 类:(1)纸质教材,59.1%;(2)附载多媒体的纸质教材(纸质教材+多媒体),40.03%;(3)多媒体为主的教材,0.87%。

值得注意的是,虽然(2)类教材已经达 40%,但其中多数是在纸质教材基础上被动开发的多媒体。因此,无论从数量、类别还是质量上看,跟发展较好的二语教学(如英语二语教学)相比,汉语多媒体教材的现状都还不尽如人意。如何根据不同类别的学生特点和教材特点,如何充分发挥多媒体的优势,主动开发多媒体教材,是目前汉语教材研发的重要任务。

(二) 教材类别

教材可分 7 类:(1)课堂教材 63.2%;(2)读物与自学教材 11.2%;(3)工具书 5.2%;(4)实用手册 4.2%;(5)考试用书 4.0%;(6)师资教材 3.7%;(7)大纲字词语法等级表等 0.8%。

跟成熟的外语(如英语)教学比,汉语读物的数量偏低,种类太少,而且不成系列。

(三) 教学媒介语

教学媒介语 52 种。单媒介语教材占 61.6%,多媒介语教材占 38.4%,单媒介语教材数量排序前 10 名为:汉语(华文教材占很大比例)、英语、日语、韩语、泰语、法语、越南语、俄语、西班牙语、德语。多媒介语教材数量排名前 5 名为:汉英、汉韩、汉日、汉泰、汉法。

主要问题是一些非常用语种的汉语教材还不够,虽有一些,但大多是从英语教学媒介语教材翻译过去,没有注意该语种的本土社会文化、该语种学习者学习汉语的特点难点等。

(四) 适用学校

在所有教材中,标注了适用学校的占 56.4%,即不少教材并没有说明适合哪一类教育机构的学习者使用。

在有标注教育机构的教材中,大学教材占 51.0%,中学 18.4%,小学 26.5%,幼儿园 4.1%。可以看出两个问题:(1)中小学教材数量偏低;不能满足 2006 年以来中小学生学习汉语人数激增的需求。(2)有的教材未标注适用学校;有的标注不够明确,如"适用于中小学使用"。

(五) 适用水平

标明学习者水平的教材,占全部教材的 74.5%。其中,零起点＋初级教材占 57.3%,中级教材 17.3%,高级教材 10.5%。但还有一些教材,注明可以用于初中级,或者中高级,我们称之为"跨级教材",占 14.9%。

(六) 出版时间

2005 年底以前出版的占 38.1%,2006 年初以来出版的占 60.9%,有极个别国外的教材没有注明出版时间。以上数据表明,汉语国际教育于 2006 年进入了跨越式发展阶段。

(七) 出版地

中国出版的教材占 48.3%,其他国家出版的教材占 50.6%,中外合作出版的教材约占 1.1%。出版量排前 10 名的国家依次为:中国、日本、韩国、泰国、美国、新加坡、越南、菲律宾、法国、英国。

中国出版社约 90 家,其他国家出版社 503 家。除中国外,出版机构数量最多的前 10 国为:韩国、美国、日本、法国、越南、泰国、德国、俄罗斯、西班牙、英国。

二、新加坡华文教材宏观考察

国际汉语教材研发与培训基地有实体教材 8787 册/种,其中新加坡出版的实体教材 276 册,占实体教材的 3.1%。以下从 4 个方面宏观考察新加坡华文教材。

（一）资源类型

纯纸质教材占所有教材的 79.7%，如《华语入门》[①]；含多媒体的教材只占 20.3%，如《中学华文》[②]、《商用中文》[③]。后者含两小类：多媒体教材，纸质教材＋多媒体教材。有意思的是，全球汉语教材中，含多媒体的教材占 41.7%。比新加坡多一倍。我们认为，这跟新加坡华文教育的性质相关。

在新加坡，华文教育的性质是什么，一直在讨论中。有人说是母语教育，有人说是二语教育。通常在除中国之外的其他国家，华人数量都是少数，汉语都不是官方语言。因此，那些国家的华文教育肯定不是母语教育。而新加坡华人比例占 70%，华文教育的母语语文性质比较明显。一般来说，传统的母语语文教育，很少使用多媒体。反之，典型的外语教学，多媒体使用数量、频率都比母语教育要多得多。下边请看表 1 反映的 2006 年前后新加坡华文教材资源类型的变化。

表 1 2006 年前后新加坡华文教材资源类型的变化

	2006 以前		2006 至今	
	数量	比例(%)	数量	比例(%)
纯纸质	58	96.67	161	74.88
纸质＋多媒体	2	3.3	34	25.12

不难看出，2006 年之前，带有多媒体的纸质教材数量极少，比例很低。但 2006 年至今，此类教材数量迅速增加，比例快速攀升。我们认为，主要原因是汉语在新加坡的地位、华文教学在新加坡的性质，已经有了一些变化。2006 年前，新加坡华文教育的母语语文性质更明显，到 2006 年，第二语言的性质开始日益明显。因此，使用多媒体方式的教材快速增加。

[①] 朱身发：《华语入门》，新加坡：新加坡中华总商会企业管理学院，2005 年。
[②] （新加坡）教育部课程规划与发展司中学华文课程组：《中学华文》，新加坡：EPB 教育出版社，2004 年。
[③] 史湄：《商用中文》，新加坡：Asiapac Books，2009 年。

(二) 教材分类

新加坡华文教材大致可分为 6 类：

1. 课堂教材

如《小学高级华文》[①]，含课本、活动本、教学用书、图片、字卡、电子资源等。

2. 读物和自学教材

如《海洋 2°空间》[②]。

3. 工具书

如供小学生使用的《看图认词字典(修订版)》[③]。

4. 实用手册

如《简易百字》[④]。

5. 师资教材

如《华语教学语法》[⑤]。

6. 教学大纲类

如《小学华文课程标准》[⑥]。

下面看看新加坡华文教材分类比例与全球汉语教材的对比情况：

---

① （新加坡）教育部课程规划与发展司小学华文课程组，（中国）人民教育出版社课程教材研究所：《小学高级华文》，北京：人民教育出版社，2008 年。
② （新加坡）18 度空间儿童系列读物编写委员会：《海洋 2°空间》，新加坡：教育出版社，2008 年。
③ （新加坡）怡学编写小组：《看图认词字典》，新加坡：怡学出版社，2011 年。
④ 林珊：《简易百字》，新加坡：Asiapac Books，2005 年。
⑤ 周清海：《华语教学语法》，新加坡：玲子传媒私人有限公司，2003 年。
⑥ （新加坡）教育部课程规划与发展司：《小学华文课程标准》，新加坡教育部，2007 年。

表 2　教材分类方面新加坡教材与全球教材对比

内容分类	课堂教材	读物自学	工具书	手册	考试	师资	大纲类
全球教材	63.2	11.2	5.2	4.2	4.0	3.7	0.8
新加坡教材	71.27	23.27	0.4	2.05	0	0.36	0.5

不难看出,新加坡的课堂教材、读物自学类教材都比全球汉语教材要高。这也跟上一小节讨论的问题相关,即,新加坡华文教育跟母语语文教学接近,因此这两类教材多。新加坡华文教材学习者一般不会参加专为外语学习者设计的"汉语水平考试"(HSK);使用的工具书也多是为母语者编写的字典词典;师资培训跟母语语文教师差别不大。因此,这三方面的广义教材数量极少。

(三) 教学媒介语

新加坡华文教材的教学媒介语,基本上有 3 类情况。一是纯汉语媒介语,教材如《中学华文》;二是纯英语媒介语,教材如 *Go! Chinese*[①];三是英、汉双媒介语教材,如《飞向中文》教师用书[②]。

新加坡华文教材中,单种媒介语的教材占 74%,比全球汉语教材单种媒介语的 61.6% 要高。以汉语为单媒介语的教材占 41.9%,更是远远高于全球汉语教材的 17%。这种区别,也显示了新加坡华文教学带有母语教学属性的特质。

当然,此类状况正在发生变化。2006 年起,英语作为媒介语或英汉双语作为媒介语的教材数量快速增长,反映出教材编写者更重视英语为语言背景的学习者需求了。

(四) 适用教育机构

新加坡华文教材多用于中小学。具体情况请看表 3:

---

① Lo Yin,*Go! Chinese*,Cengage Learning,2009.
② Shuhan C. Wang 等,*Flying with Chinese*(《飞向中文》),Marshall Cavendish Education,2007.

表 3　新加坡教材与全球教材在不同教育机构的比率

内容分类	大学	中学	小学	幼儿园	跨类
全球教材	55.1	19.4	26.9	5.5	5.5
新加坡教材	18	36	42	2	2

有两点需要注意：

1. 新加坡华文教材中,标明适用教育机构的占 76.4%,远高于全球汉语教材的 56.4%。而在标明适用教育机构的教材中,标明为"跨类"的比全球汉语教材要少。

2. 跟全球汉语教材比,新加坡的大学、幼儿园的华文教材明显要少;而中小学华文教材却多很多。这也跟新加坡华文教学的性质和整个教育体制相关。跟母语语文教学更相似的华文教学,大多在中小学实施。在中小学占主导地位的《中学华文》《小学华文》,母语语文教学的特点明显,有些课文更是直接从中国大陆的中小学语文课本中选取的。

在新加坡,显示二语/外语特点的中小学教材不多。如 *Flying with Chinese*,说明是遵循《21 世纪外语学习标准》的"中文学习标准"。

而现有大学的华文教材,大多是针对非华裔学习者的。

三、新加坡华文教材的编写特点

新加坡华文教材,既有母语语文教学的性质,又有一些非母语教学的特点。这些特点及其融合,也反映在教材编写上。下面从 3 个方面进行考察。

(一)话题选择

1. 中国传统文化话题

学习汉语,对于华人、华侨来说,不仅是保持自己的语言,或学习一种语言，还有更深层的文化含义，那就是对中华文化的认同[①]作为华文教材，中华文化，尤其是传统文化话题，还是比较多的。从课文题目看，有《孙悟空三打白骨精》《诗仙李白》《留取丹心照汗青》《掩耳盗铃》《狐假虎威》等。

2. 本土话题

早期华文教材，从内容上很少考虑本土性。而现代华文教材，尤其是海外编写出版的，开始注意从话题方面反映学习者所在国、所在地的社会文化和心理习惯。

新加坡华文教材中的本土话题，大致可以分成几类：(1)传统故事，如《红山的传说》《新加坡啦》等。(2)政治经济习俗，如《种族和谐日》《马来鼓"贡帮"》等。(3)自然景观，如《美丽的岛国》《美丽的海边》等。(4)文学作品，如《陌生的童音》《牛车水》等。(5)当地著名人物，如《葬在蓄水池旁的英雄》。

本土性教材要注意目标语国家的社会文化跟学生母语国家社会文化的适当融合[②]中国大陆编写的海外华文教材，至今仍然很少关注本土性。不少编者认为，华文教材的学习者主要是华裔，他们就是应该学习中华文化传统。在这一点上，新加坡华文教材是一个很好的典范。

(二) 教材词汇

作为华文教材，当然要有足量的汉语基本核心词汇。问题是海外华文教材，是否应该有反映当地社会文化的本土性词汇？既然要在一定程度上表现本土社会文化，本土词汇当然是不可避免的。

在新加坡华文教材中，本土词汇大致可以分成几类：1)人名地名事物名，如"咖喱、猪笼饼、沙爹、华社、丁加奴街"。2)有本土特色的华语词汇，还可细分两小类：A. 普通话无对应词，如"花座、种族和谐日、街场、组屋、排屋"；B. 普通话有对应词，如"脚踏车(自行车)、搭客

[①] 赵金铭：《国际汉语教育研究的现状与拓展》，《语言教学与研究》，2011年第4期。
[②] 周小兵：《汉语教材需要本土化吗？》，《国际汉语教学研究》，2014年第1期。

(乘客)、德士(的士)"。

(三) 课文选材与改编

新加坡华文教材的课文,有多种来源,如中国现当代著名作家的作品,鲁迅的《风筝》,贾平凹的《月迹》等;中国大陆的中小学课本,如《猴子捞月亮》《乌鸦喝水》《司马光砸缸》等。这些文章并非直接照搬到华文教材中,而是经过一些修改。以下先从不同的改写方式进行考察。

1. 把当地不常见的事物,改写为当地常见事物

如中国小学二年级语文课本中的《猴子捞月亮》:"月亮掉在井里啦!"在新加坡《小学高级华文》三年级课本里变成:"月亮掉进河里啦!"因为在新加坡,基本上看不到"井"了。

2. 把书面语改成口语

如"她从心底发出一声无可奈何的喟叹。"(文学作品《醉人的春夜》)到了新加坡《中学华文》里就变成了"她从心底发出一声无可奈何的叹息。"

3. 删除难词

中国小学语文课本中的《愚公移山》:"有一个叫智叟的老人知道了,就对愚公说……"。到了《华文》中,就变成了:"有一个人,就对愚公说……"。

4. 复杂句改为简单句,降低语法难度

中国小学语文课本中的《愚公移山》:"子子孙孙不停地挖下去,还怕挖不平吗?"在《华文》中改为:"只要我的子子孙孙继续努力,总有一天会把山移走。"把比较难的动趋式词组"挖下去",改成容易且常用的"继续努力",把比较难的可能补语否定式"挖不平",改为相对容易的"把山移走"。

类似的例子还有,中国文学作品《醉人的春夜》中"没工具,谁也拆不开大链盒呀。"在《中学华文》中改成"没工具,我帮不了你。"

5. 删除句子和句段

中国小学语文课本的《曹冲称象》有这样一段话:

官员们一边看一边议论,这么大的象,到底有多重呢？曹操问:"谁有办法把这头大象称一称？"有的说:"得造一杆大秤,砍一棵大树做秤杆。"有的说:"有了大秤杆也不行啊,谁有那么大力气提得起这杆秤呢？"也有的说:"办法倒有一个,就是把大象宰了,割成一块一块再称。"曹操听了直摇头。

《小学高级华文》改写为:

曹操想考一考官员们,便问:"象这么大,到底有多重呢？"官员们你看看我,我看看你,谁也答不上来。

把官员们的建议删除,一方面是用词过难,另一方面是"宰大象"过于残忍。

贾平凹《月迹》有下边7个自然段:

月亮正在头顶,明显大多了,也圆多了,清清晰晰看见里边有了什么东西。

"奶奶,那月上是什么呢？"我问。

"是树,孩子。"奶奶说。

"什么树呢？"

"桂树。"

我们都面面相觑了,倏忽间,哪儿好像有了一种气息,就在我们身后袅袅,到了头发梢儿上,添了一种淡淡的痒痒的感觉;似乎我们已在了月里,那月桂分明就是我们身后的这一棵了。

奶奶瞧着我们,就笑了:"傻孩子,那里边已经有人了呢。"

在《中学华文》里只剩开头和结尾那两段,对话和"我们"的感觉描述都被删除了。

四、新加坡华文教材研发的思考与建议

新加坡华文教材的开发,还存在一些问题,应采取相应措施加以解决。

(一)新加坡华文教学的性质

新加坡华文教学,到底是母语教学,还是第二语言教学?或者是准母语教学?准第二语言教学?现在新加坡华人,不像以前那样在汉语(方言或普通话)环境中长大。许多家庭中,英语已成为孩子的第一语言。虽然新加坡官方语言有英语、汉语、马来语、淡米尔语,但只有英语是通行的教育、行政语言。政府提倡各民族人民学好英语,为自己和国家的国际化做好准备;同时学好传承语,以传承本民族文化传统。华文教材,要面对这种变化,与时俱进,适应新形势的发展。

(二)面向不同对象,开发分类教材

新加坡汉语学习者,大部分是华人。《小学华文》《中学华文》等为他们服务。但华人语言背景不尽相同。除个别双语环境外,华人第一语言大致有3类:(1)汉语方言;(2)普通话;(3)英语。但现有课程、教材并未充分考虑这些不同人士的需求。

新加坡还有其他族裔者和外国人学汉语。相关教材如 *Let's Speak*[1] 对象为"非母语学习者",选词参照《汉语水平词汇与汉字等级大纲》。*Go! Chinese* 的对象为"第二语言学习者",参考美国5C标准及多伦多外语教育课程大纲。《汉语听读写》[2] 面向母语为英语的汉语学习者。但是,英语教学媒介语的教材较多,而马来语媒介语教材不足。

教材开发除了要考虑上述需求,还要充分考虑幼儿园、小学、中学、大学、成人等学习对象的区别,通用汉语与专用汉语的区别。

---

[1] 卢华岩:*Let's Speak*,新加坡:Cengage Learning,2011年。
[2] 林珊:《汉语听读写》,新加坡:Asiapac Books,2004年。

(三) 加强调研,促进教材开发

目前,对各类教材的系统研究,包括教学法、跨文化交际视点、课文选材、字词语法和文化点的选择、解释、练习等都还不够。要开发出真正适用、好用的教材,必须进行系统的考察和研究,建立包含足量材料的数据库,概括出相关的评估指标。

(四) 加大多媒体、课外读物、教辅资源的开发力度

新加坡教育部相关网站有大量华文教学辅助教学资源,含多媒体、课外读物、教学参考、教师培训资源等。但是,除新加坡教育部课程规划与发展司的课程外,其他课程、教材的辅助教学、学习资源还不够,许多教材还缺少多媒体资源。今后需要进行补缺性开发。

(五) 介绍当代中国,方便学习者全面了解中国

现有华文教材,对中华民族传统文化有较为系统的介绍。如《中学华文》[①]就教授中华传统文化和核心价值观。但是,对当代中国的介绍还不够。此外,传统文化应分清精华与糟粕,有选择地进行介绍,且跟世界通行的普世价值不冲突,这样才有利于学习者的健康发展。

(六) 重视教材的本土性开发

华文教材应该适当融合族群文化和所在国文化目标是让学习者能用华语在当地社区进行交际,能用华语谈论新加坡社会文化。如果学完华语,只能讲中国的事,无法在新加坡华语区顺利交际,无法用华语向中国人介绍新加坡,就达不到教材的基本目标。

[①] (新加坡)教育部课程规划与发展司中学华文课程组:《中学华文》,2004 年。

新加坡华文教学新方向
——"乐学善用"的实施思考

陈之权

一、前　言

　　进入 21 世纪,借由信息化产生的知识经济时代的到来,世界各国全球化的趋势加快,越来越多的国家意识到在高度竞争的全球化环境中掌握多种语言的优势,因为世界正朝向多语言的方向发展。新加坡是一个经济开放的国家,为了持续保有竞争力,掌握多种语言必须成为新时代国民应当具备的生存能力,而不是少数精英的专利。

　　新加坡自建国以来,便推行双语教育政策。双语政策是新加坡教育的基石,英语是与国际接轨的经贸语言。母语则是传承文化和身份认同的语言,而随着"中国和印度的崛起,以及东盟各国的一体化,学习母语显得越来越重要"[①]。国民若能继续掌握双语,将能很好地与东西方世界沟通;和世界各地相同文化背景的社群联系,也能产生文化认同感。

　　近 20 年来,新加坡的社会语言环境经历了很大的变化。新加坡教育部近年来对学生家庭语言背景的调查数据显示,越来越多的华

---

①　新加坡教育部:《乐学善用——2010 母语检讨委员会报告书》,新加坡:新加坡教育部,2011 年。(以下简称《乐学善用》")

族家庭倾向以英语作为主要用语,华、英双语并用的家庭也在逐年增加,但与此同时,还有相当比例的华族家庭依然以华语作为主要的沟通语言。新加坡华族学生的家庭语言背景呈现了多元的特点,华文教师所面对的是华文能力差距日益扩大的授课对象,华文课堂已是"差异课堂"。如果再把来自中国大陆、中国台湾地区、中国香港地区和马来西亚等华文水平较高的国家或地区的学生,加上来自东南亚其他国家、韩国等的学生,以及本土修读华文的马来族和印度族的学生涵盖在内,学习华文的学生的能力差异就会更大。这些文化不同、语言背景相差甚大的各年龄层学生,都在同样的课堂空间上课,给华文课程与教学带来了很大的挑战。

二、新加坡母语课程与教学新形势

在这样的一种国内外语言文化发展趋势的驱使下,新加坡教育部于 2010 年 1 月,开始了新一轮的检讨。新加坡教育部总司长领导一个"母语检讨委员会",针对国内外语言环境的改变对母语教学的影响作另一轮的检讨。委员会的任务是放眼 21 世纪,提出适用于新加坡语言环境、植根于本土情况的母语教学发展方向。

必须注意的是:在新加坡,母语教学不仅仅是一个语言教学的问题,更是一个国家语言政策的问题。为顺应急剧变化的社会语言环境,新加坡自 20 世纪 70 年代末实施"分流教育"以来[①],每隔一段时间便对母语课程的实施情况进行检讨,而每一次的检讨必定以由政治高层人物所领导的一个委员会所撰写与发布的一份报告书作为新一轮检讨或改革的开始。与华文课程与教学相关的报告书便有 1978 年公布的《吴庆瑞报告书》、1992 年公布的《王鼎昌报告书》和 1999 年发布的《李显龙副总理政策声明》;21 世纪则有 2004 年公布的《华文课程与教学法检讨委员会国会白皮书》以及 2011 年公布的《乐学善用》。这些委员会的成员涵盖政治领袖、国会议员、大学教

---

① 新加坡于 1979 年开始实行"教育分流",根据小三(后延至小四)分流测试和小六"小学离校考试"的结果,把学生分入不同的教育源流。各个源流的差别主要体现在所修读的母语(华语)水平的不同,而非课程目标、教学内容的不同。学生修读何种水平的母语,主要由分流结果决定。

授、学校校长、一线老师、学生家长、华社代表、新加坡教育部官员等,有足够的代表性。每一届的委员会都会对新加坡母语教学的现状和未来发展趋势进行详细分析,并提出建议。在 2004 和 2011 年公布的两份报告书撰写之前,委员会还通过新加坡教育部开展了大规模的调查,收集学生、家长、教师的意见,也召开了多场的"聚焦讨论会",深入了解各个利益相关群体的意见。每一次的报告书公布之后,新加坡教育部便会开始进行课程标准的重新规划、教材蓝图的重新设计,之后再开始正式编写教材进行试教,再根据试教中师生的反馈意见修改教材,并在隔年推出新一套的教材。因此,从报告书的发布到新教材的正式推出,必须历经至少两年的规划与试教期。

《乐学善用》于 2011 年发布,是最新公布的母语课程与教学改革方案,其所提出的意见将对新加坡未来 6~10 年(2014~2022 年)的中小学华文课程与教学产生影响。

在撰写报告书之前,委员会首先通过教育部于 2010 年在小二、小六和中四学生中取样进行了一项学生家庭用语的调查。调查数据清楚显示,华族家庭的语言环境呈现出了多元性的特点[1]表 1 归纳了小学六年级华族家庭学生的三种语言环境:。

表 1　新加坡小六学生家庭用语情况[2]

以华语为主要用语	37%
以英语和华语为主要用语(双语兼用)	25%
以英语为主要用语	38%

和二十多年前比较起来,以英语为主要家庭语言的同龄学生人口从 20% 增加至 2010 年的 38%,增势明显[3][4]。不过,一个利好的因素便是,至少在目前,以英语或华语为主要家庭用语的华族学生人数还是不相上下,而如若将双语兼用的家庭考虑在内,华语仍然在大多数的华族家庭里使用,依然是学生生活中会使用的语言。

---

[1] 新加坡教育部:《乐学善用》。
[2] 新加坡教育部:《乐学善用》,第 96 页,附录 B。
[3] 新加坡教育部:《王鼎昌报告书:新加坡华文教学的检讨与建议》,新加坡:新加坡教育部,1992 年。
[4] 谢泽文:《新加坡的双语教育与华文教学》,2001。

《乐学善用》并未提供其他年级学生的家庭用语数据，但从新加坡华文教研中心于 2012 年完成的一项学前儿童家庭用语现象调查所得的数据看，双语的华族家庭比率正稳健增加，反映了新加坡实行多年的双语教育政策，实际上已经培养了能用双语与人沟通和交流的年轻一代国民，就华族家庭而言，双语家庭在未来很有可能成为主要的家庭语言模式。因此，华族家长如能改变用语习惯，多以华语和孩子沟通，当对孩子学习华文有很大的助益。表 2 和表 3 分别展现了 6 岁和 3 岁学前儿童的家庭用语情况（见下页）。

　　"2010 母语检讨委员会"也选择了小学六年级和初中四年级的学生[①]进行取样调查。调查数据显示，在所取样的学生中，多数都认为母语是一个重要的科目，而且年纪越轻的学生越喜欢学习母语（见表 4）。因此，新加坡的华文教学如果能够善用这一有利因素，并在下一轮的课程与教学改革中重视华文的实用功能，还是有可能逐渐改变学生"弃华就英"的语言习惯，在生活中多用华文。

表 2　2012 年学前华族学生（6 岁）的家庭语言使用情况[②]

儿童日常用语	母亲		父亲		兄弟姐妹		同伴	
	人数	%	人数	%	人数	%	人数	%
一般使用英语	19	9.6	30	15.4	40	24.5	48	25.0
英语较多，华语较少	73	36.9	63	32.3	40	24.5	58	30.2
英语和华语一样多	26	13.1	24	12.3	22	13.5	35	18.2
华语较多、英语较少	55	27.8	46	23.6	37	22.7	37	19.3
一般使用华语	25	12.6	32	16.4	24	14.7	14	7.3
总计	198	100	195	100	163	100	192	100

---

　　① 小学六年级和初中四年级分别是小学阶段和中学阶段的最后一年，对此二阶段的取样调查结果能够代表两个教育阶段的学生在完成了完整的母语课程后所形成的态度和看法。
　　② 朴美莲、卓慧敏：《新加坡华族儿童语言环境及语言使用调查》，"第三届华文作为第二语言之教与国际研讨会"，新加坡华文教研中心，2013 年。

表3 2012年学前华族学生(3岁)的家庭语言使用情况①

儿童日常用语	母亲		父亲		兄弟姐妹		同伴	
	人数	%	人数	%	人数	%	人数	%
一般使用英语	19	15.1	22	17.9	25	29.8	28	23.0
英语较多,华语较少	37	29.4	40	32.5	21	25.0	39	32.0
英语和华语一样多	22	17.5	16	13.0	12	14.3	23	18.9
华语较多、英语较少	31	24.6	31	25.2	14	16.7	21	17.2
一般使用华语	17	13.5	14	11.4	12	14.3	11	9.0
总计	126	100	123	100	84	100	122	100

表4 学习华语的重要性和兴趣②

	小学六年级	初中四年级
认为学习华语是很重要的	95%	87%
喜欢上校内的华文课	90%	76%
喜欢学习华文	88%	69%

同一调查也发现,家庭的语言环境对学生学习母语有重要的影响,在家以英语为主要用语的学生,比较不喜欢学习母语③。数据也显示,超过一半修读专门为学习母语有困难的学生而设计的"母语B"课程的学生,绝大多数来自讲英语的家庭,他们学习华文的态度不大积极,对使用母语交谈没有信心④。新加坡下一轮华文课程与教学改革,必须高度关注这一影响华文教学效果的重要因素。

母语检讨委员会部分成员也专程前往澳大利亚、中国、印度、马

---

① 朴美莲、卓慧敏:《新加坡华族儿童语言环境及语言使用调查》。
② 新加坡教育部:《乐学善用》,第96页,附录B。
③ 同上书,第100页。
④ 同上书,第101页。

来西亚和美国进行考察,并与当地的教育工作者、专家学者和学生交流,了解这些国家在语言教育方面的发展情况,听取各地专家学者的看法,以作为下一轮教学改革的借鉴。考察团观察到,即便是学生每时每刻都在接触母语的单语国家或地区,也还是投入资源,使语言学习更具实用性;各地专家也都不约而同地认为,无论在单语环境下学习母语,还是在多元的语言环境中学习母语,掌握语言的最有效方法就是在真实的语言环境中使用语言和他人交流。学以致用是当前语言教学的主要趋势[1]。

在了解了本地的语言情况并参考了各地的教学经验和专家的意见后,"母语检讨委员会"于 2011 年 1 月份公布了报告书《乐学善用》,提出了下一阶段母语课程与教学的发展方向。报告书列出了母语教学的三大目的:沟通(Communication)、文化(Culture)、联系(Connection)[2]。其意涵有三:其一,掌握多种语言是一种宝贵的能力,新加坡的国民如能以英语和母语有效地与世界各地的人沟通,能保持竞争优势。其二,母语植根文化,学习母语有助了解母族的文学和历史,产生文化认同感。其三,掌握母语能和本区域乃至世界各地相同语言文化背景的社群建立联系[3]。

要达致这三个目的,就必须使下一代成为母语的使用者。"乐学善用"的基本精神就是要通过课程与教学的改进,提供学生"学以致用"的学习机会,使下一代的学生乐于学习母语,善于使用母语。这一理念和以往只重视语言技能的训练和文化传承的华文课程理念有着根本性的差别。这一轮的新加坡华文课程与教学改革的终极目标是要促使母语成为人们生活的语言,能够在不同的情境下很自然地使用母语与人有效沟通。为此,报告书建议母语的教与学要贴近学生的生活经验与兴趣,母语的学习要切合学生的语言程度,母语教学要摆脱学习只为了考试的观念而应以评估促进学习,母语教学要培养学生以母语沟通的能力,母语教学要善用资讯技术促进自学能力的发展。

---

[1] 新加坡教育部:《乐学善用》,第 16—17 页。
[2] 同上。
[3] 同上书,第 44—45 页。

《乐学善用》提出了符合当代语言教学理念的建议,改革方向正确。但如要确实落实报告书所提的建议,或者说,如要促使新加坡下一阶段的华文课程与教学改革取得预期成果,课程规划者还需要从教育理念、课程规划与发展、教学内容与方式、教材选择与组织、教学评估等各个层面作深入的思考,尤其要确保不同语言背景和学习能力的学生都能乐学华文、爱学华文,达到力所能及的最高水平。

现从教育理念、课程规划与组织、教学与教材以及教学评鉴四个层面,提出个人看法,为这一轮的课程与教学改革提供一己之见。

三、落实"乐学善用"精神的课程与教学思考

(一) 教育理念层面

面对"差异课堂"的出现,要贯彻"乐学善用"的母语教学精神,首先要达到教育的"公平性"。教育的"公平性"不是体现在让所有学生都按照相同的步伐学习相同的内容并参加相同水平的考试,而是体现在给每一位学生学习能达到力所能及的最高华文水平的机会。

双语教育是新加坡教育的基石,不容改变,但从语言学习的角度上看,要求所有国民的两种语文都达到同等的水平是不切实际的想法。根据比较语言学者麦基的研究[1],没有一个国家或社会所推行的双语教育是完全成功的,因而也没有一个双语教育的社会会不切实际地要求每一个国民必须把双语掌握至同等高的水平[2]。考虑到客观存在的学习能力的差异性,语文教学必须对不同语言背景和学习能力的学生予以不同的要求。

正如之前的数据所显示,新加坡华族家庭呈现出多元的家庭语言环境的现象。不同语言环境给予孩子不同程度的接触华族语言文化的机会,有的可以达到比较高的水平,有的能达一般水平,但也有

---

[1] Mackey, W., "Bilingualism and multilingualism", In U. Ammon, N. Dittmar, K. Matheier & P. Trudgill (eds.), *Sociolinguistics: An International Handbook of the Science of Language and Society*, Berlin: Walter de Gruyter, 1987, pp. 1483—1495.

[2] Ibid.

一些只能达到较低的水平。这是家庭多元语言环境下必然会出现的局面。站在教育公平性的角度看，新加坡的华文课程应给予不同语言背景的学生同等的学习与提高华语华文的机会，鼓励他们达到个人可达的最高水平，华文课程既不能要求他们追求不切实际的水平，也不应抑制他们的发展。

要使不同语言背景、能力和兴趣的学生都能乐学华文、善用华文，华文课程的规划者必须打破常规思维，对不同背景、能力和兴趣的学生采取"差异对待"，允许每一名学生都可以在能力所及的范围之内做出最好的表现、达到最高的水平。对于不同条件的学生，华文课程对于他们的语言能力的要求也应有所不同，如此，学生才不会因为要迁就语言能力较弱的学生而学习在个人可达水平之下的华文，限制他们取得更高的成就；或因为要符合大多数同学的能力水平，而在学习华文的过程中苦苦跟随，长期面对挫折和失败，以致对学习自己的语言文化产生怨恨。只有让每一种背景和能力的学生都在个人的"最近发展区"内学习华文，才符合教育的"公平性"原则，才能确保"乐学"的发生，也因而可以期待"善用"的结果。

（二）课程层面

在还未开始撰写课程目标和课程标准之前，课程规划人员应首先思考如何让所有的学生都能修习力所能及的华文课程，并从中培养实用的语言沟通能力。此外，有鉴于新加坡的语言政策规定华语是所有华族学生必修的母语，以及近年来修读华文作为第二语言的非华族学生越来越多的教学现实的存在，我们也有必要调整课程结构，寻找能够满足不同背景和能力学生学习需要的结构方式。现分别从"课程规划"和"课程结构"两个角度进一步阐述看法。

1. 课程规划方面：实施灵活的课程分流

当前的华文课程根据相同的课程总目标规划不同年级和源流的课程，未考虑学习者主观存在的语言能力和学习需要的差异性。当前的华文课程所实行的是教育分流的体制，非课程分流体制。学生须达的华文水平基本由英语和整体学术能力所制约，而不是以个人的华文可达能力来决定。

新加坡华文课程的规划需要摆脱教育分流体制的束缚。要使母语的教与学切合"差异课堂"学生的语言程度,我们就必须在课程的规划上做到"灵活性"。课程的"灵活性"指的是允许学生根据个人的能力、需要和意愿,选择适当的华文课程,并允许根据学习表现转换课程。虽然新加坡自20世纪70年代末实施分流教育以来,已经在体制中安排了转流机制[1],然而,这种转流机制,主要是以英文水平和整体学术能力作为分流标准,既限制了华文基础好的学生的发展,也使学习华文有困难的学生面对极大的压力。这一分流标准对华文课程水平的限制,后来虽经另两轮的课程改革作出了调整[2][3],例如允许英语或数学成绩达到一定标准、华文成绩优良的学生修读较高水平的华文,但依然无法全面照顾所有学生的学习需要。分流标准的单一性是新加坡独立建国以来,华文课程与教学虽经过数轮的改革尝试,依然没法妥善解决问题的关键所在。

随着本世纪华文学习者的差异性越来越大的教学现实的出现,通过有效的华文课程与教学,全面照顾每一个学生的学习需要更显迫切。新时期的课程改革不应再以无关母语能力的标准来限制学生所修读的华文课程的水平,而应根据学生对这一语文的实际掌握能力、学习进度和可达潜能作出判断。换言之,任何学生都应有权力选择修读能力所及的华文课程,而在学习的过程中,学生如表现出学习这一语言的浓厚兴趣和较强能力(包括非华族学习者),都可以修读更高水平的华文。只有这样,学生才会因为课程是我的能力办得到的。也是我想要学的而积极投入地学习,也会因要学、想学而"乐学"。

为了使华文课程更为灵活,一个可能的做法是在华文教学上实施"科目分流"(Subject Streaming),即以学生在华文这一科目上所能达到的水平作为科目分流的考量。新加坡的华文课程应考虑采纳

---

[1] Coh Kim, Swee and Education Study Team: "Report on the Ministry of Education". Singapore: Ministry of Education, 1978.
[2] 新加坡教育部:《王鼎昌报告书:新加坡华文教学的检讨与建议》,新加坡:新加坡教育部,1992年。
[3] 李显龙:《李显龙副总理政策声明》,新加坡:《联合早报》,1999年1月21日。

"多纲多本"的发展模式。例如对于中等水平的大多数学生,培养目标可以是能够以华语、华文做有效的沟通,并具备阅读一般读物和本地华文报章的能力,且对中华文化有足够的认识。华文课程应首先加强他们的口语能力,然后让他们在较好的口语基础之上,广泛阅读不同题材和体裁的文章,尤其应重视与学生生活相关的大众媒体的阅读能力的培养,使他们感受到学习华文和日常生活的密切关系,并向他们介绍中华文化和中国历史,使他们对中国文化和历史有一梗概的认识。这一类的学生还应学习简单的中英互译、常用文体的写作(包括实用文),使其具备基本的书面沟通与表达能力。

对于华文水平最高、能力最强的学生,培养目标可以是能以华文进行高层次的思维与对话、能阅读文学作品并进行赏析、能以华文表达有深度的见解、对中华文化有较深入的认识。此外,也应对当代中国有一定的认识。课程重点应放在阅读与赏析优秀文学作品、阅读本地报章的社论和评论性文章(到了高年级还应能阅读外地华文报章)、准确进行中英互译、撰写各类文体文章等方面,并鼓励他们根据个人兴趣尝试创作(包括数码写作),以打下较为扎实的语文基础。除此以外,还应通过华文课程,提高他们对中国历史和中华文化的认识,到了高年级还应向他们介绍当代中国的社会、政治和经济,培养环球意识。

至于因为家庭语言背景因素而在学习华文上面对较大困难的学生,培养目标应是能够以华语进行日常生活对话,使他们具备阅读与生活相关的文字信息的能力,能填写表格、撰写简短的应用文体,并对中华文化有基本的认识。华文课程应从提高他们的口语能力开始,在达到能以较流利的华语表情达意的水平之后,才开始教导阅读本地新闻和其他生活中能够接触到的实用文体的技能,再以阅读为基础,学习撰写简单的实用文。对于这类学生,华文老师可以以英语向他们介绍华族文化的基本内容和核心价值观,协助他们比较自在地融入华族社群。

至于那些非华族的华文学习者,培养目标应限于能以华语进行简单对话,并对中华文化产生兴趣。华文课程只需要达到能就日常生活话题,以口语和华文使用者互动,完整地表达个人想法的水平,同时通过习写汉字欣赏中国文字,再通过英语接触中国的文化艺术,使他们对中华文化产生兴趣。

为了更好地判断学生可达的华文能力,在建议学生修读何种水平的华文课程之前,教师还应征询家长的意见。《乐学善用》的调查数据揭示,家庭对于学生学习华文的态度以及掌握母语的能力,有决定性的作用[①]。因此,下一轮的华文课程改革,必须让家长参与孩子课程的选择,让家长在教师的建议下参考各个课程的具体目标、内容、要求和评估方式,然后根据个人对孩子的兴趣与能力的了解作出选择。家长如对孩子可以修读的华文课程有了明确的认识,了解到这一华文课程其实是孩子力所能及的,便会予以孩子最大的支持,鼓励孩子尽最大的努力把华文学好,从而改变孩子对待华文的态度。

要而言之,"科目分流"的主要目的是让每一个儿童根据本身的语言条件,选择适当的华文课程。学生选择何种华文课程,取决于学习华文的能力,而不是其他因素。在学习者日趋多元的形势下,灵活处理课程,使学生"各取所需,各得其所"是重要的举措。在"科目分流"的概念下,培养学生语言沟通能力,装备他们中华文化素养是所有华文课程的基本任务,至于语言的可达水平以及文化的可及高度,则可因人、因源流而异。只有提供灵活的课程框架,才能确保人人"各取所需,各得其所",促使"乐学善用"的发生。

2. 课程结构方面:发挥校本课程应有的功能

委员会所建议的母语教学的三大目标"沟通""文化"和"联系"中,"文化"和"联系"涉及了中华文化的范畴。因此,在下一轮的课程改革所提出的课程组织框架,依然需要包含文化的内容。

新加坡华文课程分中央课程和校本课程两类。校本课程是为了辅助中央课程而存在,彼此具有不同的任务。中央课程由官方设立的主管教育的部门统一编写教学材料,校本课程由学校本身或校群,利用校内与校外的资源,在前线教师的主导下,根据各所学校学生的主客观条件,编写教学材料。大体而言,中央课程必须保证国民的基

[①] 新加坡教育部:《乐学善用》。

本教育水平，传授国民必备的生活知识与技能，培养国民的共性；校本课程则必须促进国民潜能的发展，发挥个人的专长，发展国民的个性。就新加坡的华文课程而言，中央课程需确保所有华族国民的华文都能达到力所能及的最高水平，能自在地以华语和族群沟通。校本课程则培养华族学生的文化能力，使他们对本身的华族身份感到自然，并对所属族群的文化历史有不同程度的了解和不同深度的认识。

囿于教学时间有限，华文课程不可能进一步分割成中华文学、中国历史等科目，但我们可以在华文课程框架中按照一定的比例，利用校本课程的时间系统性地介绍中华历史文化。而以新加坡的国情，校本课程也不需要巨细靡遗地介绍中华历史文化，只需取其精华和有现代意义的元素，从小学开始，系统性地引介中华历史文化，直至初中毕业。当前的中小学华文课程标准中原来就给校本课程预留了空间，分别是小学的20%～30%，中学的10%～15%。如有可能，新一轮的小学华文课程应继续保留这样的比重，中学华文课程则可将校本课程在整体课程中所占的比例略增至20%。至于高级中学的华文课程，则可分成语言、文学和创作三大板块，下设系列课题，由学习者根据自己的兴趣、需要与意愿，自选若干课题修读。由于高中教育并非属于十年的基础教育，因此，完全可以按照各校的具体情况，自行开发校本课程而无需中央统一规划课程。本文讨论范围仅限基础教育阶段的华文课程，不深入探讨高中华文的具体问题。

为照顾不同背景学习者的需要，校本课程还应考虑分成"必修单元"和"选修单元"两个部分。"必修单元"可以讲述故事的方式或结合新媒体，介绍中华文化精要，使学生对本身的文化产生兴趣。"选修单元"则进一步把中华文化细分成趣味小单元，分别介绍中华文化的特定方面（如：民乐欣赏、中华科技、中国电影、我来写儿歌、有趣的礼俗等），加深学生对其所感兴趣的中华文化的认识。校本课程单元不应有考试，而以完成小专题、兴趣写作、网页制作等符合学生兴趣与能力的自主探究方式为考核手段，把语言的应用和文化的探索以及创新能力的发展结合在一起。在良好的课程规划与教师按部就班的引导下，校本课程能够同步提高学生的语言能力和文化知识，同时培养他们知识经济时代所需的批判性思维和解决问题的能力,发挥辅助中央课程的效果。

简言之,新加坡的华文课程应通过中央课程培养学生的语言能力,做到让大部分的学生能以华语、华文进行有意义的沟通与交流,让少部分语言能力特强的学生能达到足以和中国大陆、港、台地区的高级知识分子并驾齐驱的语言水平,再通过校本课程加强学生的文化素养。由于华文课程并不是知识性的课程,重在培养语言能力,学生只要有能力又有兴趣,都可以在能力所及的范围之内学习水平更高的华文课程,而无论修读怎样的课程,都能达到力所能及的最高水平。为确保转流的适切性,学生在转换课程之前均须接受相关课程的语言能力测试,以鉴定其是否具有修读相关课程的能力。

(三) 教学与教材层面

1. 教学层面

教学涵盖了"教学活动"与"教学手段"两大范畴。在教学活动方面,华文教学需要贴近学生的生活经验,从他们的生活中选择素材以设置情境,促使学生在情境中使用语言,达到学以致用的目的;在教学手段方面,华文老师要充分认识到当前学生生活在一个信息膨胀、资讯科技空前发达的时代。他们是网络世界的原住民,遨游虚拟网络空间已经成为他们生活中重要的一部分。华文教学必须跟得上时代发展的步伐,要以教育资讯技术作为重要的教学手段,借助学生所熟悉的沟通方式促进学习。现从这两大范畴作进一步的阐述。

1) **教学活动:重视生活资源的有效取用**

当代的语言教学强调以学习者为中心[①],重视学生自主学习能力的培养。越来越多语言教学领域的学者们相信,有效的语言学习必须"学以致用",要把课堂上所学的语言知识与技能,通过在生活情

---

① Tarone. E. & G. Yule, *Focus on the Language Learner*, Oxford: Oxford University Press, 1989.

境中的实际应用加以巩固与加强①②③。要确实落实语言学习的"学以致用"模式并不容易,语言教师必须通过有机的课程设置,结合课堂教学的内容与课外的学习资源规划方略,有意识地促进学习行为的发生,才能产生效果。

华文教学必须结合学生的生活资源,从生活中取材,创造真实或半真实的情境,促使学生使用华语、华文输入信息、处理信息、输出信息,培养实际的语言应用能力。例如安排中学生到地铁站进行街头访谈,以华语采访地铁公众,了解他们对地铁服务的意见,并用华文整理收集到的意见,再以华语汇报。又如允许小学生自定任务,从生活中寻找感兴趣的场景、告示、地标、镜头等,以诸如手机、平板电脑之类的移动配备捕捉这些生活中处处存在的素材,再按照自己感兴趣的形式加工呈献,以华语、华文表达看法或感想,然后与同学、老师或家长分享与讨论。这种结合生活学习语言的活动,能很好地激发学生对事物的好奇心,促使他们关注发生在他们周围的事物,从而培养其社会责任感,并能以华语、华文表达他们的想法、发展他们的创新能力和批判性思维能力,是一个能全面发展学生语言综合能力的学习模式。这一学习模式,以培养学生在生活中实际运用语言的能力为主要目标,让学生在真实的生活情境中充满信心地使用华语与人沟通,必能提供学生"乐学"的经历,并促进他们自学能力的发展,达致"善用"语言的目的。这种充分利用生活资源学习华文的模式,切合新加坡当前的华文教学需要,也是当前国际语言教学的主流方向,必须在华文教学中加以体现。

2)**教学手段:正视资讯技术的促进作用**

《乐学善用》建议借助资讯技术加强华文教学,以新加坡目前的资讯技术条件,完全可以实现。新加坡自 19 世纪 90 年代末开始,便有计划、有规模地推动教育资讯技术在教学上的有效使用,至今已经

---

① Benson, P., W. Grabe & F. L. Stoler, *Teaching and Researching: Autonomy in Language Learning*, London: Longman, 2001.
② Tarone. E. & G. Yule, *Focus on the Language Learner*, Oxford: Oxford University Press, 1989.
③ Nunan, D., *The Learner-centred Curriculum: A Study in Second Language Teaching*, Cambridge: Cambridge University Press, 1988.

先后发表了3期的"教育资讯科技发展总蓝图"(第4期蓝图即将公布),教育资讯技术已经全面走进学校,渗入各个年级的各个科目。随着新加坡政府于2007年公布的"智慧国2015"资讯通讯科技发展大蓝图[①]的逐步落实,资讯网络将覆盖全国90%的机构与家庭,利用资讯技术将课内所学和课外实践相结合的学习模式,将更易推行。新加坡的华文教学应充分利用国家所提供的资讯科技基础设施,发展基于资讯技术的教学,调动新一代"资讯世代原住民"的兴趣与特长,提高华文的教学效果。

资讯技术在促进"乐学善用"的华文教学上大有可为。华文课程可以在传统的汉字教学以外,适当地教导计算机输入,在"写字"和"输入文字"两种方式上取得平衡,培育学生掌握利用华文吸收最新知识,提高他们以华文与数码时代的族群联系与沟通的能力。

资讯技术也可以为华文教学提供支持。在学习的层面,我们可以利用资讯技术巩固学生的汉字笔画笔顺、让学生自我诊断与改进华语发音、通过活泼有趣的动漫学习成语和生活语汇、通过网络广播站训练传意能力、通过有声在线翻译协助理解篇章等。在教学的层面,资讯技术能够提供华文教师很多的协助,兹列举几个主要方面:

A. 提供教学诊断:

诊断学生的口语能力,针对诊断结果提供教学建议。

分析学生的口语能力,协助学生提高口语。

诊断学生的阅读水平,提供阅读建议。

侦测学生作文中的语言错误,提供修改建议。

B. 促进自主性学习:

提供写作引导,协助学生布局谋篇、组词造句,提高学生的写作兴趣。

开展探究性学习、无缝学习(Seamless Learning)、自我引导学习(Self-directed Learning)等能密切结合学生生活的教学模式,促使学生在真实的语境中使用语言。

---

① 吴汉钧:《未来十年资讯科技发展大蓝图》,《联合早报》,2007年7月13日。

C. 建立虚拟互动情境：学生在"虚拟实境"(Visual Reality)中学习与应用华文,加强在特定的情境下使用适当的语言与特定对象表达沟通的信心和能力。

D. 建立基于网络的本地化华文口语和书面语的语料库:语料库能提供本地化的真实语的真实语料,作为华文的课程规划、教材编写、教学设计和语言评鉴的水平依据。

使用资讯技术进行探索、查找资讯,在虚拟网络世界与人沟通、交换信息,已经成为新加坡学子与生俱来的能力。调动他们已经具备的能力特点来学习华文,将华文的学习和无远弗届的网络世界结合,是最贴近他们生活的一种学习体验,当能激发他们的学习兴趣,从而自动自发地使用这一语言。借助资讯技术学习华文,能使学生强烈地感受到华文的学习和他们的日常生活息息相关、随时可用。提供他们另一段"乐学"的旅途,亦能达到借助资讯技术"善用"华文的目的。

2. 教材层面

由于社会语言环境的改变,越来越多的新加坡华族家庭选择以英语为主要用语,或家庭的唯一用语。从语言学习的顺序看,华文对于这类家庭的孩子而言,是第二语言,而非母语或第一语言。根据前面所提供的学前孩童的语言背景数据作初步预测,笔者有理由相信,双语家庭最终将成为新加坡华族家庭的主要语言模式。然而,这样的一种局面最终是否出现,取决于年轻家长的选择。但在此一局面尚未出现之前,华文课程规划者还需直面英语为主要用语的华族家庭逐渐增加的语言现实。

面对以英语为主要家庭语言逐年增加的趋势,华文教材应从学生的角度出发选择教材。从学习非第一语言的角度来看,选择以学生为中心,根据学生的生活需求与兴趣来编写的教材,才能收到良好的效果[①]。华文教材的题材应是学生熟悉的。华文教材的语言,应

---

① 朴真姬、郭曙纶:《我看对外汉语阅读教学》,《第四届全国语言文字应用学术研讨会论文集》,北京:教育部语言文字应用研究所,2005年,第203—214页。

是学生的实际语言能力能够应付的。新加坡学习华文的学生来自不同语言背景的家庭,不同语言背景家庭的学生因社会阶层不同、生活经验有异,很自然地也存在着兴趣和需要的差异。因此,华文教材不能够再遵循传统的编写套路,以单一的水准和统一的内容来培养学生的语言能力,然后期待每一名学生都能够把华文学好。未来的华文教材应是"差异性教材",教材开发者必须以学生为中心,根据学生不同的背景、需要和兴趣来编写。教材的差异性应反映在主题、题材、体裁、手法、作业、练习的不同,以保持学习的新鲜感。华文教材应在规范的篇章材料以外,大量采用即时性材料,如当天报纸、周刊杂志、广告、宣传手册、娱乐消息、产品说明等,这些材料都与学生的日常生活密切相关,能引起他们的学习兴趣。以学生为中心的教材能长久保持学习兴趣,提高学生在课堂上的参与率[1]。此外,互联网时代的到来,网上五彩缤纷、五花八门的信息,也能让学生的学习材料愈形多彩,更是华文教材不能避开的素材。

采用真实性材料作为华文课程的部分教材,能够摆脱上世纪以来好几套华文教材带有过于明显的"文以载道"色彩、教学内容脱离学生生活经验的框框[2],使华文教材的内容更丰富多彩,华文的学习更活泼而有生气。简而言之,新加坡的华文教材,要努力做到学习材料和学生在实际生活中接收到的信息之间距离的"最小化",才能促使学生带着兴趣去学习,并感受到学习这一切语言材料的价值。和实际生活的联系不足,是至今为止新加坡中小学华文教材有待改进的共有问题,也是下一轮的教材编写必须克服的问题。华文教材的编写不在争论应分多少层、写多少套,而是要确实思考教材对学生的实际意义,把握好语言的学习和生活的有机衔接。华文教材应培养学生的语用能力,提高他们的文化意识,通过循序渐进的学习历程,不断加强他们使用华语、华文的信心和作为华族的自豪感。

---

[1] 朴真姬、郭曙纶:《我看对外汉语阅读教学》,《第四届全国语言文字应用学术研讨会论文集》,北京:教育部语言文字应用研究所,2005年,第203—214页。

[2] 陈之权、胡月宝、陈志锐:《新加坡当前中学华文教材存在的两个问题》,"国民中小学语言教科用书之比较探析国际学术研究会",台北:台湾教育主管部门,2008年。

(四) 教学评估层面

晚近的许多学人纷纷作出呼吁,在讲求全面发展学生素质的环球教育理念下,我们在发展学生潜能的过程中,应更重视教师的专业意见和看法,以顺应学习主体的特点,使每个学生都获得最优化的教育机会[1][2][3]。

配合差异性课堂的出现,今后的华文教学要更重视"形成性评估",让教师通过观察学生在学习中的表现,了解学生的学习进展,协助学生更好地学习华文。华文课程应该更重视"以评估促进学习"的策略,"使课程和评估紧密结合,以达到'乐学善用'的目标"[4]。

自20世纪90年代以来,过程性或形成性评估(Formative Assessment)在评估学生的学习表现上扮演越来越重要的角色。所谓"形成性评估",是指在教育活动过程中"为不断了解活动进行的状况以便能及时对活动进行调整,进而提高活动质量进行的评价"[5]。形成性评价的目的在于了解活动的得失,而不是判断优劣、评定成绩。形成性评估对学习过程进行累积性评价,通过对学习单元全部内容的考察,了解学生的掌握情况,对学生未掌握的部分找出原因,以便教师采取补救措施改进教学。除了检讨教学绩效之外,形成性评估还能够培养学生自评与互评能力,促使他们在学习的过程中不断调整策略与进度,提高他们的元认知能力。华文老师可以通过观察学生在学习过程中的表现,了解每一名学生的潜在能力,然后在这个基础上,向家长提出建议,协助家长选择下一教育阶段中适合学生修读的华文课程。

当前的华文课程与教学还是过于重视"总结性评估",未对"形成性评估"在促进学习的作用方面予以足够的重视。"形成性评估"能更客观地判断学生的实际语言水平,较公平地对学生的适切流向作出客

---

[1] Beare, H., *Creating the Future School: Student Outcomes and the Reform of Education*, London: Routledge Falmer, 2001.
[2] 杨龙立:《学校为本课程设计与探讨》,台北:五南图书出版公司,2001年,第183—185页。
[3] 林明地:《校长课程领导与学校本位课程发展》,《台南师范学院九年一贯课程:从理论、政策到执行》,高雄:复文出版社,2000年,第155—186页。
[4] 新加坡教育部:《乐学善用》,第60页。
[5] 王景英主编:《教育评价理论与实践》,长春:东北师范大学出版社,2001年。

观建议,应成为下一阶段华文课程与教学改革的重要教学评鉴方式。

结　语

　　以"乐学善用"为新加坡华文课程与教学改革的主导精神,符合当前国际上语言教学的趋势。为了有效地实现"乐学善用"的课改精神,新加坡的华文课程必须在保证达到基本的语言能力的前提下,根据学生的语言能力和学习需要开设不同的华文课程(包括校本课程)。新加坡的华文教学也必须以培养学生在生活中实际运用语言的能力为主要目标,因此,华文教学将比任何时候更重视实用性。在"学以致用"的教学前提下,相当一部分的华文教材将取自学生的日常生活,学习活动将以在真实的生活情境中使用华语、华文思考问题,解决问题为主轴。面对多元背景的语言学习者,新加坡的华文课程必须允许学生按照个人最适切的步伐学习,并及时得到鼓励与引导,因此,"形成性评估"将成为促进学生学习的重要推手。

　　"乐学善用"是因应新加坡国内多元语言情境的出现和国际语言教学发展趋势而提出的华文课程与教学改革新方向,为接下来 6 至 10 年的华文课程与教学发展提出了一个既充满挑战又带来希望的理念。这一理念能否实现,从而为新加坡的华文教学找出可持续发展的方案,关键在我们是否对组成课程的各项要素做了深入的分析,对影响课程要素的各项变量做了全面的思考。只要把握好各个变量对课程要素可能产生的影响,并从"差异课程"的角度顺应变量的转换,我们就能够为每一位学生提供适当的华文课程,促使他们达到力所能及的语言水平,并能以华文吸收知识、了解文化,与族群作有效沟通。只要每一个学生都有一个切合个人学习能力的华文课程。学习过程就会很愉快,也能感受到成功的喜悦。而植根于生活的华文课程,也能提高学生实际应用这一语言的能力,加强他们在生活中使用华语、华文的信心。新加坡的华文教学必须让学生享受学习过程,只有"乐学"才能"爱学""愿意学",最后才能学以致用。"乐学"是过程,"善用"是结果。"乐学善用"的理念一旦实现,华文就能够成为学生生活中的语言,而华文的学习也就不再是一个困扰着数代人的问题了。

泰菲地区华文教师可理解输入与输出教学策略运用分析

蔡雅薰

　　泰国与菲律宾地区因拥有众多的侨民与海外华人,因此华语文教育在两国逐渐普及与受到重视。泰国与菲律宾学生所接受到的华语文教学质量,将直接影响到学生在学习华语文上的信心。泰国与菲律宾华语文教育的学习环境相当多元,但多数地区较不易建立全华语的学习环境,学生唯有仰赖华语文教师之课堂教学能力来学习华语文。因此,教师能否运用可理解的教学策略来协助当地学生吸收并产出语言,成为教学现场最重要的课题之一。必须给予学生可理解的语言输入,学生才能理解并学习华语文的正确使用方式;且唯有透过提供学生可理解的语言输出机会,学生才能实际运用所学华语文于日常沟通之中,教师也才能检视并评量学生的学习成效,以及适当给予回馈与支持。因此,本研究主要探讨华语教师建立语言可理解性输入之教学策略,透过问卷调查与教师访谈,探讨华语教师的课堂教学活动设计如何使学生进行华语语言之输出活动,以检核学生学习华语之学习成效。本研究以中国台湾师范大学所承办之"2013泰国与菲律宾海外教师研习班"为例,透过问卷调查与深度访谈之方式,调查泰国与菲律宾当地华语文教师在教室课堂中可理解输入及可理解输出的教学策略运用情况,以期对当地华语文教学现况能有更深入的了解①②。

一、泰国华语文教育现况与特色

泰国推广华文教育约有 300 年的历史,18 世纪末成立的第一所华文教育学校,最初是为了商业与政治上的交流需求所设立。到了 19 世纪末、20 世纪初期,因为有大批由福建、广东等沿海地区移民至泰国之农民和手工业者等劳工,为了提供这些华侨子女学习华语文及文化一个学习场所,泰国华语文教育开始蓬勃发展,各地也开始兴建华文学校。据泰国教育部统计,1938 年有华文学校 293 家,40 年代末,已注册的华文学校达 426 家。近年来,泰国政府对华语文教育采取开放政策,1998 年泰国教育部将汉语(华语文)列入高等学校入学考试外语选考科目,1999 年更颁布《国民教育法案》(National Education Act),将汉语教学写入教学大纲,并于 2000 年通过高中汉语课程计划。自 2008 年起,华文教育列入正规国民教育的体系中,各级学校及社团机构等,纷纷开班教授华文,曼谷地区数所国际学校也竞相将华语列入正规第二外语选修课程里,可见泰国华语文教学正如日中天,占有举足轻重的地位。

泰国政府近年教育政策宽松,并未针对华语文教育设限。开放中国大陆与中国台湾两地之华语文师资与教育合作计划,让正体字与简体字教育并存发展,这符合泰国的经济与政治利益的需求。泰国是中华文化重要的海外传播基地,加上泰国政府对华语文教育之开放与鼓励,因此,华语文的经济利益与实用价值皆高于东南亚其他国家。

泰国目前教授华语文的学校分为政府开办的大学、泰国教育部批准开设的公立及私立职业技校,以及泰国教育部核准的民办华文民校等三类。近年来,中国政府机关及学术机构也开始选派华语文教师前往泰国,以协助华语文师资培训及教学工作。中国台湾与泰

---

① 蔡雅薰:《泰国华语文教师建置理解性输入及延展学生输出教学策略运用分析——以 2013 泰国教师研习班为例》,《"台湾侨务委员会"研究成果报告》,未出版,2013 年。
② 同上。

国当地师培机构合作始于2004年,泰国皇家师范大学校长联谊会造访"国立"台湾师范大学,除进行参观访问外,也开启了双方华语文教师交流与培训之契机。自此之后,每年均有华语文教师在中国台湾结训并回到泰国任教服务。虽然目前泰国华语文教育发展蓬勃,但四十年的断层仍对华语文教育产生了极大的断层与断代,也因此产生了诸多问题,包括缺乏专业师资、缺乏适当华语教材、缺乏语言环境,以及学习时间有限等。其中,缺乏专业师资是影响最深远的问题,华语文教师的专业素养不仅直接影响华语文课堂的教学质量,也影响到学生在学习与使用华语文上的成效,以及学生日后来台继续学习华语文的意愿。也因此,如何协助泰国当地华语文教师提升其华语文教学素养并开发有效的教学策略,也成为侨委会一直以来的重点方向之一。

二、菲律宾华语文教育现况与特色

菲律宾华文教育在二次大战前已颇具相当基础,自1973年菲律宾颁布新宪法后,菲律宾的华侨学校囿于新宪法的限制必须转成华文学校,学校在体制上遭到重大转变,举凡学制变革、华文课程大幅删减、华文教科书禁止输入、华文师资缺乏等诸多层面皆使华文教育受到严格限制,加上华文在菲律宾华人社会环境中逐渐失去其重要性,导致菲律宾华文教育的发展停滞不前。

现今的菲律宾华文教育已不同于早期第一代华侨,除了语言背景与动机不同,早期第一代的菲律宾华人首先学会的第一语言是华语(闽南话),其目的是提高阅读和写作水平,并以华语文作为学习科学文化知识的主要语言工具。然而,现今菲律宾华侨儿童首先学会的是菲律宾语,家庭乃至社会活动的语言逐步为菲律宾语所替代,学习科学文化知识的主要语言工具变成以菲律宾语或是英语为主,华语在日常生活中扮演的角色重要性已不如他们的上一代。再者,由于华人大量入籍菲律宾,华校里当年以纯种华人血统学生占绝大多数的情形已不复见,取而代之的是菲华混血儿与纯菲律宾人血统的学生居多数的情形。这些菲华混血以及纯菲律宾血统的学生,通常在家里缺乏接触华语文的环境，而不利华语文的学习。乐大维指出目前菲律宾中文学校的师资来源约可分为以下几种：当地华裔背景教师、中国新移民、中国华语机构所派遣的华语教师等。其中，仍以当地华裔背景教师占华语文师资的大多数。

目前菲律宾各华校的华文教育并没有统一的课程大纲，各校采用的教学方法与教材均不尽相同，通常各校多视实际状况采取因地制宜的教学方法。有的学校采用全华语直接教学，但是一些学生多为菲华混血或纯粹菲律宾人的学校，则必须视学生程度与实际情况做适当调整，必要时辅以英语、菲律宾语或其他语言讲解，以利学生了解吸收。因此，菲律宾各华文学校的情况不尽相同，各校采取因地制宜的做法，各自采用适合自己学校的教学方法和教材自然是无可厚非。一个学校的教学策略表现出它所重视发展的方向。当今菲律宾各华文学校在教学方面呈现多元发展的态势，无论何种教学形态，皆在重视学生的华语文程度外，也强调通过语言学习来了解中华文化，并强调中菲文化的融合。

三、可理解性输入与输出假设

如何在语言课堂上增进有效的语言输入与输出一直是第二语言习得研究的重点之一，许多学者针对输入、输出理论进行深入的研究，其中最有影响力的是 Krashen 的可理解性输入（comprehensible input）假设及 Swain 的可理解性输出假设，分别说明如下。

（一）Krashen 可理解性输入假设

可理解性输入是由美国语言学家 Krashen 于 1980 年代初期所提出，Krashen 认为在学习外语的过程中，纯粹强调语料输入是不够的，必需通过可理解性输入才能促进学习者的语言学习。因此，可理解性输入是语言习得的唯一来源，是二语习得的首要条件[①]。可理

[①] Krashen, S., *Second language acquisition and second language learning*, Oxford: Pergamon Press, 1981.

解性输入是指学习者所接收到之可以理解的语言材料,这些材料的难度应稍微高于学习者目前的语言知识与程度。Krashen 认为若将学习者目前的语言知能程度定义为 i,将语言发展的下一阶段定义为 i+1,则这里的 1 就是学习者目前的语言知能程度与下一阶段的语言知能程度之间的距离。只有当学习者接触到在 i+1 范围内的语言学习材料,才能对学习者的语言发展产生积极的作用。若语言学习材料仅包含目前学习者已掌握之语言知能或是难度超出 i+1 范围,则对学习者将不具意义[①]。唯有当学习者接收到足够的可理解性语言输入,下一阶段的语言发展,也就是 i+1,才会产生。

Long[②] 建议透过以下四种方式使语言输入具可理解性:调整语言(modifying speech)、提供语言及语言之外的背景知识(providing linguistic and extra-linguistic context)、将对话定位在现时现地(orienting the communication to the here and now),以及修正对话中的互动结构(modifying the interactional structure of the conversation)。语言教师应运用这些原则来发展其教学策略,以成功增进学习者的语言发展。

(二) Swain 可理解性输出假设

Krashen 的理论并未强调输出的功能,他认为输出只是表明语言习得已经发生,并不能促进语言习得[③]。然而 Swain 指出仅仅依靠可理解性输入还不能使二语学习者准确而流利的使用语言,唯有既接触大量的可理解性输入并产出可理解性输出,才能成为成功的二语学习者[④]。Swain 透过对加拿大法语沉浸式学习计划的长期研究中发现,学习者透过语言输出注意到自己在语言体系中的问题,然

[①] Krashen, S., *Explorations in Language Acquisition and use*, Portsmouth: Heinemann, 2003.

[②] Long, M., "Native speaker/non-native speaker conversation in the second language classroom". M. Long & C. Richards (Eds.), *Methodology in TESOL: A book of readings*, New York: Newbury House, 1982, pp. 339—354.

[③] Krashen, S., "We acquire vocabulary and spelling by reading: additional evidence for the input hypothesis". *The Modern Language Journal*, 1989, 73, pp. 440—464.

[④] Swain, M., "Communicative competence: Some roles of comprehensible input and comprehensible output in its development". S. Gass & C. Madden (eds.), *Input in Second Language Acquisition*. Rowley, MA: Newbuff House, 1985.

后对语言形式进行有意识的分析,再产出修正后的输出,如此一来,便可提高语言输出的流利度与准确性[1]。

由 Krashen 及 Swain 的理论中可知,语言习得是一种输入与输出相互影响的过程。在语言教学过程中,需给予二者同等的重视,才能建构出成功的二语习得历程。因此,若没有提供学习者产出可理解性输出的机会,语言知识将只是停留在"理解"的阶段;唯有经历输出的过程,学习者方能内化其语言知识,将语言学习历程由被动的接收转为主动的习得,进而加以运用。

(三) 二语教学课堂之可理解输入与输出研究

许多二语课堂高度倾向于以传达为导向(transmission oriented),它的关注重点是讲述课程内容,很少提供机会让学生进行口头或者笔头的创造性活动以及解决实际问题[2]。Lyster(2008)研究显示课堂上采用的不同种类的活动,决定了能获得怎样的语言学习成果[3]。Lyster 研究亦指出学生学习第二语言效果较好的班级中,采用了以下教学方式:

(1) 教师、学生互动较频繁

(2) 学生之间进行有意义的互动交流频繁

(3) 理解意义时,对非语言的提示依赖较少

(4) 纠正错误时,用更为明确的方法,而不是用含蓄的方法

此外,Lyster[4][5]亦指出在语言课堂中应该更加注意语言的形式,必须要系统性地纠正错误,而且学生必须要主动改正自己语言输

---

[1] Swain, M., "Three functions of output in second language learning". *Principles & Practice in Applied Linguistics*, 16, 1985, pp.125—144.

[2] Cummins, J., & Merrill, S., *Bilingualism in Education: Aspects of Theory, Research and Practice*, Burnt Mill, Harlow, UK: Longman Group, 1986.

[3] Lyster, R., "Learning French as a second language through immersion", D. Ayoun (Ed.), *Studies in French Applied Linguistics*, Amsterdam/Philadelphia: John Benjamins, 2008, pp.3—36.

[4] Lyster, R. & Mori, H., "Interactional feedback and instructional counterbalance", *Studies in Second Language Acquisition*, 28, 2006, pp.321—341.

[5] Lyster, R., "Complementary roles for input and output enhancement in form-focused instruction", C. Gascoigne (Ed.), *Assessing the Impact of Input Enhancement in Second Language Education*, Stillwater, New Forums, 2007, pp.129—151.

出中的错误。蔡雅薰、陈鹏妃与赵日彰①研究则整理中文沉浸式课堂教学的七大教学策略,其中,便将"建置理解性的输入"及"提升延展学生的表现输出"分别列为其中两大教学策略。本研究针对蔡雅薰、陈鹏妃与赵日彰研究中所列出之七项可理解输入教学策略技巧与七项可理解输出教学策略技巧进行深入探讨,以了解泰国与菲律宾当地华语文教师在实际使用可理解输入/输出教学策略技巧于课堂上之情况,以提供未来针对泰国与菲律宾师资培训课程之参考。

四、建置可理解输入及延展学生表现输出教学策略研究

本研究目的是为了探讨目前泰国与华语教师运用可理解性输入与提升延展学生表现输出的教学技巧在华语文学习课堂里的情形,以提供未来泰国师资培训课程之参考。研究结果分述如下:

(一) 研究方法

本研究为探讨泰国与菲律宾班华语教师运用可理解输入与提供延展学生表现输出策略于华语教学课堂之情况,因此,通过教师问卷与教学访谈进行深入性的研究分析。

1. 教师问卷

本研究问卷为结构性设计,依据李克特量表所设计出的封闭式题型。区间范围的量表旨在评估有关于教师在可理解式输入与输出教学技巧运用的频率,从1(表示从来不用)到5(表示天天使用)。问卷调查问题是以研究目标为主,透过文献回顾编制而成的,问卷调查目标在检视华语教师对于可理解式输入与输出教学技巧运用的情形,包含主要2个主题,并涵括14个可理解输入与提供延展学生表现输出教学策略延伸之68个子技巧。2个主题与14个可理解输入

---

① 蔡雅薰、陈鹏妃、赵日彰:《中文全浸式师资专业成长培训模式之建立——以中国台湾华裔青年短期密集班华语教师为主》,《中原华语文学报》,2012年第10期,第27—49页。

与输出之教学技巧如下：

主题1：建置理解性的输入

输入技巧1：运用肢体语言、肢体反应教学法、实体操作沟通意思。

输入技巧2：由旧知识与经验诱发与引出新的主题。

输入技巧3：运用各式的预读与预写练习活动提升语言与内容的可理解性，例如前导组织。

输入技巧4：拆解复杂信息，处理成部件组织。

输入技巧5：使用理解性的高频使用语言检示学习者表现出的理解能力。

输入技巧6：针对学习者的发展程度选择与调整教材。

输入技巧7：运用不断的重复与例行工作建置学习者的熟悉度。

主题2：提升延展学生的表现输出

输出技巧1：设计和运用提问技巧鼓励延展和培养高层次思维能力。

输出技巧2：建构及提升高趣味和以学生为中心的活动。

输出技巧3：运用输出导向的活动，例如：角色扮演、模仿、话剧、辩论、和报告。

输出技巧4：运用分组活动，例如一对、思考—配对—分享、和小组。

输出技巧5：提升同侪互动学习，例如同侪校阅、同侪指导。

输出技巧6：沟通与增加语言使用的明确期望指针。

输出技巧7：创造没有威胁的学习环境。

2. 教师访谈

教师访谈目的是为了在华语教师做完问卷后，进一步深入了解教师在运用可理解性输入与输出技巧之问题，因此，从30位教师随机挑选10位教师进行深入性的半结构式访谈。教师访谈重点则基于问卷2大主题之14个可理解性输入与输出之策略设计申论性的讨论问题。

（二）研究样本描述

本研究华语教师共65人，皆属于国中小教师，教师年纪为22岁至75岁，教学资历为1年至20年以上（如表1）。其中，教师教学年资为1—5年为多数（占44.6%），6—10年教学经验次之，且教师大多数为女性（如图3）。

表 1　不同背景变项之次数分配表

背景变项	项目内容	人数	百分比(%)
性别	男生	8	12.3
	女生	56	86.2
	遗漏值	1	1.5
教师年龄	21—30 岁	16	24.6
	31—40 岁	6	9.2
	41—50 岁	7	10.8
	51—60 岁	16	24.6
	61—70 岁	15	23.1
	70 岁以上	2	3.1
	遗漏值	3	4.6
教师教学年资	1—5 年	29	44.6
	6—10 年	12	18.5
	11—15 年	5	7.7
	16—20 年	6	9.2
	20 年以上	10	15.4
	遗漏值	3	4.6

五、可理解输入/输出策略分析

（一）可理解输入/输出之描述性统计

本研究之可理解输入/输出教学策略教师问卷化分析结果如下：

表 2　运用可理解输入/输出教学技巧的描述性统计

教学技巧	人数	平均数	标准偏差
输入技巧 1	65	3.50	0.91
输入技巧 2	65	3.48	0.78
输入技巧 3	65	3.26	0.62

续表

教学技巧	人数	平均数	标准偏差
输入技巧 4	65	3.11	0.66
输入技巧 5	65	3.69	0.74
输入技巧 6	65	3.41	0.84
输入技巧 7	65	3.11	0.92
输出技巧 1	65	2.99	0.91
输出技巧 2	65	2.85	0.88
输出技巧 3	65	2.58	0.88
输出技巧 4	65	2.53	0.88
输出技巧 5	65	2.71	0.99
输出技巧 6	65	2.69	0.79
输出技巧 7	65	2.81	0.92

根据表2显示在建置理解性的输入教学策略运用分析上，华语教师在运用输入教学策略上，多数教师都是偶尔使用所有的教学技巧。因此，由量化分析结果，可以得知在泰国研习班的大部分华语教师是不频繁运用建置理解性输入教学策略于华语教学课堂里。此外，在提升延展学生表现输出教学策略之运用频率上，则研究结果显示教师在输出教学技巧的使用是非常少的，只有在输出技巧1"教师运用提问技巧鼓励延展和培养学生高层次思维能力"的使用频率是偶尔会使用。因此，由量化数据分析结果得知，华语教师在运用可理解输出教学技巧策略提升学生表现的频率大致上来说是不常发生的。

（二）可理解输入/输出教学技巧的相关分析

研究者以皮尔逊积差相关（Pearson product-moment ccrrelation）探讨华语教师运用可理解输入与输出教学策略之相关性，分析结果如表3所示。

表 3　华语教师运用可理解性输入与输出教学策略之相关分析

教学技巧	输出技巧1	输出技巧2	输出技巧3	输出技巧4	输出技巧5	输出技巧6	输出技巧7
输入技巧1	.119	.106	.069	.096	.100	.074	.198
输入技巧2	.427**	.343**	.194	.058	.197	.231	.283*
输入技巧3	.180	.374**	.262**	.190	.141	.263	.271*
输入技巧4	.311*	.342**	.433**	.367**	.266*	.302*	.401**
输入技巧5	.345**	.221	.239	−.005	.072	.412**	.491**
输入技巧6	.410**	.262*	.234	.085	.104	.424**	.471**
输入技巧7	.621**	.589**	.463**	.330**	.419**	.496**	.405**

* 在显著水平为 0.05 时（双尾），相关显著

** 在显著水平为 0.01 时（双尾），相关显著

表 3 显示华语教师在运用可理解输入与输出教学策略频率的相互关系，例如：教师在运用输入技巧 7 与输出技巧 1 之间呈现正相关，相关系数为.621，且达显著水平。代表在教学策略中"运用不断的重复与例行工作建置学习者的熟悉度"与"设计和运用提问技巧鼓励延展和培养高层次思维能力"之间呈现正相关，即经常使用"运用不断的重复与例行工作建置学习者的熟悉度"时，对于"设计和运用提问技巧鼓励延展和培养高层次思维能力"就会越佳。

（三）泰菲教师可理解输入/输出教学技巧之差异分析

研究者兹以华语教师之国籍为自变项，教师于可理解输入/输出教学技巧之整体分数为依变项，进行独立样本 t 考验检定。表 4 结

果显示,可理解输入技巧中泰国研习班华语教师之平均数为3.26,标准偏差为0.46;菲律宾研习班华语教师之平均数为3.44,标准偏差为0.47。进一步进行t考验检定结果显示,不同国籍之华语教师于可理解输入技巧平均表现未达显著差异($t=-1.58, p>.05$)。此外,可理解输出技巧中泰国研习班华语教师之平均数为2.75,标准偏差为0.62;菲律宾研习班华语教师之平均数为2.73,标准偏差为0.84。进一步进行t考验检定结果显示,不同国籍之华语教师于可理解输出技巧平均表现未达显著差异($t=0.12, p>.05$)。

表4 不同国籍之华语教师教学策略之t考验分析摘要表

教学技巧	国籍	人数	平均数	标准偏差	t值
输入技巧	泰国	30	3.26	0.46	−1.58
	菲律宾	35	3.44	0.47	
输出技巧	泰国	30	2.75	0.62	0.12
	菲律宾	35	2.73	0.84	

(四)教师运用建置可理解输入及延展学生表现输出教学策略的现状

本研究在泰国研习班华语教师完成教师问卷后,随机抽样10位教师进行深入访谈以了解教师如何运用建置理解性输入及延展学生表现输出教学策略于课堂教学,教师访谈数据分析归纳如下:

表5 华语教师运用可理解输入与输出教学策略状况归纳

教学策略	整体状况
肢体语言与实体操作	1.教师上课时会尽量运用肢体动作、手势、或脸部表情帮助学生理解课程内容。 2.对于年纪较小的学童会将肢体活动带入歌曲教学。 3.实体操作方面,教师多半会运用字卡或图片协助教学,也会运用许多实际物体进行示范与操作。

续表

教学策略	整体状况
	4.部分教师反映并不常使用投影片或是多媒体影片教材,因为有些当地学校并无相关计算机设施。
旧知识与经验引发新主题	大部分教师会运用图片与提问方式从学生旧经验中引导出新主题。
运用预读与预写练习活动	1.大部分教师会以图片或影片进行预读活动。 2.部分教师因学生年纪为幼童,因此会以歌唱或体操做预读活动。 3.有一位教师提到,因课程时间较少,不太有时间进行预读活动。
拆解复信息	1.大部分教师在教授课文时,如果课文结构长与复杂,会分解课文为数个段络,每一堂课教一段文章。 2.几位教师提到会拆解句子和词汇,讲解词汇词性以帮助学生了解句子的结构。
运用高频使用语言	部分教师会以提问方式检测学生是否理解教授内容。
依据学生程度调整教材	1.大部分教师反映教材是学校选定,无法自行决定教材。 2.部分教师反映教材虽由学校选定,但教师可以针对课程活动安排做适当调整。 3.一位教师反映是由教师自己选择教材。 4.一位教师反映是由教师团体共同商讨选择教材。 5.如教材对学生太难,就利用下课时间个别辅导。

续表

教学策略	整体状况
运用重复与例行工作	1.大部分教师重视生词与句型的反复练习。 2.教师会以分组活动、游戏、歌唱或竞赛方式练习生词与句型。 3.部分教师会以反复提问复习课程内容。 4.部分教师反映会以书写练习作为课程复习活动。
运用提问技巧培养学生思维能力	1.大部分教师会以课文内容进行提问提升学生的理解。 2.部分教师会运用分组进行提问与讨论培养学生的思考能力。 3.部分教师反映,因课程时间较少,不太有时间进行创意思考性活动。
建构以学生为中心的活动	1.大部分老师会以课程内容设计游戏、竞赛或唱歌。 2.部分教师反映,课堂时间有限,因此无法每堂课均安排活动。
运用输出导向的活动	1.部分教师反映课堂时间有限,因此无法进行太多角色扮演、对话、或讨论等活动。 2.大部分教师会让学生练习课本中的对话,例如组对组和一对一对话等的练习。
运用分组活动	1.大部分教师会简单运用分组进行竞赛活动。 2.部分教师会运用分组活动进行讨论,让每个同学都有开口的机会,和让每组进行自主讨论。

续表

教学策略	整体状况
提升同侪互动学习	1. 大部分教师会利用分组合作活动,例如讨论、游戏、或竞赛提升同学间的互动。 2. 一位教师反映课堂时间有限,因此无法行太多角色扮演、对话、或讨论等互动性活动。
沟通与增加语言使用	1. 大部分教师会运用奖罚方式鼓励学生在课堂上只用中文,不在课堂上用泰语。 2. 部分教师会鼓励学生用中文来进行活动和问问题。
创造没有威胁的学习环境	1. 大部分教师会运用奖励与鼓励方式。 2. 部分教师会运用游戏及歌唱方式。 3. 部分教师回应:"对小学生的教学,就是要给予快乐的学习环境,他们自然就会愿意学。" 4. 一位教师回应:"跟学生亦师亦友,学生自然就没有压力了,他也就不会上你的课就想说:'喔,又要上你的课了'。那学生也知道你的教学模式、你的个性,就像朋友一样。"

六、结论与建议

本研究的目的是为了探讨华语教师在运用建置理解性输入及延展学生表现输出教学策略的现况,以提供未来泰国、菲律宾的地区华语教师在华语教学技巧最需要的培训。依本文分析,发现研习班的65位泰国、菲律宾的华语教师在建置理解性的输入策略教学技巧运用平均频率尽是"偶尔使用",在进行深入访谈后,了解教师其实是懂得运用部分可理解输入教学技巧,但大部分教师反映课堂时间有限,因此造成教师只能偶尔使用教学策略于课堂里。

在提升延展学生的表现输出策略运用频率平均尽达到"非常少

使用",只有在输出技巧1接近"偶尔使用",但根据深入访谈资料分析了解多半教师的提问尽是针对课程内容简单提问,并没有时间延申创造性的思考性讨论活动,另外同侪间的互动活动,也因为课程时间限制也不太能进行分组性的角色扮演与讨论等活动,因此,可以了解泰国、菲律宾的教师整体在运用可理解输出策略教学技巧的频率是很低的。

另外,根据 Krashen 及 Swain 的理论,语言习得是一种输入与输出相互影响发展的过程。在语言教学过程中,需给予二者同等的重视,才能建构出成功的二语习得历程。且由相互关系数据分析结果显示华语教师之输入与输出部分有呈现正相关,但相关性并不高。因此,可知泰国、菲律宾的华语教师似乎不太了解如何适当运用可理解输入与输出教学策略于课堂中产生正向的相互影响建构。

总结,泰国、菲律宾的华语教师整体来说是偶尔使用可理解输入与输出策略于课堂里,甚至不太懂得应用输入与输出互动影响正面发展。由此可知,研习班的教师虽为有经验教师,但是缺乏可理解输入与输出教学之知识、观念与技巧,教师教学方式是趋向传统以教师为中心之华语课室教学。

本研究提供泰国、菲律宾的研习班的未来课程建议是需增进可理解输入与输出教学策略在基本知识与实务应用技能的培训。其中,华语教师在运用建置理解性输入的教学技巧频率只达到"偶尔使用",而且在应用提升延展学生的表现输出教学技巧频率只达到"非常少使用",并且在输入与输出技巧应用上未达到正面的相互作用发展。因此,可以了解教师整体在运用可理解输入与输出教学技巧的知识与观念是非常欠缺的,所以如何将知识理论实际操作于华语教学课堂的培训是很需要的。未来泰国研习班华语教师需加强可理解输入与输出教学策略的训练课程包含以下七个要素:

(1) 建置理解性输入与提升延展学生输出教学理论概念
(2) 建置理解性输入与提升延展学生输出教学策略运用概念
(3) 了解不同阶段学习者需要的学习理论
(4) 建置理解性输入与提升延展学生输出教学课程设计
(5) 建置理解性输入与提升延展学生输出教学策略实务操作

（6）跨文化之建置理解性输入与提升延展学生输出教学

（7）多元智能之建置理解性输入与提升延展学生输出教学

此外，研究者建议泰国、菲律宾的华语师资班可提供以下课程以供参考：

（1）建置理解性输入策略的师培课程，包括：主题式教学、实务教学—词汇与句型、肢体语言与实体操作教学、科技辅具的教学运用、前导组织架构于课程中的应用、学生差异化教学等。

（2）提升延展学生输出策略的师培课程，包括：以学生为中心之教学活动设计、多元智能在语言课堂的运用、创意思维活动教学设计、合作学习活动设计与课程管理、语言与文化体验的互动课程设计、输出导向与同侪互动学习活动设计与运用、沟通式与任务式学习、无威胁性学习环境设计等。

针对华裔学生的写说一体化
中级汉语口语教学模式

张春红

一、问题的提出

有效的课堂教学应是合理地选择教学内容,采用适合的教学策略,让课堂教学最大限度地符合学生的学习需求、现有水平、年龄、性格及学习风格等方面的特点。同时,在课堂教学过程中,教师所依据的教学理论、所持有的教学理念对课堂教学也起着至关重要的作用,这些往往都隐含在具体的教学环节和教学策略中。

(一)华裔学生的特点

华裔是指华侨在侨居国所生并取得侨居国国籍的子女。他们在侨居国或来中国把汉语作为外语或第二语言进行学习,我们称之为华裔学生。在本文中,华裔学生特指来华留学学习汉语的海外华侨子女。

与一般外国留学生相比,华裔学生在很多方面都有自己的特点。主要表现在以下几个方面:第一、华裔学生年龄偏小,正处在学习的黄金年龄阶段。以笔者任教的学校为例,华裔学生分长期班和短期班,长期班的华裔学生学习时间一般为半年到两年,约95%的学生年龄在16—25岁之间。短期来华的华裔学生都处在小学、初中阶段,年龄在 6—16 岁之间。第二、语言学习经历复杂,汉语水平很少是真正的零起点。即使来华是零起点,与非华裔相比,他们起始阶段的进步也是飞快的。第三、富有中华文化底蕴。与中国人"神似"的传统文化背景,使华裔学生在来到中国后生活上不会有太多的"文化震撼",他们会更加顺畅自然地融入到大语境中去,倾向于与中国人交谈、看电视、听歌等生活化的习得型学习过程[①]。从以上特点可以看出华裔学生在学习汉语方面与一般外国留学生相比所具有的优势和不同。

(二) 针对华裔学生的口语教学现状及存在的问题

当前针对华裔学生的汉语口语教学,并没有充分考虑到华裔学生与一般非华裔外国留学生的不同特点,在教材选择、教学方法上都与面向非华裔成年汉语学习者的教学没有区别,因而造成针对华裔学生的口语教学存在很多问题,归纳起来,有以下几个方面:

(1) 教学内容远离学生的生活经历,与华裔学生的年龄、兴趣、学习特点等极不相符合。

(2) 教学方法单调死板,不重视学生的主体性。

(3) 对个体口语表达的独特性、创造性重视不够。

(4) 华裔学生语感上的优势得不到充分的发挥。

(5) 学生个体表达中的错误得不到重视和纠正。

如何适应华裔学生的特点,在口语课堂教学中贴近华裔学生的实际生活,重视学生的主体性,发挥华裔学生的语感优势、关注华裔学生个体语言表达的创造性、独特性以及纠正个体表达时出现的错误等,是解决针对华裔学生中级口语教学所存在问题的关键。针对以上问题,本文提出面向华裔学生的"写说一体化中级汉语口语教学模式"(以下简称"写说一体化口语教学模式"),目的是寻找适合华裔学生表达与交流的口语教学内容与教学方式,发挥华裔学生在汉语学习过程中的优势,克服劣势,从而提高华裔学生口语表达的积极性和口语教学的有效性。

---

① 郭熙:《华文教学概论》,北京:商务印书馆,2007 年。

二、"写说一体化口语教学模式"及其理论基础

教学模式是基于一定的理论基础和教学理念,面向教学目标和教学主体,使用适当的教学策略形成相对完整、稳定、系统、可操作的教学活动实施过程的范式。"①合理的教学范式需要理论的指导,更需要实践的检验。"写说一体化口语教学模式"是在建构主义学习观、维果斯基的"最近发展区"理论、克拉申的可理解性输入假说、口语的产生过程、基于内容的第二语言教与学等多家相关理论的指导下提出的。该模式的教学对象为具有准中级以上汉语水平的华裔学生,教学实施过程包括"写话阶段""教师时刻""学习与记忆""说话阶段"四个基本教学环节,每个环节都有其各自的理论依据和教学目标。四个环节环环相扣,构成一个完整的教学过程,最终实现华裔学生口语表达"准确、流利、得体、多样"②的核心教学目标。

"写说一体化口语教学模式"的四个基本教学环节是有先后顺序的。首先在"写话阶段"通过"写"放慢和凸显口语表达中话语建构阶段的言语思维过程,"教师时刻"和"学习与记忆"则是通过教学与真实的口语交际丰富和深化表达内容,修正言语表达形式,并内化为学习者的言语能力,最后通过"说话阶段"完成学习者高于原有水平的口语表达,实现口语教学的目标。这样的教学顺序与口语的产生过程相一致,也与本模式所依据的相关教学和学习理论相契合。下面分别加以论述。

(一) 建构主义(constructivism)学习理论

建构主义学习理论认为学习是一个主动的建构过程,学习者不是被动地接受外在信息,而是先根据自己所知道的知识构建出一个内在的结构或图示,再根据这一认知结构对外界信息进行主动选择和加工,逐步建构起内部心理表征及新知识的意义。而且在此学习过程中学

---

① 毛悦:《特殊目的汉语速成教学模式研究》,北京:北京语言大学出版社,2010年。
② 赵雷:《对外汉语口语教学目标的实现》,《汉语学习》,2008年第6期。

习者是在一定情境中,借助于其他人(包括教师和学习伙伴)的协作与会话,利用必要的学习资料,通过意义建构的方式获得知识[1][2]。

在"写说一体化"口语教学模式中,四个教学环节形成一个建构的学习过程。"写话阶段"是学生根据已有的知识和经验独立建构话语的过程;然后通过"教师时刻"与教师协商与沟通,交流意义。在这个过程中,教师根据学生话语的内容和形式,与学生在其话语情境中进行沟通与协商,并适时适量地输入新知识(词汇、句式、结构的调整方式等等);学生在与教师交流意义的基础上,发现自己的话语问题,选择、吸收教师输入的新的话语形式,对原有语言形式进行修正与完善;再通过"学习记忆"过程,将新的知识内化、整合到自己的话语中,完成一次新的建构过程;最后的"说"是多次建构过程的结果,学生就所选择的内容实现更加正确得体的口语表达,体验到口语能力的提升。

教学实践证明,"写说一体化口语教学模式"符合建构主义学习理论,大大提高了针对华裔学生口语教学的有效性。

(二) 维果斯基的"最近发展区"

维果斯基[3]在论述儿童智力发展时提出了一个重要的概念——最近发展区,即现有发展水平与潜在发展水平之间的差距。维果斯基指出,只有在最近发展区内才有可能进行真正的学习。根据这一理论提出的"支架式教学"是建构主义的重要教学方法之一。"支架式教学"根据学生达到教学目标的潜力和现有水平之间的差距,确定学习者与学习内容相关的最近发展区,教师根据最近发展区设计支架的呈现方式和难度,通过教学过程,实现学习者从"现有发展水平"到"潜在发展水平"的跨越,并不断创造新的最近发展区[4][5]。

根据这一理论,在口语教学过程中,寻找和确定学习者汉语口语发展的现有水平和潜在水平,即确定最近发展区,并在最近发展区通

---

[1] 陈琦、刘儒德主编:《当代教育心理学》,北京:北京师范大学出版社,2007年。
[2] 毛悦:《特殊目的汉语速成教学模式研究》,北京:北京语言大学出版社,2010年。
[3] Vygotsky, L. S., *Mind in Society: The Development of Higher Psychological Processes*, Cambridge, MA: Havard University Press, 1978.
[4] 陈琦、刘儒德主编:《当代教育心理学》,北京:北京师范大学出版社,2007年。
[5] 陈忠:《汉语作为第二语言"脚手架"教学法初探》,《世界汉语教学》,2009年第2期。

过搭建"支架"的形式进行教学应该是最有效的方式。"写说一体化口语教学模式"中通过"写话阶段"找到学生现有独立、实际的话语水平,就是确定"最近发展区"的过程,这也是该教学模式为什么强调"写"先于"说"的原因所在;"教师时刻"即教师在"最近发展区"的为学生提供指导与帮助,亦即搭建"支架"的过程,引导学生向第二个潜在的、期待的话语水平过渡;再通过"学习记忆"过程巩固完善第二个阶段的话语水平;最后的"说"是展现第二个话语水平的结果,也是形成新的"最近发展区"的过程。

(三) 克拉申的可理解语言输入假说

克拉申认为可理解的语言输入是语言习得的必要条件。所谓"可理解的语言输入"是指学习者听到或读到的可以理解的语言材料,这些材料的难度应该稍高于学习者目前已经掌握的语言知识。如果语言材料中仅仅包含学习者已掌握的语言知识,它对语言习得不具有意义。如果语言材料太难,大大超过了学习者目前的语言知识,它对语言习得也不具有意义。因此,克拉申把学习者当前语言知识状态定义为"i",把语言发展的下一个阶段定义为"i+1"。这里的"1"就是当前语言知识状态与下一个阶段语言状态的间隔距离。这样,只有当学习者接触到的语言材料属于 i+1 的水平,才能对学习者的语言发展起积极作用[1][2]。

克拉申强调了语言习得的必要条件是可懂输入。口语交际也必须建立在意义可理解的基础上。"写说一体化教学模式"遵循克拉申可理解性输入的观念,采用"自然途径教学法"建构可理解的、真实的交际会话情景,在学生自己的话语意义中,进行可理解的话语形式输入,从而习得高一层次的词汇和句式,修正完善学生的旧有话语内容与结构。通过"写"确定学生"i"的程度,在此基础上通过"教师时刻"输入"1",不断转化学生"i"与"i+1"的话语状态,最后达到"i+1"的话语水平。

---

[1] Ratner C., *Vygotsky's Sociohistorical Psychology and Its Contemporary Applications*, New York: Plenum, 1991.

[2] 蒋祖康:《第二语言习得研究》,北京:外语教学与研究出版社,1999 年。

(四)口语的产生过程

言语的产生是涉及各种技能的一个复杂过程。口语的产生必须经过话语计划、话语结构的建立、言语计划的执行三个阶段。话语计划,即说话人根据自己的意图计划自己说话的内容(思想);话语结构的建立,即在确定了话语的思想和内容后,要运用词语和句子将他们言语化,这样才有表达的可能。从思想到话语,需要从长时记忆库的心理词汇中选择合适的词语,并把他们提取到工作记忆(相当于短时记忆),在那里作句子和成分计划,即按照语法规则将选出的词语加以排列,成为有意义的句子形式或词组形式;执行阶段是通过语音形式将句子表述出来[①]。

由此可见,口语产生是一个从深层结构到表层结构的加工过程。"写说一体化口语教学模式"的教学环节设计,与口语产生的过程是一致的。首先通过"写"展现出学生话语深层结构的加工过程:想说什么?选择怎样的词汇,怎样组织等等,这正是话语计划和话语结构的建立阶段;然后通过"教师时刻"完善、提升学生话语的计划与建构,再通过"学习记忆"巩固教师输入的新的语言形式,增强新知识和信息长时记忆的效果;最后的"说"是话语执行的最后阶段。"写说一体化口语教学模式"正是依据口语产生的过程而设计的,口语教学的过程也就是口语产生的过程。

(五)基于内容的第二语言教与学

西方自 20 世纪 80 年代中期以来兴起了一个外语教学法流派"基于内容的第二语言教与学"。这一流派强调要成功地习得一门第二语言,第一取决于以意义为中心而不是以形式为中心;第二取决于略高于学习者当前水平的语言输入(input),第三取决于有着充足和有意义的互动机会的环境和条件。基于内容的语言教学,是不以语法为纲,甚至不以功能一意念为纲,而以语言内容(例如专题)为纲,克服了过去教学法上仅仅注意语言形式、忽视语言内容的弊端。从

[①] 桂诗春:《实验心理语言学纲要》,长沙:湖南教育出版社,1997 年。

这一流派的观点出发,以内容为中心的教学,可以增强课堂教学的实用性、丰富性和趣味性,使语言回归工具的本质特征,使语言形式的学习变得更加有目的性①。

"写说一体化口语教学模式"是一种基于内容的语言教学模式。课堂教学内容来自学生自主选择的话语内容,教学以交流意义为核心,输入略高于学生话语水平的新的语言形式,在充分的有意义的真实语言环境与条件下进行口语交际活动与教学。不以语法为纲,不以功能-意念为纲,整个教学过程就是基于内容的交际过程。

综上所述,"写说一体化口语教学模式"是在多家理论的指导下提出的。上述理论带给我们共同的启示是:从学生的角度出发的教师才是有效教师,从学生现有水平起始的教学才是有效教学。

三、"写说一体化口语教学模式"的教学环节及理念

根据对上述理论的认识与理解,遵循合理的教学理念,我们将"写说一体化口语教学模式"的教学环节设计、每一环节的教学目标及其与相关理论之间的关系图示如下:

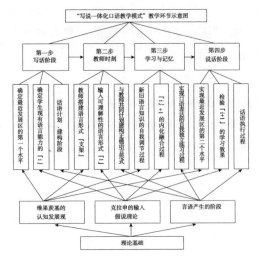

图1 "写说一体化口语教学模式"教学环节示意图

---

① 李柏令:《基于内容的第二语言教与学——互动的思路·导读》,北京:世界图书出版公司,2006年。

第一步"写话阶段",让学生自主选择一个感兴趣的话题,独立写出自己希望表达的内容。"写"是为了放慢和凸显口语产生的思维过程,是为了将言语的思维过程固化成具体有形的文字形式。这一步学生运用已有知识和能力,进行话语计划与建构,目的是发现和确定学生与表达内容相关的口语能力最近发展区,亦即克拉申可理解输入假说中的"i",为教师能够基于学生的话语内容,在学生话语的"最近发展区"进行有效的指导创造条件。鉴于汉语自身的特点,这一环节要考虑学生的实际汉字水平,不强制要求全部使用汉字,可以借助汉语拼音来完成。

第二步"教师时刻",目的是修正、提升、完善学生写出的话语,借助"文字"了解学生的话语思维过程和现有的口语表达能力,对其不足、错误予以补充和纠正,指导学生话语意义与形式的正确结合,并在指导中完成一次与个体学生基于会话内容的真实交际的会话学习过程。这一过程对个体学生来说十分重要。在这一过程中,学生可以学习并运用正确的汉语词汇句式,体验到扎扎实实、一步一个脚印的学习成效。教师在与学生语义交汇的过程中,输入的是有效而又实际的内容,是学生乐于接受和渴望表达的内容,潜移默化地培养学生口语表达正确、得体、流利、丰富的语感能力。这一步是新旧知识和经验交汇阶段,是教师引导学生达到口语教学期望目标阶段,是教师输入"1"的阶段,是整合话语的建构阶段。

第三步是学生"学习与记忆",目的是内化教师提供的语言知识和经验,将其整合到自己原有的知识、经验和口语表达中。维果斯基认为学习涉及符号的获得,这种符号通过接受教育以及从他人那里得来的信息而获得。发展意味着将这些符号加以内化,以便在没有他人帮助时自己也能够思考并解决问题,这种能力叫自我调节(self-regulation)①。就语言习得来说,要形成自我调节和独立思考的能力需要的过程是:第一步是建立特定的声音和意义之间联系的过程;第二步是通过与人交谈来掌握语言;第三步是自己运用符号进行思维

---

① Ratner C., *Vygotsky's Sociohistorical Psychology and Its Contemporary Applications*, New York: Plenum, 1991.

和解决问题。经过这三步后,符号系统得到内化,自我调节能力渐渐形成。在这一过程中维果茨基特别强调"自言自语",他认为自言自语是个体将集体共享的知识转变为个体知识的一种机制。吸收了他人的言语,之后用这些言语来帮助自己解决问题。个体经常会自言自语,面临困难的任务时表现得尤为明显①。研究发现,大量使用自言自语的儿童比其他儿童更能有效地学习复杂的任务②③。从维果斯基的观点看,我们也可以说这一步是学生"自言自语"的记忆学习过程。

第四步为"说话阶段",目的是正确流利地表达出经过内化整合的话语,引出口语教学的话题与内容,并在教师的引导下,激发其他同学的参与和交流。"说"是为了实现话语思维的结果,实现口语表达的最终目标。前三步是准备性的、慢镜头的口语学习过程,第四步是口语教学核心、关键的一步。在这一环节,一个学生事先准备好的话题和内容就是口语教学内容,教师在其表述的基础上,激发别的同学进行参与、交流与讨论,并引导词汇、句式的学习,内容的沟通,以及"搭建支架"疏导课堂交际情境中出现的语言障碍,以便大家顺畅交流。

这四步的尾声是课后作业,在课堂即兴交流与讨论的基础上,其作业还是"写",利用交流讨论中教师提供的新的词汇及结构形式,写出自己就本话题内容想表达的话语来。

需要说明的是,"写说一体化口语教学模式"的四个教学环节是循环上升的口语学习过程,每一步都有其核心目标,但并不绝对、单一,有时会有交叉。如修正话语阶段会再含有"写话"的内容,只是写出的话语是教师修正后的话语。这样的交叉正是前进的、阶梯性、螺旋式语言学习与成长过程。

"写说一体化口语教学模式"从关注个体的口语表达为起点,以

---

① Diaz, R. M. & Berk L. E., *Private Speech: From Social Interaction to Self-regulation*, Mahwah, NJ: Erlbaum, 1992.

② Berk, L. E. & Spuhl, S., "Maternal interaction, private speech, and task performance in preschool children", *Early Childhood Research Quarterly*, 1995.

③ Bivens, J. A., & Berk, L. E., "A longitudinal study of the development of elementary school children's private speech", *Merrill-Palmer Quarterly*, 1994.

此激发群体的关注与群体的口语跨文化交际过程。营造的课堂氛围是学生与教师都处在真实口语交际状态中,学生是口语交际主体,教师是"解惑"者,在交际过程中出现语言障碍时及时"搭建"汉语词汇、句式等"支架",以求学生课堂交际的顺畅。因此,"写说一体化口语教学模式"是一种重在过程、关注过程的口语学习模式,这一模式可以显现华裔学生每一步的言语进步,让学生在具体目标的要求下,逐渐形成正确的汉语口语表达方式,最终实现口语教学的目标。

四、"写说一体化口语教学模式"的教学实践与评估

笔者运用"写说一体化口语教学模式"进行了为期一个学期的口语教学实践。教学对象是学过一年汉语的 16 名华裔学生,口语课为每周四课时。学生在第一年周课时为 24 课时,课程设置每周包括汉语综合课(10 课时)、口语课(6 课时)、听力课(4 课时)、写字阅读课(4 课时)。经过一年的学习,学生已经具备基本的听说读写能力,词汇量达到 1000 以上。

"写说一体化口语教学模式"允许学生自主选择他们感兴趣、想表达的话题,保证了学生表达的主动性和积极性。表 1 是笔者运用这一口语教学模式进行一个学期的口语教学过程中来自学生的 16 个的教学话题实例。

表 1 "写说一体化口语教学模式"教学实践的 16 个话题

序号	话题
1	悲剧的春节
2	谈读书
3	给在中国学习汉语的华裔学生的建议
4	樱花与日本人
5	AA 制是最好的办法
6	谈谈我对中国的感情
7	我在中国度寒假
8	乘客是上帝

续表

序号	话题
9	来中国以后的感受
10	我家的小狗
11	谈漂亮
12	泰国的人妖
13	随父母移民后的海外生活
14	福建之行
15	女孩嫁得好还是干得好
16	私家车的利与弊

从学生自主选择的话题内容，大致可以看出华裔学生的兴趣所在。这些内容可以归纳为以下几个类别：第一、在中国的留学生活；第二、成长过程中的经历与感受；第三、居住国和目的语国家的社会生活与文化；第四、旅行；第五、移民生活；第六、时尚话题；第七、爱好；第八、知识性内容，等等。

虽然笔者进行的"写说一体化口语教学模式"实践没有严格意义上的对照组，但与传统上依托一本固定的口语教材进行的口语课堂教学相比较，其优势可以归纳为以下几个方面：

第一、运用"写说一体化口语教学模式"，能够不断发现华裔学生感兴趣的口语表达内容，这对有针对性地编写以及更新面向华裔学生的口语教材具有借鉴和指导意义。

第二、运用"写说一体化口语教学模式"，教师可以更好地关注个体学生的口语学习过程，弥补了班级教学的不足之处。而正处在青春期成长过程中的华裔学生非常看重教师对个体的关注程度。作为教师，关注到学生的个体言语，更有利于因材施教，使学生获得更具针对性的有效指导。

第三、运用"写说一体化口语教学模式"，教师可以更好地把握口语教学的内容特点，如交际的现实性、个体性、不定性等等，真正实现课堂口语交际的真实化。

从教师本人的课堂教学感受和学生在课堂上的表现来看，"写说一体化口语教学模式"的教学实践取得了令人满意的教学效果。具体体现在以下几个方面：

第一、教学内容是学习者的主动选择，学习者感兴趣，有表达欲望，有话可说；

第二、学生的言语错误得到了有针对性的修正与指导，学生能够感觉到自己的进步；

第三、激发了学生口语学习的热情和表达欲望，课堂气氛活跃；

第四、突破了以往中级口语教学的"瓶颈"，学生有口语表达上的成就感。

运用"写说一体化口语教学模式"进行的口语教学，学生的出勤率明显提高。全班16名同学中，15名同学口语课为全勤，全勤率达到94%，远远高于传统的口语教学课堂。从学期末教学评估的结果来看，对口语课教学方法的满意率达到97.8%，认为口语课对提高口语水平非常有帮助的达到100%。"写说一体化口语教学模式"在教学实践中取得了很好的教学效果，受到学生的广泛欢迎与好评。

五、结　语

"写说一体化口语教学模式"是在多种理论指导下，针对华裔学生特点与口语教学中存在的问题而设计的一种具有较强针对性的口语教学模式，在教学实践中取得了令人满意的效果。针对不同的教学对象和学习需求，如果进一步关注"写—说"之后"写"的环节，这一模式可以进一步扩展为"写－说－写"模式。"写说一体化口语教学模式"理论上也适用于具有相同年龄特点和学习需求的非华裔汉语学习者。

"写说一体化口语教学模式"弥补了当前口语教材及口语课堂教学之不足，使口语教学更加鲜活生动，实现了口语课堂教学的交际最大化。

第三编

华语本体研究

全球华语语法研究的基本构想[①]

邢福义　汪国胜

2011年春,全国哲学社会科学规划办公室征集重大项目选题,我们上报了"全球华语语法研究"课题。经专家通讯评审,该课题入选为2011年度国家社会科学基金重大项目,并面向全国公开招标。下面就这一课题的设计,谈谈我们的基本想法。

一、项目背景

我们提出这一课题,是基于两方面的背景。

首先,是为了适应国家发展的需要。

随着我国综合国力的日益增强和国际地位的不断提高,华语(汉语)的使用范围越来越广,华语的国际影响也越来越大。但由于社会、历史和地理等方面的原因,地区华语在语音、词汇、语法上形成了不少差异,给人们的言语沟通带来了不同程度的困难。如何沟通地区华语,使华语充分发挥其交际功能,这关系到华语在环球背景下的进一步发展,也关系到国家形象的展示。开展本课题研究,将有利于促进华语交际畅通和国际传播,有利于增强全球华人的民族认同感,

---

[①] 本文为国家社科基金重大项目"全球华语语法研究"(批准号 11&ZD128)成果。项目设计过程中,跟周清海先生讨论过多次,还征求了陆俭明、张振兴、李宇明等先生的意见,在此表示感谢。

使华语成为全球华人大团结的纽带。

其次,是为了回应国际华人学者的倡议。

对于全球华语的研究,以往未能受到学界的足够关注和重视。2005年启动、2010年完稿出版的《全球华语词典》,只涉及词汇层面。对于全球华语的语法问题,学界至今无人提出研究计划。2009年,新加坡著名学者周清海先生提出,应将全球华语语法提上研究日程,并多次与我们沟通,希望以我们研究中心为依托,立项并组织对全球华语语法的研究。这一倡议,反映了世界华人的寄托和期望。作为教育部的人文社会科学重点研究基地,我们有责任也有义务,用实际行动做出积极而有效的回应。

二、总体框架

本课题是一项涉及面广、情况复杂、问题繁难的浩大工程。第一,华人遍及五大洲,华语通行全世界,如此广泛的地区分布,如此众多的使用人口,这是除英语之外的其他语言所难以相比的。第二,华语的使用情况十分复杂,在不同的华人社区,在不同的历史时期,由于政治、经济、文化等方面的制约和影响,表现出各不相同的形态。第三,世界华语的研究,涉及很多深难的问题。就语法来说,其差异不像语音和词汇那样较为容易发现和描写,往往需要在更深的层次上才能观察到内部的不同;还有,促成华语语法在不同区域形成变异的因素有哪些?如何消除歧异、使之逐渐趋于一致,以便于华人之间的相互交流与沟通?在华人交往日趋频繁的今天,华语语法将会如何发展?这些都是研究中将会涉及到并需做出回答的问题。正因为本课题工程浩大,任务繁重,我们经过了两年多的酝酿、构思和筹划,并多方听取意见,才形成了具体实施的基本设想。总体框架上,可以概括为三句话:近远布局;实论结合;主次兼顾。

(一)近远布局

"近远布局"是就工作部署和研究目标来说的。本课题涉及那么多的国家和地区,涉及那么多复杂的问题,不可能毕其功于一役,因此需要由"近"及"远",分期部署,分步推进。整体工程拟分为两期:"一期"是单点的事实调查和描写,"二期"是各点的比较与研究。"一期"又将分为两步:第一步,先选择最具代表性的若干区域,重点调查,积累经验;第二步,再推及到需要考察的其他区域,全面调查,系统总结。选点上,由中国的台湾、香港、澳门地区到东南亚华人群体较大、华语使用频繁的新加坡和马来西亚,再到在欧洲、美洲、澳大利亚和非洲地区具有一定典型性的 3 个地区和 3 个国家。相应地,在研究目标的设计上,也将分为近期目标和远期目标。近期将实施"一期"的第一步计划,拟用 5 年左右的时间完成 3 地区和 3 国家的调查;接着再用若干年时间,完成其他区域的调查,实现远期目标。

(二) 实论结合

"实论结合"是就研究的指导思想来说的。"实"既指语言事实,也指语言现实;"论"指理论思考与总结。"实"是基础,是重点;"论"是延伸,也是提升。一方面,我们将着力于全面地调查事实,深入地发掘规律,以展示"整体华语"的语法面貌;同时,还将通过不同社区华语语言生活的考察,分析影响语言生活、制约华语发展的各种因素。另一方面,将致力于在事实考察的基础上,进行宏观上的理论思考与总结,提出一些具有创新性的论说,或者提出一些具有可行性的建议。

(三) 主次兼顾

"主次兼顾"是就研究的具体内容来说的。面对情况各异、现象纷繁的全球华语语法,研究时该如何把握考察的对象、确定研究的内容?我们的考虑是:突出重点,兼顾其他。具体来说:(1)重点调查中国的台湾、香港、澳门地区和东南亚国家,同时也调查其他国家。(2)重点调查华语共同语,在方言突出且使用频繁的区域,也调查代表性方言;对于只通行方言的区域,则主要调查方言。(3)重点考察语法问题,也兼顾考察相关的应用问题。(4)重点调查口语,对于有华语纸质媒体和华语文学创作的地区,也兼顾考察其书面语。

三、基本内容

本课题的基本内容可以概括为"四五六",即:四项大任务,五个子课题,六个重难点。

(一) 四项大任务

1. 研制调查大纲

本课题的前期工作,是研制一份《华语语法调查大纲》。有了大纲,才有了调查的材料和依据,才能保证统一的体例和要求。大纲将以例句的形式呈现,初步计划拟订1万条。例句的拟订,力求达到"四性"的要求。(1)系统性。以目前学界通行的普通话语法系统为参照,通过例句,展示出一个系统的语法框架。(2)详尽性。例句要求尽可能详尽,每一个具体问题(比如一个虚词或一种句式)所编写的例句要能反映出细节,显露出深层次的问题。(3)包容性。例句还要做到包容性强,适合于不同的华语区调查使用。(4)开放性。考虑到不同地域华语的变异性和多样性,也考虑到例句的设计也可能存在不够周全的地方,因此容许不同华语区的调查者根据本区的实际情况,对例句进行适当的补充和删减。

调查大纲除了例句之外,拟还包括3—5篇、1—2万字的故事体长篇材料。这是考虑到有的语法现象可能在例句中无法或很难出现,只有在语篇中才能观察得到。这份调查大纲,也许既适用于全球华语语法的调查,还可以作为汉语方言和民族语言语法调查研究的材料。

2. 区域调查研究

也就是单点的调查研究,即对需要调查的华语区域逐点进行调查和研究。

从整个项目工程来看,我们的调查将覆盖世界重要的华语国家和地区,但从实际出发,我们的计划只能分期分步实施。就选点来说,不光要考虑中国的台湾、香港、澳门等地区、东南亚以及欧美等国家和地区,还将考虑中国大陆(内地)的北京点,以便做后期的综合比较研究。第一步,只选定了3地区和3国家的华语进行重点调查。这一阶段的研究,还将涉及到各区域华语使用情况的调查。

3. 综合比较研究

也就是多点的比较研究,即在单点调查研究的基础上,对各点材料进行比较分析,观察异同,揭示特点,总结规律。研究中,还将探讨华语语法变异的原因、华语语法发展的趋势等相关的理论问题。

4. 建立资源库

资源库包括华语语法语料库和文献资料库。所有调查所得的语料,都将按一定规范整理入库,语料库的设计要求功能齐全,便于语料的检索和利用。资料库收录与华语语法研究相关的文献篇目,注明文献的基本信息。

上述内容,有的是在"一期"完成的,有的将作为后续的"二期"工作任务。

(二) 五个子课题

本课题"一期工程"第一步的任务是重点调查3地区和3国家,即中国台湾、中国香港、中国澳门、新加坡、马来西亚和美国,完成5卷本《全球华语语法调查报告》。其中中国香港和中国澳门两地区合为1卷,每卷作为一个子课题,即:子课题1,中国台湾卷;子课题2,中国香港澳门卷;子课题3,新加坡卷;子课题4,马来西亚卷;子课题5,美国卷(一个地区)。

由于不同地区和国家的华人情况不同,语言政策也不一样,因此,世界各地华语的使用状况呈现出复杂多样的形态,语法上也必然是既有共性特征,也有个性差异。为了更加客观全面地反映事实,各项子课题在保持写法基本一致的前提下,将容许负责人根据不同地区和国家华语的实际情况,对研究内容的侧重点和具体细目做出不同的选择和安排。

比如马来西亚卷,马来西亚是一个多民族多语言的国家,使用的主要语言有马来语、英语、华语和泰米尔语。独立前,因属英国殖民地,英语为其官方语言;1957年独立后,马来语便成为国语,而英语则作为第二语言,广泛用于行政、工商、科教、服务以及媒体等领域。华语和泰米尔语则是在华人和印度人族群社会中广泛使用。华语除了共同语之外,还有当地所谓的福建话(来自厦门、漳州、泉州一带的闽南话)、广东话(广东粤语)、广西话(广西粤语)、客家话、海南话(海南闽话)、潮州话(潮汕闽语)等汉语方言。闽语是马来西亚最强势的汉语方言,不仅使用的华人多,而且闽语中的不少词成为借词进入了马来语。从语言地位上看,英语和马来语是高层语言,华语共同语和泰米尔语是中层语言,华语方言及其他少数民族语言是低层语言。从华语的使用情况看,早期的华人因文化程度不高,大多只会自己的母语方言,有的为了生存和交往,也会学习其他方言或外族语言;年轻一代的华人虽然母语方言的水平有所下降,但普遍熟悉华语共同语(有的还将其视为自己的母语),而且大都兼通马来语和英语。

基于上述情况,本项子课题的具体研究内容包括以下3个方面:

1. 马来西亚华语(共同语)调查研究

2. 马来西亚闽南话和粤语调查研究。马来西亚的闽南话和粤语内部各有差异:闽南话有来自福建的闽南话,也有来自海南、潮汕等地的闽南话;粤语有来自广东的粤语,也有来自广西的粤语。调查时,只各选一个代表点,适当兼顾语法上存在明显差异的其他点。闽南话拟选槟城:一是因为槟城是州府所在地、马来西亚的第二大城市;二是因为该城华人集中且所占比例大(槟城以华人为主);三是该城通行福建话。粤语拟选吉隆坡:不仅因为它是首都,还因为它是马来西亚说广东话的华人最集中的地方,广东话在该地的华人中可畅通无阻。

3. 马来西亚华语(包括共同语与方言)使用状况调查及华语变异与发展研究。

(三)六个重难点

本课题拟着力突破的重点问题主要有以下3个方面。

第一,区域华语语法的总体面貌及主要特点。一方面,通过全面考察,弄清不同区域华语语法的基本事实和总体面貌;另一方面。通过深入比较,了解不同区域华语语法的主要特点。

第二,华语语法的区域变异及其原因。既要考察华语语法在不同区域的变异情况,同时,从区域政治、经济发展、语文政策、语言接触等多方面来探求变异形成的原因。

第三,区域华语的沟通及华语教育的对策。区域华语的差异,给人们的言语沟通带来了不同程度的困难。这种沟通的障碍,既有语音、词汇方面的因素,也涉及语法方面的问题。如何逐步缩小和消除区域差异,促进全球华语的自然融合和健康发展?这是需要我们回答的问题。海外的华语教育同样也涉及到语法问题。华语教育中,如何看待语法上的区域差异?如何处理区域语法差异与普通话语法的关系?我们将通过调查和研究,力求提出富有建设性的意见。

本课题涉及的问题十分复杂,研究中将会遇到很多的困难。主要的难点问题有以下3个方面。

第一,调查大纲的设计。"华语语法调查大纲"是本课题开展调查的主要依据。可以说,"大纲"的设计关系到本课题研究的成败。如何编制符合"四性"要求的调查大纲,以确保调查工作的成功,这是我们首先需要突破的难点问题。

第二,语言事实的发掘。华语的区域差异既表现在语音、词汇方面,也表现在语法方面。相对来说,语音、词汇的差异容易观察,而语法的差异往往比较隐蔽,需要进入深层次才能够发现。因此,深入发掘语言事实,充分揭示语法规律,全面了解区域华语的语法差异,这既是本课题研究的重点,同时也是本课题研究的一个难点。

第三,美国华语的调查。在本课题第一步选定的3地区和3国家中,美国的情况比较特殊。一方面,其华语的来源相当复杂,另一方面,华语的使用情况也很复杂,在洛杉矶等华人集聚的地区,华语共同语的推行力度及通行程度远不及东南亚的新加坡和马来西亚。对于这类地区,如何选择调查的对象,如何把握调查的内容,如何观察语言接触给华语带来的影响,等等,这些都是我们在调查中将要面对的难点问题。我们选择美国点,也正是为了通过这些难点问题的突破，为后续的欧洲、美洲、澳大利亚和非洲地区华语的全面调查打下基础，积累经验。

四、研究思路

本课题覆盖范围广，牵涉问题多，研究任务重，如何科学规划，合理安排，稳步实施，以保证预期目标的圆满实现，这是我们需要认真研究、妥善解决的问题。我们的基本思路是：

1. 记录事实，描述现状

无论是对不同区域华语共同语语法的考察，还是对其重要方言的考察，还是对华语使用情况的考察，都以记录和描写事实为第一目的，力求客观准确地反映华语语法和华语使用的现状。

2. 通语为主，兼顾方言

华语在不同的国家和地区呈现出不同的形态。比如，有的区域只用共同语（通语）；有的区域既通行共同语，同时也使用方言；有的区域方言的使用更为常见，通语的使用反显弱势。我们的调查以共同语语法为主，对于方言也较通行的区域，将兼顾调查其重要方言。在调查的程度上，共同语力求全面深入细致，对于方言，则只做一般性的调查，了解其大体面貌和主要特点。

3. 整体规划，分期实施

这在"总体框架"部分已做说明。

4. 先行试点，再行铺开

全球范围的华语语法的调查尚属首次，缺乏可以借鉴的调查经验；跟语音、词汇相比，语法的调查又尤显难度，情况更为复杂。因此，对于第二步和第三步的计划来说，第一步的工作可以看作是试点；对于非东南亚的欧美和澳非国家来说，美国华语的调查也是一种探索。我们将在第一步工作的基础上认真总结经验，不断完善方案，努力完成好后续的第二步和第三步的调研任务。

五、预期目标

本课题的预期目标,概括地说,就是:摸清语情,生发理论,谋划对策,促进发展。具体的预期目标表现在不同的方面,反映了课题实施不同阶段的工作要求。

(一)近期目标和远期目标

由于本课题工程量大,只能分期完成,因此研究目标也只能分期实现。我们的近期目标是:完成"一期工程"的第一步工作,力求弄清或了解 3 地区和 3 国家华语语法的基本情况;出版 5 卷本《全球华语语法调查报告》。远期目标是:通过各地华语语法深入细致的比较,揭示"整体华语"语法的总体面貌;出版综合本《全球华语语法调查报告》。

(二)实际目标和理论目标

实际目标有四:首要目标是,通过调查,弄清华语语法在世界不同区域的异同,特别是在不同区域的变异情况。其次,了解不同区域的华语使用状况。第三,针对华语使用、华语教育中存在的突出问题,提出对策和建议,为国家语言规划和语言政策的制定提供一些参考意见。第四,为汉语方言和民族语言的调查研究积累经验。理论目标有二:第一,通过对华语语法的深入研究,力求提出一些关于汉语语法特点和规律的新的见解,丰富汉语语法理论。第二,通过对华语内部的不同变体、华语与外族语言的相互接触以及华语的变异形态等问题的考察,力求得出一些关于语言发展的新的认识。

六、结语

对全球华语语法进行全面考察,这无论是国内还是国际,尚属首次。这项工程对我们来说,既是机遇,也是挑战。本着实事求是的态度,我们拟订了一个实施方案,并征求了有关专家的意见。应该说,这个方案是初步的,是有待完善的。随着研究工作的展开,调查工作的深入,我们也可能根据实际情况,对方案作出适当的调整。

本项目的研究是带有探索性的。我们深知,研究的道路不可能是平坦的,我们将会面临许许多多的困难。这里把我们的一些基本想法写出来,是想听听学界的意见,期盼学界同仁帮我们把把关,看看我们提出的总体框架是否合理,研究内容是否恰当,研究思路是否可行,研究目标是否现实。启动这一项目,既是为了深入了解华语语情,揭示华语语法的基本面貌,也是为了促进华人社会的语言沟通和汉语的国际教育与传播,为中华文化的发展和繁荣作出我们的努力。我们期待的是,本项目能够成为学界的一项共同课题,能有更多的学者加入到研究的行列。

港式中文差比句的类型与特点[①]

赵春利　石定栩

一、引言

　　港式中文的差比句式向来很受学者们的关注。张洪年很早就介绍过香港粤语中表差比的"过字句"[②],余霭芹则讨论过香港粤语中的"比字句"[③],还用词汇扩散理论解释"过字句"与"比字句"的竞争现象[④]。顺着这条思路,张双庆、郭必之(2005:232-238)提出了二者交替使用的八条原则,石定栩、苏金智、朱志瑜(2001:563-564)则根据有无比较词语把香港书面语中的比较句分成了两类,其中使用比较词语的比较句有"过字句""较字句"和"不够句"三类。这些研究成果都可以帮助我们更好地区分港式中文差比句的类型以及认识其

[①] 基金项目:国家社科基金重大项目"全球华语语法研究"(11&ZD128);国家语委重点项目"海峡两岸语文现状和发展趋势比较研究"(12ZD126);国家社科基金一般项目"基于语义地图的句末助词多功能研究"(13BYY117);教育部人文社会科学研究规划基金项目"基于语言类型学的形名组合研究"(12YJA740114);暨南大学研究生精品课程建设"现代汉语语法学"立项资助(51001071)。

[②] 张洪年:《香港粤语语法的研究》,香港:香港中文大学出版社,1972年。

[③] Yue-Hashimoto, Anneo, "The Lexicon in syntactic change: lexical diffusion in Chinese syntax", *Journal of Chinese Linguistics*, 1993, 21.2: pp. 213-254.

[④] Yue-Hashimoto, Anneo, "Syntactic change in progress",余霭芹、远藤光晓(共编):《桥本万太郎纪念中国语学论集》,东京:内山书店,1997年,第329-375页。

特点。

本文从实际语料的调查着手,归纳分析港式中文的基本类型;从语义类型学角度出发,结合港式中文的事实提出有效的差比句分析模式;并且以带标记差比句的内部差异为基础,概括港式中文差比句的句法语义特征。

二、港式中文及其差比句的界定

(一) 关于港式中文

学者们在研究香港使用的书面汉语时,经常会使用"港式中文"这一术语,以凸显其与标准汉语的不同之处,也作为对其社会地位、历史进程、语法特点及其发展规律的一种归纳和总结。不过,这一概念的内涵和外延在不同的文献中有着不同的诠释。就香港书面汉语的来源和语法体系的基本性质而言,目前有四种不同的观点,可以用港式中文的底本来归纳:香港粤语底本观、港汉双语底本观、标准中文底本观和早期国语底本观。

香港粤语底本观认为港式中文"是以粤方言为基本框架,加上若干惯用的书面语字句及英语单词混杂而成"[1][2][3][4]。

港汉双语底本观主张港式中文"一以香港话为语法架构,杂用英文语词,一以国语为语法架构,杂用英文或/和香港话语词"[5][6]。

标准中文底本观认为港式中文是"以标准中文为主体,带有部分文言色彩,深受粤语和英语的影响,并有独特的社会词和流行语,在词汇系统、结构组合、句式特点以及语言运用等方面跟标准中文有所

---

[1] 黄坤尧:《论港式中文》,程祥徽、林佐瀚主编:《语体与文体——语体与文体学术研讨会论文集》,澳门:澳门语言学会、澳门写作学会,2000年。

[2] 张洪年:《香港粤语语法的研究》,香港:香港中文大学出版社,1972年。

[3] 刘殿爵:《语文运用与思考能力》,《语言与思想之间》,香港:香港吴多泰中国语文研究中心出版,1993年,第42页。

[4] Yue-Hashimoto, Anneo, "The Lexicon in syntactic change: lexical diffusion in Chinese syntax", *Journal of Chinese Linguistics*, 1993, 21.2: pp. 213—254.

[5] 张振江:《"港式中文"初探》,《当代港澳》,1996年第2期,第57—60页。

[6] 谢耀基:《香港的多文化现象与港式中文》,《方言》,1997年第3期,第174—177页。

不同,主要在香港地区普遍使用的汉语书面语"①②③。

早期国语底本观则把港式中文解读为"20世纪上半叶的国语"④。

如果不考虑将口语和书面语混为一谈的缺点,这些观点其实都有着合理的一面。在汉语发展的长河中,近代国语是流经的一个历史阶段,标准中文的口语基础则是当代的主流,即以普通话为代表的各个方言的最大公约数,香港粤语是现代方言之一,是现代汉语在香港的一条支流。由于特殊的历史文化和地缘政治的原因,今天的港式中文是标准中文、文言文、书面粤语和英文等不同成分融合而成的、具有香港社区语特点的书面汉语。不过,这些语言成分在港式中文所占的比例并不相等。港式中文的主要词汇和基本句法规则都更接近标准中文,只是在词汇、句法和语用方面吸收了许多粤语元素,保留了比标准中文多的文言文成分,并且吸纳了不少的英文元素。换句话说,港式中文是书面汉语的区域变体,是标准中文融入了书面粤语、文言文和英文元素而形成的。熟悉标准中文的人,即使完全不懂粤语或英语,也能理解港式中文句子的基本意义。从这一角度说,标准中文底本说反映了汉语历史发展的主要趋势,也符合港式中文发展的事实。

从语言实际看,香港出版物所使用的汉语书面语相当复杂,尽管主流是港式中文,但也存在着针对不同读者群的纯标准中文、纯书面粤语、中英混用夹杂文、文言文以及纯英文等。只有在弄清楚港式中文内涵的基础上,才能屏蔽噪音,为准确调查、全面搜集并深入细致地描写港式中文及其差比句奠定基础。

(二) 差比句内涵、外延及其分析模式

马建忠⑤将差比句解释为"差比者,两端相较有差也",从意义上

---

① 邵敬敏、石定栩:《"港式中文"与语言变体》,《华东师范大学学报》,2006年第2期,第84—90页。
② 田小琳:《港式中文及其特点》,《暨南大学华文学院学报》,2008年第3期,第68—79页。
③ 田小琳:《香港语言生活研究论集》,北京:人民教育出版社,2012年。
④ 刁晏斌:《"港式中文"与早期现代汉语》,《山西大学学报》,2012年第1期,第49—53页。
⑤ 马建忠:《马氏文通读本》,吕叔湘、王海棻编,上海:上海教育出版社,1898年,第238页。

对差比句的内涵加以诠释，并且列举了有差比标记和无标记的例子，从形式上对差比句的外延做了分类，为差比句研究奠定了基础。后来，丁声树等[1]把"比"解读为"程度差别"，深化了对差比句的认识。Stassen[2]则改变思路，主张"如果一个结构的语义功能是把确定刻度上的不同等级的位置赋予两个或更多事物，那么该自然语言结构就是差比结构，并因此可从类型学上进行考虑"。这一定义实际上是把差比句分析为语义结构，为语言类型学进行跨语言的差比句研究铺设了一座语义桥梁。

语言类型学家 Greenberg(1963)以三项参数(adjective、marker、standard)来分析差比句，Dryer(1992)则使用两项参数(adjective、standard)。在此基础上，结合差比句的语义结构以及在不同语言中的句法表现，语法学界特别是类型学界逐渐形成了差比句的四项参数分析模式[3][4]，即比较主体(subject, SJ)、比较基准(standard, ST)、比较标记(marker, M)和比较结果(adjective, A)。如果只是着眼于类型学意义上的差比句语序，这一分析模式确实具有较强的可比性和可操作性；但如果着眼于差比句的语义内涵，追求语法调查的全面性和描写的充分性，面对丰富的差比句语言事实时，四项参数模式的描写力和解释力就略显不足了。

比较突出的问题是，差比句的对比并不一定落在比较主体 SJ 与比较基准 ST 上，而完全可能落在二者的共同点上。从港式中文的差比句(1a)、(1b)和(1c)中可以看到，这里比较的是二者共有的、可以加以度量比较的值域(valuedomain, VD)，如(1a)中的"跌幅"和(1b)里的"水温"。表示值域的词语可以出现在不同的句法位置上，既可像(1a)那样伴随比较主体，也可像(1b)那样出现在谓语前面，还可像(1c)的"数量"那样隐而不现。

(1) a. 沪深指数跌幅仲劲过香港。[沪深指数的跌幅比香港的还大。]

---

[1] 丁声树等：《现代汉语语法讲话》，北京：商务印书馆，1961年，第108页。
[2] Stassen, Leon., *Comparison and Universal Grammar*, Oxford: Basil Blackwell Ltd, 1985, p.24.
[3] Ibid.
[4] 李蓝：《现代汉语方言差比句的语序类型》，《方言》，2003年第3期，第214—232页。

b. 坑底两个泉眼,每秒涌出 410 公升泉水,比日本<u>水温</u>低。
　　　［这两口泉,每秒流出 410 升泉水,水温比日本的低。］
　　c. 入场宣传新书的艺人［数量］较□模多。
　　　［入场宣传新书的艺人比漂亮的模特多。］

　　另外,把比较结果归纳为"形容词"A,其覆盖面可能狭窄了一点。比较结果实际上是比较主体与比较基准在某个值域上的差别所在,而这一差别可以用谓语的值性(valuetype,VT)来描述。"温度"可以分出"高低","跌幅"有"大"有"小","速度"也有"快"有"慢",这些值性所衡量的是事物的性质,所以可以用形容词(adjective)来表示。不过,例(2)中的"回落 54%、增加逾两倍、体察民情"所表示的值性并不是事物的性质,而是事件发展的程度或动作进行的幅度,因而都只能用动词性(verb)成分来表示。简单地把比较结果归结为形容词 A,容易造成误解。

　(2) a. 现价潜水 41%,较历史高价<u>回落 54%</u>。
　　　　［现在的价格比招股价低 41%,比历史最高价跌了 54%。］
　　b. 估计燃料成本至 2015 年底,会比现时<u>增加逾两倍</u>。
　　　［估计燃料成本到 2015 年底,会比现在增加两倍多。］
　　c. 先已假设公营较私营性质营运会更<u>体察民情</u>。
　　　［预先已经假设国营管理比私营会更体察民情。］

　　比较主体和比较基准之间的差别还可以用另一个参项加以描述。两者的差比性质(值性)总会有一定的程度或幅度变化,这种值度(valuerange,VR)因值性而异,而且通常用特定的词语来表示。值度成分的句法分布具有　定的规律性,有的像(3a)那样置于谓语后,有的像(3b)那样置于谓语前,还有的像(3c)那样置于差比标记前。只要将单一的"比较结果"分解为与值域相关的值性和值度,就可以更细腻地描写比较主体和基准之间的差比,而且可以提供更准确的解释。

　(3) a. 解像度比 Note 低<u>少少</u>。［分辨率比笔记本电脑低一点点儿。］
　　b. 货物及邮件的运载量则较去年同期<u>略为</u>增加。

　　　　［货物和邮件的吞吐量则比去年同期增加了一点。］
　　c. 按研究中国超级富豪近 3 年的年增长率高达 32%，<u>远比</u>经济增长为高。
　　　　［根据研究，近 3 年来中国超级富豪的年增长率高达 32%，比经济增长高得多。］

还有一个问题是比较标记。尽管从分布上来看，使用比较标记的差比句数量最大，但例(4)之类的差比句根本不用标记，而是完全依靠语序来标志差比关系[①]，如果单靠比较标记来进行判断，就会把一部分差比句排除在外。

(4) a. 冯珊珊打出 282 杆，<u>低</u>标准杆 6 杆。
　　　　［冯珊珊打出了 282 杆，比标准杆低 6 杆。］
　　b. 兖州煤业上年纯利略<u>逊</u>市场预期。
　　　　［兖州煤业去年纯利润比市场预期稍差一点儿。］

从语义类型学的视角看，差比句的分析可以把语义结构和句法结构结合起来，在比较主体与比较基准之间加入二者比较的值域，把比较结果分解为值性和值度，从而形成差比句分析的六个参项：比较标记、比较主体、比较基准、值域、值性、值度，或者说"一标二比三值"模式。作为一种分析框架，此模式不拘泥于差比标记形式，不走从标记形式寻找差比意义的路子，而是从语义出发去寻找表示差比意义的句法形式。这样做有利于充分描写单一语言差比句的类型和特点，也有利于比较分析不同语言差比句的异同和亲疏，从而为语义类型学研究奠定基础。

对港式中文的性质以及差比句的内涵做出了界定，有了差比句分析的模式之后，就可以全面搜集港式中文差比句的语料，并归纳出差比句的基本类型、主要特点及其句法语义。本文的语料主要来源于《明报》《东方日报》《星岛日报》《新报》《太阳报》《成报》《苹果日报》《头条日报》《晴报》《爽报》等香港本地发行的报纸。

---

① Stassen, Leon. , *Comparison and Universal Grammar*, Oxford: Basil Blackwell Ltd, 1985, p.24.

三、港式中文差比句的基本类型

马建忠[①]在列举差比句的例句时,就已经意识到有两类差比句:带标记的和不带标记的,刘丹青[②]更是明确提出有"不含比较标记和含比较标记"的两类差比句,并将不含比较标记的差比句分成意会式、词汇性和语序型三种。从搜集到的语料来看,港式中文差比句的类型同样可以分成两大类:无标差比句和有标差比句。

(一) 无标差比句

无标差比句是指语义上表示差比,但句法结构中没有差比标记的句子。这种句子的"差比义"往往可以通过插入比较标记来加以验证。从港式中文的实际语料来看,无标记差比句的谓语中心语以"领先、落后、高、低、胜、逊、贵、平、大、细"等为主。与有标差比句相比,如(5)这种无标差比句的使用频次不算太高。

(5) a. 投票结果由梁振英领先唐英年33个百分点,收窄至6个百分点。

[投票结果从梁振英比唐英年领先33个百分点,缩小到领先6个百分点。]

b.「薄荷糖」仅落后头马「红山茶」三个多马位,表现较预期理想。

["薄荷糖"只比头号马"红山茶"落后三个多马位,表现比预期理想。]

c. 罗杰斯买国航成本价5个几,若果你平佢一半买,揸5年,应该唔错咩。

[罗杰斯买国航的成本价是5块多,如果你比他买得便宜一半,持有5年,应该不错啦。]

d. 李道洪系上海落地生根,娶妻生仔,个老婆细佢21年。

---

① 马建忠:《马氏文通读本》,吕叔湘、王海棻编,上海:上海教育出版社,1898年,第238页。
② Stassen, Leon., *Comparison and Universal Grammar*, Oxford: Basil Blackwell Ltd, 1985, p. 24.

[李道洪在上海落地生根,娶妻生子,他老婆比他小21岁。]

在港式中文中,词语或句子缩略或简化的例子很多。"燥父"来自"性格暴躁的父亲","银娱昨曾高见23.1元"是指"银河娱乐昨天最高曾经达到23.1元"。很多无标差比句实际上是"过、于"类差比句,只是差比标志已经脱落了。在这些句子里,表示值性的词语以单音节形容词为多,如果补上差比标记"于"或"过",句子仍能维持原有的真值。这类句子的比较基准通常是短语而非句子,表值度的词语一般位于比较基准的后面,就像例(5)中的"33个百分点、三个多马位、一半、21年"那样。但也有像(6a)那样值度位于值性前,或者像(6b)那样无值度的例子。

(6) a. 日本5月新屋动工按年升9.3%略逊预期。

[日本5月的新房开工率每年增加9.3%,比预期低一点。]

b. 靓靓造型胜倩怡。[靓靓的造型比倩怡好。]

(二) 有标差比句

根据比较标记以及句法结构的相似度,港式中文的有标差比句大致可以分为"比较"类、"过于"类和否定类三种。从调查结果可以看到,这三种句式的使用频次按"比较"类>"过于"类>否定类依次递降。

"比较"类差比句是以"较"和"比"为核心比较标记的句式。常见的标记有"较"类的"较、相较、与/跟/同……较/相较/相较于、相较……而言、较……为/有","比"类的"比、相比、相比于、相比起、比起、与/跟/同……比/相比/相比于、比……为/有",以及并用的"比较、相比较、比较于、以……比较、与/跟/同……比较/相比较"等。从调查结果来看,港式中文"较"类标记的使用频率要高于"比"类标记,而标准中文里"比"类标记的使用频率要高于"较"类标记。一般都认为,"较"类标记在近代汉语中比较常见,而"比"类标记则在现代标准中文更为常用,这正好反映了近代汉语对于港式中文的影响。

(7) a. 跌股仍较升股多出 18%。
   [下跌的股票仍然比上涨的股票多 18%。]
   b. 今个月买外游机票加酒店比下个月平一半。
   [这个月买外出旅行机票并预定酒店比下个月便宜一半。]
   c. 股价最高见 28.90 元,相较推介前的 24.25 元,高出 19%。
   [股价最高到 28.90 元,比推荐前的 24.25 元高 19%。]
   d. 港币汇率指数为 94.7,相比上周六指数,上升 0.2。
   [港币的汇率指数是 94.7,比上周六上升了 0.2。]

"过于"类差比句是(8a)和(8b)那种以"过、得过"为标记,或者是(8c)和(8d)那种以"于"为比较标记的句式。"过"类标记来自粤语口语,而且一般都认为粤语的"过"是古汉语的留存,这种差比句式体现了粤语对港式中文的直接影响。"于"应该是文言文的留存,即使在粤语口语中也很少使用,体现了文言文对港式中文的影响。在实际使用中,"过"类差比句出现的比率远比"于"类差比句高,而且也比"比"类差比句略高,这似乎是港式中文差比句的重要特点。

(8) a. 连环的政治「斩首行动」真系精采过超人上电视。
   [一系列的政治"斩首行动"真是比超人上电视还精彩。]
   b. 这些细细粒容易食嘅股仔,上落分分钟唔会细得过窝轮。
   [这些容易买的小盘低价股,任何时候其涨跌幅度并不会比认股证小。]
   c. 友邦(1299)半年期纯利增 10% 至 14.4 亿美元,优于市场预期。
   [友邦(1299)半年的纯利润增加了 10%,为 14.4 亿美元,比市场预期高。]
   d. 有啲业主会将叫价调整到低于市价少少。
   [有的业主会把要价调整得比市场价低一点点儿。]

否定类差比句多半来自粤语,以表示否定意义的"冇、唔够、不够、不如、唔较、不及、不比、唔比、比不上、比唔上、及不上"等为差比标记,关于值域的比较建立在一个标准上,其差比义表现为比较基准达到了这一标准,而比较主体却达不到该标准。

(9) a. 至于梁振英,报告话佢形象冇唐英年咁差。
   〔至于梁振英,报告认为他的形象没有唐英年那么差。〕
   b. 呢份(大家乐)系鹅髀,一般唔够鹅背同腩咁香。
   〔这份大家乐是鹅腿,一般没有鹅背和鹅肚的肉那么香。〕
   c. 第二被告肥佬余则不如他幸运。
   〔第二被告胖子余则比不上他幸运。〕
   d. 周爷的潮比唔上阿钊咁潮、咁酷。
   〔周爷比不上阿钊那么时髦、那么酷。〕

四、港式中文差比句的主要特点

这里所说的港式中文差比句的特点,是一个相对概念,建基于与标准中文差比句的逐项比较上,港式中文差比句的特点主要表现在标记、值性和值度三个方面。

(一) 标记特点

除了标准中文中常见的差比标记之外,港式中文差比句中经常出现一些标准中文不用或极少使用的标记或者标记组合,如比较类中的"较/比……为/有+形容词"、过于类中的"过"以及否定类中的"冇、唔够、不够、唔较、唔比"等:

(10) a. 光控 PB 的吸引力则较为明显,仅为 0.74 倍,而中信证券与国泰君安则同在 1.5 倍以上,光控较两者折让一半有多。
   〔光控平均市净率的吸引力则较为明显,只有 0.74 倍,而中信证券与国泰君安则都是 1.5 倍以上,光控比二者少一半多。〕
   b. 华人膝关节炎病发率逾一成,比髋关节炎低于 1%

为高。

[华人膝关节的发病率超过一成,比髋关节炎不到1%的发病率高。]

c. 焦刘洋教练刘海涛称,焦在伦敦的 200 米蝶泳练水中,分段时间造出 2 分 01 秒,比较世界纪录的 2 分 01 秒 81 更快,可见状态正朝向顶峯。

[焦刘洋的教练刘海涛称,焦刘洋在伦敦的 200 米蝶泳训练中,分段时间创造了 2 分 01 秒,比世界纪录的 2 分 01 秒 81 还快,可见其状态正登上顶峰。]

d. 为免夜长梦多,遂狠劈租以全包月租 2.65 万元成交,呎租 23 元,平过海啸价。

[为了避免夜长梦多,于是狠砍租价并以包月 2.65 万元成交,平均尺租价 23 元,比海啸价便宜。]

e. 日本网民狠批香川不够刘德华靓仔,又嫌和久井映见太老。

[日本网民狠狠地批评香川没有刘德华帅,还嫌和久井映见太老。]

f. 我钱又唔较佢多,读书又唔较佢好。

[我的钱既不比他多,读书也不比他好。]

作为差比标记,"比起"在港式中文和标准中文的差比句中都经常用到,但实际的使用方式却有着相当大的差别。标准中文的"比起"经常和"来"连用,形成"比起……来"的框式格式,而该格式在港式中文却极少使用;港式中文"比起"句所表达的差比义,在语感上更接近标准中文的"比"字句:

(11) a. 原来市区出租车牌已炒到 576 万元一个,比起十年前升咗 9 成。

[老市区的出租车牌照已经炒到 576 万元一个,比十年前高了 9 成。]

b. 他于今届赛事已入 10 球,比起队友阿祖安卢比斯的 8 球还要多。

[他在本届比赛中已经攻入 10 个球,比队友阿祖安卢比斯的 8 个球还要多。]

c. 近年我成立咗自己公司做唱片,比起以前会弹性好多。

[近几年我成立了自己的唱片公司,比以前会弹性多一些。]

d. 讲 PB,宝胜只系 0.7 倍,比起阿妈裕元(551)折让 5 成,平到震。

[说起平均市净率,宝胜只是 0.7 倍,比阿妈裕元(551)少 5 成,便宜得令人吃惊。]

"比起"的这种港式中文用法很有意思,可以认为是框式差比标记部分脱落而形成的,类似的脱落现象在港式中文里颇为常见。下面例句中的"与、跟、同、相对"应该是表示差比意义,但又显然不是真正意义上的差比标记,其差比意义应该来自框式结构,只不过与之搭配的词语"比、较、相比、相较"等已经脱落了。

(12) a. 现价计算,2012 年度预计市盈率约为 6 倍,与每股资产净值折让逾 5 成。

[按现价计算,2012 年度预计市盈率大约为 6 倍,比每股资产净值少 5 成多。]

b. 集团水电项目较集中于闽,该省上网电价跟邻省低 3 成多。

[集团的水电项目比较集中在闽,该省的上网电价比邻省低 3 成多。]

c. 我好开心荣幸,虽然我心理同年龄同佢都差好远,但咁啱佢喺呢日开骚。

[我很开心也很荣幸,虽然我的心理和年龄比起她来,相差很远,但巧的是她在今天开始表演。]

d. 外国优质商品源源不绝进入中国市场,市场价格相对入世前为低。

[外国的优质商品源源不断地进入中国市场,市场价格比入世前低。]

(二) 差比句的值性特点

和标准中文的"比较"类差比句一样,港式中文的"比较"类差比句中表示值性的谓语可以是形容词性成分,也还可以是动词性成分。不过,标准中文的"比较"类差比句中,这种动词后面一定会出现一个表示值度的成分,而港式中文差比句的谓语却可以是光杆双音节动词,如"增加、减少、上升、下跌、回落、吸引、反弹、倒退、改善"等:

(13) a. 她承认,今年申请宗数<u>较</u>往年<u>减少</u>,客户反应慢热,主因受投资和消费市场未如理想及加息影响。
   〔她承认,今年申请的数量比往年少,客户的反应较慢,主要原因是受投资和消费市场不理想以及加息的影响。〕

   b. 明爱青少年及小区服务去年 9 至 11 月,访问 89 个低收入家庭,当中 95.5% 认为家庭开支<u>比</u>前年<u>增加</u>。
   〔明爱青少年及社区服务去年 9 月至 11 月,访问了 89 个低收入家庭,其中 95% 的家庭认为家庭开支比前年多。〕

   c. 大陆楼市嘅「金九银十」销售旺季又嚟喇,而最新楼价数据显示,7 月份 70 个大中城市之中,50 个新盘价格<u>比</u> 6 月份<u>上升</u>。
   〔大陆楼市的"金九银十"销售旺季又来了,而最新楼价数据显示,7 月份 70 个大中城市之中,50 个新楼盘价格比 6 月份高。〕

   d. 中集集团是中远太平洋(1199)的联营公司,预测 PE7.8 倍,胜狮较其折让极大。比拼 PB,胜狮亦<u>较</u>中集集团<u>吸引</u>,预测约为 0.76 倍。

类似的情况在港式中文还有不少,特别是在"过于"类差比句和"冇、唔够、不够"等否定类差比句中。这些港式中文特有的差比句谓语中,表示值性的词语很多是单音节或双音节的光杆形容词,如"快、早、劲、胜、高、好、毒、差、威、贵、辉煌、团结、悲观、严重、花心"等,整体结构显得十分简洁：

(14) a. Suki虽然快过我拍拖，但我有信心早过佢出嫁，我目标系出年结婚，唔排除今年会闪婚。
b. 交份冇预期咁衰嘅业绩就弹咗25％。
c. 我戏又唔够秋官好，对白又唔够佢抢，惟有靠呢啲啰！
d. 钟丽坦言泳装环节绝不是自己强项，因自觉身材不够其他佳丽好。

这种用法也包括了可以当形容词用的名词，如"靓仔、鲜味、白痴"等：

(15) a. 我觉得华仔咁靓仔，一定会生个靓仔过华仔嘅BB。
b. 花蟹鲜味过肉蟹。
c. 泛民向梁特府求官者，白痴过唐氏综合症。
d. 佢老友王栎鑫日前喺内地接受访问，话俞灏明面上仲有肿块，身上仲有瘀血，冇以前咁靓仔喇。

(三) 值度特点

港式中文与标准中文之间的差异，不仅表现在差比标记的选择和值性类型的使用上，而且还表现在描述值度的手段上。

在表示值度时，标准中文经常使用"得"字补语，如"他比我跑得快一点"，或者"他跑得比我快一点"之类。而港式中文常见的"比较"类差比句却极少使用"得"字补语，反而是经常采用(16a)的百分比、(16b)的倍数关系、(16c)的"数值＋至＋结果"和(16d)的"数值＋至＋数值"等形式来表示值度差：

(16) a. 现价往绩PE5.4倍，预期仅7.4倍，较过去5年平均14.2倍，有折让48％。
b. 有市场人士指出，中海集运今年首季较去年同期多蚀逾九倍。
c. 单计第四季，中行盈利仅较第三季微跌6.4％至278.81亿元。
d. 华尔街大行今年花红平均较去年减少二至三成。

在表达值度时,港式中文还会使用带有粤方言色彩的"多多声、许多班、少少、好多"等词语,特别是在"过于"类差比句中:

(17) a. 冰岛四面环海,鱼产丰富,FishandChips <u>好味过英国多多声</u>,有十多款鱼供选择,蚝蟹虾又俱全。

b. 梁特孤军崛起于乱世,不是曾荫权,智商更<u>高过老董许多班</u>。

c. 但有啲业主会将叫价调整到<u>低于市价少少</u>,吸引客人。

d. 同传闻一样,NoteⅡ 嘅芒比 Note 大 0.2 吋,变成 5.5 吋,较特别嘅系转换成 16:9,更加适合看电影。不过解像度<u>比 Note 低少少</u>,变成 1,280×720。

另一方面,港式中文以"冇、唔夠、不够、比唔上"为标记的否定类差比句中,不会出现表示值度的成分:

(18) a. 因为陈宝珠真系好巴闭,一出现就万人空巷,港督都<u>冇佢咁威</u>。

b. 报载,镛记烧鹅饭,竟然<u>唔够大家乐贵</u>,好多人嘅实时反应系「有冇搞错」。

c. 只要你从此远离我,断绝联络,我会放你一条生路,不然,你天天不平安,要跟我玩,你<u>不够我毒</u>。

d. 例如蓝田人嘅容貌更似猿猴,智力同埋四肢<u>比唔上北京人发达</u>。

如果像例(19)那样,硬要往这种句子里加表示值度的成分,得到的是不合法的结果。究其原因,"否定类差比句"的比较基于一个值性标准,比较基准达到了这一标准,而比较主体却达不到该标准。既然是个固定的标准,再去说这个标准可以在一定的范围内变动,就有违常识和逻辑了[①]。

(19) *a. 港督都<u>冇佢咁威百倍</u>。

*b. 镛记烧鹅饭,竟然<u>唔够大家乐贵20%</u>。

*c. 你<u>不够我很毒</u>。

---

① 佃婷婷:《港式中文与标准中文的比较句》,香港理工大学硕士学位论文,2012 年。

* d. 蓝田人嘅容貌更似猿猴,智力同埋四肢比唔上北京人发达得多。

五、港式中文差比句的分布

潘小洛[①]和张双庆、郭必之[②]都曾经指出,"比"字句是书面语的用法,而"过"字句是粤语口语的用法。作为书面语的港式中文,差比句三种类型的分布在很大程度上受语体的影响。"比较"类常用于重大新闻和社论、政论等表现严肃题材的正式文体,而"过于"类和否定类则很少出现在正式文体中,反而是常见于市井传闻、娱乐新闻、马经、股市等与百姓日常生活更为接近的、表现轻松题材的非正式文体。从更深的层次去探究的话,就可以发现这种分布特征其实源自文体和差比句特征之间的匹配。

"比较"类差比句的值性类型比较分散,有些可以用形容词性成分表达,也有些可以用动词性成分表达,但以(20a)的"加"和(20b)的"减少"之类的动词性成分为主;而"过于"类和否定类差比句的值性比较集中,一般只能使用形容词性谓语来表达[③],就像(20c)中的"劲"和(20d)中的"辉煌"那样。动词短语除了可以受状语修饰之外,还可以带宾语、补语等成分,因此可以传递较多的信息。"过于"类差比句从本质上说是形容词加"过"或"于"构成的补语结构,而否定类差比句本质上是简单动宾结构。这两种差比句所能表达的内容不会超出这两种结构的范围:

(20) a. 该铺上一手租客为酒吧,是次黄枝记较旧租仅加租25%,以近年铺租狂升而言,升幅确实低水。
b. 注射疫苗的儿童却只有4.3万人,比前年减少一成。
c. 英国哈劳贵族中学在香港开张,报名人数已经劲过长洲

[①] 潘小洛:《广州话的比较句式》,单周尧、陆镜光(主编):《第七届国际粤方言研讨会论文集》,商务印书馆,2000年,第414—419页。
[②] 张双庆、郭必之:《香港粤语两种差比句的交替》,《中国语文》,2005年第3期,第232—238页。
[③] 潘小洛:《广州话的比较句式》,单周尧、陆镜光(主编):《第七届国际粤方言研讨会论文集》,商务印书馆,2000年,第414—419页。

抢包山。

d. 我嘅事业冇你咁辉煌,但我唔会令你失望,放心啦!

另一方面,"比较"类差比句的标记数量很多,除了常见的"较、比"之外,还有"比较、较比、相比、相较、相比较、相比于、比较于、相比起、比起、与/跟/同……比/较/比较/相比/相比于/相较/相较于/相比较、相较……而言、较……比/相比、以……比较、较/比……为/有+形容词"等一大批可够选用的标记。"比较"类差比句的表达形式因此灵活多样:

(21) a. 欧股升 1%至 1.5%,较早段最多升逾 2%为低。

b. 消委会表示,上半年共接获 63 宗涉及床褥的投诉,较比去年同期的 38 宗,上升逾 6 成。

c. 周二之战,绿军的得分达到 115 分,比较上次对赛时的 91 分还要多,足见他们今仗凭进攻击败热火。

d. 截至 2012 年 6 月,到访 Hotmail 的全球用户有 3.2 亿人次,比对过去 1 年下跌 4%,占全球市场 36%。

也正因为"比较"类差比句的结构比较复杂,所以可以有好几种办法来表示差比的值度,包括例(7)、例(16)和例(17)中的各种数值、约数,以及(22a)中的钱数"五毫"等。"过于"类差比句只有少量会带有表示值度的成分,如(22b)和(22c)中的"好多、略、3%"等,而(22d)之类的否定类差比句则不会带有表示值度的成分。

(22) a. 临近冬至,冰鲜鸡批发价较平常加了五毫,至每斤 15 元。

b. 强国政府部门搞宣传嘅招数活泼过香港好多。

c. 卖家 07 年以 125 万元购入,现以 287 万元出售,呎价 5573 元,略高于市价 3%,账面获利 162 万元。

d. 九档出闸原本唔够五档「神童」快。

"比较"类差比句在表示值度时,还可以像例(23)的句子那样,通过复杂的句法手段表达值度变化的区间性和值度变化的结果,这也是其他差比句式无法做到的。

(23) a. 根据销售文件,昆仑能源拟配售8亿股新股,相当于集团已发行股本约11.1%,配售价每股13元至13.5元,<u>较</u>昨日收市价14.18元,<u>折让4.8%至8.3%</u>。

b. 相比下,远期楼花定价未敢过份进取,即供吥价<u>较</u>市价<u>低约7%至14%</u>。

c. 中信证券(6030)公布4月份净利润<u>较</u>3月份<u>升14.6%至3.78亿元人民币</u>。

d. 周大福(1929)全年营业额升61.4%至565.7亿元,年度盈利63.4亿元,多赚79.2%,毛利率<u>较</u>去年度<u>微升0.8百分点至29.1%</u>。

将这三类差比句的异同综合在一起,比较它们在谓语类型、标记数量以及值度使用上的表现,就可以找出三者不均匀分布的原因。"比较"类差比句的结构以"比较主体(SJ)+值域(VD)+差比标记(M)+比较基准(ST)+值性(VT)+值度(VR)"为典型形式;而这种结构主要用来表示数量的增减与多少、数值的升跌与高低以及评价的好坏等方面:

(24) <u>每周飲酒超過三杯的婦女</u>,<u>患類風濕關節炎的風險</u><u>較</u><u>其他婦女</u><u>少</u><u>52%</u>。
　　　　　比较主体　　值域　　标记　比较基准　值性　值度

"过于"类差比句的句法结构以"比较主体(SJ)+值域(VD)+值性(VT)+差比标记(M)+比较基准(ST)+值度(VR)"为完整形式:

(25) <u>佘诗的</u>　<u>演技</u>　<u>好</u>　<u>过</u>　<u>胡杏儿</u>　<u>多多声</u>!
　　 比较主体　值域　值性　标记　比较基准　值度

在这种差比句里,表值度的成分较少出现,而且表值性的谓语只能是形容词性成分,所以主要用来比较数量的多少、价格的贵贱、强度的高低、体积的大小等。

否定类差比句强调的是比较主项有没有比较基准所具有的值性,不需要也不能够使用表示值度的成分,因此结构比较简单,基本形式是"比较主体(SJ)+值域(VD)+差比标记(M)+比较基准(ST)+值性(VT)":

(26) 佢　　　康復程度　亦似乎　冇　　Selina　咁好彩！
　　比较主体　　值域　　　差比　标记　比较基准　值性

六、结语

考察港式中文差比句的类型和特点就可以发现，港式中文是以标准中文为底本的，与标准中文存在着一定的共性，但因受粤方言、古汉语、英语等影响，因此在差比句类型上存在着多样性，并在差比标记、值性和值度上表现出一定的特点。港式中文差比句绝非不同语言成分的简单混杂，不仅在语体分布上呈现出一定的分工，而且在句法结构和语义功能上都具有一定的倾向性，形成了港式中文特有的差比义表达体系。

华语视角下的"讲话"类词群考察[①]

郭 熙

本文拟从华语的角度讨论"讲话"类词群使用中的一些问题。这里说的"讲话"类词群主要包括：讲话、发言、演讲（讲演）、演说、分享。诸如"指示、致辞、训话、报告、交流、声明、汇报"等在一定条件下也有"讲话"的性质，必要时也会提及。

一、"讲话"类词语的词典解读和实际应用

"讲话"类词语，除"分享"这个"新生代"外，词典大多有详细的解释。下面分别列举《现代汉语词典》（第5版）、《应用汉语词典》（第1版）、《现代汉语规范词典》（第1版）的解释，以便讨论：

【讲话】①［动］说话；发言：他很会～｜这次座谈会没有一个不～的｜来宾也都讲了话。②［名］讲演的话。（《现代汉语词典》）

【讲话】①［动］说话；发言：我不会～，讲得不好，不要见笑｜参加会议的人都讲了一番话。②［名］讲演时说的话：这个～很重要｜他的～不断被暴风雨般的掌声打断。（《应用汉语词典》）

[①] 教育部重大攻关项目"新形势下国家语言文字发展战略研究"（批准号：10JZD0043）；国务院侨办研究项目"传承与认同——新形势下海外华文教育策略研究"（批准号：GQBY2011021）。

【讲话】①[动]说话;发言:请刘老师～。②[名]讲演时说的话:他的～简短扼要|《在延安文艺座谈会上的～》。(《现代汉语规范词典》)

【发言】①[动]发表意见(多指在会议上):积极～|他已经发过言了。②[名]发表的意见(多指在会议上)。(《现代汉语词典》)

【发言】①[动]发表意见:会上大家争相～|他刚发过言,还要求再发一次。②[名](个,份)发表的意见:他的～有代表性|我带来一份儿他的书面～。(《应用汉语词典》)

【发言】①[动]发表意见:踊跃～。②[名]发表的意见:他的书面～很有深度。(《现代汉语规范词典》)

【讲演】[动]对听众讲述有关某一事物的知识或对某一问题的见解:登台～|他的～很生动。(《现代汉语词典》)

【演讲】[动]演说;讲演。(《现代汉语词典》)

【演说】①[动]就某个问题对听众说明事理,发表见解:～词|～了两个小时。②[名]就某个问题对听众发表的意见。(《现代汉语词典》)

这些解释是清楚的,但有时候不能解决实际运用中的问题,例如,它们并不能解释这样的句子:

(1) 8月1日,中共中央总书记、国家主席、中央军委主席胡锦涛在庆祝中国人民解放军建军80周年暨全军英雄模范代表大会上发表重要讲话。

(人民网,military.people.com.cn/GB/6059328.html)

(2) 王求台长传达刘云山同志重要讲话精神并作动员部署。

(中国广播网,China.cnrcn/gdgg/201108/t20110823_508405116.shtml)

(3) 11月3日,国家安全生产监督管理总局召开全国安全生产视频会……国家安全监管总局副局长、国家煤矿安监局局长赵铁锤在讲话中指出……

(中国政府网,www.gov.cn/gzdt/2006—04/18/content_

257039.html)

显然,这三个句子中的"讲话"不能用"发言"替换,也不能换成"演讲""讲演"之类。

无独有偶,笔者亲身经历过这样两件事。在一次小型会议上,主持人说,现在请×司长讲话。这位领导(副司长)说:"我这个讲话不是讲话,×司长(该单位的正职)随后会有讲话。"与会者听后哈哈大笑。很显然,大家都明白其中的含义。在一次语言学会议上,主持人请著名语言学家邢福义先生讲话,邢先生说:"我是即兴发言,不是讲话。"他还建议词典把"讲话"和"发言"的这个区别收入《现代汉语词典》。"讲话"和"发言"的这种区别还有更为有力的证据。下面是《人民日报》旗下的《大地》周刊记者写的一段文字:

(4) 3月5日,中共中央总书记、国家主席、中央军委主席胡锦涛参加江苏代表团审议时,专注地倾听每位代表的发言。9位代表发言后,会议主持人说:"代表发言结束,请胡锦涛总书记讲话。"胡锦涛笑着纠正说:"代表发言还没有结束,我作为一名人大代表也作一个发言。"总书记诚恳而又平等的态度引来现场长时间热烈的掌声。(《大地》周刊2010年第6—7期)

可见,在中国现实生活中,同一个会议上,上级的言说行为通常称为"讲话",下级或同级之间的"言说"则称为"发言",已经成为定规。

二、不同华语区的差异

以上说的其实只是中国大陆的情况。当我们把视角移向其他一些华人社区,情况就不一样了。请看新加坡的例子:

(5) 新加坡总理李显龙昨晚在新加坡国立大学文化中心发表国庆群众大会演说。

(新加坡国际广播电台,http://www.rsi.sg/chinese/newsscan/view/20060821191500/1/b5/.html)

(6) 李显龙总理在以华语发言时指出,新加坡有今天的成就,一个重要的因素是了解周边国家的文化和语言……

(新动网,2007—08—20http://www.xin.sg/special/article.php? sr_id=4&article=8294)

(7)他(李显龙)在国庆群众大会上以华语讲话时指出,新加坡正面对全球化所带来的收入差距扩大问题……(《联合早报》2006—08—21)

(8)他(李显龙)昨晚在透过电视直播的国庆群众大会上,向全民发表具有标示国家发展方向意义的政策性演讲。(《联合早报》2006—08—21)

上面各例中,同样是国庆群众大会上的言说行为,有的用"演说",有的用"发言",有的用"讲话",有的用"演讲"。这种现象直到今天依然如故,请看2010年新加坡媒体的报道:

(9)李显龙总理星期日晚上将发表国庆群众大会演讲,新传媒八频道傍晚6点45分将现场直播总理的演说,李总理将先用华语和马来语发言,然后在晚上8点整用英语演说。您也可以在节目播出时用网络观看总理的演讲。(新加坡新传媒8频道广告,2010—08—25)

(10)李显龙总理将在本月29日在国庆群众大会上向国人发表讲话。

(2010—08—18, http://www.zaobao.com.sg/special/singapore/pages4/2010ndp100818a.shtml)

(11)国庆群众大会今晚将于新加坡国立大学文化中心举行,李显龙总理将从傍晚6时45分先后发表马来语和华语的演说,直到晚上7时半,休息约半小时后,从8时发表英语演讲。

(2010—08—29, http://zaobao.com.sg/sp/sp100829_003.shtml)

对于新加坡华人社会的这种用法,人们或许会有不同的看法,例如,可以接受华语多样性的理念[①],把它们看作汉语的不同变异形

---

① 郭熙:《中国社会语言学》(增订本),杭州:浙江大学出版社,2004年。

式;也可以看作是"误用"或"混用"。但无论如何,这一事实无法忽视。事实上,中国大陆(内地)以外的其他华语社会也有这样的情况。

中国台湾《国语辞典》把"发言"列为"讲话"的相似词:

【讲话】1.说话、谈话。汤显祖《牡丹亭》第十出:"小姐,和你那答儿讲话去。"2.一种各篇完整独立,但主题相同的著作。通常是某人的演讲稿或授课底稿。如"文学讲话"。

相似词:发言、说话。

【发言】说话、表示意见。《诗经·小雅·小旻》:发言盈庭,谁敢执其咎?《文明小史》第十回:只听得教士首先发言,对本府说道……

相似词:说话。

与此相关的还有"演讲""演说"和"讲演"。从词典的释义看,大陆的"演讲"一词涵盖了"讲演"和"演说",而中国台湾《国语辞典》将"演说"和"演讲"作为异形词,以"亦作"来表示:

【演讲】向大众讲述自己对于某个问题的见解。亦作"演说"。

【演说】向大众讲述自己对于某个问题的见解。《文明小史》第十九回:"他们诸公一定要贱内前去演说,却不过诸公的雅爱。"亦作"演讲"。

"讲演"则和"报告"是相似词:

【讲演】相似词:报告。将学术或意见有系统的对大众讲述。如:"他这次在会议上的讲演非常成功。"

笔者曾就"讲话"和"发言"的差别向中国台湾一些朋友咨询,回答是界限不清;而在马来西亚、中国香港等地调查也是这种反应。这表明,在这些地方表达面向公众言说类词语意义的"讲话"和"发言"的分野并未真正形成。

三、中国大陆(内地)"讲话"类词语的层化

《现代汉语词典》注意到了"讲话"和"发言"使用场合的区分,该词典对"发言"释义是:

【**发言**】发表意见(多指会议上)。

然而,事情并非如此简单。因为"讲话"同样出现在会议上。前面我们已经举出了实例,事实上,"在会上发表/作了重要讲话"每天都会见诸报端。现在看来,之所以会有不同的看法,可能问题出在"讲话"不止一个上。"讲话"本来只是一般意义上的"说话"。

例如:

(12) 小孩子三岁了还不会讲话。

(13) 你真会讲话。

(14) 上课时老师不让大家乱讲话。

这是日常生活中"讲话"。后来开始出现面向公众言说活动的"讲话"。例如例(1)～(3)。我们可以把前者称为"讲话$_1$",后者称为"讲话$_2$"。

"讲话$_2$"跟其他动词,如"发言""讲演""演说""演讲"等,构成了一个词群。它们在同现选择上,时而互通,时而各异。其选用跟实施言说活动者的社会角色有关。

社会语言学把交际中角色关系分为两类,一类是同等关系,一类是非同等关系[①]。语言中的敬语、敬称,都反映了这种现象。以往讨论同义词使用时提到的适用对象不同也是如此,例如"爱戴"的使用就有辈分的差别。"讲话"活动角色关系也可以照此划分。这就形成了平等性言说词语和非平等性言说词语。平等性言说词语包括"分享、交流",非平等的有"指示、讲话、汇报"等。其中,非平等的言说类词语又可以根据地位分为高阶言说词语和低阶言说词语。"指示、讲话"是高阶词语,它们的施动者总处于高等级位置;"汇报"则是低阶词语,它们的施动者总处于低等级位置。

由于这些词语跟施动者的等级相配,它们实际上已经成了施动者的身份标志。换句话说,不需要提供相关背景,只要看到言说类词语的使用,就知道施动者在言语活动中的地位了。例如,在同一个会上,如果有:

---

① 郭熙:《中国社会语言学》(增订本),杭州:浙江大学出版社,2004年。

(15) 张三在会上作了讲话。

(16) 李四在会上作了发言。

我们可以知道,张三和李四是上下级关系。除了"指示""讲话"是上级的标志,"发言""汇报"是下级标志之外,我们还找到了平等标志词语"交流"和"分享"①。

在此基础上,我们把面向公众言说类词语勾画出一个连续的层级系列:

讲话＞演讲、演说、讲演＞分享＞发言＞汇报

显然,这个系列只适合中国大陆。就具体使用上看,不同华语区有不同的情况。

除了有层级差异的词语外,一些同层级词语在覆盖面上也有一些差异。例如,中国大陆(内地)"演说""讲演"似乎正在消退;而"分享"的言说用法尚未广泛采用。这个结论还有待进一步观察。

事情好像还不能到此为止。从上面说明的这类词语的层级系列及地区差异中我们可以看到,这些不同地区的变异形式并非固有,它们是不同地区华语言语社区分化的产物。面向公众言说类动词的发展轨迹在不同华语区是不相同的。在中国大陆(内地),"讲话"一词的含义从原来的单一表示言说行为,发展到在表示言说行为的同时,还可以标志说话人的地位和级别,而其他地方却没有发生这种变化。接下来的问题是:为什么这些变化只发生在中国大陆(内地)?

已经有社会语言学者注意到"讲话"和"发言"的分工,并对相关的原因进行了分析②。我们的观察则发现,这个分化经历了从"讲演""演说"到"讲话"的演变过程,是一个从变异到变化的过程,而这个过程在今天的新加坡华语中尚未完成,以后是否可以完成,也尚不可知。

---

① "分享"作为言说类词语是近年来兴起的一个新用法,表示说话人的谦虚和客气。这一用法大概源于英语 share,先在中国台湾、中国香港和新加坡等地流行,现已进入中国大陆(内地)。

② 在第一届中国社会语言学(国际)学术研讨会(北京,2002)上,陈建民先生曾谈到这个问题。遗憾的是,后来没有看到陈先生文章的正式发表。

四、"讲话"类词语层化的产生

下面,我们试图通过一些文献,来看看"讲话"类词语的境内外差异是如何形成的。

关于"讲话"和"发言"等的演化过程,可以有不同的研究角度。下面我们将以《毛泽东选集》为语料,进行初步的讨论[①]。选择《毛泽东选集》为语料,一是因为该书的编辑相当严格,不会随意选择词语;二是本文作者对相关内容比较熟悉,遇到问题可以作出比较准确的判断,比简单地选择某一语料库而不考虑内容要可靠;三是笔者在以往的阅读中对这些词语已经有了一定的"感性"知识。

《毛泽东选集》(四卷本)中,"发言"只有在"发言人""发言权"的组合中使用,可以不论。《在延安文艺座谈会上的讲话》(1942年5月)之前,没有出现"讲话",用以指称这种面向公众言说行为的表述都出现在解题中,其中有12篇用到了"讲演"。例如(上一行是题目,下一行是解题):

(17)《论持久战》(一九三八年五月)

这是毛泽东一九三八年五月二十六日至六月三日在延安抗日战争研究会的讲演。

(18)《青年运动的方向》(一九三九年五月四日)

这是毛泽东在延安青年群众举行的五四运动二十周年纪念会上的讲演。毛泽东在这个讲演中发展了关于中国革命问题的思想。

(19)《新民主主义论》(一九四〇年一月)

这是毛泽东一九四〇年一月九日在陕甘宁边区文化协会第一次代表大会上的讲演。

(20)《团结一切抗日力量,反对反共顽固派》(一九四〇年二月一日)

这是毛泽东在延安民众讨汪大会上所作的讲演。

[①] 《毛泽东选集》(四卷本),北京:人民出版社,1966年。《毛泽东选集》(第五卷),北京:人民出版社,1977年。

(21)《反对党八股》(一九四二年二月八日)

这是毛泽东在延安干部会上的讲演。

在《新民主主义论》注释〔25〕中还出现了"演讲":

(22)一九二五年三月三十日,斯大林在共产国际执行委员会南斯拉夫委员会会议上的演讲《论南斯拉夫的民族问题》中说:"……农民是民族运动的主力军,没有农民这支军队,就没有而且也不可能有声势浩大的民族运动。所谓民族问题实质上是农民问题,正是指这一点说的。"

(《斯大林全集》第7卷,人民出版社,1958年,第61页)

在《在延安文艺座谈会上的讲话》之后,标题、题解或注释中开始出现"讲话",共5例:

(23)《在晋绥干部会议上的讲话》(一九四八年四月一日)

(24)《在新政治协商会议筹备会上的讲话》(一九四九年六月十五日)

(25)《组织起来》(一九四三年十一月二十九日)

这是毛泽东在中共中央招待陕甘宁边区劳动英雄大会上的讲话。

(26)《必须学会做经济工作》(一九四五年一月十日)

这是毛泽东在陕甘宁边区劳动英雄和模范工作者大会上的讲话。

(27)《目前形势和我们的任务》(一九四七年十二月二十五日)

注释[4]一九五八年六月二十三日,毛泽东在中央军委扩大会议小组长座谈会上的讲话中指出……

题解中也还继续使用"讲演",共2例:

(28)《为人民服务》(一九四四年九月八日)

这是毛泽东在中共中央警备团追悼张思德的会上的讲演。

(29)《抗日战争胜利后的时局和我们的方针》(一九四五年八月十三日)

这是毛泽东在延安干部会议上的讲演。

到了《毛泽东选集》(第五卷),所有的题解中没有出现"这是毛泽东在某某地方讲演"一类的字眼,而是用"这是毛泽东在某某地方的讲话",共 22 处。例如:《坚持艰苦奋斗,密切联系群众》的题解是:"这里的(一)是毛泽东同志一九五七年三月十八日在济南党员干部会议上讲话的一部分"。《不要四面出击》的题解是:"这是毛泽东同志在中国共产党第七届中央委员会第三次全体会议上讲话的一部分。"有的则直接以"在某某会上的讲话"为标题,例如"《在中国共产党第八届中央委员会第二次全体会议上的讲话》"。

《毛泽东选集》(四卷本)中没有出现今天意义上的"发言",到《毛泽东选集》(第五卷)中情况就不同了。在《批判梁漱溟的反动思想》一文提到了周恩来的"发言":"从周总理刚才的发言中,大家可以看出,在我们同国民党两次和平谈判的紧要关头,梁先生的立场是完全帮助蒋介石的。"而在另外的场合,毛泽东的"讲话"也不再是"讲话",而是"发言"。例如,《党内团结的辩证方法》和《一切反动派都是纸老虎》二文都有如下的题解:"这是毛泽东同志在莫斯科共产党和工人党代表会议上发言的节录。"

从上面的材料基本上可以看出,"讲话"和"发言"的层化是在上个世纪 50 年代后形成的。其中有两个旁证:一是 20 个世纪 40 年代末期,"讲话"还可以用于普通说话人。例如:

(30) 会上除县、区干部号召大家积极支前、努力生产并向功臣、模范学习外,功臣家属也推出代表讲话。(《人民日报》,1949—01—03)

二是下例中的"训话",如果是今天,可能就要用作"讲话"。

(31) 军区司令员刘伯承将军特亲临训话。在训话中,刘司令员首先代表华东军区向第二舰队起义官兵表示欢迎之意。(《人民日报》,1949—05—13)

早期的《现代汉语词典》"训话"的释义是:"旧时指上级对下级讲教导和告诫的话。"1996 修订版删除"旧时"二字,估计已经考虑到海峡两岸开放后词语使用上的变化。可资比较的是,中国台湾《国语辞典》对该词的解释:"长上对属下教导、告诫的话。"这从一个侧面证明了当时"讲话"尚未成为高阶言说词语。

新加坡语言学者周清海教授在《编写全球华语词典是当务之急》一文中有这样一段话:

(32) 今年(2005年——引者)7月26日,应商务印书馆的邀请,出席在北京中国社会科学院语言研究所举办的《现代汉语词典》(第5版)出版座谈会,并安排在座谈会上讲了话。这篇文章就是根据当时讲话的内容扩写而成的。

我们相信,中国学者是不会这样使用"讲话"的。这大概可以跟本文前面提到的关于新加坡总理李显龙国庆讲话的报道中言说类词语使用的随意性一起,作为"讲话"类使用的又一个佐证。

"讲话"和"发言"的层级地位在不同地区的语感也不一样。我们曾就"讲话"和"发言"的使用进行调查,对象是新加坡、马来西亚以及中国台湾、中国香港的学者和学生。在他们看来,"发言"一词的适用对象的级别应该比"讲话"要高,语体更正式。表面看来,这正好跟现实的情况相反。如果仔细考虑的话,就会发现是被调查人并不理解我们所说的"讲话$_2$"。这表明在中国大陆(内地)以外的各地,"讲话"仍然是"说话"的意思,人人都可以用,并没有取得身份符号的地位。

总的来说,由于特定的社会文化语境,"讲话"从日常的话语系统的"说话",发展出面向公众言说的进入政治话语系统的"讲话$_2$",变成了一种标识说话者身份的符号——这种符号化过程过去也曾经发生过,而且有可能导致分立为一个新的义项。这可以从"讲话$_2$"与"讲话$_1$"分道扬镳后句法搭配等方面发生的变化得到证明。由于篇幅和主题所限,这里无法深入讨论。我们想补充说明的是,可以从它们的搭配中看到语义因素的影响,但同时也看到在很多情况下实际上是适用对象在暗中作祟。现有的词典暂时不把"讲话$_2$"作为义项收录,可能是因为这种分化还不能从语义上加以完全概括。

五、结语

"讲话"和"发言"的层化是一个十分值得关注的现象。从华语的角度对"讲话"类词语使用的观察给我们不少启示。

第一,汉语中存在着等级词语。词语等级的形成与使用者密切相关。在中国大陆(内地),这些词语的分化对于使用者来说是"无师自通"的。语言的用法存在于使用之中,语言使用的规律也在使用中获取。从应用的角度观察汉语是语言研究的重要方面。一种新的用法是如何产生并被社会无意识接受,值得我们注意,而"讲话"类词语已经给我们提供了一个很好的观察平台。

第二,共时差异体现了历时变化的进程。华人离开了核心区,形成了不同的华语区,因为远离中心区,对中心区的使用的变化浑然不知,成了华语共时差异的一个重要诱因。相关词语使用上出现的差异,给我们提供了一个重新认识华语的机会,也给我们观察和研究汉语提供了新的视角。

第三,传统的语言词典编纂模式有必要进行改进。前面讨论的事实意味着现有词典的解释并不能帮助确定词语的使用。《现代汉语词典》《现代汉语规范词典》和《应用汉语词典》之类是母语词典,主要任务是释义,解决词义查考问题,并不能或许也不必反映出具体的用法。随着规范意识的出现,词典开始关注使用,但对用法的解释主要是在虚词方面,实词没有受到足够的重视。

另一方面,尽管我们说各地华语的共时差异在某种程度上反映了历时变化,但共时差异词典应该不同于历时差异词典。在对待历时差异方面,词典主要是供读者查考,是一种单向的交流的解码词典。华语区共时差异词典,主要任务也是帮助使用者理解词义,但在许多情况下它应该是双向交流的编码词典,换句话说,编码词典也应该进入母语词典领域。需要让中国以外的使用者了解这些词语使用中的社会要素,更得体地使用汉语。

第四,词语变体是社会的,没有绝对的自由变体。在有的国家和地区是自由的,在另外的国家或地区则是受限的。应该充分考虑语言的社会文化因素。一些社会文化差别一般难以觉察,久而久之或许成为词义分化的开始。

把"讲话"类词语作为一个词群考察,源于实际工作中遇到的困难,也缘于我们对不同华语区使用上的差别。我们希望能够通过对该词群不同角度的观察,寻找一条华语教学和研究的新的认识路径,也希望能据此说明引入华语视角,即以不同华语社区互相参照的方法,探讨词语意义和用法的发展变化。

"港式中文"与早期现代汉语

刁晏斌

引 言

"港式中文"是人们近年来研究香港书面语言及其与内地差异时经常用到的一个名称,但是人们对它的内涵及所指对象等的认识却并不一致,甚至差异很大。比如有人说:"所谓港式中文是以粤方言为基本框架,加上若干惯用的书面语字句及英语单词混杂而成"①,而有人则把它定位为"具有香港地区特色的汉语书面语",定义为"以标准中文为主体,带有部分文言色彩,并且深受粤语和英语的影响,在词汇系统、词义理解、结构组合、句式特点以及语言运用等方面跟标准中文有所不同,主要在香港地区普遍使用的汉语书面语。"②

我们认为,后一定位和定义更为准确、客观,并且是迄今为止对港式中文最为全面、完整的表述。但是,这一定义仍有不足,这就是对"标准中文"尚未作准确的界定,由此可能会造成认识上的模糊以及具体操作中的某些问题。

港式中文"实际上形成于 20 世纪 70 到 80 年代,并且在 90 年代

---

① 黄坤尧:《论港式中文》,程祥徽、林佐瀚主编:《语体与文体》,澳门:澳门语言学会、澳门写作学会,2000 年。

② 石定栩、邵敬敏、朱志瑜:《港式中文与标准中文的比较》,香港:香港教育图书公司,2006 年,第 6 页。

开始趋于成熟"①,而作为它的"底本"的标准中文,则是20世纪上半叶的"国语",亦即我们所说的早期现代汉语,本文拟就这个问题展开讨论。

一、关于早期现代汉语

"早期现代汉语"在一些学术论著中偶能见到,人们一般用它来指早期阶段的现代汉语,但是没有特别明确的时间界限。在我们提出的"现代汉语史"中,按现代汉语的形成以及发展变化过程,以1949年建国和1978年改革开放为界,划分为三个阶段,其中由"五四"时期到1949年为第一阶段,我们称之为现代汉语的形成和初步发展时期②,有时也用"早/初期现代汉语"来指称这一阶段。

关于早期现代汉语的一般状况,现在已有一些初步的研究,主要散见于相关的论著中,比较成系统的研究,较早的一部著作是北京师范学院中文系汉语教研组编著的《五四以来汉语书面语言的变迁和发展》(商务印书馆1959年版),主要讨论了词汇和语法两个方面的问题,在这方面有筚路蓝缕之功;晚些时候的有刁晏斌《初期现代汉语语法研究》(中国台湾洪叶文化事业公司1998年初版,辽海出版社2007年修订再版),如书名所示,本书只涉及语法一个方面。此外,刁晏斌《现代汉语史》(福建人民出版社2006年)对本阶段诸多语音、词汇、语法以及修辞等现象也进行了较多的考察和分析。

我们对早期现代汉语的认识,就是通过上述论著及研究而获得的,而这些也是下文我们与港式中文进行比较的基础。

此期语言及其使用总的特点可以概括为纷纭复杂、陌生化程度高,而这当然与它的"早期性"密切相关。上述特点在早期现代汉语的各个方面都体现得比较充分。就以语法来说,比如句子成分的位置与后来有不少差异,像状语就经常与其所修饰的中心语隔离,显性关系与隐性关系不一致的情况比后来更加普遍;某些句子成分的构

---

① 石定栩、邵敬敏、朱志瑜:《港式中文与标准中文的比较》,香港:香港教育图书公司,2006年,第13页。
② 刁晏斌:《论现代汉语史》,《辽宁师范大学学报》,2000年第6期。

成也表现出很大的复杂性,比如能做述语的,就有及物动词以及部分不及物动词、述宾词组、形容词以至于名词等,并且它们还大都比较常见。述语的情况如此,其他各成分大抵也是这样。在句子形式方面,各种"欧化句"大量使用,"古句"与"准古句"以及"非今非古句"大量存在①,这些都是构成此期语法复杂性的具体表现。

在本文以下的表述中,早期以外,即第二、三阶段的现代汉语,我们姑且以"内地汉语"称之,以与早期现代汉语及港式中文相区别。

二、港式中文与早期现代汉语的一致性

我们对港式中文总体面貌和具体特点的了解,主要依据石定栩、邵敬敏、朱志瑜编著,香港教育图书出版公司 2006 出版的《港式中文与标准中文的比较》(以下简称《港》)。本书主要从词语、句法和语用三个方面,比较全面、细致地罗列和讨论了港式中文与标准中文的诸多差异。除此之外,部分语言事实还来自作者自己的感知和积累。在以往的研究中,我们接触过一些香港地区的各类语料,也有多次赴港从事学术和教学等活动的经历,因此对香港的语言及语言使用情况并不陌生。

对《港》中列出的诸多词汇、语法现象(也就是与内地汉语不同的现象),我们很多时候都有一种"似曾相识"的感觉,并且最终都能在各类早期现代汉语作品中找到相对应的用例。这就说明,二者之间确实有相当程度的一致性。

关于这一点,汪惠迪有以下一段解释和说明:"在改革开放前的大约 30 年间,境外华人社区基本上是各自沿着中文固有的轨迹发展的,因而在字、词、句的使用上显得十分传统。表现之一是,在中国内地(大陆),50 年代初就退出人们语用生活的词语,中国港澳台地区至今还在使用;在中国内地(大陆),已经退出规范汉语甚至已被认为是病句的某些格式,中国港澳台地区也还在使用。'港式中文'中一些语法

---

① 刁晏斌:《现代汉语史概论》,北京:北京大学出版社,2006 年,第 34—35 页。

现象,与内地(大陆)相比,显得'独特',其原因或许就在乎此。"①

本部分中,我们就词汇和语法两个方面来举例说明港式中文与早期现代汉语之间的上述一致性,港式中文的例子主要从《港》中选取。

(一) 先看词汇方面

构成港式中文词汇方面特色的因素主要有以下几个:一是早期现代汉语中既已存在和使用而在内地汉语中却已消失或趋于消失的词语,二是粤语词语,三是后起词语(相对于早期现代汉语而言,包括外来词语以及其他新生词语等)。三者之中,可以直接证明港式中文与早期现代汉语一致性的,当然首先是第一类了,所以我们先就这类词语进行考察和说明。

早期现代汉语中既已存在和使用的词语中,有一些音译外来词,内地汉语逐渐改用意译,而港式中文则依旧保留原有的音译形式。这样的词有一大批,如"盘尼西林(青霉素)、维他命(维生素)、摩登(时髦)、莱塞(激光)、开麦拉(摄影机)、菲林(胶卷)、卡通(动画)"等。

早期现代汉语中既已存在和使用的词语中,还有一些同素倒序词。语素顺序不固定是词汇"早期性"的重要表现之一,所以此期比较多见②。后来的情况是,内地汉语完全或基本上选择了一个,而港式中文则选择了另一个,由此形成差异。比如表示"固有的品质或性质"义,早期有"素质"和"质素"两种形式,以下各举一例:

(1) 罗马在鼎盛时代,文艺的发达登峰造极,书牍的素质也因之提高。(朱光潜《艺文杂谈·欧洲书牍示例》)

(2) 一般最流行的文学中,实含有很多缺点。概括讲来,就是浅薄,没有真爱真美的质素。(李大钊《什么是新文学》)

后来内地汉语选择的是前一个,而港式中文则选择了后一个。

以下港式中文里的词都属于此类:找寻、替代、妒忌、宵夜、齐整、爽直、紧要、菜蔬、私隐、经已、取录、怪责、劳烦、帖服、配搭、挤拥、秘

---

① 汪惠迪:《"港式中文"中某些语法现象值得深入研究》,《(香港)语文建设通讯》,2007年,总第87期。
② 刁晏斌:《现代汉语史》,福州:福建人民出版社,2006年,第134—136页。

奥、人客。

除上述两类词外,还有大量共用的常用词,也反映了港式中文与早期现代汉语词汇的一致性。

《港》的某些考察就涉及这方面的情况,比如该书 75－76 页谈到,港式中文"开幕"的开始义搭配对象远多于标准中文,店铺、场馆的开业在香港都可以称之为"开幕",而早在叶圣陶的长篇小说《倪焕之》(1928 年)中,就有"生活开幕"的形式;香港 20 世纪 20 年代的《工商日报》中,也有"书院开幕""店铺开幕"的搭配。由此得出的结论是,"香港沿用了'开幕'过去的用法,内地则缩小了使用范围,所以产生了差异。"

这种沿用早期现代汉语中意义和用法的港式中文词语有很多,再如"工友、主持人、裁判、大班、行礼、检讨、揭发、身家、戏院"等。

(二) 再看语法方面

相对于词汇来说,港式中文在语法方面与早期现代汉语的一致性更高,这主要是因为语法的稳固性比词汇更强,变化相对较小,因而对语言发展的反映不像词汇那样迅速而又突出。

笔者曾经发表过题为《从历时的角度看香港汉语书面语的语法特点》的论文,针对《中国语文》2006 年第 2 期刊登的《香港汉语书面语的语法特点》一文提出了一些不同看法,其实就是谈港式中文与早期现代汉语之间语法一致性的。后者从关联词语的使用(包括标准汉语中成对出现的关联词语的单独出现和超常呼应)、零形回指用法对标准汉语中存在的制约条件的突破和指称标记的使用(主要包括指称标记的缺省和用法扩大)这三个方面讨论了港式中文的语法特点,结论是上述特点均来自英语的影响以及港人的创新。笔者文章则一一对应地列出了见于早期现代汉语的相同用例,以证明我们的结论:香港书面汉语这些语法上的特点,源自对传统"国语"的继承,而不是对"标准汉语"(即标准普通话)的迁移;上述形式可能与英语等的影响有关,但未必是香港人的发明创造[①]。

[①] 刁晏斌:《从历时的角度看香港汉语书面语的语法特点》,《(香港)语文建设通讯》,2007 年,总第 87 期。

比如以下一组关联词语"即使……也"中"也"不出现的用例(后者为笔者例,略掉部分用括号标明):

(3) 田北俊认为,即使暂停卖地一段时间,日后的楼价(也)不会大幅上升,因为其间仍有补地价的楼盘推出。(《明报》2002年9月27日,A17版)

(4) 在一次"围剿"没有基本地打破以前,即使得到了许多战斗的胜利,(也)还不能说战略上或整个战役上已经胜利了。(《毛泽东选集》第一卷)

《港》用了两编的篇幅讨论港式中文语法方面的特点,所涉及的大多数现象,都能在早期现代汉语中找到相同的用例,以下词法、句法各举二例。

指示代词"这"在港式中文里经常不借助数词或量词而直接与名词组合,如"这女士、这集团、这改变"等,而这样的形式正是早期现代汉语"这"的常态用法之一,例如:

(5) 这时代中国女子教育的一线曙光,已经是摇摇欲灭的了。(《冰心文集》第一卷)

港式中文里,连词"和"经常连接两个动词性短语,如"买楼和卖楼""只拍电影和拍广告"等,而这也是早期现代汉语"和"的常见用法,例如:

(6) 他自己底父亲就在他家作活和赶叫驴。(许地山《春桃》)

港式中文里,被动句较少使用"被"字,而是代之以"遭",这也是沿用了早期现代汉语的常见形式,例如:

(7) 当生存时,还是将遭践踏,将遭删刈,直至于死亡而朽腐。(鲁迅《野草》题辞)

港式中文表示前项强于后项的差比句,经常采用"N1 形容词＋过 N2"的形式,如"港环保柴油贵过日本"等,早期现代汉语中,同样也有这样的形式:

(8) 国内豪绅买办阶级的反革命势力,在目前还是大过人民的

革命势力。(《毛泽东选集》第一卷)

总之,在现代汉语的各个发展阶段中,只有第一阶段即早期现代汉语与港式中文相似程度最高,因而关系最为密切,而究其原因,则是如前所述,前者是后者的"底本"。

三、港式中文与早期现代汉语的差异性

港式中文与早期现代汉语之间的一致性反映了前者与后者之间的继承关系,另一方面,二者之间也有较为明显的差异,由此则反映了前者在后者基础上的发展变化。语言总是要发展变化的,并且时时处于发展变化的过程中,而香港地区独特的社会、文化和语言环境,自然使得此地通行的汉语书面语呈现出一系列鲜明的特点与个性。

本文的重点是讨论并明确港式中文与早期现代汉语之间的继承关系,对于前者在后者基础上的发展变化不作进一步的展开,这里只是简单地结合港式中文的特点(其实也就是一些形式或用法的主要来源及产生原因),来对二者之间的差异略作说明。

如前所述,港式中文形成于20世纪70到80年代,90年代趋于成熟,在此期间及以后产生的形式和用法,自然是早期现代汉语所没有的;就是再往前推,一直推到早期现代汉语阶段,内地与香港地区的书面汉语也还是会有一定差异的,而这些差异主要就是由香港语言的特点决定的。

港式中文的特点之一是有浓厚的粤方言色彩,主要表现为较多地使用粤语的常用词语,同时也有一些掺杂或结合粤语语法成分的现象。

前者如郑定欧《香港粤语词典》(江苏教育出版社1997年)中收了很多由粤语而进入港式中文的词语,比如"私家",义为"私人拥有的",由此构成的词语有"私家车、私家路、私家地方、私家侦探"等。《港》第51页谈到,"纸"在粤语中经常特指纸币,由此产生了"港纸(港币)、散纸(零钱)、阴司纸(纸钱)"等;此外,"纸"还用于指纸质的单据或证明,由此又有"落货纸(卸货单)、出水纸(提货单)、出生纸

(出生证明)、医生纸(病假条)、宣誓纸(证明文件)、沙纸(证书)"等词语。以上是成"族"的词语,至于直接用于港式中文的单个粤语词语,那就更多了。

后者如《香港粤语词典》收"试过"一词,词性标注为副词,释义为"表示从前有过某种行为或情况,(多用于否定式)",举例有"香港从来未试过有地震"等。《港》第 29 页也谈到"曾经"义的"试过",所举用例如"在正常情况下,阿富汗中部和北部的冬季会在十一月底降临,但也试过提早到来",书中说"这显然也是受到粤语的影响"。

另外,"他特别多话题""书展太多人"这样的"特别多""太多"等直接带宾语的现象,实际上也是一种常见的粤语用法。(《港》184 页)

港式中文特点之二是中英混杂现象比较普遍,而这"实际上已经成为一种'时尚',成为语言生活的一种习惯",(《港》358 页),有人称这样的形式为"鸡尾语言",称这样的文体为"鸡尾文体"。①

在汉字串中夹杂英文词语及其变化形式(比如截取一部分)的早已屡见不鲜了,以下只举一个句法方面的例子:

(9) 相信银行调高按息,楼价泡沫将会爆破,现在是时候沽货了。(《新报》2011.3.15)

(10) 汲取日本核爆教训 是时候检讨核政策 (《成报》2011.3.16)

《港》中认为,这样的句子明显可以看出是仿照英语"it is time to do something"这样的句型造出来的汉语句子。(307 页)

港式中文特点之三是保留很多文言成分,途径有二:一是沿用早期现代汉语,二是使用粤方言中保留的文言词语,前者体现了它与早期现代汉语的一致性,后者则可以归因于上述第一个特点。这两个方面前边均已说过,这里就不再赘述。

---

① 陈耀南:《歪风卑格·中英夹杂——鸡尾文体的检讨》,程祥徽、黎运汉主编《语言风格论集》,南京:南京大学出版社,1994 年。

四、明确二者关系的意义和价值

如前所述,本文所说港式中文与早期现代汉语之间的关系,主要是指前者对后者的继承,所以本部分我们也主要立足于此来讨论明确这一关系的意义和价值。

(一) 有助于汉语/华语历史的研究

姚德怀指出,研究各华语地区语言现象异同的重要性,"归根结底便是中国大陆、中国台湾、中国香港以及各华语地区的汉语/华语近百年来的演变过程是怎样的,最终又怎样达到各地区当代华语的现况。"① 这里实际上是指出有两种"史"的研究值得重视:一种是近百年来整个汉语/华语的历史,另一种是前一种史的架构下各华语地区汉语/华语的历史。

到目前为止,港式中文基本上还只是一个共时平面的概念,而建立它与早期现代汉语之间的联系,则是把这一研究引向历时平面,引向上述的第二种"史",同时自然也可以纳入前一种"史"之中。

从史的角度说,建立二者之间的联系,无疑将有助于更好地了解和把握港式中文的来龙去脉,从而更加客观地描写它的真实面貌。

(二) 有助于纠正某些不正确的认识

当今语言观及语言研究的重要进步之一,就是共时与历时的真正结合,但是这一点在全国各地语言差异及其融合的研究中似乎体现得还不够充分,而有一些研究所得的结论不够准确、正确,有时也与此有一定的关系。前边简单叙述的拙作《从历时的角度看香港汉语书面语的语法特点》所谈内容即为一例,以下再就"高买"一词举例说明。

《全球华语词典》②收"高买",释义为"〔动〕指在商店偷窃商品",所举用例为"本商店将严拿～","他在超市～被发现",在"使用地区"

---

① 姚德怀:《各华语地区语言现象的异同值得研究》,《(香港)语文建设通讯》,2007 年,总第 87 期。
② 《全球华语词典》,北京:商务印书馆,2010 年。

项下标明"港澳"。《港》44页说:"有时候,如果不太了解香港社会的具体情况,对这些社区词就有可能发生误解。例如'高买',有人以为就是'三只手'的小偷,其实不然。这是专门指在商店里偷商品的小偷,因为如果抓住就要罚几倍于商品价格的钱款,所以美其名为'高(价购)买'。而一般的'小偷'则叫'小手',以示区别。"

想起了20年前读过、至今印象依然深刻的一部中篇小说《高买》,作者是天津作家林希,刊于《中国作家》1991年第1期。小说多次获奖,曾改编为评书,还与作者的另外两部小说《丑末寅初》《相士无非子》一起联合改编为电视连续剧《草根王》,曾经热播一时。

小说中有以下两段关于"高买"的文字:

> 进入二十世纪以来,偷东西的不上梁了,于是便有了更高雅的称谓:高买。

> 真是一个雅号,这"高买"二字简直就是中华古老文化的结晶,洋人无论如何也组合不出这个词来。洋文讲词根、词尾,高就是高,买就是买,是高高兴兴地买,还是高高雅雅地买,一定要含义确切。中国文字则不然,高买就是高买,既不是高兴地买,也不是高雅地买,是买东西不付款,不掏钱。买东西不给钱,高不高?高!真是高,这就叫高买。

作家当然不是语言学家(其实作家林希还做了不少整理天津方言的工作),而文学作品也不是语言学著作,所以或许我们还不能仅凭上述两段话就得出什么结论来。

然而,如果能够找到工具书以及实际使用情况的支持,那情况就不同了。曲彦斌《俚语隐语行话词典》(上海辞书出版社1998年)收有此词,共列二义,其一为"清末以来京津等地江湖诸行指专门偷窃珠宝店、绸缎店的小偷",其二是"旧时北方偷窃团伙指伪装富豪进商店乘机盗窃"。另唐钰明曾引徐世荣《谈"高买"》(香港《词库建设通讯》1993年总第1期)说,"'高买'一词,在三十年代(我当时正在北京师大读书)北京的报端常见,但口头不太说",唐氏最终的结论是,"隐语通用化并非个别现象,'高买'成为京、港方言词,也不过是这股语汇支流中的一片小浪花而已"①。

结合历史以及现实情况的考察,我们可以简单地总结如下:

第一,港式中文里"高买"一词有着与很多由早期现代汉语乃至于古代、近代汉语继承而来的词语相同的发展路径,它不是一个"新词",而是一个"旧词"。此词的发展过程大致是由京津地区隐语进而实现通用化,然后保留、沿用在港式中文里。

第二,结合上引词典释义以及现实的用例,此词并非只有动词一个词性,而应当是动、名兼类(前引用例中"严拿高买"已经证明了这一点)。汉语有"动名同形"的习惯,某些词既可指动作行为,又指有此动作行为的人,古代的如"医、屠",现代的如"导游、策划""高买"也是如此。

第三,此词在当代汉语中也并非完全绝迹,特别是随着电视连续剧《草根王》的热播,也不时有人用到或提到此词,甚至还出现了"高买行(hang)"这样的复合形式,只是似乎是作为"历史词"使用的。

(三) 可以由港式中文反观早期现代汉语

既然港式中文与早期现代汉语之间有明确的继承关系(如果用"语言化石"的比喻,其实在某种程度上也不妨把前者看作后者的"化石"),那么自然也就可以由前者反观后者,从而又找到另一个了解和认识早期现代汉语面貌与样态的途径,这当然有利于现代汉语史的研究。

前边第二节所列举的一致性用例,都可以支持这一论断,具体说来,大概主要包括以下几个要点:

第一,可以作为线索或向导,就某一现象入手,追寻它们在早期现代汉语中的使用情况及一般特点等,比如前边对"高买"的考察,就是一例;

第二,可以作为支持或证明早期某一或某些现象存在或具有某一特点的依据之一;

第三,可以在二者之间进行某些方面的比较,从而更好地发掘其

---

① 唐钰明:《"高买"探源》,《语文建设》,1994年第1期。

在早期使用中的某些特点和规律。

　　我们经常强调,进行现代汉语史的研究,有一个很大的优势,这就是有更多的"亲历性"语料可以利用,如果加上港式中文,这一语料范围将得到进一步拓展。在我们设计的现代汉语史研究方法中,有文献调查法、工具书查考法等,目的是借由过往编纂出版的各类文献来了解较早时期现代汉语中某些有时代特色的形式和用法,在具体的研究实践中,都收到了很好的效果。现在看来,不妨再加一个"港式中文反观法",相信也会取得一定的效果。是"大陆不变,台湾扩大",所举例词有几十个[①],其中有一些就是中国台湾沿用早期现代汉语而内地义有所转或缩小了范围。比如"开幕"前边已作说明,其他的再如"商场、摆平、生理、黄牛"等,大致也都如此。

---

① 苏金智:《海峡两岸同形异义词研究》,《中国语文》1995 年第 2 期。

海峡两岸"透过"用法的多样性与倾向性考察①

储泽祥　张　琪

引　言

(一) 海峡两岸词汇、语法比较研究现状

就词汇比较而言,学者们一般从两岸词汇差异的类型方面进行静态比较,同义异形词、同形异义词是关注的重点。区域词语、缩略词语、外来词、方言词、文言词、称谓语、字母词、术语、新词也都有涉及。对于同义异形词,多从词语语素异同、次序异同等内部构造进行分析,如朱景松、周维网②、严奉强③、苏金智④、侯昌硕⑤。对于同形异义词,主要从词义改变(扩大、缩小、转移)、词义色彩、词性三方面

---

① 本文的研究得到教育部哲学社会科学研究重大课题攻关项目(11JZD036)资助。
② 朱景松、周维网:《"台湾国语"词汇与普通话的主要差异》,《安徽师大学报》,1990年第1期,第91—100页。
③ 严奉强:《"台湾国语"词汇与大陆普通话词汇的比较》,《暨南学报》,1992年第2期,第40—51页。
④ 苏金智:《台港和大陆词语差异的原因、模式及其对策》,《语言文字应用》,1994年第4期,第90—96页。
⑤ 侯昌硕:《试谈海峡两岸的同义异形词语》,《湛江师范学院学报》(哲学社会科学版),1999年第4期,第52—55页。

来分析,如苏金智①和汤志祥②。

就语法比较而言,主要围绕词法、句法、超句法现象进行对比分析。两岸语法不存在根本性的差别,可追溯到1919年的白话文运动。但在具体语法项目上,中国台湾"国语"表现出一些不同于中国大陆普通话的用法。(以下的中国台湾与中国大陆,分别简称为"台湾"与"大陆"。)如"有"作为一般动词是两岸共有的用法,顾百里③、曾心怡④、窦焕新⑤认为台湾"国语"的"有"还可以做助动词,用在动词前,表示存在或者表示完成。黄国营⑥、仇志群、范登堡⑦、邢梅⑧、侯昌硕⑨认为"有"可以做时态标记词,标识过去完成时、过去时、现在时、将来时。顾百里(1986)指出"有"还可以做可能补语。

随着两岸交往日益增多,互动更加频繁,两岸语言也表现出了一定程度上的融合。刁晏斌⑩分析了两岸语言融合的特点,并从经济、文化、社会和政治四个方面阐明了大陆汉语与一些地区的汉语融合的原因;李昱、施春宏⑪在互动观念的指导下研究大陆和台湾的词语系统相互影响的方式、过程和效果。

(二)"在多样性基础上进行倾向性考察"的语法比较思路

我们将大陆和台湾都用且形式一致的词语界定为同形词。绝大多数的同形词,表面上看没有多大差异,但仔细观察它们的用法,会发现有的用法是两岸共有的,而有的用法则是一方独有的;同一个词

---

① 苏金智:《海峡两岸同形异义词研究》,《中国语文》,1995年第2期,第107—117页。
② 汤志祥:《当代汉语词语的共时状况及其嬗变:90年代中国大陆、香港、台湾汉语词语现状研究》,上海:复旦大学出版社,2001年。
③ 顾百里:《中国非国语区原方言对于学习国语语法的干扰》,《淮北煤师院学报》,1986年第3期。
④ 曾心怡:《当代"台湾国语"的句法结构》,《台湾师范大学华语文教学研究所硕士论文》,2003年。
⑤ 窦焕新:《台湾普通话中的"有+动词"研究》,《渤海大学学报》,2006年第3期,第47—50页。
⑥ 黄国营:《台湾当代小说的词汇语法特点》,《中国语文》,1988年第3期,第194—196页。
⑦ 仇志群、范登堡:《台湾语言现状的初步研究》,《中国语文》,1994年第4期,第254—261页。
⑧ 邢梅:《台湾汉语语法现象研究》,《复旦大学硕士学位论文》,2003年。
⑨ 侯昌硕:《从台湾当代小说看海峡两岸汉语的语法差异——兼析两岸语言融合的态势》,《延安大学学报》,2003年第4期,第98—102页。
⑩ 刁晏斌:《新时期大陆汉语与一些地区的汉语的融合及其原因》,《辽宁师范大学学报》,1997年第4期,第49—52页。
⑪ 李昱、施春宏:《海峡两岸词语互动关系研究》,《当代修辞学》,2011年第3期,第64—73页。

在大陆常用某种用法,在台湾却常用另一种用法。基于此,我们提出"在多样性基础上进行倾向性考察"的语法比较思路①。

我们认为语法的多样性是形式和语义不一一对应的一种表现,一种形式可能包含多种语义,一种语义可能联系多种形式。语法的动态倾向性是语法单位或语法现象表现出来的某种性质的多少、蕴含共性或使用频率的高低等体现出来的动态规律。倾向性大致有三个基础:基于认知的倾向性、基于类型的倾向性和基于统计的倾向性。本文主要基于统计的倾向性,借助于两岸的平衡语料库,对"透过"动词用法和介词用法进行多样性与倾向性的考察,并做出趋同性分析,以期把两岸词语异同比较研究引向深入。本文做两岸比较时,大陆的语料来自国家语委语料库在线现代汉语语料库(约2000万字),台湾的语料来自台湾"中央研究院"现代汉语平衡语料库(约500万字)。

一、海峡两岸"透过"用法的多样性考察

(一)"透过"在两岸的动词用法

根据大陆《现代汉语词典》(第六版)②,动词"透过"的义项为"穿过";台湾《重编国语辞典修订本》(网络版)中,动词"透过"的义项为"穿透"。

1. 动词"透过"在大陆的用法

在大陆,"透过"主要出现于"S+透过+O"结构,义项为"穿过""穿透"义。主语S是"透过"动作的主体,主要由可以移动的、无生命或生命度较低的名词构成。

a. 主语S是表示光、波的无生命名词,如"阳光""超声波":

---

① 储泽祥:《在多样性基础上进行倾向性考察的语法研究思路》,《华中师范大学学报》(人文社会科学版),2011年第2期,第91—92页。
② 中国社会科学院语言研究所词典编辑室:《现代汉语词典》(第六版),北京:商务印书馆,2012年。

(1) 阳光透过绿叶的缝隙从窗外轻轻洒落下来,洒满在作曲家那汗珠闪闪的脸颊上。

(2) 超声波的穿透能力很强,能透过几米厚的金属。

b. 主语 S 是表示风、气味的名词,如"微风""花香":

(3) 清晨,微风携着清幽的花香,透过淡蓝色的窗帘,沁进房间。

c. 主语 S 是液态的、非离散的无生命或低生命度名词,如"油渍""热泪":

(4) 包子是用纸袋包着的,斑斑油渍透过纸背,索泓一毫不客气地拿出一个包子。

(5) 热泪透过了我的衬衣,透过了我的皮肤,热意一直滴到我的心头。

"透过"作为动词,可以带体标记"了",如例(5)。

2. 动词"透过"在台湾的用法

在台湾,动词"透过"主要有五种意思,通常也出现于"S+透过+O"结构中。

a. "穿过""穿透"义

(6) 我伸过手去搂她的纤腰,她也立刻凑近我的怀里。一股热潮透过单衣,沿着我的血脉,注入了丹田。

b. "突破"义

(7) 要有一个非常正当的理由。因为你这个星期有什么样的支出透过了这个零用钱的底线,所以你可以来向我透支。

(8) 一个被捉摸不定的情绪牵系住的人,将永远无法透过这层约束,来自由的想象。

c. "获得多数同意而成立"义

台湾这种义项的"透过"相当于大陆"通过"的动词用法。如:

(9) 该年又有近二百个人受到枪决,此与一九七九年联合国大会透过废除死刑的条约案相较,无异是一大讽刺。

d. "征求有关组织或人的同意或核准"义

台湾这种义项的"透过"也相当于大陆"通过"的动词用法。如：

(10) 当然,民进党要采取公民投票的方式必须透过三党的协商。

(11) 无直接的 Internet 网络,日本也没有。一切都是透过美国。

(12) 目前所有案例均透过医院。

例(10)—(12)里的"透过",大陆相应的表达通常使用动词"通过"。

e. "依靠""凭借"义

(13) 同时也有心灵的能力,如知情意发挥出来时,需要透过学习传统的成就、文化的内涵。

台湾动词"透过"的后边也可以带体标记"了",如例(7)。"透过"的主语 S 对生命度的要求没有明显的偏向,S 既可以是无生命或生命度低的事物名词,如例(6)的"热潮",也可以是生命度高的名词,如例(8)的"人"。

3. 动词"透过"在两岸用法的多样性考察

A. "透过"的义项

根据前两节的分析,我们总结"透过"主要有以下五个义项:①穿过、穿透;②突破;③获得多数同意而成立;④征求有关组织或人的同意或核准;⑤依靠,凭借。其中第一个义项是两岸共有的,其他四个义项都是台湾独有的。也就是说,动词"透过"在海峡两岸共有五个义项,大陆只有其中的第一个义项,而台湾所有的义项都具备。

B. "透过"的句法语义特征

动词"透过"在两岸主要充当谓语,都主要出现于"S＋透过＋O"结构中,都能够带体标记"了",但在主语名词所示事物的生命度要求方面,两岸呈现差异。大陆一般由无生命或生命度低的事物名词充当,而台湾则无特别要求。

C. "透过"在两岸各自独有的用法

首先看"透过"在大陆独有的用法。通过对语料的分析,我们发现大陆"透过"还存在一些特殊用例,其中"透过"既可以理解为动词,也可理解为介词。如：

(14) 我们是要透过古的假象,辨析是非,揭露历史发展规律,指出新生力量必然胜利,腐朽力量必然死亡。

(15) 它使我们的认识透过现象,把握到事物的本质,把握到事物运动发展的规律性。

以上例子中,若将"透过"看作介词,充当谓语中心的修饰成分,整个结构为偏正结构;若看作动词,整个结构是若干小句的并列,表达动作上的先后顺序。这种两可的现象说明大陆的动词"透过"与介词"透过"之间还存在语法化过程中的中间状态,即"A→A/B→B"语法化过程中的"A/B"状态。

再来看"透过"在台湾独有的用法。动词"透过"在台湾的用法比大陆要丰富,其表示"突破""获得多数同意而成立""征求有关组织或人的同意或核准"以及"依靠,凭借"的意义和用法,都是大陆所没有的。

(二)"透过"在两岸的介词用法

大陆和台湾合作的《两岸常用词典》(网络版)对介词"透过"的释义为:引进动词的媒介或方式,相当于台湾的"藉由",相当于大陆的"通过"。台湾《重编国语辞典修订本》(网络版)的释义为:经由,通过。《现代汉语词典》(第六版)对介词"通过"的释义为:以人或事物为媒介或手段而达到某种目的[①]。由于《现代汉语词典》并未收录"透过"的介词用法,但介词"透过"相当于"通过",我们将介词"透过"在大陆的基本意思界定为:以人或事物为媒介或手段而达到某种目的,把"透过"在台湾的基本意思界定为:引进动词的媒介或方式。

1. 介词"透过"在大陆的用法

在大陆,介词"透过"一般出现于"S+透过+O+VP"结构,表示"以人或事物为媒介或手段而达到某种目的"。主语 S 是 VP 的施

[①] 中国社会科学院语言研究所词典编辑室:《现代汉语词典》(第六版),北京:商务印书馆,2012年。

事者。

首先看主语 S 的情况。充当 S 的名词大都是高生命度的指人名词，是动作的施事。如：

(16) 他透过窗口，猛然看见从远方驶来的几辆旅行车停在前山。

虽然高生命度的名词（特别是指人名词）经常出现于主语位置，但并不是绝对的，偶尔也有低生命度甚至是无生命的事物充当主语。在我们搜集的 112 例语料中，主语是无生命物的只出现了 6 例。如下面例子里的"大楼"就是无生命物：

(17) 这时，大楼各层的照明灯全部大放光明，除了乳白玻璃所遮挡的生活区外，大楼其余部分透过钢化玻璃墙都一览无遗地展现在眼前。

再来看 O 的情况。大陆介词"透过"的宾语 O 主要由名词或名词短语充当。例如：

(18) 作为笔者，我但愿这个课题有人尽快承担研究，也但愿站在高高的领奖台上的评奖者，能透过形形色色的奖章和奖状，看到这些可敬可爱的劳动者体内沸腾着的血。

(19) 透过成绩看不足——看《北京市中学生智力竞赛》有感。

值得注意的是大陆使用介词"透过"时，"S＋透过＋O＋VP"里的中心动词往往与"看"有关。"看"类动词可以表达视觉器官功能的"看"义，也可以表达抽象的认知义，如例(18)的"看到"表达视觉上看见某物，例(19)的"看"则表达抽象的"了解、认识"义，属于认知层面的活动。

2. 介词"透过"在台湾的用法

在台湾，"透过"表示"引进动词的媒介或方式"，其出现的句法结构主要也是"S＋透过＋O＋VP"。S 通常是施事，但并不是绝对的，如下文例(32)的主语是"财富"就是受事。"透过"的宾语 O 可以是体词性的，也可以是谓词性的。例如：

(20) 有一些上课的资料、重点,我都透过他们两个假借别人的名义拿给她。

(21) Breton 1934 年说现成品的艺术价值在于:透过艺术家的选择,大量生产的现成品被提升为至高无上的艺术品。

(22) 你要有听的能力,透过聆听来收集资料,透过资料来分析你未来的导向。

(23) 卫生单位一直没机会了解龙发堂精神病患的病情,此次希望透过提供医疗服务,了解堂内病患收容状况。

(24) 财富可以透过不断地努力获取,快乐却很难抓得住。

例中,介词"透过"的宾语"他们两个""资料"以及"N 的 V"结构"艺术家的选择"都是体词性的,而"聆听""提供医疗服务""不断地努力"是谓词性的。

台湾的"S＋透过＋O＋VP"里,S 主要是高生命度名词,如例(20)的"我",少数是无生命或低生命度的名词,如例(21)的"现成品"。与大陆不同的是,台湾"S＋透过＋O＋VP"里的中心动词十分丰富,但一般不是"看"类动词,如例中的"拿""提升""收集""分析""了解""获取",只要是完成动作要有所依据的动词,都可以进入"S＋透过＋O＋VP"。

3. 介词"透过"在两岸用法的多样性考察

A. "透过"的意义

"透过"在大陆的意思是以人或事物为媒介或手段而达到某种目的,在台湾的意思是引进动词的媒介或方式。虽然两岸的词典里释义的具体措辞不尽相同,但表达的内容基本一致。我们认为"透过"在两岸的意义实为同一个意义:表示动作进行所凭借的媒介或采用的方式、手段。

B. "透过"的句法语义特征

在两岸,"透过"都与后接成分一起充当状语,修饰谓语中心语,主要起介引作用,引进动作进行所凭借的媒介或采用的方式、手段。两岸的"透过"都主要出现于"S＋透过＋O＋VP"结构,S 主要都是由高生命度名词(特别是指人名词)充当,但介词"透过"的宾语 O 有明

显的差别。根据 O 的构成不同,可以分成三种具体的结构式:

第一,S+[透过+NP]+VP。

第二,S+[透过+"N 的 V"]+VP。

第三,S+[透过+VP1]+VP2。

这三种结构式中,第一种是两岸共有的,而第二、第三种结构则是台湾所拥有的。

大陆"透过"的宾语一般由名词或名词短语充当,而台湾"透过"的宾语则不局限于名词或名词短语,还可以由"N 的 V"甚至动词短语充当。可以说,台湾"透过"的介词用法比大陆要丰富得多。

另外,从"S+透过+O+VP"里的中心动词看,大陆主要是"看"类动词,台湾只要是完成动作要有所依据的动词,都可以进入"S+透过+O+VP",但极少是"看"类动词。

二、海峡两岸"透过"用法的倾向性考察

对海峡两岸"透过"用法的倾向性考察,必须以多样性考察为基础。我们说倾向性是语法单位或语法现象表现出来的某种性质的多少、蕴含共性或使用频率的高低等体现出来的动态规律,但如果没有对语言现象进行多样性的考察,我们将无从揭示其背后隐藏的动态规律。多样性主要体现语言静态层面的差异,倾向性虽然可以表现为语言动态层面的差异,但这种差异是有联系的,是以共性为基础的,因而具有"连续统"的性质。倾向性考察的核心是句法语义结构的优先序列研究,即通过统计按照使用频率的高低对句法语义结构进行从多到少、从高到低的优先排位,同时探讨优先序列的制约条件,并从形式、语义、语用、认知等不同角度做出分析和解释。

(一)两岸"透过"词性的倾向性考察及倾向成因分析

基于语料统计与分析,我们对两岸"透过"词性的倾向性进行比较。请看下面的表格:

表1 大陆"透过"词性比例数据表

"透过"277条	动词128条	介词112条	动/介37条
比例	46.2%	40.4%	13.4%

表2 台湾"透过"词性比例数据表

"透过"1256条	动词44条	介词1212条	动/介0条
比例	3.5%	96.5%	0

表3 大陆"透过"每百万字出现的频率数据表

"透过"	动词	介词	动/介
34.6	16	14	4.6

表4 台湾"透过"每百万字出现的频率数据表

"透过"	动词	介词
62.8	2.2	60.6

从表1可知,"透过"在大陆的词性呈现出这样一个优先序列:动词>介词>动/介。相对而言,大陆"透过"更倾向动词用法。但这种倾向并不是绝对的,因为介词用法所占比例与动词用法所占比例差距不大,且还有一部分动/介两可的用法。随着两岸互动逐渐频繁,这些两可用法极有可能朝介词用法转变。

从表2可知,"透过"在台湾的词性呈现出如下优先序列:介词>动词。很明显,台湾"透过"更倾向用作介词,动词用法仅占很小一部分比例。

比较表3和表4,"透过"每百万字出现的频率,台湾要高于大陆,说明该词在台湾更常用。就表3而言,动词出现的频率要高于介词,这印证了大陆"透过"的词性优先序列。就表4而言,介词出现的频率要远高于动词,这也印证了台湾"透过"的词性优先序列。

"透过"在两岸都有动词和介词两种用法,这是"透过"在两岸倾向性表现的基础。大陆倾向动词用法,台湾倾向介词用法,是海峡两岸"透过"在动态层面最明显的差异。

我们对"通过"在两岸的用法情况进行了基本的统计,大陆语料

来自国家语委语料库在线现代汉语语料库,台湾语料来自台湾"中央研究院"现代汉语平衡语料库。请看下表:

表 5　两岸"通过"词性比较数据表

"通过"	动词	介词	动/介
大陆	26.9%	70.7%	2.4%
台湾	86.7%	12.5%	0.8%

表 6　两岸"通过"每百万字出现频率数据表

	"通过"	动词	介词
大陆	798.4	233.8	564.6
台湾	37.3	32.4	4.9

由上表可知,"通过"主要是动词和介词两种用法,但大陆倾向于介词用法,台湾倾向于动词用法。这与"透过"在两岸的倾向性用法刚好相反。由于大陆介词"通过"的用法已经相当丰富,所以介词"透过"的用法则比较单一。相反,台湾"通过"的介词用法还不发达,表达动作进行所凭借的媒介或采用的方式的用法就落在了"透过"身上,因而"透过"的介词用法就相当发达。语言是一个系统,每一个语言单位在这个系统中都存有一定的价值,存在即有价值。"透过"和"通过"在语言系统内的不同分工,符合语言的经济原则,在具体用法上的不同倾向使得二者在语言系统内部和谐共存,并相互影响。

(二) 台湾动词"透过"义项以及介词"透过"带不同宾语的倾向性考察

台湾"中央研究院"现代汉语平衡语料库中动词"透过"有五个义项:①穿过、穿透;②突破;③获得多数同意而成立;④征求有关组织或人的同意或核准;⑤依靠,凭借。这五个义项各自所占的比例统计于下表:

表 7 台湾动词"透过"各义项比例一览表

义项	①	②	③	④	⑤
比例	27.5%	10%	2.5%	7.5%	52.5%

从表 7 可知,台湾动词"透过"各义项呈现如下优先序列:⑤>①>②>④>③。义项①是台湾与大陆共有的,除了这个义项外,台湾还发展出更多义项。在五种义项中,台湾更倾向义项⑤,而大陆倾向义项①。出现这一差异,我们认为与"透过"在两岸的词性倾向不同有关。在大陆,"透过"倾向动词,因而主要表达"穿过""穿透"义。在台湾,"透过"倾向介词,由"依靠""凭借"义发展出"引进动词的媒介或方式"义。

台湾介词"透过"可以带两种不同性质的结构成分做宾语:①体词性成分;②谓词性成分。我们对台湾介词"透过"带宾语情况做了一个封闭性的统计,语料取自台湾"中央研究院"现代汉语平衡语料库"透过"例句的前 300 条。"透过"不同宾语分布情况如下表:

表 8 台湾介词"透过"带不同宾语情况一览表

"透过"的宾语	体词性宾语	谓词性宾语
比例	93.7%	6.3%

从表 8 可知,台湾介词"透过"的宾语呈现如下优先序列:体词性宾语>谓词性宾语。台湾介词"透过"的宾语还是以名词性成分为主,这与大陆用法保持一致,但仍有小部分后接动词性成分的情况,而大陆不存在这一特殊结构。

我们由此得出以下结论:两岸"透过"在词性、义项方面有不同倾向,台湾用法要比大陆用法丰富,但不存在根本性的差异。

三、海峡两岸"透过"用法的趋同性研究

(一) 趋同性以联系性为基础

通过对"透过"进行多样性与倾向性分析,可以看出"透过"在大陆不限于动词用法,在台湾不限于介词用法。在大陆,"透过"以动词

用法为主,其介词用法也很流行。在台湾,"透过"以介词用法为主,其动词用法也可以见到。大陆和台湾语言生活的不同表现可以视为共时层面的静态差异,但从语言发展的角度来看,这一差异会随着两岸交流的加深而逐渐缩小,一致性越来越强。我们把两岸汉语这种相互交流、相互影响、相互融合的表现称作"趋同性"表现。

两岸语言生活,差异是相对的,联系是绝对的。从汉民族共同语的高度来看,大陆普通话和台湾"国语"不存在根本性的差异。处于这一背景下各自发展的二者,虽然经历了长期的政治隔绝,但都是在汉民族共同语的框架内演进,出现趋同的现象是两岸语言生活发展的必然结果。就语言系统内部而言,联系性是两岸语言趋同的重要基础。联系性主要包括两个方面:一个是共时的一致性或相关性,前文已经做了探讨;另一个是历时的同源性。

从同源性看,"透过"在两岸的用法可追溯到唐代动词性成分"透过",也就是说"透过"如今的动、介词用法都是由唐代的"透过"发展而来的。没有对唐代用法的沿袭,就不会出现"透过"在海峡两岸相近相关的现状。所以说,要讨论"趋同性",必须深挖两岸"透过"相同的根源,并揭示它的历时发展演变过程。

(二)"透过"的历时演变情况

1. 近代汉语里"透过"的动词用法

"透过"较早的用法来自唐代,用作动词性成分。现举例如下(语料来自北京大学中国语言学研究中心古代汉语语料库):

(25) 心有一大孔,透见那畔之空,其孔远见如笠子许大。斯乃孝文帝射箭透过之处。《入唐求法巡礼行记》

(26) 夫参学者,须透过祖师佛始得,所以新丰和尚道:"佛教、祖教如生怨家。始有学分。"《祖堂集》

(27) 盖人之为学,须是务实,乃能有进。若这里工夫欠了些分毫,定是要透过那里不得。《朱子语类》

例(25)的"透过"表示具体的行为动作,是基本用法,义为"穿过""穿透"。例(26)和(27)的"透过"是引申的动词用法,例(26)的"透过"是"超过""越过"之义,例(27)的"透过"是"完全理解"之义。"透过"出现的基本句法结构都是"S＋透过＋O"。近代"透过"的基本用法被沿袭下来,并影响至今。

由于北京大学中国语言学研究中心古代汉语语料库里"透过"语料的时间跨度为唐代至民国初期,不便于我们追踪"透过"在后续时间段的演变情况,而《瀚堂近代报刊》则弥补了这一缺陷,其时间跨度为民国初期至1949年以前。我们在此报刊数据库中搜索到19条"透过"用例,其中16例是动词用法,3例是介词用法,举例如下:

(28) "几时地花拉竟住在陌生人的家里?"鲁利的声音透过这草席的门帘。《青年界》

(29) 有几个连人带货的滑倒了,于是透过风和雨,我们可以听到那疲惫的,奈何不得的叹息。《青年界》

(30) 此外,透过杂志界新闻界的关系,我们的宣传工作也得到一点闻展。《学生报道》

例(28)的"透过"是动词用法,和近代用法一脉相承。例(29)、(30)的"透过"是介词用法。这些用例表明1949年以前"透过"的动词用法和介词用法已经并存,其中动词用法更为普遍。那么"透过"是如何从动词虚化为介词的呢?

2. "透过＋O"充当连动结构前项是"透过"虚化的关键

动词语法化为介词是虚词产生的一条重要途径,如表处所的介词"在"就是由表存在的动词"在"语法化而来。介词"透过"也遵循这一路径,由动词"透过"语法化而来。雷东平[①]认为介词"透过"的形成是空间概念隐喻的结果。动词"透过"内部结构可以概括为:主体(某种事物)→(穿过)障碍/途径→(到达)目的地。这种空间位移概念结构可以向结构相同的非空间概念结构发生隐喻映射:主体(某个人)→(依靠)途径/手段→(达到)目的。我们主要从结构、语义、语用

---

① 雷东平:《"透过"的功能及其概念隐喻》,《保定学院学报》,2010年第1期,第94—95页。

角度分析"透过"的虚化过程。

"透过+O"充当连动结构的前项，是"透过"虚化的关键。例(26)"透过祖师佛始得"那样的连动结构，很容易被重新分析为偏正结构，"透过"由中心成分降级为附属成分。

促动重新分析的语义因素是前项"透过+O"与后项VP之间的逻辑事理关系。当"透过+O"表示VP的条件或依据时，"透过+O"就容易被分析为附属成分，"透过"就会因为失去动词的一些特征而开始虚化。如"透过祖师佛始得"里，"透过祖师佛"就是"得"的条件或依据，具备"透过"虚化的语义条件。

另外，连动结构的施事往往是高生命度的表人名词，其语义联系重心是后项VP，而不是前项"透过+O"，换句话说，VP才是句子的自然焦点，如"透过祖师佛始得"的自然焦点是"得"而不是"透过祖师佛"。这是促动"透过"虚化的语用因素。

语义和语用上的因素促使结构上的重新分析，结构上的重新分析又加深了语义虚化的程度。"透过"由"穿过"、"穿透"义虚化为"以人或事物为媒介或手段而达到某种目的"义，由具体的动作行为演变为引进动作的手段或者凭借，语义更加抽象。

（三）"透过"在两岸的发展趋势

上文的观察表明，1949年以前，"透过"已发展出动词和介词两种用法。两种用法的并存为日后"透过"在两岸的发展打下了基础。1949年以后，大陆主要保留了"透过"的动词用法，台湾主要保留了介词用法。语言是交际的工具，会随着交际环境的改变而改变。由于近来两岸频繁互动，"透过"的用法也出现了融合、趋同现象。

从"透过"的动词用法看，两岸都表达"穿过""穿透"义，这是基本义项，但台湾的义项更为丰富，如"突破"义、"获得多数同意而成立"义、"征求有关组织或人的同意或核准"义，"依靠""凭借"义。大陆也可能会发展出与这些意义相关的用法。从"透过"的介词用法看，台湾用法比大陆用法更丰富，如介词"透过"的宾语可以由动词性结构充当，随着两岸交流的扩大，大陆介词用法已逐渐增多，大陆也很有可能发展出类似用法。

目前"透过"在两岸主要是动词和介词两种用法,无论将来怎样变化,两岸的用法都不会溢出动词、介词这一互动框架。或者动词用法占据优势,或者介词用法占据优势,或者两种用法势均力敌,但出现某一用法消亡而另一用法通行的可能性很小。两岸的趋同融合是未来的发展趋势,这一趋势是不会改变的,因而"透过"的用法差异定会越来越小,而共性定会越来越多。这不仅是"透过"趋同性的表现,也是两岸语言生活发展趋同的一个缩影。

四、余论

海峡两岸的同形词,如果深入研究,在具体用法上会有不少差异,"透过"只是两岸同形词研究的一个个案。要系统研究汉民族共同语在两岸的现状,专注于个别词语的研究是不够的。只有在一定理论的指导下,针对一系列的现象进行分析,才能寻找现象背后隐藏的联系和规律。因此,我们提出"在多样性基础上进行倾向性考察"的语法比较思路,这一研究思路不仅适用于两岸同形词的研究,也适用于同义异形词的研究,即同一个事物两岸采取不同的表达方式,更适用于现阶段的两岸语法比较研究。

我们认为,大陆普通话和台湾"国语"是汉民族共同语在地域上的变体,两岸词语差异只有小部分是无直接联系的,主要是闽南语词汇进入台湾"国语",如"吐槽""奥步""歪哥""鸡婆""好康""凸槌""尾牙""乔事情""冻蒜",还有日语的影响,如"欧巴桑""便当";大部分是"有直接联系的差异",如历史来源相同,出现融合趋势等都是表现,本文研究的"透过"就是如此。鉴于此,研究两岸语言状况就必须在纷繁复杂的表象即语言现象多样性的基础上挖掘两岸的联系性。汉民族共同语在两岸的多样性,可能表现出两岸的差异,但这种差异从汉民族共同语的高度看是相互联系的;两岸词语用法的倾向性虽然也是有差异的表现,但这是共性、联系性基础上的差异(如两岸的"透过"都有动词和介词两种用法,才能有倾向性选择的可能)。正是这种差异背后实实在在的联系性和共性,才能让两岸人民交流没有大的障碍,也是两岸汉语趋同发展的基础。

基于口语库统计的两岸华语语气标记比较研究[1]

方清明

一、引 言

针对两岸华语差异的研究早已展开[2][3][4][5][6][7][8],不过,前贤研究的焦点多集中在语音、词汇、句法、用字、风格等层面,尤以词汇差异研究为最。这对了解"台湾国语"的特点、面貌起到了重要作用。但相对来说,两岸华语的比较研究依然存在如下两个倾向:第一,重视

---

[1] 本文是2013年度教育部人文社科青年基金项目"基于语料库统计的两岸华语口语语法比较研究"(项目编号:13YJC740018))的阶段性成果,并得到"暨南大学华文教育研究院2013创新平台重大研究项目"(编号:CXPTZD201315)的资助。《语言科学》匿名审稿专家提出重要修改意见;初稿在第四届汉语语法南粤论坛(2012年11月广东梅州)宣读,承蒙邵敬敏、刘丹青、董忠司、赵春利诸位先生指正多处,另外导师彭小川教授、孙利萍博士、周芍博士等也在不同场合提出修改意见,在此一并谨致谢忱。文责自负。

[2] 黄国营:《台湾当代小说的词汇语法特点》,《中国语文》,1988年第3期,第194—201页。

[3] 游汝杰:《台湾与大陆华语文书面语的差异》,《语文建设》,1992年第11期,第14—16页。

[4] 苏金智:《台港和大陆词语差异的原因、模式及其对策》,《语言文字应用》,1994年第4期,第90—96页。

[5] 苏金智:《海峡两岸同形异义词研究》,《中国语文》,1995年第2期,第107—117页。

[6] 仇志群、范登堡:《台湾语言现状的初步研究》,《中国语文》,1994年第4期,第254—261页。

[7] 刁晏斌:《"台湾国语"的特点及其与内地的差异》,《中国语文》,1998年第2期,第387—390页。

[8] 刁晏斌:《差异与融合:海峡两岸语言应用对比》,南昌:江西教育出版社,2000年。

词汇差异而较少关注语法差异;第二,重视书面语差异而较少关注口语差异。近年来情况有所改善,如刁晏斌(2012)、方清明(2013)都是语法方面的具体研究成果①②。鉴于此,本文以指示标记为切入点,以具体口语语料库为检索范围,考察指示标记的使用差异,并注重对频率差异的解释。

"口语研究是一个具有重大理论意义的研究方向"③;甚至有学者认为"自然发生的实际话语才是语言学家的研究重点"④。汉语学界采取这一范式对指示标记进行研究的重要论著大致有:方梅、梁敬美、许家金、刘丽艳、李咸菊、郭凤岚等等⑤⑥⑦⑧⑨⑩。

本文所说的两岸华语是指大陆普通话和"台湾国语",所使用的语料主要有两个来源:第一,"台湾国语"口语语料以"台湾政治大学口语语料库国语语料"(以下简称"国语语料")前10段为范围,共计10.5481万字⑪。第二,普通话以电视剧《家有儿女》前20集转写语料10.4963万字为范围(简称《家有儿女》)⑫。语料选取的具体情况

---

① 刁晏斌:《试论海峡两岸语言的微观对比研究——以"而已"一词的考察分析为例》,《北京师范大学学报》(社会科学版),2012年第4期,第44—51页。
② 方清明:《基于口语库统计的两岸华语语气标记比较研究》,《华文教学与研究》,2013年第3期,第58—65页。
③ 陶红印:《口语研究的若干理论与实践问题》,《语言科学》,2004年第1期,第50—67页。
④ Chafe, W., *Discourse, Consciousness, and Time*. Chicago: University of Chicago Press, 1994, pp. 15—21.
⑤ 方梅:《指示词"这"和"那"在北京话中的语法化》,《中国语文》,2002年第4期,第343—356页。
⑥ 梁敬美:《"这一""那一"的语用与话语功能研究》,中国社会科学院研究生院博士学位论文,2002年。
⑦ 许家金:《青少年汉语口语中话语标记的话语功能研究》,北京外国语大学博士学位论文,2005年。
⑧ 刘丽艳:《口语交际中的语用标记》,浙江大学博士学位论文,2005年。
⑨ 李咸菊:《北京口语常用话语标记研究》,北京语言大学博士学位论文,2008年。
⑩ 郭凤岚:《北京话话语标记"这个""那个"的社会语言学分析》,《中国语文》,2009年第5期,第429—437页。
⑪ Kawai Chui(徐嘉慧), Huei-ling Lai(赖惠玲), *The NCCU Corpus of Spoken Chinese: Mandarin, Hakka, and Southern Min*, Taiwan Journal of Linguistics, 2008 (6.2): pp.119—144.
⑫ "国语语料"共28段,为2到4人的日常谈话,会话时间、参与者、话题、录制等信息都不尽相同,如第一段录制时间为2006年,约14分钟,422个话轮。谈话内容为微博访问人数、网站内容、薪资等。参与者为两名女性:第一个为学生,24岁,常用语言为国语;第二个为秘书,24岁,常用语言为台湾方言、国语,两人之间为朋友关系。该语料考虑了性别、年龄等因素,如把年龄分为三层:18—30、31—45、50岁以上年龄段,详见Chui和Lai的介绍。《家有儿女》是广受欢迎的优秀系列情景喜剧,人物典型生动、语言真实鲜明。该剧总共365集,限于人力,我们仅利用20集转写材料。

可参看方清明①。

二、两岸华语指示标记的性质差异与频率差异②

普通话系统有儿化,而"台湾国语"没有儿化。普通话存在较多数量的"这儿、那儿"形式,而"台湾国语"里只有"这、那",没有"这儿、那儿"。"这儿、那儿"一般表示空间实指。另外,从语音变异角度来看,普通话里有"这(zhèi)、那(nèi)"变异形式,而"台湾国语"则无。

普通话里,不论口语语体还是书面语体,"这"虚化程度都比"那"高。方梅③指出北京话里用"这"可以标定名词性成分的定指性身份,"那"没有这种作用,所以"这"有了虚化为定冠词的用法。这种用法对普通话产生了一定影响,如"这+名词"格式在普通话里也有出现,如"这人怎么这样""这孩子太听话了""这房子,多气派"等。在"台湾国语"里,"这"主要用于"这个、这样、这种、这么、这样子"等词串里,"这+名词"用法较为少见。其中,"这样子"较多充当后置用法,如"星期日,我常常写写字、散散步这样子"。……"这样子"还可以与其他后置标记连用,如"煎个鳕鱼……然后……然后再加个水饺……这样子而已"里的"这样子而已",其中"而已"也是后置标记。"这样子"的用法后文将详细论述。

毕永峨④描写了"台湾国语"口语里"那"字高频词串的用法与功能,她认为"那种、在那边"均呈现主观化的语义延伸,从指涉事物本质转为表达说话人对言谈事物的立场。两岸华语指示标记除了上述性质差异外,让我们更感兴趣的是,它们在使用上的频率差异。我们选择"这、那、这个、那个、这样子"5个指示词作为考察对象,表1是

---

① 方清明:《基于口语库统计的两岸华语语气标记比较研究》,《华文教学与研究》,2013年第3期,第58—65页。

② 限于篇幅,本文无法穷尽比较所有指示标记,如我们统计的"这么、那么"等标记未在文中显示。另外,其他类型的标记如"然后、所以、其实"等也只能留待它文以详。

③ 方梅:《指示词"这"和"那"在北京话中的语法化》,《中国语文》,2002年第4期,第343—356页。

④ 毕永峨:《远指词"那"词串在台湾口语中的词汇化与习语化》,《当代语言学》,2007年第2期,第128—138页。

指示词在两岸华语里出现的频次差异。

表1　指示词在不同语料里的频率差异

项目	《家有儿女》	《编辑部的故事》	"国语语料"
这	1419	1540	158
那	766	783	681
这个	201	178	27
那个	119	96	296
这样子	1	1	54

绝大部分学者都认为"这"高于"那"①②③,如我们统计《家有儿女》也发现,"这〈1419〉"高于"那〈766〉","这个〈201〉"高于"那个〈119〉",这验证了学者们关于"这"高于"那"的观察。为可靠起见,我们统计了《编辑部的故事》里的相关项目,数据与《家有儿女》有着比较大的一致性,也表现出"这"高于"那"。

与上述数据形成鲜明对比的是,"国语语料"里"那"为681例,"这"为158例,前者是后者的4.3倍。"那个"为296例,而"这个"仅为27例,前者是后者的11倍。这说明"台湾国语"对话体里"那"高于"这"。毕永峨的统计是,台湾口语里"那个"高于"这个"④,这是对我们统计的一个有力佐证。

很多学者对"这"高于"那"不对称现象做出了富有启发性的解释,如沈家煊⑤认为"近指的'这'为无标记项,'那'为有标记项","这"在心理上的可及性高于远指的"那",因此会导致"这"的使用频率比"那"高。方梅⑥认为在情境中"这""那"的使用频率接近,语篇中则更偏重用"这"。现在的问题是,如何解释"台湾国语"对话体里"那"高于"这"这样一个看似反常的现象。这里我们先阐述指示词的

---

① 崔应贤:《"这"比"那"大》,《中国语文》,1997年第2期,第126—128页。
② 沈家煊:《不对称与标记论》,南昌:江西教育出版社,1999年。
③ 曹秀玲:《汉语"这/那"不对称的语篇考察》,《汉语学习》,2000年第4期,第7—11页。
④ 毕永峨:《远指词"那"词串在台湾口语中的词汇化与习语化》,《当代语言学》,2007年第2期,第128—138页。
⑤ 沈家煊:《不对称与标记论》,南昌:江西教育出版社,1999年,第165—168页。
⑥ 方梅:《指示词"这"和"那"在北京话中的语法化》,《中国语文》,2002年第4期,第343—356页。

两种基本用法,从虚实角度来看,指示词语大致分为两种用法:指代用法和标记用法。我们对"国语语料"里这两种用法分别进行了统计,数据如表2:

表2 "国语语料"指示词两种用法的比例分布

项目	国语语料		
	总用例	指代用例	标记用例
那	681(100%)	226(33%)	455(67%)
那个	296(100%)	80(27%)	216(73%)
这	158(100%)	72(46%)	86(54%)
这样子	54(100%)	7(13%)	47(87%)
这个	27(100%)	9(33%)	18(67%)

从表2可以看出,在"台湾国语"对话体里,指示词较虚的标记用法全面高于较实的指代用法。其中最为明显的是"这样子",它的标记用法占总用例的87%,这说明"这样子"的虚化程度已经较高。本文以下讨论主要涉及指示词较虚的标记用法,称之为"指示标记"。

三、"台湾国语""那"高于"这"现象之解释

"这和那,一个近指,一个远指,本是对峙的"[①]。如例(1)里,A用"这个",而B在应答语里用"那个",这说明B认为"鱼丸"是离他较远的东西。该例中的"这个""那个"都是实指的。

(1) A:这个鱼丸要不要？ B:那个不要。(国)

距离远近是"这、那"使用分布的差异之一。我们注意到,虽然时空与心理距离的远近并不是解释"台湾国语"对话体里"那"高于"这"的关键因素,但是不论何种因素,它都应该由"这、那"距离上的本质差异衍伸出来。

---

① 吕叔湘、江蓝生:《近代汉语指代词》,上海:学林出版社,1985年。

(一) 对话体应答句有利于"那"出现

在应答句句首,"那"的使用占绝对优势,例如:

(2) A:万一不能〈通过签证〉呢?

　　B:再排一次啊。

　　A:那你来得及吗?(国)

例(2)里"那"不能被"这"替换。尹世超、孙杰称这类用法的"那"为"那"字应答句①。尹和孙指出"对话双方彼此交谈,彼远己近,因此,指彼及彼之所言倾向选用带有远指语义痕迹的'那',指己及己之所言倾向选用近指语义痕迹的'这',彼此之间既可用'那'也可用'这',这是应答句首'那'使用频率高于'这'的基本理据"。受此启发,我们认为正是因为彼(新信息、新内容)高于此(旧信息、旧内容),"那"的使用频率才有机会高于"这"。

另外,我们还可以这样来分析例(2),其中的"那你来得及吗?"可看作是假设推理句"如果你再排一次,那你来得及吗?"的省略说法,"那"为推理标记,暗示话题由现场话题推导出下一个话题,而"这"不具备这种用法。"那"为推断关系词②。这种"那"的语法化进程要比"这"快③。毕永峨④的研究也显示,远指的"那"因语法化、词汇化与习语化而激增口语用法。我们在观察语料时还发现,二者紧相连用时只能是"那这",而不能是"这那",这种序列里的"那"也是推断关系词。如例(3—4)。

(3) A:图书馆关门了?　B:那这可怎么办?(国)

(4) 刘星:乖乖女。你放心,我是不会欺负你的。这一点我可以
　　　　向你保证。
　　小雪:原来我就是不受别人欺负呀。那这个生存起点也太

---

① 尹世超、孙杰:《"那"字应答句》,《语言文字应用》,2009 年第 1 期,第 60—68 页。
② 李晋霞:《"这么""那么"的逻辑关系差异探析》,《语言教学与研究》,2011 年第 3 期,第 51—58 页。
③ 尹世超、孙杰:《"那"字应答句》,《语言文字应用》,2009 年第 1 期,第 60—68 页。
④ 毕永峨:《远指词"那"词串在台湾口语中的词汇化与习语化》,《当代语言学》,2007 年第 2 期,第 128—138 页。

低了吧。(家)

(5) A:我中午不能一起去啦。

B:那晚上吧?

A:晚上我约了阿文,你约静怡吧?

B:喔,那好,那我约她,那我就只买两张票了。(国)

例(5)比较特别,在应答句里用了4个"那"字。这种表应答推理的"那"应该是"那"频率偏高的一个重要因素。"那"为推理标记可以从句法上进行验证,该类的"那"用于"既然……那(么)……"基于现实进行推理的构式和"如果……那(么)……"基于假设进行推理的构式都比较自然。

毕永峨论证了对话语体里"那个、那种、在那边"等词串频率高于"这个、这种、在这边",但在书面语里却没有这种现象。我们统计发现,"台湾国语"对话体里单用的"那"也多于单用的"这"。所谓"单用"是指"这、那"不参与构词,或者不构成惯用性词串。像"这个、这么、这样、这种;那个、那么、那样、那种"等用例里面的"这、那"都是非单用性质的。"这、那"后面直接出现名词或者紧接小句才是单用性质的,如"那你什么时候来"等。如何解释这种现象呢?"不同的语体有不同的语法"[1],"语体区分不仅仅是口语和书面语的二极对立,任何一种语体因素的介入都会带来语言特征的相应变化"[2],不同语体条件会影响"这""那"的不对称。在讨论"这""那"不对称的论著中,传统研究大多不分语体条件。即便是分语体的探讨,如果是仅仅限于口语语体与书面语体的区分,那结论似乎也不够精确。方梅认为"保持话题的连续性倾向于用'这'",我们认为这条规则应该是在独白体情况下更为适用。如果是对话体,单用的"那"却比"这"要多些,独白体与对话体的本质差异是,独白体需要更多的接续标记;而对话体则较少,对话体主要依靠角色互换、话轮转换、推理标记等方式维持话语进行。"那"是有效的推理标记,因此,对话体里单用的"那"高于"这"也就顺理成章了。

---

[1] 张伯江:《功能语法与汉语研究》,《语言科学》,2005年第6期,第42—53页。

[2] 张伯江:《语体差异和语法规律》,《修辞学习》,2007年第2期,第1—9页。

（二）新信息、话题跳跃与弱社会化程度有利于"那"出现

1. 新信息、话题跳跃有利于"那"出现

首先，从对话体的性质来看，对话是说话双方的信息交流过程，往往会出新信息，而新信息的出现需要一定的标记手段。新信息相对于旧信息来说，其可及性、熟悉性、现实性、在场性都要差一些，新信息选择远距性的"那"作为标记较为自然。而"这"能"把一个新信息做成一个像旧信息的形式"①，这说明"这"表现新信息是有标记的。对此，我们可以用标记颠倒理论来说明②，请看表3：

表3 "这""那"的标记配对模式

项目	旧信息	新信息
这	无标记	有标记
那	有标记	无标记

从新旧信息来看，我们发现《家有儿女》与"国语语料"的语料性质确实不尽相同，至少表现在两个方面：第一，话题熟悉度不同："家有儿女"的话题多是生活中家长里短性质的，对话内容大多是熟悉的，至少不会出现太大的跳跃性，因此出现旧信息的可能性比较大。但是"国语语料"里的话题就比较难以控制，话题跳跃性比较大。第二，参与人角色不同，《家有儿女》里多是父母与子女、父母之间、子女之间的对话，他们彼此相当熟悉，因此旧信息产生的可能性和旧信息量都比较大。"国语语料"里，大多是大学生之间的对话，大学生是思维最为活跃的群体之一，专业不同、个性不同等等都会导致他们所谈论的话题比较容易产生跳跃性，因此出现新信息的可能性也就比较大。试分析例(6)：

---

① 刁晏斌：《试论海峡两岸语言的微观对比研究——以"而已"一词的考察分析为例》，《北京师范大学学报》（社会科学版），2012年第4期，第44—51页。

② Chafe, W., *Discourse, Consciousness, and Time*, Chicago: University of Chicago Press, 1994, pp. 15－21.

(6)（背景：几个学生在火锅店吃饭）

　　A：我们怎么凑巧都被烫到手了。

　　B：啊，这出敢〈这么〉好看。（看电视）

　　A：还不错耶，很感动。

　　B：啊，主角叫什么名字？

　　A：主角叫尼莫吧？

　　C：@@，是另外一个吧。

　　A：尼莫是小丑鱼对不对。

　　C：对，海底总动员，<u>那</u>一只叫……

　　B：为什么中华队会赢？

　　A：嗯，将士用命［人家］。

　　D：［应该是］日本失策吧。

　　B：我就是想看这出。

　　A：另外一场谁跟谁打？

　　B：古巴〈佮〉。

　　D：荷兰吧。

　　B：一二名啦。

　　A：一二名不好看。

　　B：不好看喔。

　　A：<u>那</u>个<u>那</u>个跟谁……，澳洲。

　　C：荷兰啦。

　　D：靠<u>那</u>两个港口跟机场就赚翻了。

　　C：这一家的饼也比较好吃。

　　A：对，新鲜对不对。

　　C：上次<u>那</u>个为什么不好吃。（国）

例(6)是四个大学生之间的对话，短短不到300字，一共出现了4次话题跳跃，从"火锅"到"电视主角"到"足球队"再到"火锅店的美食"。在这个简短的对话里一共出现了5次"那"，而且这5次"那"都在话题跳跃后出现。可见，"那"的出现与话题的跳跃（陌生话题）或者新信息的出现有着较为密切的关系。

2. 弱社会化程度有利于"那"出现

"这""那"的使用倾向还与说话人社会化程度密切相关。郭凤岚①对北京话语用标记"这个""那个"进行了社会语言学分析,认为"这个"是强社会化标记,"那个"是弱社会化标记,"那个"是学生常用的语用标记。所谓社会化是指"一个人出生后由自然人变成了社会人即具备了社会属性,随着个人的成长则开始了社会化进程,社会化是一个社会性个体从小到大与社会不断接触的过程"②。我们发现"国语语料"大多是学生与学生、老师与学生的对话,学生对话出现较多。学生群体尚未步入社会直接参与社会工作,因此其社会化程度较低,属于弱社会化群体。这也应该是"那"高于"这"的因素之一。台湾学者也认为当代台湾学生群体非常频繁地使用"那、那个"。

(三) 非现实事件有利于"那"出现

现实事件里的对象倾向于用"这",非现实事件里的对象倾向于用"那"③。杨玉玲(2006)指出"这"回指上文现实性的陈述,包括习惯性行为;而"那"回指虚拟性假设或主观意愿而非事实④。我们认为非现实事件至少有两种情况:

第一种是虚拟事件,方梅⑤认为"'那'和'这'都可以用于'跟……一样'和'跟……似的'这样的非现实框式,因此'现实性'不足以解释用'那'还是'这'"。我们统计上述两个语料发现,鲜有非现实框式出现。我们再简单检索北大 CCL 语料库中"(像)＄4(这样)〈6359〉"和"(像)＄4(那样)〈6625〉"(＄4 指跨距小于等于 4),发现"这""那"在这类构式里数量相当。但是在"如果……X……"构式里,"那"高于"这"是显而易见的。我们认为"像"字构式、"跟……一

---

① 郭凤岚:《北京话话语标记"这个""那个"的社会语言学分析》,《中国语文》,2009 年第 5 期,第 429—437 页。
② 同上。
③ Tao Hongyin, "The grammar of demonstratives in Mandarin conversational discourse: a case study", *Journal of Chinese Linguistics* 27.1, pp.69—103.
④ 杨玉玲:《单个"这"和"那"篇章不对称研究》,《世界汉语教学》,2006 年第 4 期,第 33—41 页。
⑤ 方梅:《指示词"这"和"那"在北京话中的语法化》,《中国语文》,2002 年第 4 期,第 343—356 页。

样"和"跟……似的"等都是隐喻性构式,隐喻的本质特点是由此及彼,由近及远,从已知推导未知,这恰好符合了"那"表现新信息的无标记性和推断关系词的特性。

第二种是将然事件,如例(7),表示将然的"那"不能被"这"替代。

(7) 等我到了美国,那时候再说吧。(国)

(四) 小结

1. 多维度动因之间的地位差异性

上述分析主要从四个维度解释了"台湾国语"对话体"那"高于"这"现象,这四个维度是:A)对话体应答句有利于"那"出现;B)新信息、话题跳跃有利于"那"出现;C)非现实事件有利于"那"出现;D)弱社会化程度有利于"那"出现。我们认为 A 至关重要,它对 B、C 都有影响,而 D 则是具体的外围性动因。认为 A 至关重要有两重证据,第一个是间接证据,毕永峨[①]已指出"台湾国语"书面语体里"这"依然高于"那"。第二个是直接证据,我们对台湾作家琼瑶的两部作品进行了统计,具体数据如表 4。这两部作品风格不尽相同,《月朦胧鸟朦胧》带有半对话体性质;而《剪不断的乡愁》则带有回忆体性质,属于书面记叙文。从表 4 可以看出,《月朦胧鸟朦胧》里"那"高于"这";而《剪不断的乡愁》里"这"却远远高于"那"。上述数据充分说明一个事实,到目前为止,"台湾国语"里,确实只有在对话体里"那"才高于"这"。

表 4 琼瑶两部作品里"这"与"那"出现的频率差异

项目	《月朦胧鸟朦胧》	《剪不断的乡愁》
这	611	1002
那	712	472
这个	70	67
那个	68	27

---

① 毕永峨:《远指词"那"词串在台湾口语中的词汇化与习语化》,《当代语言学》,2007 年第 2 期,第 128—138 页。

2. 具体多维动因之间的关联性

多维度动因之间是互相关联的。从时空远距离到心理远距离，是距离象似性原则的自然投射。旧信息在人们心中的可及性高，心理距离拉近；而新信息则比较陌生，可及性偏低，心理距离较远。低社会化人群接触到的信息和所谈论的话题容易处理为新信息，心理距离也较大；高社会化人群接触到的信息多，所谈论的事情也较容易处理为旧信息，因此心理距离也较近。现实事件容易处理为旧信息，时空距离、心理距离都比较近，可及性也比较高；非现实事件容易处理为新信息，时空距离、心理距离比较远，可及性也就比较低。上述多种因素的共同作用下，导致"台湾国语"对话体里"那"高于"这"。

四、"台湾国语"对话体后置标记"这样子"的语用功能

前文论述了"台湾国语"对话体"那"高于"这"现象，但当中并不包括"这样子"。统计数据显示，"国语语料"里"这样子"54例，而《家有儿女》中"这样子"仅出现1例，如例(8)。该例的"这样子"回指"假扮的妈妈如何教育孩子"，为实指，可用"这样"替换。

(8) 假扮的妈妈：您打他是为了他以后少挨打，您骂他是为了他以后少挨骂，……
马老师：呵……我看，这样子不好吧，难道您对夏雨就是这样吗？（家）

相比之下，"台湾国语"里"这样子"的语用功能则更富有特点。"台湾国语""这样了"与"这样"不尽相同，构式语法和认知语义学的研究成果显示，结构无同义原则与词汇无同义原则无处不在[①②]。"这样子"与"这样"形式不同，是互不相同的单位，它们自身具有独特的功能。虽然二者都可以用于句中，用来回指上文，如例(9—10)，但

---

① Goldberg, Adele, *Constructions: A Construction Grammar Approach to Argument Structure*, Chicago: Chicago University Press, 1995.
② Hamawand Zeki, *Morpho-Lexical Alternation in Noun Formation*, New York: Palgrave Macmillan, 2008.

是"这样子"最重要的功能是句末后置用法,后置的"这样子"其回指义非常弱,如例(11—13)。例(11)"这样子"为内涵指代,因为老师是什么样子,其内涵很难用一两句话描述,用较为抽象的"这样子",则较为简约概括。例(12)"这样子"为观点指代,表示说话人所陈述的理由、观点,可以被"这样"替代。例(13)也为观点指代,但该例的"这样子"不能被"这样"替换。

(9) ……啊你这样……骑车回公司再回……图书馆吗?(国)

(10) 至少不要打扰到其他人,这样子就好。(国)

(11) 是另外一个样子啦,我觉得老师就是这样子。(国)

(12) A:买一只〈烤鸭〉还分两个袋子。

B:可能他家缺垃圾袋。

C:会不会是帮邻居买的。

A:可能是这样子吧,他可能是想分两盘吧,餐桌上分两盘比较好看。(国)

(13) A:喔……所以你觉得你考试有点失常。

B:不是考试失常……我觉得……这次题目是……我觉得……我觉得……还可以接受的范围……就是不会让我觉得说……就是跟我准备的方向差很多……这样子……。(国)

进一步分析可知,例(12—13)里"这样子"主要在篇章及交际互动层面发挥作用。例(12)的"这样子"具有引发后续话语的功能;而例(13)的"这样子"则比较特别,它总是出现在语调单位(intonational unit)的末端,并伴随着语调的终止而终止。当说话人准备结束自己的一段话语,交出话轮时,通常会发出一定的讯号来提示听话人,如停顿、体态语(如扬头、摊手),包括用语言来表达,这些讯号通常被称为话轮结束标记。"这样子"就是话轮结束标记之一,它既表示一段话的结束,也增强了篇章的连贯(discourse coherence),并且凸显前述信息的重要性,藉此吸引听话者的关注。"这样子"在表示自己话语结束的同时,还表示对前述言语行为的一种呼应。

重新分析可以导致语法化,也可以导致词汇化。从词汇化角度来看,"这样子"最初是一个指代短语,内部结构应分析为"[这[样子]]"。但是随着二者句法位置相邻且高频连用,二者语义互相浸染,其内部结构发生了重新分析,结构边界进行了重新调整,作为话轮结束标记的"这样子",其内部结构应该分析为"[[这样]子]"。更是由于高频效应的影响,"这样子"产生了语音连结和紧化现象,如网络词"酱紫"就是证据。语音上的紧化往往对应于句法上的凝固化,这再次说明"这样子"的虚化程度已经比较高了。

另外要说明的是,大陆网络用语中也渐渐流行后置的"这样子、酱紫",但这仅仅限于网络领域,并且多为年轻女性使用。而在台湾,后置的"这样子、酱紫"的使用早已生活化,比如台湾中年男性、老年女性也都较为频繁地使用"这样子、酱紫"。"这样子"在"台湾国语"里已经比较泛化,该词的使用带给人们流行、亲昵的意味。

五、结论与余论

(一) 不同的语体对指示标记的使用有着不同的限制

普通话里,不论口语语体还是书面语体,"这"都高于"那"。但是在"台湾国语"对话体里,"那"却高于"这"。具体原因有以下几点:对话语体、应答句里有利于"那"出现;新信息、话题跳跃与弱社会化程度有利于"那"出现;非现实事件有利于"那"出现。从使用风格来说,"台湾国语"里"这样子"颇具特色,男女老少皆用,是流行、亲昵的后置标记。

(二) 限于篇幅,本文仅仅比较了两岸华语里 5 个指示标记

其他类型的标记还有很多,它们在两岸华语里的功能也不尽相同,这需要今后的细致考察。总之,两岸华语共性大于差异性,对于其差异我们不能人为扩大,但是也不能视而不见。只有多角度、多层面地去考察,才能把两岸华语的比较研究引向深入。

"两个三角"理论与海外华语语法特点的发掘①②

李计伟

一、引言

海外华语教学不同于一般意义上的对外汉语教学。海外华语教学属母语教学,是汉语教学、也是汉语国际教育最为重要的部分。李宇明指出:"有计划地调查海外华语的语言面貌,并用之于华语教学,是发展华语教学的基础工程。过去对海外华语状况曾经有些研究,但还不够系统、不够全面,而且也较少探究这些研究成果如何有效地用于华语教学。"③

关于海外华语的整体面貌,郭熙坦言:"海外华语的面貌究竟怎样,目前研究还很不够。"④在语音、词汇和语法三个系统中,语音系

---

① 本文是2011国家社科基金重大项目"全球华语语法研究"(编号:11&ZD128)的子项目"马来西亚华语语法研究"和国家语委"十二五"科研规划项目"海外华语使用情况调查"(编号:WT125-2)的成果之一。本文在写作过程中曾跟郭熙教授和祝晓宏博士交流过,暨南大学华文学院2009级本科生胡家榕、林培芬、李佳敏、胡佩敏、许晓玲等来自闽、粤方言的学生核实了本文提到的两个格式在闽语潮汕方言和粤语中的使用情况;在此对他们们表示衷心感谢。

② 本文未标明出处的例子,均来自暨南大学海外华语研究中心"东南亚主要华文媒体语科库",特此感谢。

③ 李宇明:《海外华语教学漫议》,《华文教学与研究》,2009年第4期。

④ 郭熙主编:《华文教学概论》,北京:商务印书馆,2007年,第44页。

统性强且单位有限,各地华语语音特点如何,较易识别。词汇方面,李宇明教授主编的《全球华语词典》的出版让我们对华语词汇面貌有了深入的认识。相形之下,海外华语语法特点的研究则显得单薄很多。关于海外华语语法和普通话的不同,郭熙[①]主要指出了如下四点:①V + Adv:我走先。②"有"+ V:你有吃吗？③V + O+"一下":关灯一下。④"不"的用法同于"没有/未":泰国旅游机构还不发现旅游业受到任何冲击。

我们对海外华语语法特点认识不足,原因主要有两个:一是缺少大规模的华语语料库,尤其是"国别化"的华语语料库;二是没有采用合适的研究方法。随着暨南大学海外华语研究中心"东南亚华语语料库"的开放使用,语料问题得到了部分解决。本文主要针对第二个问题,即华语语法特点的发掘方法。

采用什么样的研究方法,往往取决于研究对象的性质。关于海外华语的性质和特点,周清海有较为清楚的说明[②]:

1949年之后,各地华语与现代汉语标准语分别发展。各华语区保留了"国语"的许多特点,受"国语"的影响是巨大的。各地的华语也没有经历过类似近期中国社会的激烈变革与变化,受现代汉语标准语的影响也很少。各地华语又受到不同外语的影响,各地的社会、经济、政治制度也不同,和大陆的差距更大,因此造成了各地华语之间,各地华语和现代汉语标准语之间出现差异。

华语区,大部分是以南方方言为母语的区域。南方方言里保留了许多古汉语的成分,这些成分比现代汉语标准语所保留的还多。南方方言对华语的影响,是巨大的。中国改革开放之前,华语区的华语,基本上是一种没有口语基础的语言。因此,华语口语里保留了许多书面语的词汇,而华语区的人,也分辨不了口语和书面语的差别。

基于海外华语的这样一种性质和特点,我们认为,由著名语言学家邢福义先生提出的"两个三角"理论是发掘海外华语语法特点的有效方法。"两个三角"即大三角"普—方—古"和小三角"表—里—

[①] 郭熙主编:《华文教学概论》,第47页。
[②] 周清海:《华语研究与华语教学》,《暨南大学华文学院学报》,2008年第3期。

值"。关于"普—方—古"大三角,邢福义指出[①]:"研究现代汉语共同语语法,为了对一个语法事实作出更加令人信服的解释,有时可以以'普'为基角,撑开'方'角与'古'角,从而形成语法事实验证的一个'大三角。'"关于小三角"表—里—值",邢福义先生[②]说:"任何语法事实都存在语表形式、语里意义和语用价值三个角度。"在现代汉语语法研究中,两个"三角"已被证明是行之有效的动态分析方法,本文则想把这一理论应用到海外华语语法特点的发掘上,以华语中的"介词+X+起见"和"以策+X"两个格式为例,证明"两个三角"理论在海外华语语法特点的发掘上的重要价值。

二、"大三角"与东南亚华语中特殊的"介词+X+起见"格式

在现代汉语普通话中,"为了+X+起见"是使用频率较高的一个格式,这一格式很多时候可以说成"为+X+起见",偶尔也可以说成"为着+X+起见",或者干脆把"为(了)"等略去。这些格式,在东南亚华语中也都存在,例如:

(1) 但是<u>为了公平起见</u>,公务员未来退休金的净值,也必须重新估算。

(2) 虽然产品在香港本地市面没有发售,但<u>为谨慎起见</u>,卫生署已将个案通知内地和澳门有关部门。

(3) 悼念本会文化斗士刘振文先生,郑国才主席宣言默念一分钟,息念之后,郑主席报告自从接任以来的各种活动,任劳任怨,都是<u>为着会务起见</u>,最大的目的是为了发扬中华文化及拓展会务活动,即使辛苦一点,毫无怨言。

(4) 而且国米还雪藏了伊布、萨穆埃尔和达科特3员大将,因为他们身后各有黄牌在身,<u>保险起见</u>休战一场,以应付此次的德比大战。

[①] 邢福义:《汉语语法学》,长春:东北师范大学出版社,1996年,第463页。
[②] 同上书,第439页。

从使用频率上说,"为了+X+起见"最为常见,"为+X+起见"次之,"为着+X+起见"和"X+起见"用例很少。这与现代汉语普通话是一致的。

除此以外,在东南亚华语中,介词"基于""以""因为""鉴于""由于"等也能与"起见"组成"介词+X+起见"格式,这五个格式不见于现代汉语普通话,我们称之为东南亚华语中特殊的"介词+X+起见"格式。根据我们对暨南大学海外华语研究中心东南亚华语语料库的检索,这五个特殊格式用例不多,其中"基于+X+起见"5例,"以+X+起见"2例,"鉴于+X+起见"、"因为+X+起见"和"由于+X+起见"均为1例。例句如下:

(5) 据报道,印度尼西亚保安部反恐怖主义调查科主任安贝将军告诉广播电台,当局是<u>基于谨慎起见</u>,才一直拒绝承认回教祈祷团同巴厘岛爆炸案有关。

(6) 他说:"他们了解我所面对的困境,并<u>以国阵整体的利益起见</u>,同意让我加入砂拉越人民党。"

(7) 他指出,小贩每个月都有付摊格租金,为了方便小贩营业,市政局理应开电灯,其次是<u>因为安全起见</u>,毕竟该地方比较偏僻,若晚上漆黑一片,恐会引起罪案问题。

(8) 特别是介于浮罗新路及浮罗市区4英里处也发生严重的树倒及山崩,<u>鉴于安全起见</u>,当局也宣布把该路段从9月7日关闭至9月9日,有待当局调查以确定其安全水平有否威胁到交通使用者的安全。

(9) 罗立介绍,<u>由于谨慎起见</u>,该书出版时首印仅四万册,不料上市之后反响极好,连续加印,至今总印数已近30万册。

通过"华-普"对比,这些东南亚华语独有而现代汉语普通话所无的"介词+X+起见"格式应该被视为东南亚华语语法的特点。但是这些格式在汉语南方方言和古代汉语中存在不存在呢?要对海外华语语法特点有深入地了解,还必须撑开"方"角和"古"角。

先看"方"角。"新加坡华族以华语为母语的人极少。大多数华人的母语属于中国南方的方言。其中以闽、粤方言的人口最多。"①鉴于华语受闽语、粤语等南方方言影响这一事实,我们就这些格式对暨南大学华文学院应用语言学系南方方言区的学生进行了一次调查。来自闽语潮汕方言的学生使用过或听到过这样的格式。

再看"古"角。从唐至《新青年》的汉语文献中,能与"起见"一起构成"介词+X+起见"格式的介词多达十三个,史金生②提到了"从""由""为""因""因为""以""依"等七个,除此以外,我们还发现了"自""于""在""就""缘""凭"等六个。每个介词举一例如下:

(10) 人不识答,遂<u>依言起见</u>,不知乃自答,尔何有旨趣耶?(宋赜藏《古尊宿语录》)

(11) 因思古所称社稷臣者,决<u>不于自身起见</u>,决<u>不于格套起见</u>,并<u>不于道理起见</u>,去此三见,方是真道理。(明高攀龙《与杨大洪中丞三》)

(12) 子路何故<u>在朋友上起见</u>?子路勇于义,然诺不渝,精神多映切在朋友身上,于民胞物与未尝不知此理,尚烦推致耳。(明刘宗周《论语学案》卷三)

(13) "见"是性体自见,非<u>缘识起见</u>,如<u>缘识起见</u>,则善与过须着几番比量较勘,方得如何合下便见得如此分晓。(明魏浚《易义古象通》卷六)

(14) 如所演之剧,人系吴人,则作吴音,人系越人,则作越音,<u>此从人起见者也</u>。如演剧之地在吴则作吴音,在越则作越音,<u>此从地起见者也</u>。(清李渔《闲情偶寄·演习部》)

(15) 当<u>由风力起见</u>,如一室之中有南北二牖,风从南来,则宜位置于正南,风从北入,则宜位置于正北。(清李渔《闲情偶寄·器玩部》)

(16) 我这番撙撥,原<u>为你终身起见</u>,不是图他的谢礼。"(清李渔之《十二楼》之《拂云楼》)

---

① 云惟利:《新加坡社会和语言》,新加坡:南洋理工大学中华语言文化中心,1996年,第4页。
② 史金生:《目的标记"起见"的语法化——兼谈汉语后置词的来源》,中国语文杂志社编:《语法研究与探索》(十三),北京:商务印书馆,2006年。

(17) 圣人之见天道,<u>不自天道起见</u>也。(清张尔岐《老子说略》卷下)

(18) 若水凝为冰,冰释为水,有何不同?缘张子只是<u>就聚散上起见</u>,认理气原不分明,故有此语。(清陆世仪《思辨录辑要》卷二十六)

(19) 其<u>以功利起见</u>者,才臣之言也。<u>以民社起见</u>者,忠臣之言也。<u>以义理起见</u>者,纯儒之言也。(清朱荃《第二问》)

(20) 苟能不与中官作缘,不<u>凭恩怨起见</u>,不以宠利居成功,不以爵禄私亲昵,而任一二大事不惊,料一二大事不惑,自足以起皇上敬信。(清孙承泽《春明梦余录》卷二十四)

(21) 皇上优加奖赏,恐各将并不知<u>因鼓励起见</u>,致启侥尤倖幸之心,于军纪兵情颇有关系,故敢据实直陈奏入。(清《钦定平定金川方略》卷六)

(22) <u>因为顾全全国利益起见</u>,中央政府不得把中央管理来代替地方管理。(《新青年》第七卷二号《美国城市自治的约章制度》)

可以发现,东南亚华语中的"以+X+起见"和"因为+X+起见"也见于近代汉语。在近代汉语中有"由+X+起见",在东南亚华语中有"由于+X+起见"。"基于+X+起见"和"鉴于+X+起见",既不见于近代汉语,也不见于早期现代汉语文献,为东南亚华语所独有。现代汉语标准语中,除了"为(了)+X+起见"格式以外,其余的十几种全都消失了[①]。通过这种对比,我们可以看到,较之现代汉语,受汉语南方方言影响的华语不仅保留了较多的古汉语现象,而且还有自己发展出来的独特用法。

据史金生[②],"介词+X+起见"中的"起见"最初是一个动宾结构的短语,"起"是"产生"的意思,"见"就是"见解、看法"的意思,那么"起见"的意义就是"产生见解、看法"。我们可以由此出发,对东南亚

---

① 史金生:《目的标记"起见"的语法化——兼谈汉语后置词的来源》,中国语文杂志社编:《语法研究与探索》(十三),北京:商务印书馆,2006年。

② 同上。

华语中特殊的"介词＋X＋起见"格式进行解释。"以＋X＋起见"中，介词"以"表示凭借、原因。拿例(6)来说,"以国阵整体的利益起见"就是以"国阵整体的利益"为"产生见解"的凭借、基点,具体的见解就是"同意让我加入砂拉越人民党"。介词"因为"表示"原因",所以"因为＋X＋起见"跟"因＋X＋起见"一样,是"因 X 而产生一个见解、看法"的意思。拿例(7)来说,"他指出,小贩每个月都有付摊格租金,为了方便小贩营业,市政局理应开电灯,其次是因为安全起见,毕竟该地方比较偏僻,若晚上漆黑一片,恐会引起罪案问题","市政局理应开电灯"就是因为"安全"而产生的一个见解。"基于"表示"根据、凭借",拿例(5)来说,"一直拒绝承认回教祈祷团同巴厘岛爆炸案有关"就是"基于谨慎而产生的一个见解"。根据《现代汉语词典》(第五版)的解释,介词"鉴于"的意思是"表示以某种情况为前提加以考虑",那么"鉴于＋X＋起见"也就是"以 X 为前提而产生一个见解、看法"的意思了,拿例(8)来说,"把该路段从9月7日关闭至9月9日"就是"以安全为前提而产生的一个见解、看法"。介词"由于"表示"原因或理由",拿例(9)来说,"该书出版时首印仅四万册"就是"由于谨慎而产生的一个见解"。

三、大小"三角"与东南亚华语中的"以策＋X"格式

周清海[①]在谈到"华语的不稳定因素"时说:"由于汉字的特性,可以直接把一些古语词搬到现代汉语里来,也可以直接将古汉语的词作为构词语素,构成现代汉语的新词。""古汉语的词语,和现代汉语还是有分别的,如果没有必要地将古汉语和现代汉语混用在一起,也是不好的。"周先生提到了"警方劝请公众远离这些路段,以策安全。"对于其中的"以策安全",周先生说:"可以换用'为了安全',并且提到句子前面。"很显然,周先生是把"以策安全"当成了"没有必要"的"古汉语和现代汉语混用在一起"的例子了,即"以策"是古汉语的,

---

[①] 周清海:《华语研究与华语教学》,《暨南大学华文学院学报》,2008年第3期。

而"安全"是现代汉语中很常用很口语化的一个词,如此混搭,是不合适的。

根据我们对东南亚华语语料库的检索,"以策安全"较为常见,在"以策"的174条有效检索结果里面,有161条是"以策安全"的用例。让我们从特殊一点的"以策+X"开始论述,看"以策+X"的语用价值是否跟"为了+X"一样:

(23) 他认为,为了一劳永逸解决危楼学校问题,教育部应将"零度木板校舍"订为短期目标,把全部现有的木板校舍,全以砖瓦取代,<u>以策师生的安全</u>。

(24) 菲律宾南部虽然不时发生武装冲突,但目前为止马尼拉尚未接到任何可能受袭警报,惟主办单位会继续加强会场保安,<u>以策万全</u>。

(25) 马进禧表示,虽然卫生部及兽医局均有对长肉剂进行检测,大马禽总为防万一,也决定展开自律行动检测农场的长肉剂,<u>以策对消费者安全</u>。

(26) 一般上,卫生部是取肉类进行检测,兽医局则取尿液检查,大马禽总除了取尿液及排水,也将抽取饲料及添加剂(维他命及矿物质),<u>以策达到零度长肉剂</u>。

(27) 有评论说,人气高的麻生转任党务,可以在大选时发挥助阵效应,<u>以策万一</u>。

例(23)、例(24)和例(26)中的"以策+X"换成"为了+X"并提前没有问题,但例(25)和例(27)则不能接受了,因为"为了对消费者的安全"和"为了万一"我们是不说的,华语语料库中也没有这样的用例。

"以策+X"这样的格式,不仅仅出现在东南亚国家的华语中,在中国大陆和港台等地近年来的报纸、杂志等媒体语料中也有很多这样的用法。需要说明的是,从语料出处及内容所反映的地域来看,主要分布在港台和大陆的东南沿海,如广东、福建、上海等地。鉴于这一地域限制,我们对暨南大学华文学院应用语言学系来自南方方言区的本科生进行了调查,来自闽语潮汕方言和粤语区的学生表示经常听到或看到"以策安全",不过这一用法比较书面化,口语中较少使用。

首先来看"以策安全"和"以策万全"。例(28)一例(32)来自人民网,例(33)和例(34)来自北京大学中国语言学研究中心现代汉语语料库:

(28) 如有需要,会在车轮上加装铁链,<u>以策安全</u>。(《香港大批市民离港旅游过圣诞》,2010年12月24日人民网)

(29) 该负责人称,市民在不了解土壤环境的前提下,不要贸然种植食用蔬菜,而为了健康和安全起见,可以将蔬菜先送到检测中心进行检测,或者对种菜的土壤进行检测,<u>以策万全</u>。(《居民人行道边自辟"开心农场",市民有赞有弹》,2010年11月23日《广州日报》)

(30) 亚运期间,白云机场将采取特别举措<u>以策安全</u>。(《亚运期间广州白云机场将实施"二次安检"》,2010年8月18日《南方日报》)

(31) 试运行期间请广大乘客予以注意,<u>以策安全</u>。(《上海地铁增设站台安全门,2号线人民广场站试运行》,2009年07月01日人民网)

(32) 检察机关办案工作区专门建立了举报人的临时庇护区,里面为举报人提供短期的免费食宿、阅读、上网、健身等设施,还有法警24小时值勤,<u>以策安全</u>。(《重庆探索保护举报人新举:密室举报,贴身法警保护》,2010年07月08日《重庆日报》)

(33) <u>以策安全</u>,姜宝缘再问:"这就是说,我没有甚么对你不起?"(梁凤仪《激情三百日》)

(34) 为了保险起见,泰斯把箱子上了锁,并且把钥匙塞进卡拉蒙的衣服里<u>以策安全</u>。(当代翻译作品《龙枪传奇》)

例(28)、例(31)和例(32)与周清海先生所举的例子一样,"以策安全"位于句末,并且用逗号与其前的小句隔开,来表示"目的",并且基本上都可以把"以策安全"换成"为了安全"并提到句子前边去。例

(33)竟然直接置于句首,与"为了安全"的用法无异。上面的例子中,例(34)就不能把"以策安全"换成"为了安全"并提到句子前边去:

(34')＊为了保险起见,泰斯把箱子上了锁,为了安全,并且把钥匙塞进卡拉蒙的衣服里。

(34")？为了保险起见,泰斯把箱子上了锁,并且为了安全,把钥匙塞进卡拉蒙的衣服里。

在(34')中,如果把"为了安全"插在"并且"这个连接词之前,整个句子就不能接受了,因为这使得"并且"这个连词上无所承,很突兀,整个句子就显得很松散。例(34")勉强可以接受,但是恐怕在现实语料中我们很难找到这样的用例,因为前边已经有了"为了＋X＋起见"这一表示目的的格式,后边如果再跟一个"为了＋X"格式,显得重复,同时也使得句子不够紧凑。

邢福义[①]指出,"小三角"理论认为,一个语法单位能够在语言系统中存在,在语言交际中承传,必定有其语用价值上的根据,否则便会被淘汰。从上述用例可以看出,"以策＋X"在句子中的位置不仅仅前加逗号位于句末一种,X 也不限于"安全"一词,可以出现多种类型的词语和结构。更为重要的是,"以策＋X"并不是都像周清海先生所说的那样,可以由"为了＋X"替换并提前。不管是在东南亚华语中,还是在大陆和港台的用例里面,它都不是"为了＋X"所能完全代替的。这说明从小三角"表－里－值"来看,"以策＋X"具有独特的语用价值。

前文提到,"以策＋X"在大陆主要分布在东南沿海。但是我们却发现,在建国以前和建国初期的文献中,"以策＋X"有少许用例,来看:

(35)3月,韩德勤以 8 个团兵力进攻新四军淮南路东根据地中心半塔集,陈毅急令叶飞率挺纵主力驰援;自己冒险三进泰州,缓和挺纵与二李的矛盾,<u>以策挺纵后方的安全</u>。(《陈毅大事年表(1931 年—1940 年)》)

---

① 邢福义:《汉语语法学》,长春:东北师范大学出版社,1996 年,第 463 页。

(36) 二、六、十、苏十一等四个纵应以两个纵位于固城以北休息,准备随时供刘陈邓使用,为解决黄维的总预备队,<u>以策万全</u>。(《军委关于歼灭黄维兵团后全力解决邱清泉、李弥、孙元良部给刘伯承等的指示》,1948年11月30日)

(37) 下游开辟入海,以利宣泄,同时巩固运河堤防,<u>以策安全</u>。(《政务院关于治理淮河的决定》,1950年10月14)

(38) 河北水系以永定、潮白、大清河为重点,整理堤防,疏浚下游及入海海道。并积极勘测上游水库和研究水土保持,<u>以策根治</u>。(《中财委1950年水利工作总结和1951年方针任务》)

在北京大学中国语言学研究中心现代汉语语料库中,检索到的"以策+X"用例一共有9条,从出处及内容来看,均来自港台作家作品、海外作品或者翻译作品,如例(33)和例(34)。这说明建国初期以后,"以策+X"在大陆文献中近乎绝迹了。建国以前和初期有使用,然后就消亡了,近年在南方汉语中使用范围又有扩大的趋势,这是"语言与社会共变"之一例。周清海[①]说,1949年之后,各地华语与现代汉语标准语分别发展。各华语区保留了"国语"的许多特点,受"国语"的影响是巨大的。各地的华语也没有经历过类似近期中国社会的激烈变革与变化,受现代汉语标准语的影响也很少。……中国改革开放之后,引进自由市场经济,建设有自己特色的社会主义社会,语言,尤其是词汇,发展变化非常大。各地华语与现代汉语标准语的相互冲击与交融的情况,是前所未有的。诚如周先生所说,建国以前和建国初期大陆文献中的"以策+X"是承"国语"而来,建国以后由于独特的环境,汉语过于口语化,使得"以策+X"这个书面语或者文言色彩较浓的格式就消失了,而东南亚华语中一直秉承"国语",并且东南亚华语很多人使用闽语、粤语等南方方言,而这些方言中也有"以策+X"格式的使用,这使得东南亚华语中"以策+X"的使用延续至今。关于这一点,还有一个证据,那就是在现在的"台湾国语"中,"以策+X"还有使用,比如在台湾的车辆上,经常能看到"保持车距,

---

[①] 周清海:《华语研究与华语教学》,《暨南大学华文学院学报》,2008年第3期。

以策安全"的用语。

下面让我们把目光转向"古"角,通过对"以策＋X"格式的溯源,来分析其在语篇中如此分布及具有跟"为了＋X"不同之语用价值的原因。根据对文献的考察,我们认为"以策＋X"格式中的"策"应该是"筹划、谋划"的意思,下面来看几个"以""策"连用的例子:

(39) 汤辞谢,曰:"将相九卿皆贤材通明,小臣罢癃,不足以策大事。"(东汉班固《汉书》卷七十)

(40) 今百辟之中,有谋可以策国,勇可以荡寇。(后蜀林罕《上蜀主求贤书》)

(41) 不如退军高邑,诱敌出营,扰而劳之,可以策胜也。(宋欧阳修《新五代史》卷二十五)

(42) 古之用兵者,必因地形制方略,然后可以策胜败之算,运奇正之谋。(宋欧阳修《赐西京作坊使知麟州王庆民奖谕敕书》)

吕叔湘先生谈到了表示目的的"以":"目的也有专用的表示法①。文言里最普通的是用'以'字。""这个'以'字常连属上文,不读断(字数多时,间有例外)。""策"是"谋划、筹划"的意思,是个动词,所以后跟体词性成分。既然是"谋划、筹划",那一般就有两个目的,一个是达到,一个是避免,所以在华语中,可以有"以策万全",也可以有"以策万一"。"以策万全"是达到万全,"以策万一"是避免万一。而目的介词"为了",后面可以跟体词性成分,也可以跟动词性成分或小句,如果没有明言"避免",一般就是达到。这一点也使得"以策万一"不能换成"为了万一"。

下面来看一个现代汉语起始点文献《新青年》中的一个用例:

(43) 今天下问题之最大者,莫"安全"两字若也,四年以来,维持现状之政象,一以是为指归,帝制论兴至以筹安标党会之名"非是不足以策安全"即其揭橥之根本义,反对者流,又为种种危言以相抗,群言纠纷而各以完全为鹄,则初无二

---

① 吕叔湘:《中国文法要略》,北京:商务印书馆,1982 年,第 404 页。

致,然则安全者殆国论之中心也欤。(《新青年》第一卷四号李亦民《安全论》)

综上,从句法语义上来说,在"以策+X"格式中,"以"是连词,表目的,"策 X"是目的。由于目的连词来源于表示凭借的介词"以",而"以"后允许悬空,这使得在句法分布上,"以"居于主句之后连接目的成分。"策"是动词,是"谋划、筹划"之义,后跟体词性成分。正是"以"和"策"的这些句法语义特点,使得有些"以策+X"不能换成"为了+X"并提前。

在对文献考察的过程中,我们也发现了为数不多的"为策+X"用例,与"以策+X"明显不同,"为策+X"跟"为了+X"和"为了+X+起见"等格式一样,位于句首,甚至在东南亚华语中还出现了"为策+X+起见"的用例:

(44) 渔船每次出海捕捞,为策安全均采取"跟班船"的做法,即出海时一般由5至7条大小渔船组成"跟班船",最多时达10余条船。(《党旗映海别样红——广东汕头南澳县建立海上渔船党支部侧记》,中国共产党新闻网,2009年07月06日)

(45) 当中3名女生更一度出现胸翳及作呕,校方为策安全,急召救护车将3人送院检查,事后证实无碍出院。(《香港女生喷洒内地无牌香水3同学当场作呕》,中国新闻网,2007年03月24日)

(46) 由于此间气象部门发布又有豪雨警讯,为策安全,台湾新竹县灾害应变中心昨今两天强制撤离受"艾利"台风重创的五峰乡清泉、土场两个灾区部落及其他灾区的居民。(《预防艾利:台湾展开最大规模山区居民强制撤离行动》,中国新闻社,2004年08月30日)

上面是我们在人民网检索到的用例,可以看到,主要出现在东南沿海和港台新闻中。

下面来看东南亚华语语料库中的几个用例:

(47) 为策安全,使馆人员立即进行疏散,澳洲警方随即展开调查,警车和救护车随后也赶到,并封锁现场。

(48) 而且<u>为策安全</u>,菲律宾军警也一直和澳洲及美国的安全机构,在收集及交换情报方面保持密切合作。

(49) 另一方面,杜源禧生前就读的学校保阁亚三华小校长胡巧清受询时表示,<u>为策安全起见</u>,该校今天已检查全校学生的出席率,一般上良好,发烧而没上课的学生只是一两个。

(50) <u>为策安全起见</u>,在引爆该枚炸弹时,警方驱赶公众必须远离引爆炸弹的地点约500METER。

四、结　语

当前,我们对海外华语语法面貌的认识还很有限,造成这一状况的原因主要有二:一是语料搜集的困难,二是研究方法的问题。随着暨南大学海外华语研究中心东南亚华语语料库的开放使用,这一问题得到了部分解决。随着国家和语言学界对海外华语研究的重视及汉语的国际推广进程,东南亚以外的华语区语料的获取也将越来越容易。在此需要指出的是,要让海外华语研究走向深入,海外华语语料库也必须走向"国别化"。就海外华语语法特点的发掘而言,以前的研究方法大多是把海外华语和现代汉语普通话进行对比以查其差异,这一方法就无法发掘华语中保留的汉语南方方言的特点以及"国语"的特点。海外华语的语言面貌是发展华语教学的基础工程。对海外华语语法特点认识不足,对我们海外华语教材的编写、海外华语教学语法点的安排与纠偏等均会有一定程度的影响。所以,本文提出,由著名语言学家邢福义先生提出的"两个三角"理论是发掘海外华语语法特点的基本方法,并以东南亚华语中特殊的"介词＋X＋起见"格式和"以策＋X"格式为例,证明"两个三角"理论在海外华语语法特点发掘中的有效性。

"完败"及相关词语的句法语义分析[①]
——以海外华语媒体为视角

杨万兵

一、"完败":华语中的新成员

"完败"是近年来媒体尤其体育相关报道中出现频率较高的一个词语,表示"在球类、棋类比赛中以明显劣势输给对手"的意思,如:

(1) 从欧冠联取得 16 强资格后,红军一度放松使状态有所下滑,先是主场 0 比 1 负于劲旅曼联,随即英联赛杯半决赛又以 0 比 2 完败蓝军[②]。

(2) 亚运首场男足小组赛:中国 0:3 完败日本[③]

由于"完败"与"完胜"在"胜败"义场词语中的对应关系,为行文方便,我们也在相关语料检索时对"完胜"的使用情况进行了初步了

[①] 国家语委"十二五"科研规划 2011 年委托项目"海外华语使用情况调查"(批准号:WT125-2);国务院侨办 2011 科研项目"传承与认同——新形势下海外华文教育策略研究"(批准号:GQBY2011021)。本文承郭熙、胡仕云、汪惠迪等先生提出了宝贵修改意见。《暨南学报》编辑部匿名审稿专家也提出了若干意见,谨此致谢。文中错谬由笔者负责。

[②] 东南亚华文媒体语料库,该语料库由暨南大学海外华语研究中心研发。本文以下例句,如非特别注明,均出自该语料库。

[③] 金羊网,2010 年 11 月 9 日。

解。从检索结果看,北京大学中国语言学研究中心研发的古代汉语语料库中几乎没有"完胜、完败"的用例,可以初步断定"完胜、完败"在古代汉语中很少使用;在现代汉语语料库中,"完胜"有116例,"完败"有6例(2011年12月检索);汤志祥①在体育类新词语中,收入了"完胜"一词,没有收入"完败";苏新春等发现,"完败"在1991—2000年十年间的《人民日报》2亿字的语料中无一用例②。在2005年出版的《现代汉语词典》才将"完胜、完败"收录。这说明,"完胜"与"完败"是汉语中近十年来才产生的新词,"完胜"比"完败"先出现。

在海外华语③④⑤⑥中,"完胜、完败"也大量使用。根据对东南亚主要华文媒体百万规模语料库的检索,在新加坡、马来西亚、泰国的华文媒体语料中,共有"完胜"用例601例,"完败"77例。如:

(3)"欧洲杯"捷克三球完胜丹麦巴罗什名列射手榜榜首。

(4)在足球小组赛中,中国队0比7完败巴西。

(5)魏轶力/张亚雯在今年瑞士公开赛上赢过对手,但在澳门公开赛中完败于这对韩国组合。

(6)纽卡索方面,喜鹊在周中英联赛杯大战以0比2完败阿仙纳,周末又匆匆再战强队,球员身心难免会呈现疲态,本仗作客曼市普遍不受看好。

(7)在慕尼黑一役,德国0比3完败捷克,以双方的实力比拼,即使出现意外,德国也不可能净输3球。

在香港、台湾地区的媒体中,"完胜、完败"也在大量使用。根据对香港、台湾几家主流华文媒体的调查,这两个词的使用十分普遍,主要在体育比赛方面,如:

---

① 汤志祥:《汉语新词语和对外汉语教学》,《语言教学与研究》,2002年第2期,第10—18页。
② 苏新春、黄启庆:《新词语的成熟与规范词典的选录标准——谈〈现代汉语词典〉(2002增补本)的"附录新词"》,《辞书研究》,2003年第3期,第106—113页。
③ 根据郭熙(2004,2006),华语是"以现代汉语普通话为核心的全球华人共同语",陆俭明(2005)也呼吁建立"大华语"概念。
④ 郭熙:《论"华语"》,《暨南大学华文学院学报》,2004年第2期,第56—65页。
⑤ 郭熙:《论华语研究》,《语言文字应用》,2006年第2期,第22—28页。
⑥ 陆俭明:《关于建立"大华语"概念的建议》,《汉语教学学刊》,2005年第1辑。

(8) 今天下午举行的大运会女子排球 B 组中国台北队与乌克兰队的比赛以台北队 3∶0 完胜对手而告终。(中国台湾网,2009—8—23)

(9) 2009 年联合会杯决赛 8 日在意大利结束,美国队 0 比 3 完败于意大利。(侨报讯)

(10) 欧冠:拜仁 0—2 完败波尔多,尤文客场 1—0 取胜(中国新闻网,2009—11—4)

在 2010 年出版的《全球华语词典》①中,"完胜"和"完败"也已收录,释义分别为"在比赛中以明显优势战胜对手"和"在比赛中以明显劣势败给对手,没有任何胜机"。上述材料表明,不仅大陆的语言生活,而且海外华人社区语言生活和华语媒体中,"完败、完胜"也已普遍使用。以下着重从海外华语媒体语言语料出发,系统考察"完败"及相关词语的句法语义特征和用法特点。

二、"完败"及"X 败"的句法语义特征

"胜败"语义场的词语主要包括"胜、败、输、赢、负"及以它们为构词语素的一类词,如"战胜、打败、输赢"等。这个语义场词语主要对某种竞争、比赛的结果进行描述,其要求的语义角色一般包括两种:参与双方和结果。这种语义关系形成的句法格式,可大致概括为以下两种:

格式 1:A(参与甲方)+(陈述相关事件)"胜败"义场词语+B(参与乙方)(+结果)。如:

(11) 烟草业者又一次展示它们的力量:它们可以击败马来西亚的法律。

(12) 中国男篮再负立陶宛获第八。(经济晚报,2008—08—21)

格式 2:陈述有 A(甲)B(乙)双方参与的相关事件+"胜败"义场词语。如:

---

① 李宇明主编:《全球华语词典》,北京:商务印书馆,2010。

(13) 厄瓜多尔在预赛中,依赖高原主场的优势,九战七胜,可是客场比赛只赢了一场。

(14) 值得一提的是,除了何汉于洋与对手战满三局落败之外,其他高排位种子选手都是以0比2告负。

"完胜、完败"在现代汉语中出现后,跟"大胜、大败"一样,均可进入上文的格式1和格式2,但它们的格式义却存在一定差别。"大胜、完胜"在格式1及格式2中,"大胜"等词语语义指向B,语义清楚;"大败、完败"在格式2中,二者语义清楚,均指向B,但在格式1中,语义指向有别,"A大败B",其含义是"A胜B败";"A完败B",其含义"A败B胜"。如:

(15) 欧洲锦标赛D组的另一场比赛中,荷兰以3:0大败拉脱维亚队,同捷克双双步入复赛圈。

(16) 上轮作客0比2完败米德斯堡,球队继续着本赛季客场1胜1平3负的糟糕表现。

(17) 马德里竞技近况有些艰难,积分被桑坦德竞技追平的情况下,联赛第四的席位岌岌可危,上轮完败维拉利尔,对士气打击也不小。

(18) 不过好景不长,首次参加欧冠杯的塞维利亚以0比3客场完败于英超劲旅阿仙纳,随后更以1比2客场不敌巴塞隆纳。

从构词特点看,"大败"与"完败"相同,但二者在格式1中却具有完全相反的格式义。二者差别有何理据?反映了怎样的语言现象?这是我们想尝试探讨的问题。关于这一点,吕叔湘曾[①]做过专门研究。吕先生统计了"古汉语蓬勃发展的春秋战国时期"的《春秋经传引得》,发现"败"的使动用法甚至比自动用法更普遍,而"胜"的不及物用法较之及物用法更为普遍,"胜"的及物用法约有一半用于战争场合,在战争场合,"甲败乙"是"甲胜乙"的十四倍。以下是吕先生的统计结果:

---

① 吕叔湘:《说"胜"和"败"》,《吕叔湘自选集》,上海:上海教育出版社,1989年。

吕叔湘(1987)"胜、败"用法统计表

格式 词项	V+宾语	主语+V
败	163(其中151用于战争)	114
胜	23(其中11用于战争)	34

从统计可以看出,在春秋战国时代,都表示"甲胜乙败"的"甲败乙"是"甲胜乙"的约7倍,其中用于战争的约为14倍,在这两个表达相同意义的格式中,"甲败乙"占绝对优势。

而在现代汉语中,这样的比例发生了变化。以与"A 胜 B"、"A 败 B"用法一致的"A 大胜 B"、"A 大败 B"为例,根据我们对北大现代汉语语料库的调查,"A 大胜 B"共约226例,占"大胜"用法的53%(符合条件的"大胜"共有约430例);"A 大败 B"约139例,占"大败"用例的40%(符合条件的"大败"共有约340例)。统计表明,"A 大胜 B,使用频率略高于"A 大败 B",但相差并不悬殊,并未出现某方占绝对优势的情况。尽管比例发生变化,但"A 大败 B"与"A 大胜 B"表达相同意义,相应的,"A 胜 B"与"A 败 B"表达相同意义,这是一个语言事实。这样的现象在"胜、败"对举使用时更可见一斑,如:

(19) 毛新宇:毛泽东指挥两败美国一胜印度长民族志气(中国新闻网,2010-9-9)[①]

我们分析,这与"败"表"打败"的基本意义直接相关。

据《说文解字》,"败:毁也。从贝"。又据《广韵·夫韵》,"败,自破日败","败,破他日败",表明"败"本身既有"自己失败",又有"打败别人"的意思。由此可见,"败"的使动与自动用法,与"败"自身词义具有一定的对应关系。因此,古代汉语中,"A 大败 B"表示"A 胜 B 败",是常规的语法表达,如:

(20) 丙戌,复战,大败吴师,获太子友、王孙弥庸、寿於姚。(春秋《左传》)

---

① 这个例子是郭熙教授告诉笔者的。

(21) 吴王不听,伐齐,大败齐师於艾陵,遂威邹鲁之君以归。(西汉《史书》)

与"大败"用法相似的,还有"打败、战败"。在《现代汉语词典》中,这两个词释义如下:

【打败】(1)战胜(敌人)。(2)在战争或竞赛中失败;打败仗。

【战败】(1)打败仗;在战争中失败。(2)战胜(敌人);打败(敌人)。

从释义可知,当"打败、战败"带宾语时,其含义为"战胜对方;打败对方",不带宾语时,为"失败、打败仗"义。但新出现的"完败"与这样的意义用法截然相反。

从各类媒体使用的"完胜、完败"来看,其中"A 完败 B"格式的含义无一例外均为"A 败 B 胜",表示"在球类、棋类等比赛中一直处于较大劣势而输给对手"这一含义,这与"大败"截然相反。据此,我们认为,"败"在"A 大败 B"与"A 完败 B"中的含义已经发生了变化,即从"打败对方"变成了"自己失败,败给对方"。

除"A 完败 B"外,还有"A 完败于(给)B"的用例,如:

(22) 昨日,2010年亚洲少年足球锦标赛在乌兹别克展开争夺,中国队迎战小组赛第一个对手伊拉克队。经过90分钟的激战,中国队0比2完败于伊拉克队。(中国日报,2010—10—26)

(23) 不过,他们也能在最近两轮作客,同样地以0比2完败于米德斯堡、波尔顿。

(24) 分组赛以0比2完败于墨西哥,半决赛与乌拉圭打成2比2,最后依靠互射点球艰难取胜。

(25) 千里达与多巴哥的整体实力肯定不如英格兰,在世界杯小组赛以0比2完败给英军就是一个最好的例子。

(26) 上一仗欧冠联主场对阵里昂的比赛当中,司徒加完败给对手,今仗客场作战更加难以有所作为。

"完败"在现代汉语中沉淀下来,在格式1中"完败"不仅与"大败"构成了一个分别实现"败"两个义项互补的系统,而且在形式与意义上都与"完胜"完全相反,这符合反义词的一般特征,也保证了二者在"胜败"范畴中角色分明,不致混淆。从这个角度说,"完胜、完败"的出现具有充分的理据,并对完善现代汉语"胜败"义场词汇系统具有重要作用。

与"大败、完败"同为偏正结构的"胜败"义场词语还有"惨败、溃败、惜败"等,但"惨败、溃败"并没有发生类似"完败"的意义变化,个中原因,我们认为可能跟这几个词的语义色彩差异有关。从修饰成分来看,"大、完"语义中性,与"胜、败"均能搭配,"惨、溃"语义负面、消极,不能与"胜"组合成词,语言系统中也就没有"溃胜、惨胜"与"溃败、惨败"二分天下,也就不能形成类似"A 完胜 B"与"A 完败 B"语义相反的格式。

而"惜败"的情况有些特殊,"惜"语义重在表明一种主观认识和态度,其语义的消极、负面程度不如"惨、溃"高,在一定条件下存在与"胜"组合成词的情况,形成"A 惜胜 B"格式,表示"A 胜 B 败"的含义,尽管这种情况相对而言很少,在网络中用例也不多,在海外华文媒体语料库中亦未见用例。如:

(27) 76 人惜胜头号大敌凯尔特人后决心痛改前非,今天他们明显抑制了前两场 23 次助攻的 Iguodla 的球权改由莫文蔚 Andre Miller 操盘。(虎扑网,2007—4—2)

而在"A 惜败 B"格式中,无一例外都表示"A 败 B 胜"的含义,如:

(28) 男单比赛中,世锦赛亚军、印度尼西亚新星索尼惨负新加坡老将林羽峰,中国的二号种子鲍春来以 1 比 2 惜败泰国名将文萨,以个人名义参赛的陈宏以 1 比 2 不敌印度尼西亚名将道菲。

(29) 但在与德国的半决赛上,鲁斯图的神话没有得到延续,在第 79 分钟,正是因为他的出击失误,才让克洛斯反超比分,最终土耳其 2 比 3 惜败德国。

如此,"A 惜败 B"与"A 完败 B"一样,在格式义上与"A 大败 B"相反。所不同的是,"惜胜"源自"惜败"的类推,且使用频率较低,与之相反的"惜败"在实际使用中,也常出现"A 惜败于(给)B"格式,表明"A 惜败 B"格式还不太稳定,处于一种过渡状态。在北大库中,"A 惜败 B"格式共有 25 例,"A 惜败于(给)B"格式共有 55 例,前者明显少于后者,其他媒体也有用例,如:

(30) 在 21 日的比赛中,阿贾克斯队的老对手埃因霍温队以 2:3 惜败海伦芬队。现排名第二的埃因霍温队的积分还是 49 分。(北京大学中国语言学中心语料库)
(31) 联合会杯网球赛亚大区中国队 1—2 惜败于印度尼西亚(新浪网,2003—4—26)

在东南亚华文媒体语料库中,我们检索到"惜败"用例共 131 例,其中有"A 惜败 B"11 例,"A 惜败于 B"16 例,"A 惜败给 B"39 例,"A 惜败 B"用例也明显少于"A 惜败于(给)B"。如:

(32) 男单比赛中,世锦赛亚军、印度尼西亚新星索尼惨负新加坡老将林羽峰,中国的二号种子鲍春来以 1 比 2 惜败泰国名将文萨,以个人名义参赛的陈宏以 1 比 2 不敌印度尼西亚名将道菲。
(33) 前一轮,塞维利亚主场 3 比 0 大胜华伦西亚,上一仗,他们在最后 1 分钟遭对手施毒手,作客以 3 比 4 惜败马德里竞技。
(34) 意甲联赛第 17 轮争夺战中,罗马在队长托迪受伤的情况最终停下了连胜的脚步,作客马西米诺球场以 2 比 3 惜败给卡塔尼亚。
(35) 2000 年的美国总统大选中,戈尔惜败于布什。

上述讨论表明,"A 完败(惜败)B"较之"A 大败(打败、战败)B"的含义已经发生了质变,但这个质变过程存在一定的过渡状态,即格式稳定性连续统:

完胜	惜胜(注:频率低)	溃胜* 惨胜*
完败(于)	惜败(于)	溃败 惨败

"A 完败 B" > "A 惜败(于)B" > "A 溃败(惨败)B"*
(">"表格式稳定性高于)

由此可见,"A 完败(惜败)B"较之"A 大败(打败、战败)B"的意义变化,并不是孤立的个案,而是一个有着相同规律的系统的变化。这个系统中由于语义及使用频率等原因,同一类词中存在格式稳定性差异,"A 完败 B"最稳定,"A 惜败 B"次之,与"A 惜败(于)B"并存,"A 溃败(惨败)B"尚未成为合法的语法格式。正是这种系统变化的力量,在"A 完败(惜败)B"相对于"A 大败 B"的新意义产生过程中,起了重要的推动作用。

由此,我们可以梳理出一个体现"败"不同义项的词语系统:

$$
败\begin{cases}破他曰败,打败(对方):大败\ 打败\ 战败\ 击败(格式1)\\ 自破曰败,失败:\begin{cases}格式1:完败\ 惜败\\ 格式2:打败\ 战败\ 挫败\end{cases}\end{cases}
$$

三、"完败、惜败"在华语媒体的使用特点与启示

作为体现"败""自破曰败"含义的"完败、惜败",在格式1中具有相同的意义用法,在华语视角下,二者使用具有哪些特点,这是本文想进一步探讨的问题。

通观"完败"在汉语和海外华语中的使用情况,可以发现"完败"在两个范畴的使用存在以下三个特点。

(一)核心区与非核心区不平衡

郭熙[①]指出华语是以普通话为核心的华人共同语,中国大陆可看作全球华语的核心区。根据这样的观点,大陆以外的其余地区均为华语的非核心区。

观察核心区和非核心区的华语语料,在格式1中,"完败"的用法主要有以下三种,即"A 完败 B""A 完败于 B""A 完败给 B"。如:

(36) 在慕尼黑一役,德国 0 比 3 完败捷克,以双方的实力比拼,即使出现意外,德国也不可能净输 3 球。

(37) 在男单决赛中,手握奥运门票的中国选手陈金先扬后抑,

---

① 郭熙:《论华语研究》,《语言文字应用》,2006 年第 2 期,第 22—28 页。

最终以 18 比 21、18 比 21 完败于韩国悍将朴成奂,痛失桂冠。

(38) 洛杉矶银河期待的好运未到,当贝汉捂着膝盖成为球队观众后,新东家在热身赛以 0 比 3 完败给墨西哥的老虎队。

以下是有关语料库中这三种用法的大概情况:

东南亚、中国香港和台湾地区、中国大陆"A 完败(于、给)B"使用情况

词项 媒体	新、马、泰华文媒体	中国港、台地区 华文媒体	中国大陆媒体
完败	8	约 130	约 59000
完败于	28	533	约 38300
完败给	5	5	约 23800

数据说明:新加坡、泰国、马来西亚华文媒体数据来自暨南大学海外华语研究中心开发的"东南亚主要华文媒体语料库",中国香港和台湾地区数据主要来自香港报纸《星岛日报》《大公报》《明报》等,以及台湾网站《新浪台湾》《番薯藤网》等,中国内地(大陆)媒体数据来自百度的"完败相关新闻",其中"完败"的 59000 系对含"完败"的所有用例减去"完败于""完败给",再根据笔者对其中的前 100 例中格式 1 和格式 2 约为 2:1 的比例大致推算的。中国香港和台湾地区和大陆媒体的检索时间均为 2010 年 11 月 21 日。

从上表可知,在新加坡、泰国、马来西亚及中国香港和台湾地区华语媒体中,"A 完败 B"的使用比例明显少于"A 完败于(给)B",内地(大陆)媒体中二者大致相当。从海外华语到内地(大陆)的普通话,存在"A 完败 B"增多而"A 完败于(给)B"减少的倾向。从非核心区华语的形成及使用情况看,非核心区的华语一般随华人的大规模移民海外而逐渐形成,其语言成分中往往更多地保留了汉语较早时期的用法,而这些用法在现代汉语中已不用或含义用法发生了变化,由此在一定程度上形成了核心区和非核心区华语的差别。非核心区"A 完败于(给)B"用例明显更多,应该是保留了古汉语中"败"表示"自破曰败、失败"的用法,介词"于"介引出败给的对象,如:

(39) 臣愚患之。智如目也,能见百步之外而不能自见其睫。王之兵自败于秦、晋,丧地数百里,此兵之弱也(战国《韩非子》)

(40) 却说魏主曹睿设朝,近臣奏曰:"大都督曹真数败于蜀,折了两个先锋,羌兵又折了无数,其势甚急。(明《三国演义》)

而在核心区中,"A 完败 B"使用频率比"A 完败于(给)B"略高,这与非核心区的情况有些不同。之所以出现这种变化和倾向,我们认为有以下两个原因。一则"完败"本身含义为"彻底失败",理论上讲,在格式 1 中,需要一个介词来介引"败给"的对象语义才自足,这个介词一般是"于"或"给"。但"A 完败于 B"在形式上与"A 完胜 B"不对称,在"完胜"的类推作用下,"A 完败 B"承担了"A 完败于 B"的意义与功能,而这个意义与古汉语中"败"的"自破曰败"的意义吻合,因而可看作在类推和句法格式作用下"败"的意义的回归;二则与"完胜"在形式和意义上对称,符合一般意义的反义词在形式上相反相对的特征,易于被人们理解和接受。

而与"完败"在格式 1 中意义和用法相同的"惜败",在核心区和非核心区存在相同的趋势,均为"A 惜败 B"少于"A 惜败于(给)B"(详见上文讨论),表明二者之间不平衡,"A 惜败 B"格式还不太稳定。

综上所述,核心区"A 完败 B"占优势,非核心区"A 完败于(给)B"占优势,这是"完败"在两个范畴使用不平衡之所在。

(二) 词义形象,多用于媒体和书面语

在具体使用中,两词语中的语素"完"均为"完完全全地、彻底地,以绝对优势地"等义,这些含义与其他几个词语如"大胜、全胜、大败"等的含义具有一定的差异性与互补性,可以表达其他词语不能表达的微妙含义,与其他几个词语不存在语义上的等同与冲突,因而得以进入该语义场而完善该系统。

在使用方面,"完胜、完败"大多在媒体中使用,描写各类比赛、竞争等的结果,且标题中比正文中使用略多。无论在普通话还是海外华语中,"完胜、完败"目前在口语中都很少使用。

(三) "完败"可能源于"完胜"的类推

从上文的语料检索情况可知,"完胜""完败"都是近年来出现的

新词语,且"完胜"先于"完败"出现。据此,我们推测,"完败"可能源自对"完胜"的类推。其一,从出现时间看,"完败"晚于"完胜"出现,模仿、类推自"完胜"具有可能;其二,从词语构造特点看,二者拥有相同的语素和结构方式,语义相反,一起构成一对反义词。上文说过,"完败"的出现,不仅与"大败"一起实现了"败"两个义项,而且在形式与意义上都与"完胜"相反,这符合反义词的特点,也保证了二者在"胜败"范畴中角色分明,不致混淆。因此,"完败"一经产生便在"胜败"义场中固定下来,并活跃于媒体和书面语之中。

"完败"及"X败"个案,对我们的语言研究具有一些启示。要而言之,大略有二:华语视角和互动影响。

华语视角在全球视野内审视华语,势必带来不同侧面、不同层次、多角度观察华语的观念。普通话中很多一时看起来较新的、甚至不合汉语语法的现象,放在全球华语的大背景下,或许就是十分正常的现象,只是这些现象对普通话产生影响而已。普通话与海外华语,或核心区与非核心区华语的发展不同步。华语以核心区即普通话为源头,在发展过程中,非核心区往往较多地保留了古代或较早时期的意义用法,而核心区由于语言发展,古代或较早用法现在已经不常使用,这就使两个区域的同一个语言现象的意义用法存在差异。这种差异是历时演变在共时层面的表现。如华裔学生口语中常用"而已"来表示往小处说,而这个词本身是书面语词汇,一般来说对留学生应该较难,但非核心区的华语中保留了这个词,因而他们使用这个词几乎没有问题[①]。这些现象,都是核心区与非核心区华语互动影响的结果。近十年来,互联网迅速发展,客观上为语言的传播创造了以往任何时期都没有的有利条件,核心区与非核心区华语的交流、互动也就更加频繁和直接。有了这样的视角和理念,我们就有可能以较宏观的眼光看到不同区域华语的总体面貌,理解它们的差异及其缘由,这于深化华语研究、提高华文教学效率都具有积极意义。

[①] 周清海:《汉语融合时代的汉语研究与汉语教学研究》,《暨南大学华文学院学术报告》,2010年10月17日。

海外华语语法研究:现状、问题及前瞻①

祝晓宏

一、关于海外华语语法研究的总体说明

  21世纪以来,伴随着中华民族的伟大复兴,华语作为一个复兴的学术概念得到了各方关注。陆俭明、邢福义、许嘉璐、李宇明、郭熙、徐大明、徐杰等学者在不同场合、从不同角度论述了华语的学术价值;海内外学者还联合建成"华语桥"网站,就华语问题进行交流。2005年,教育部与暨南大学共建海外华语研究中心,专门就华语相关问题展开研究;中心围绕着与"华"字相关的课题如华语、华语教学、华语规范展开了大量的研究,逐渐从认识上明确了汉语研究和华语研究的关系:华语研究不仅是一个新的学术领域,也是汉语研究的视角转换和外延拓展②。

  在各方的努力下,海外华语被纳入中国国家语言战略:在国家语委十二五科研规划中,海外华语研究位列其中;《中国语言生活状况报告》几乎每年都会发布海外华语的情况;国家语委重大项目《全球

---

  ① 本论文得到教育部青年基金项目"东南亚华语常用特色词的可懂度研究(12YJC740158)"、国家语委项目"海外华语调查"(WT125-2)、广东省高校优秀创新人才培养计划项目"普通话与境外华语词语互动研究"(2012WYM_0019)和广东省高等学校本科特色专业建设点建设经费支持。

  ② 郭熙:《论华语研究》,《语言文字应用》,2006年第6期,第22—28页。

华语词典》的出版也为人们了解全球华语特别是海外华语的词语面貌打开了一扇窗口。随着华语传播事业的进展,语法问题也引起了重视,学者们提出应该加紧编纂一部《全球华语语法长编》,2011年度国家社科基金课题也将"全球华语语法研究"列为重大攻关项目。这些事实说明,摸清全球华语语法现状已经成为研究者的共识。在这样的形势下,有必要对海外华语语法研究情况作一梳理。

海外华语语法研究指的是对海外华语进行的语法层面的研究。很长一段时间,华语和汉语只是说法不同,一些以"华语"为题的研究,语料取自普通话,实际上研究的就是普通话,在海外进行的华语语法研究只是汉语语法研究的海外分支,和现代汉语语法研究没有本质不同。这些研究均不在本文讨论之列。以1990年为界,此前的海外华语语法研究多是一些海外学者在教学中针对具体语法问题时的思考,缺乏与汉语学界的交流。20世纪90年代之后,海内外学者交流频繁,海内外的华语及其研究也开始密切互动,海外华语语法研究在问题讨论的广度和深度上都有了发展,交流状况下的海外华语语法研究呈现出另一番态势。

基于上述分析,海外华语语法研究可以划分为两个时期:(一)隔绝期的海外华语语法研究(1950—1990);(二)交流期的海外华语语法研究(1990—)。

海外华语语法研究涵盖新加坡、马来西亚、泰国以及其他华语国家和地区,这当中,新加坡华语语法研究成果相对比较丰富。因此,除了必要时会提及马来西亚和泰国华语语法研究的情况,本文将主要以新加坡华语语法研究为例来讨论海外华语语法研究的基本现状和问题。

二、隔绝期的海外华语语法研究(1950—1990)

20世纪50年代,一些华人比较集中的殖民地如新加坡、马来西亚等纷纷走向独立建国,很多华人为了生存被迫放弃双重国籍,选择落地生根,在这样的情况下,华人的语言本土意识逐渐萌发。以新加坡为例,华文教材选文中已开始减少与中国意识形态相关的素材,并注意到本地华语中一些特殊的语言现象(主要是词语),但是语法问题仍少有人关注。

情况到20世纪70年代发生了变化。1975年,新加坡南洋大学为配合政府推行双语教育政策的需要,成立华语研究中心,目的是对华语本身、华语教学和华语有关的问题进行研究。1985年,新加坡标准华语委员会语法小组发布了《华语语法研究报告:词法和句法》,新加坡教育部据此编纂特种华语教材。报刊上陆续出现语法特点的探讨,如余耕文《本地华语中的一些语尾助词》[1]、《本地华语中结果补语的特殊现象》[2]、张楚浩《华语语法里的两个问题》[3]、黄秀爱《新加坡华语助动词的语法特点》[4],其中陈重瑜[5][6]为新加坡中小学华文教师进修撰写的语法论著,描写比较系统,是同类研究的代表作。

吴英成的研究也颇有特色。新加坡是一个英语、华语、多方言以及其他族语共用的社会,鉴于如此复杂的语言环境,吴英成的《新加坡华语语法研究》[7]取"大语法"概念,涵盖词汇和语码转换考察了新加坡华语的语法。研究考虑不同社会群体对语法格式的选择,并且通过调查比较新加坡华语与"台湾国语"的异同,是充分考虑到新加坡多语环境的实际的。20世纪80年代末期,随着华语环境的恶化,吴英成[8]认为新加坡华语教学的对象已经不同往昔,虽然华人有更多的机会接触华语,能根据语感判断句子的合法度,但并不表示没有问题,教学中仍有必要把讲述华语的语法特征作为重中之重。

总的来说,这个时期的海外华语语法研究主要是配合华文教学的需要,因为是针对教学,往往从个人的经验和语感出发,发现的语法特点比较零散。而大陆学者因为缺乏直接的了解,只能通过书面文献来认识海外华语语法的一些面貌,如周小兵《新加坡华语小说的

---

[1] 余耕文:《本地华语中的一些语尾助词》,《联合早报》,1984年8月25日。
[2] 余耕文:《本地华语中结果补语的特殊现象》,《联合早报》,1984年12月1日。
[3] 张楚浩:《华语语法里的两个问题》,《普通话和方言》,新加坡文化研究会,1985年。
[4] 黄秀爱:《新加坡华语助动词的语法特点》,《中国语文通讯》,1986年第3期。
[5] 陈重瑜:《新加坡华语——词汇与语法特征》,新加坡国立大学华语研究中心,1983年。
[6] 陈重瑜:《新加坡华语语法特征》,《语言研究》,1986年第1期,第138—152页。
[7] 吴英成:《新加坡华语语法研究》,《新加坡华文研究会》,1986年。
[8] 吴英成:《关于华语语法教学问题》,《语言教学与研究》,1986年第3期,第141—150页。

语法特点》①。尽管这一时期的探索谈不上多么系统,但是为此后进一步的研究奠定了一定的基础。

三、交流期的海外华语语法研究(1990—)

在海外华语研究中,有关教学和华语词语研究比较多。究其原因,教学关乎应用,词语差异比较显著,研究相对容易展开。华语语法的研究则比较薄弱,据粗略统计,海内外的论文仅有几十篇,且多数是举例性的。进入1990年代,随着中国经济实力的增强,全球掀起了一波又一波的"汉语热",中国和海外的学术交往也开始密切起来。在这样的背景下,海外华语语法研究进入了一个新的阶段:应用研究持续升温,本体研究也在逐渐增强。

(一)海外华语语法研究的主要内容

比较第一阶段,因为有了学术交流,海外华语语法研究范围更为宽广,主要有以下四个方面:

1. 语法特点的描写

国内学者讨论海外华语语法时往往对其特点比较感兴趣。

还是以新加坡华语为例。最先去到新加坡进行合作研究的是林杏光,合作成果是与报人张道昉出版的《新加坡华文报语文评议》②。该书考察了《联合早报》《联合晚报》《新明日报》的语言,在评述三大华文报语文应用时注意跟普通话相比较,让读者了解新加坡华语的地方色彩。在语法特色方面,林杏光③通过列举比较25个语法项目进行了说明。

1995年,陆俭明在新加坡国立大学从事合作研究,写出《新加坡华语语法的特点》一文,该文从句法、虚词、数量表达、构词和欧化句式等五方面描写新加坡华语语法的特点;他还提出"不能认为凡见

---

① 周小兵:《新加坡华语小说的语法特点》,《双语双方言》,广州:中山大学出版社,1989年。
② 林杏光,张道昉:《新加坡华文报语文译议》,新加坡报业控股集团,1992年。
③ 林杏光:《新加坡华语和普通话语法举例比较分析》,《普通话》(香港),1992年第1期。

到、听到与中国普通话在语法上的不同就都是华语语法的特点",区分了语法特点、未被华语吸收的方言成分、语法错误三个不同的层次;另外,举例"有没有 VP""X 不 XY"句式进入普通话,说明新加坡华语和普通话是相互影响的[①]。从当前全球华语互动的形势来看,这些观点都是很有预见性的。

虚词特点也得到了比较多的关注。萧国政[②]从"有无差异、甲乙差异和隐现差异"这三个方面来说明新加坡华语虚词的特点,考察了"的、了、给、在、太、才、吗、比较、很"等虚词在新加坡华语中的使用特点。利用帮助新加坡教育部审定中小学教材的机会,邢福义[③]详细描写了新加坡华语以"才"代"再"的特点。潘秋平[④]从方言接触和语法化的角度考察了新加坡华语中"跟"的差异及其来源。罗小品[⑤]探讨了叠词在新加坡华语和普通话中的差异,从构成、语法意义和语法功能三方面分析异同之处。

新加坡的研究主要有:新加坡国立大学的一批荣誉学士学位论文,如朱淑美(1996)《新加坡华语语法、词汇中的方言成分》、傅丽君(2003)《新加坡华语与普通话常用名量词的对比研究》、何丽娴(2003)《新加坡华语中语气词的语用功能》、黄淑盈(2006)《新加坡华语中语气词 leh 之研究》等。这些语法研究多是从词语层面入手。新加坡学者周清海[⑥][⑦]的系列研究能结合教学和规范谈语法特征,在讨论的时候常常联系两岸四地,视野较为开阔,对汉语语法研究也颇多启发。

2. 语法特点的探源

弄清海外华语语法特点的源流不仅有助于教学,对海外华语语

[①] 周清海:《新加坡华语词汇与语法》,新加坡:玲子传媒(私人)有限公司,2002年。
[②] 萧国政:《新加坡华语虚词使用说异》,《双语双方言》(六),香港:汉学出版社,1999年,第377-394页。
[③] 邢福义:《新加坡华语使用中源方言的潜性影响》,《方言》,2005年第2期,第175-181页。
[④] 罗小品:《新加坡华语和中国普通话中迭词使用的异同》,《甘肃联合大学学报》,2009年第6期。
[⑤] 潘秋平:《从方言接触和语法化看新加坡华语里的"跟"》,沈家煊主编:《语法化与语法研究》(四),北京:商务印书馆,2009年,第247-283页。
[⑥] 周清海:《华语教学语法》,新加坡:玲子传媒(私人)有限公司,2003年。
[⑦] 周清海:《论全球化环境下华语规范的问题》,《语言教学与研究》,2007年第4期,第91-96页。

法研究本身意义重大。前述研究海外华语语法的论著,多会在描写后说明特点是来自粤方言、闽方言或英语。如洪丽芬、吴文芯①分析了马来西亚华语口语中的粤语成分。但具体到个别项目因为缺乏考证则很难判定。比如"有+VP"到底是来自粤方言还是闽方言还是兼而有之,"一把声音"的表达是怎么形成的。正因为此,陆俭明②声明对语法特点的来源干脆不谈。像邢福义③那样以"才"为例,专门探源语法特点的论文还很少。

周清海④在《语言变体产生的因素》一文中提出,华语变体产生的因素有:语言学习者第一语言背景的影响;英语能力的转移;语言体系内的含糊部分引起的类推现象;不完整的学习以及语言在应用中的发展等。这些想法深化了人们在华语语法特点探源方面的认识。

3. 语法规范的争论

华语语法规范的标准是什么,是跟着大陆走,还是坚持自己的标准,对此有不同的观点。

卢绍昌⑤比较早地提出,语法方面要参照中国典范的白话文著作,也可以参照新加坡典范的白话文著作。吴英成⑥就华语句法实况进行调查,从新加坡华人学习华文时受到母语干扰的情况来探讨华语规范,提出了不少独到的见解。80年代移居新加坡的汪惠迪,曾长期担任《联合早报》编辑,为当中出现的不规范的语法现象把关,但是在规范观念上,他认为新加坡华语要走自己的路,不必处处唯普通话"马首是瞻"⑦。林万菁⑧研究华语词汇变异及其规范问题,也涉

---

① 洪丽芬、吴文芯:《马来西亚华语口语中的粤语成分》,《第八届国际粤方言研讨会论文集》,北京:中国社会科学出版社,2003年。
② 周清海:《新加坡华语词汇与语法》,新加坡:玲子传媒私人有限公司,2002年。
③ 邢福义:《新加坡华语使用中源方言的潜性影响》,《方言》,2005年第2期,第175—181页。
④ 周清海:《全球化环境下的华语文与华语文教学》,新加坡:新加坡青年书局,2007年,第33—52页。
⑤ 卢绍昌:《华语论集》,新加坡:金昌印务,1984年。
⑥ 吴英成:《从新加坡华语句法实况调查讨论华语句法规范化问题》,《语文建设通讯》(香港),1991年第34期。
⑦ 汪惠迪:《新加坡华语规范化和华语教学》,《语文建设通讯》(香港),1998年第67期。
⑧ 林万菁:《汉语研究与华文教学论集》,新加坡:新华文化事业(新)有限公司,2006年。

及到一些语法规范的讨论,如《从修辞的观点看非规范的"有"字句》(1998)《"多"与"多多"的用法及其变异问题》(2006),这些论文能够注意到本地华语中一些语法现象与汉语的相互影响,并且从修辞"同义选择"的角度探讨语法变异项目独特的语用价值。

海外华文报章上也时有华语语法规范问题的议论。2002年,海内外学者在《联合早报》上就此展开争论。汪惠迪、郭熙《华语的规范与协调》(12月7日)首先提出"趋同存异、双向互动"的规范原则;张从兴《也谈华语的规范与协调》(12月10日)则分析了规范问题突出的三大因素:互联网、新移民和语言原教旨主义,提出"求同存异"的规范思路;汪欣《再谈华语的规范与协调》(12月20日)认为规范应从实际出发,对于主干词语的用法应建立统一标准,地区词则可作为丰富本地华语的重要组成部分。这场争论的意义是在语法规范之外提出了协调的观念。

中国去新加坡工作或访问的一些学者,对于新加坡华语多数是比较宽容的。如陆俭明提出"新加坡华语的规范不一定要完全受普通话规范的限制"[1]。徐杰[2]认为,新加坡华语规范应"维持大同尊重小异";邢福义[3]就教材中的语法问题入手,也认为要尊重新加坡华语表达的差异,并且从华语的视角探讨了新加坡华语规范的标准问题。本地学者周清海[4]讨论华文测试时认为,华语会在不同地区产生变异,语言变异应该在语言测试里体现出来,语法测试在不同地区应该有自己变通的地方,规范应有一定的包容性。在另一处他却承认:"我们可以规定'华语'的语音是以北京语音做标准。语法呢?比较不好办。"[5]。有意思的是,周清海[6]又在多处强调,新加坡华语不具有独立发展的优势,包括语文教科书、师资培训以及大众传媒等方面应该强调向普通话靠拢,让华语保留共同的核心,避免出现差异。

---

[1] 周清海:《新加坡华语词汇与语法》,新加坡:玲子传媒私人有限公司,2002年,第134页。
[2] 徐杰:《语言规划和语言教育》,上海:学林出版社,2007年。
[3] 邢福义:《误用与误判的鉴别四原则》,《语言文字应用》,2002年第1期,第18—26页。
[4] 周清海:《语文测试里的语文问题》,《中国语文》,2001年第1期,第60—65页。
[5] 周清海:《新加坡华语和普通话的差异与处理差异的对策》,《联合早报》,2006年3月21日。
[6] 周清海:《全球化环境下的华语文与华语文教学》,新加坡:新加坡青年书局出版,2007年,第60、83、121、146页。

最近,又有学者以新加坡为例,重提海外华语规范化的标准问题①。可见,海外华语语法规范问题的复杂性,关于这一问题的讨论今后势必还将持续下去。

4. 语法教学的研究

从1987年起,新加坡逐步统一语文源流的学校,所有学生以英语为第一语言,许多华人子弟不再把华语作为母语来学习和维护。作为第二语言的华语教学,它已不再等同于中国大陆的汉语教学:语法教学中教什么和怎么教的问题都需要考虑新加坡实际环境。

这方面勤力探索的是周清海教授。周清海②认为"教学不能不注意对象,如果不看对象,不了解对象的需要而进行教学,便是无的放矢。"他把语法教学的对象分为三类:(1)语文教师;(2)以华文为母语的语言学习者;(3)以华文为外语的学习者。这基本上涵盖了新加坡华文教学的对象。对于后两种学习者,他都不赞成系统的教学语法,对于后一种学习者,他提出语法教学应有三个重点:(1)实词和实词的搭配;(2)虚词的作用和搭配;(3)基本句型。三个重点都得注意和语言学习者的母语相比较,找出特点再进行教学。周先生倡导的实用华文教学的观念早已形成③④,并在不同方面得到响应。

如在教材方面,王培光(1999)⑤考察了新加坡《高级华文》的语法教材,并论述教学语法与语法教材的关系,认为本地语法教材的编纂应着重训练学生语言运用能力,而非语法知识。在教学内容和教法方面,吴英成(2010)⑥认为语法教学的重点应该以"讲语法规律和应用为主,以介绍语法系统和术语为辅;教授语法特征;通过中英语

---

① 尚国文、赵安辉:《华语规范化的标准与路向——以新加坡华语为例》,《语言教学与研究》,2013年第3期,第86—94页。
② 周清海:《全球化环境下的华语文与华语文教学》,新加坡:新加坡青年书局出版,2007年,第212页。
③ 周清海:《新加坡华语教学的特殊性与语法研究》,《中英语文学研究》,1980年第1期,第33—35页。
④ 周清海:《华文教学应走的路向》,新加坡教育部课程策划署华文科视学组:《大学先修班及中学华文教学实践研讨会论文集》,1988年,第14—17页。
⑤ 王培光:《教学语法与语法教材——试论新加坡〈高级华文〉的语法教材》,《第六届国际汉语教学讨论会论文选》,北京:北京大学出版社,1999年,第315—322页。
⑥ 吴英成:《汉语国际传播——新加坡视角》,北京:商务印书馆,2010年。

法对比厘正英语式的华语句子"。祝晓宏[①]则从认同的角度认为,对于华语教材中既无关认同、又不影响沟通的习得性语法变异应该考虑革除或加以必要的说明。徐峰[②]进一步认为,华文教学中必须强化语法教学,充分利用华语学习者的英语第一语言能力辅助实现华语语法能力的形成。这些讨论都深化了我们对于华语语法教学的认识。

除了理论的思考,在实践方面,周清海编著的《华语教学语法》就"特别注重比较华语和普通话的语法差距,让从中国来新加坡执教的语文教师,以及本地出身的语文教师,都了解这些差距,知道在教学中应该如何处理这些差距。"[③]

(二) 研究特色

这个阶段的研究明显表现出与第一阶段不同的特点:

1. 中外学者交流合作增多

一些语法学者先后到新加坡进行交流,代表有:林杏光、陆俭明、李临定、萧国政、邢福义等。新加坡学者有关华语语法研究的成果也在中国发表。这些成果不仅推动了海外华语语法研究,也引发了语言规范观上的一些调整,例如"语言协调、语言资源"等观念的生发与此不无关系。海外华语语法研究,已经成为海外华语研究者和现代汉语研究者相互沟通的一个重要桥梁。

2. 语法变异观念的树立

变异观念在于强调海外华语是与普通话平行的变异系统。以往多从普通话视角来看海外华语,这一时期逐渐突出就华语本身及其

[①] 祝晓宏:《新加坡〈好儿童华文〉教材的语言变异及其成因》,《暨南大学华文学院学报》,2008年第1期,第37—45页。
[②] 徐峰:《关于新加坡华语语法教学的若干思考》,《汉语学习》,2011年第3期,第105—112页。
[③] 周清海:《全球化环境下的华语文与华语文教学》,新加坡:新加坡青年书局出版,2007年,第61页。

对普通话的影响来讨论语法现象。如陆俭明[①]、周清海[②]、李纡[③]、祝晓宏(2008b)[④]等将新加坡华语看作是和普通话平行的系统进行语法研究,曾晓舸[⑤]对泰国华语变异的研究。由于转换视角,从变异入手,海外华语获得了独立的观照资格,许多新的语法项目(如"有+VP")进入普通话的现象也愈加为人关注。

四、海外华语语法研究的问题及前瞻

(一) 问题的讨论

在梳理完海外华语语法研究后,一些问题应该引起我们的注意:

1. 华语语法特征挖掘得不够

以往的海外华语研究可以看出两个倾向:一是以词为中心(word-focused),句为中心(clause-focused)和篇为中心(text-focused)的研究极少,词法、句式和篇章语法特点的调查不足;二是地区不平衡,成果主要集中在新加坡,马来西亚、泰国很少,其他地区更少。

语法特征的发掘属本体研究,对于语言应用和认识海外华语本身都是非常有意义的。周清海[⑥]认为区别异同对华语教学将帮助甚大。"维持大同、尊重小异"的基础也是首先要清楚有哪些语法差异。为此,还要继续深挖海外华语语法的特点,特别是那些人们在使用中习焉不察的句法和篇章特点,做到描写充分。

从方法上来说,不能只依赖传统的书面文献法,还需要利用大规模的语料库。暨南大学海外华语研究中心开发的"东南亚华文媒体

---

① 周清海:《新加坡华语词汇与语法》,新加坡:玲子传媒(私人)有限公司,2002年。
② 周清海:《全球化环境下的华语文与华语文教学》,新加坡:新加坡青年书局,2007年,第132页。
③ 李纡:《新加坡青年对汉语动词的现在进行式表达》,《语言研究》,2004年第3期,第35—36页。
④ 祝晓宏:《新加坡华语语法变异研究》,暨南大学博士学位论文,2008年。
⑤ 曾晓舸:《论泰华书面语的变异》,《云南师范大学学报》(对外汉语教学与研究版),2004年第4期,第16—19页。
⑥ 周清海:《新加坡华语和普通话的差异与处理差异的对策》,《联合早报》,2006年3月21日。

语料库"已建成投入使用,可进行在线检索(网址 www.globalhuayu.com),基于该语料库的语法研究将陆续展开。

2. 华语语法研究的理论思路单一

应该借鉴包括现代汉语语法研究在内的各种理论。海外华语语法研究是变体语法的研究。对待华语变体,过去的研究比较注意运用西方的语法理论来解释。如 NG Siew-Ai[1] 运用依存语法理论研究新加坡华语动词;陈玉珊[2]从语言接触的角度探讨粤语对马来西亚华语语法的影响;李子玲等[3]在生成语法框架下研究新加坡华语反身代词;林素娥[4]在类型学视角下解释新加坡华语特殊"话题句"及其他句法特征的来源,就解释性的研究来看,这些都是有益的探索。

但是描写应该仍然是海外华语语法的基础工作和重中之重[5]。而这方面,我们往往容易忽视现代汉语语法研究积累起来的宝贵理论资源。李计伟[6]以新马华语中的"为……起见、以策 X"两个语法格式说明,采用邢福义先生的"两个三角"理论可以全方位、多角度地揭示海外华语的语法特点。这也让我们看到了,中国本土学者提出的语法理论在发现海华华语语法的特点方面是大有可为的,我们应该积极、充分地借鉴这些理论。

3. 华语口语语法调查亟需展开

对于标准语的讲话人来说,海外华语最显著的特色还是体现在

---

[1] NG, SIEW-AI. *Verbal Subcategorization and Derivation in Singapore Mandarin: a Dependency Grammar Analysis*, Hawaii: University of Hawaii, 1992.

[2] 陈玉珊:《语言的接触与趋同——论粤语对新加坡通俗华语及英语的影响》,单周尧、陆镜光主编《第七届国际粤言研讨会论文集》,北京:商务印书馆,2000 年。

[3] 李子玲、PETER COLE GABRIELLA HERMON:《新加坡华语和潮州话长距离反身代词和代词的"逻各照应"条件》,《中国语言学论丛》第 3 辑,北京:北京语言大学出版社,2004 年,第 31—45 页。

[4] 林素娥:新加坡华语的句法特征及成因,陈晓锦、张双庆主编:《首届海外汉语方言国际研讨会论文集》,暨南大学出版社,2009 年。

[5] 邢福义,汪国胜:《全球华语语法研究的基本构想》,《云南师范大学学报》,2012 年第 6 期,第 1—7 页。

[6] 李计伟:《"两个三角"理论与海外华语语法特点的发掘》,《汉语学报》,2013 年第 2 期,第 25—32 页。

口语之中。以新加坡和马来西亚华语为例,因为常常夹杂英文、马来文和方言成分,被称为"杂菜式华文",变异现象非常复杂。开展口语的语法调查应是大势所趋。

目前已经有了一些口语语法的调查。如新加坡国立大学苏明美(1995)《新加坡华语中的言谈标志研究》、陈佩诗(2006)《新加坡华语中的华语标记 BUT》,这些多数是话语标记方面的研究,还远远不能反映华语口语语法特点的全貌。应该展开语气词、插入语、常用话题句、语码转换及其句法限制的调查,这将有助于更直观地认识海外华语的使用。

(二) 展望

在全球华语的视角下,各种华语变体间的互相吸收、互相渗透越来越频繁,各种变体事实上已经难以截然分开,现代汉语要做到"纯而又纯"恐怕不太现实。随着研究的深入,海外华语作为现代汉语的域外变体,有必要纳入现代汉语研究的范畴,这对于我们以更开放的姿态、全面地看待现代汉语是有好处的[①]。

综上,海外华语语法研究已经取得了一些成绩,要在未来有所突破,以下几方面应该提上日程:(1)基于语料库的地区华语语法特点研究;(2)海外华语语法变异研究;(3)海外华语和普通话语法互动研究;(4)海外华语语法接触研究;(5)海外华语口语语法调查;(6)海外华语口语语料库的建设及篇章语法研究。

---

① 祝晓宏:《华语视角下常用"插"类词的语义变异、变化及传播》,《语言文字应用》,2011年第2期,第77—83页。

第四编

华语生活与华语词典研究

海外华语语言生活状况调查及华语多媒体语言资源库建设

刘 华 郭 熙

海外华语基本面貌如何,如何监测和引导华语的发展,如何利用华语的研究成果更有效地制定国家语言政策和语言规划,辅助华文教学和汉语国际推广? 这些都和海外华语的基础研究——华语语言生活状况调查分不开,应该抓紧调查和描写各地华语的语言生活实态。

海外华语语言生活状况调查包括:

1. 海外华文传媒现状调查及华文媒体语料库建设。对海外各种华文媒体,如网络、报纸、教材等,进行现状调查,以此为基础,建设华文媒体语料库。

2. 海外华文媒体语言生活状况调查。基于华文媒体语料库,进行华文网络、报刊、教材等书面语形式的语言生活状况调查,如用字用语的调查研究。

3. 海外华语口语语言生活状况及华语风貌调查。包括海外华语、方言录音记音,海外华语语言调查场景录音录像;对日常交际场景、带有当地文化特色的重大节假日语言生活场景录音录像;对海外含有汉字的路牌、招牌、楹联、广告、标语、墓志等日常生活中的华语媒介进行录像照相。以期全方位、多角度、生动真实地反映鲜活的海外华语语言生活实况。

海外华语多媒体语言资源库,指的是基于海外华语语言生活状况调查基础上构建的,通过文本、音频、图片、视频等多媒体手段,实态反映华语语言生活的资源库,包括海外华文媒体语料库、华语有声数据库、华语风貌资源库。与单调的传统语料库不同,该资源库通过多种媒体形式全方位多角度展示华语风貌,声色并茂、图文并茂,是"多媒体语言资源"理念的创新和实践。

一、国内外研究现状述评

(一)国外语言资源建设与监测方面的研究

国外语言资源建设和监测始于20世纪。主要关注语言的多样性,重视非强势族群语言及方言土语的调查、整理,以及各种语言或方言使用变化的动态监测,以实现抢救、保护、开发语言资源的目的。联合国教科文组织20世纪90年代编制的《世界语言报告》,可以视为对语言资源进行监测、开发的开始。随后成立的相关研究机构有语言数据联盟(LDC)、欧洲语言资源联盟(ELRA)、跨欧洲语言资源基础建设学会(TELRI)、国际性非政府组织"语界"(Terralingua)、全球语言监测网(GLM)等。

(二)国内语言资源建设与监测的研究

语言资源问题直到21世纪初才受到关注,张普2003年指出:"……国家要像对待人力资源、地矿资源、国土资源、森林资源、水资源一样对待语言资源,语言资源是国家最重要的信息资源……"

随后,教育部成立了"国家语言资源监测与研究中心",形成了领域齐全的国家语言资源建设和监测的体系,标志着中国语言资源建设和监测工作开始启动,中心对中国的语言生活状况进行了系统、连续的研究,从2006年开始,每年发布前一年的《中国语言生活状况报告》绿皮书。

其他的中文资源联盟还有中国语言资源联盟(CLDC)和国际中文语言资源联盟(CCFC)。

(三) 有声(口语)资源库、方言方面的研究

国内外多媒体方面的语料库主要是有声(口语)资源库;"有声媒体语言资源监测与研究中心"建设了"现代汉语传媒有声语言普通话样本库";暨南大学粤方言研究中心建立了"岭南方言资源库";汉语方言也取得了很多标志性成果。

国家语言文字工作委员会自2008年开始,以市、县(市)为单位,采集当代中国的汉语方言、带有地方特色的普通话、各少数民族语言及其方言的有声资料,整理加工,建设了"中国语言资源有声数据库"。

除了常见的方言调查方面的文献,真正论述汉语有声(口语)资源库建设方面的文章并不多。侯敏等[1]在《现代汉语普通话数字化样本库的设计与建设》一文中,详细介绍了构建"现代汉语普通话数字化样本库"的思路和方法;王铁琨[2]在《基于语言资源理念的语言规划——以"语言资源监测研究"和"中国语言资源有声数据库建设"为例》一文中,介绍了"中国语言资源有声数据库"建设的宗旨、方法和预期成果;李宇明[3]在《论中国语言资源有声数据库的建设》一文中,阐述了"中国语言资源有声数据库"建设的方法、数据、特点和作用。

(四) 华语方面的研究

"国家语言资源监测与研究中心海外华语研究中心"已初步建成海外华语书面语语料库,尚无华语有声(口语)语料库。

目前,海外华语方面的研究主要集中在"华语的界定、性质研

---

[1] 侯敏、邹煜、滕永林、何伟、张佳:《现代汉语普通话数字化样本库的设计与建设》,《中国少数民族语言文字信息处理研究与发展》,北京:民族出版社,2010年。

[2] 王铁琨:《基于语言资源理念的语言规划——以"语言资源监测研究"和"中国语言资源有声数据库建设"为例》,《陕西师范大学学报》(哲学社会科学版),2010年第6期。

[3] 李宇明:《论中国语言资源有声数据库的建设》,《中国语文》,2010年第4期。

究"①②③④、"华语语言特点研究"⑤⑥、"华语区域词语、特色词语及变异研究"⑦⑧⑨⑩、"华语和现代汉语对比研究"⑪⑫⑬、"华语规划与华语规范研究"⑭⑮⑯⑰、"华语推广与华语文教学研究"⑱等几大块。

但总体上,由于缺乏第一手的海外华语分布的详细调查资料,现状的描写多偏重理论分析,所用语料大多来自作者自身的体验和总结,多从经验出发,比较单薄。尚未见到概括整个东南亚华语的字词研究。另外,在方法上,大多是卡片式、个案式、专家经验式的研究,尚未进行基于大规模真实语料库的统计研究。

二、海外华文传媒现状调查及华文媒体语料库建设

(一) 海外华文传媒(网络、报纸)现状调查⑲及语料库建设

通过调查,搜集目前中国大陆地区可以登录的所有海外华语网站(含报纸网络版),并对这些网站进行分类整理和内容分析。本次

---

① 张从兴:《华人、华语的定义问题》,《语文建设通讯》(香港),2003年第74期。
② 郭熙:《论"华语"》,《暨南大学华文学院学报》,2004年第2期。
③ 郭熙:《论华语视角下的中国语言规划》,《语文研究》,2006年第1期。
④ 陆俭明:《关于建立"大华语"概念的建议》,《汉语教学学刊》,2005年第1期。
⑤ 陆俭明、张楚浩、钱萍:《新加坡华语语法的特点》,《南大语言文化学报》(创刊号),1996年,第1卷第1期。
⑥ 徐杰、王惠:《现代华语概论》,新加坡:八方文化创作室,2004年。
⑦ 周清海:《新加坡华语变异概说》,《中国语文》,2002年第6期。
⑧ 曾晓舸:《论泰华语书面语的变异》,《云南师范大学学报》,2004年,第2卷第4期。
⑨ 汤志祥:《论华语区域特有词语》,《语言文字应用》,2005年第2期。
⑩ 刘文辉、宗世海:《印尼华语区域词语初探》,《暨南大学华文学院学报》,2006年第1期。
⑪ 周烈婷:《从几个例子看新加坡华语和普通话的词义差别》,《语言文字应用》,1999年第1期。
⑫ 邢福义:《新加坡华语使用中源方言的潜性影响》,《方言》,2005年第2期。
⑬ 贾益民、许迎春:《新加坡华语特有词语补例及其与普通话词语差异分析》,《暨南大学华文学院学报》,2005年第4期。
⑭ 谢世涯:《新加坡汉字规范的回顾与前瞻》,陈照明:《二十一世纪的挑战——新加坡华语文的现状和未来》,新加坡:联邦出版社,2000年。
⑮ 林万菁:《新加坡华文词汇规范的趋势:与过去相比》,《香港语文建设通讯》,2001年第68期。
⑯ 郭熙:《域内外汉语协调问题刍议》,《语言文字应用》,2002年第2期。
⑰ 郭熙:《论华语研究》,《语言文字应用》,2006年第2期。
⑱ 郭熙:《华文教学概论》,北京:商务印书馆,2007年。
⑲ 该调查在刘华老师的指导下,由暨南大学华文学院的本科学生何昱聪、申孟哲、李晓完成。

调查共获得涵盖6大洲、40余个国家的海外华语网站467个,其中包含驻外机构网站(中国驻外使馆,驻外总领馆,驻外团处)173个,其余为由海外华人或当地机构开办的华语网站,共计294个。对于网站汉字使用情况(简繁体)和结构内容,进行了分类分析,形成了《海外主要华文媒体调查报告》(约3万字),构建了海外华语导航网站"海汇网"(www.globalhuayu.com/seatogether/index.htm)和海外华文媒体语料库。

语料库时间跨度为2002年到2011年,29种华文媒体(网络、报纸),总共文本文件数643978个,约6亿字。其中,美洲25277文件,欧洲15330个文件,澳洲15840个文件。东南亚华文媒体最多,基于"本土化语言生活"的考虑,收集了各国主要华语代表地区的当地化的报纸,如印度尼西亚除了通用版的《国际日报》外,还考虑其华语及其方言区特点,收集了雅加达地区的《国际日报》(雅加达版)、泗水地区的《泗水晨报》、棉兰地区的《讯报》、坤甸地区的《坤甸日报》[①],等等。

语料库已经分词和标注词性,并按主题分类。对于每一媒体的子语料库,统一做了用字用语的标记和统计分析,例如,针对汉字分类使用的统计分析,分别标记出了规范字、繁体字、异体字、不规范的简化字、旧印刷字形、日本汉字、旧计量用字和韩国汉字。已完成例句检索和用字用语网络检索系统[②](www.globalhuayu.com/corpus.htm,可分国家分媒体检索,可复杂检索):

[①] 印度尼西亚的5种报纸由暨南大学华文学院研究生田益玲同学收集。

[②] 本文提到的语料检索系统皆由暨南大学华文学院贾世国老师开发完成。

东南亚主要华文媒体用字用语在线检索

语料来源媒体	位序	频次	文档数	频率	累加频率	文档频率
联合早报	1740	1947	724	3.56604777452702E-05	0.979358737427871	0.0113822160734499
独立新闻在线	3842	7	4	6.38167736554877E-07	0.999630045046438	0.000472032098182676
光华日报电子新闻	2857	202	83	5.93007672201571E-06	0.996745855698334	0.00131032631861453
韩视新闻中心	4228	11	9	1.61850451978113E-06	0.998931492986211	0.000840885732972064
马新社中文网	3824	6	5	5.06408643585292E-07	0.999750171735827	0.000166866906955013
亚洲时报	null	null	null	null	null	null
世界日报	null	null	null	null	null	null
新动网	2803	48	24	6.91386419903171E-06	0.996389810577406	0.000915052615525393
亚洲新闻网	2191	495	211	1.69660378310425E-05	0.990875390655875	0.00241349728338576
东南亚媒体汇总	2345	2668	1036	1.46755163844192E-05	0.991184734140618	0.00300946703965467
监测语料	3812	6685	511	1.80193127975622E-06	0.998845815709568	null

（二）东南亚小学华文教材调查①及语料库建设②

华文教材的语言状况是海外华人社会语言生活中一个重要内容，它对华语作为母语、第二语言教学，都会产生极为重要的作用。大规模的东南亚小学华文教材语料库将为教材编纂者提供宝贵的资源，为研究教材语言动态变化提供支撑和保障。

据我们调查，印度尼西亚、泰国、马来西亚、新加坡、老挝、菲律宾、柬埔寨、缅甸、越南都在小学阶段开设了华文课程，都有自编的本土化教材。本次调查涵盖了东南亚主要国家，获得了各国详细的华文教育情况和华文教材的使用情况，形成了《东南亚小学华文教育与华文教材》的调查报告（约2万字）。

立足"本土化、主流性、成套出版"的基本原则，我们采集了各种东南亚小学华文教材，以新加坡、马来西亚、菲律宾、印度尼西亚、泰国、越南的小学华文教材为主，选取那些当地主编或合编的、具有本土化特色、正式出版并且较大规模使用、各个年级齐全成套的教材。总共选取了20套、约200本小学华文教材，已经输入电脑，总共约300万字，并已经分词标注词性。

小学华文教材语料库包含教材本身的外部信息，如国家、教材名

---

① 该调查由暨南大学华文学院蔡丽博士完成。
② 暨南大学华文学院研究生黎景光、温丽欢、党瑞霞、方沁、凌远娟、喻雪玲同学完成了教材输入工作。

称、主编者、出版者、出版年份、版次、教材说明等。而且,语料库还包含教材内部的内容信息,对于每一本教材,标记了每一课文的详细栏目,如生词、课文、练习(细分为语音、词汇、语法)等,全部文字按栏目分层存储。已完成网络检索系统(www.globalhuayu.com/corpus.htm,可分国家分教材检索)。

(三) 东南亚华裔留学生作文语料库建设①

主要收集在华学习华语的东南亚华裔留学生的作文,包括平时作文和考试作文。该语料库收集了 2001 年到 2010 年的留学生作文,约 400 万字,按国别和作文类型分类存储。学生作文以记叙文为主,包括记人与叙事两个方面,此外还有书信、说明文、议论文、应用文等,应用文包括请假、启事、个人简历、求职等。

已经完成网络检索系统(www.globalhuayu.com/corpus.htm,可分国家分类型检索)。

三、海外华文媒体语言生活状况调查②

用字用语是语言生活的基本情况。基于东南亚华文媒体语料库,海外华语研究中心进行了东南亚华文媒体用字用语调查研究,并完成了 4 个研究报告(约 10 万字),分别发表在国家语言文字工作委员会发布的《2008 年、2010 年中国语言生活状况报告绿皮书》③:

(一) 东南亚主要华文媒体用字用语情况调查研究

调查了东南亚主要华文媒体中汉字的基本使用情况,如覆盖率与字种数的关系;详细分析了其规范字、繁体字、异体字、不规范的简化字、旧印刷字形、日本汉字、旧计量用字、和韩国汉字的分类使用情

---

① 该语料主要由暨南大学华文学院王茂林博士收集,王洁博士整理。
② 本章中的报告多次得到李宇明、王铁琨、陈敏、王奇、魏厉、侯敏、苏新春、杨尔弘、何婷婷、赵小兵、蔡长虹,以及于根元、陈章太、俞士汶、孙茂松、李行健诸老师悉心指教,特此致谢。
③ 国家语言文字工作委员会:《中国语言生活状况报告》(下编,2008,2010),北京:商务印书馆,2009 年。

况;与现行规范汉字表进行了比较。

对东南亚主要华文媒体中的词语使用情况进行了详细分析,特别对频次与词种数的关系、词语的覆盖率、高频词语的词长分布、高频词语用字统计和成语的使用进行了详细的描述。

同时,对于东南亚主要华文媒体语料和中国主流媒体监测语料①,进行了字词使用情况的详细对比,如频次与字词种数的关系对比、字词的覆盖率对比、高频区段字词的共用独用调查、高频字词的频序比、高频词的词长分布对比、高频词语用字对比和成语对比分析。

(二) 东南亚主要华文媒体特色词调查研究②

对于东南亚主要华文媒体独用词语,我们进行了人工干预,去掉了一般性的、偶发性的人名地名等专名,但保留了具有东南亚特色的通用专名。同时,对于中国主流媒体监测语料中出现频次较低,但在东南亚主要华文媒体中出现频次较高,具有东南亚特色的词语,我们进行了人工干预,抽取出部分词语作为东南亚特色词语。

综合上面的方法,获得了比较具有东南亚特色的词语共 604 条,对频次排在前 282 的词语做了简要的提示性说明,并配上例句和频次、文本数。对前 100 个词条进行了详细的词语来源、和中国大陆对比差异的分类分析。

(三) 东南亚主要华文媒体字母词调查研究③

基于大规模东南亚华文媒体语料库,采用计算语言学方法提取字母词,方法如下:

A. 按特定标点符号(?!《》,。、(){}""";)粗切分,将由拉丁字母、希腊字母、罗马字母、数字、"_ * . % + / ? \ | $ －:"等结合在一起的串捆绑,如果长度低于 7,次数大于 9,则在该串左右最多各取 7 个字符,提取出来作为候选串。同时,自动剔除纯粹的日期、数字、网址、

---

① 监测语料,指的是国家语言资源监测与研究中心的平面媒体中心,网络媒体中心,有声媒体中心,收集的从 2005—2008 年的语料。
② 暨南大学华文学院祝晓宏博士校对了词条的提示性说明。
③ 暨南大学华文学院祝晓宏、刘慧博士校对了字母词条和基本解释。

邮箱名,以及数字和度量的结合串。

B. 利用《汉语字母词词典》[①]、《全球华语词典》[②]在候选串中采用长度优先的原则匹配。提取出确定的字母词。

C. 人工归纳字母词常用的后缀,如"指数、准、型、机、卡"等,在剩下的候选串中,采用这些后缀自动匹配,提取出可能的字母词串。

D. 在剩下的候选串中人工查检,找出可能的字母词串。

E. 对于所有字母词串,以字母、数字和符号的捆绑串为锚点,分别按其左右汉字排序,去重,人工检查,确定最终的字母词。

最终抽取出约 300 条高频字母词,给每个字母词做了基本解释,并提供频次和例句信息。

(四)东南亚小学华文教材用字情况调查研究[③]

本调查选取新加坡、马来西亚、泰国、印度尼西亚、越南 5 国目前使用的 8 套华文教材作为对象,详细调查分析了各教材课文用字的基本情况,如字次与字种数情况,各教材共用独用、频率差情况,各教材课文用字在《汉语水平考试汉字等级大纲》中的分布情况。

调查分析了各教材课文用字的分年级情况,如各教材分年级字次和字种数基本情况,各教材分年级课文用字的《汉语水平考试汉字等级大纲》分布情况,各教材课文用字按年级增量变化情况。

同时,进行了东南亚小学华文教材和中国内地小学语文教材课文用字的详细对比分析。

四、海外华语口语语言生活状况及华语风貌调查[④]

(一)构建调查基站网络

针对全球不同华语背景的华侨华人区域的特点,将全球划分为

---

① 刘涌泉主编:《汉语字母词词典》,北京:外语教学与研究出版社,2009 年。
② 李宇明主编:《全球华语词典》,北京:商务印书馆,2010 年。
③ 暨南大学华文学院蔡丽博士协同完成了此报告。
④ 暨南大学华文学院杨万兵、张礼、胡建刚、祝晓宏、刘慧、黄海峰诸博士对本章提出了具体建议,特此致谢。

若干大区,在各区设立华语语言生活状况、风貌调查及多媒体资源库建设的基站网络。

每个国家根据省级行政单位设置调查点,原则上"一省一点",特殊情况下可以增点或减点。本调查重在反映当前语言生活的实态,因此调查点选择各省中的市级首府行政机构,以及在当地影响较大、或者有明显区域特色(如华语方言特色)的其他市级机构,建立基站。

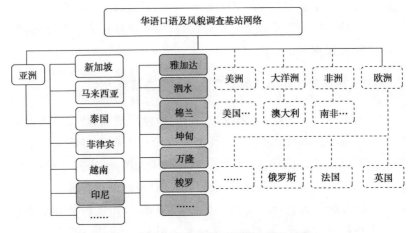

图 1　海外华语口语及风貌调查基站网络

上图已经列出的国家和城市都是暨南大学华文学院在海外设立的函授教学点或合作伙伴机构,每个点当地都有专人负责,以这些函授点为基点,构建调查的基站网络。

(二) 海外华语口语语言生活状况调查

1. 调查对象

每个调查点选择有代表性的4名发音合作人,其中男女各2人,老年青年各2人,新生代和老一代华裔各2人。

2. 调查内容

参照国家语委编写的《方言调查》[①],分语言结构调查和话语调查两大部分。语言结构调查采用 1000 字调查语音系统,1200 词调查基本词汇系统,50 个句子调查主要的语法现象。

话语调查分为讲述和对话两部分。讲述包括"规定故事"和"自选话题"。规定故事选定《牛郎织女》。自选话题可选择具有当地文化特色的,例如:当地口耳相传的民间故事、童谣、谚语、歇后语、顺口溜;或者当地的风俗习惯和传统节日,个人和家庭的情况,时事热点评论等。发音合作人从这些话题中自选若干个进行讲述。对话是 4 名发音合作人在上述话题中自选话题进行对话。

同时,对整个调查现场和过程进行录音录像。

(三) 海外华语风貌调查

选择比较典型的华人华侨家庭,或者是华人社会团体,通过录音摄像,完整记录其日常生活交际场景,或者华人社区具有地方特色的重大节假日的语言生活场景。

对海外含有华文的路牌、招牌、楹联、广告、标语、门牌、牌匾、墓碑等日常语言生活风貌书面载体进行录像照相。

构建华语风貌的多媒体资源库,以期能全方位、多角度地,生动真实反映鲜活的华语语言实况。

五、华语多媒体语言资源库及网络展示系统构建

(一) 多媒体华语资源库系统构建

整个资源库系统包括几个子系统:数据库系统、加工系统、管理系统和查询系统。

---

① 国家语言文字工作委员会:《中国语言生活状况报告》(方言调查),北京:商务印书馆,2011 年。

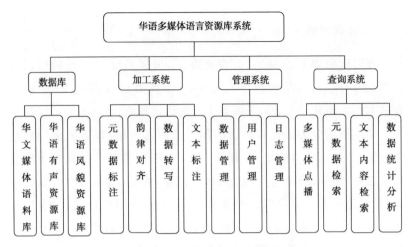

图 2　华语风貌多媒体语言资源库系统

(二) 华语多媒体语言资源库网络演示平台开发

开发一个网络演示平台,全面演示华语多媒体语言资源;用户可以自由在线点播和检索海外华语多媒体语言资源;平台开放给全球研究华语、文化学、社会学等各方面的学者使用。

六、华语多媒体语言资源库的特色

(一) 地域覆盖面广

资源库的语料取自全球各主要华语区,以东南亚为主,基本上覆盖了亚洲、美洲、欧洲、大洋洲、非洲各主要国家。其中,重点对东南亚国家进行语料取样,特别对印度尼西亚等华人居住大国按城市布点,或者按华语方言特色分区布点,进行语料取样。

(二) 载体来源丰富

资源库的语料取自各种载体形式,既有华文网站、华文报刊、华文教材、华文学习者作文等书面媒体,也有来自口语的有声载体,和图片、视频等多载体。

（三）媒体形式多样

与单调的传统语料库不同，该资源库通过多种媒体形式全方位多角度展示华语风貌，包括文本、音频、图片、视频等多媒体形式，声色并茂、图文并茂，是"多媒体语言资源"理念的创新和实践。

（四）用途多样广泛

资源库的多来源、多媒体的特点，决定了其用途的多样性。除了一般的对语言学研究的数据支持之外，还将对对外汉语教学、社会语言学、方言学、语言地理学，甚至文化学、人类学、传播学等多学科的研究都有重要的意义。

七、华语语言生活状况调查及资源库建设的价值和意义

（一）学术价值

1. 多媒体语言资源库扩展了华语语料库的来源和样式，是华语全方位实态描写的基础

语言的研究既包括书面语的研究，更包括口语的、有声的，甚至是可视化的言语交际的研究。目前的华语语料库都是基于书面语的，华语的研究也大多基于书面语。华语多媒体语言资源库大大扩展了华语语料库的来源，丰富了语料的样式，是华语全方位实态描写的基础。

2. "多媒体语言资源"是对语言资源理念的更新，突破了以往语料库单调格式的局限，能更多维度、更生动真实地反映语言生活实态

华语多媒体语言资源库的建设是基于"多媒体语言资源"理念的，是对"语言资源"理念的进一步更新。有助于对语言观念的更新，特别是对语言风貌的多媒体展示手段、语言资源、语言文化遗产保护

理念的更新。

3. 多媒体语言资源库是汉语有声资源库的补充，是汉语全球电子语言地图的重要部分

华语研究是汉语研究的一部分，是现有汉语研究基础上的一大拓展。华语多媒体语言资源库建成后，将会成为一幅海外华语分布的多媒体语言地图，和国内汉语有声资源库一起，构成全球汉语的多媒体语言地图。

4. 华语语言生活状况调查的方法对社会语言学、方言学、人类语言学、语言地理学研究的理论和方法都有重要的借鉴意义

对于语言规划、语言政策有重要意义；对于语言演化、语言接触、语言变异有借鉴意义，可以丰富社会语言学理论；华语本质上是汉语的域外变体，华语中还包含很多种方言，对于汉语方言的研究很有价值。

（二）实践意义

1. 华语多媒体语言资源库的建设是国家语言规划和汉语国际传播的重要支撑

华语的基本面貌如何，如何监测和引导华语的发展，如何更有效地制定国家语言政策和语言规划，如何利用华语的研究成果辅助华文教学和汉语国际传播？这些都和华语的基础研究——华语风貌调查和华语多媒体语言资源库的建设分不开。

2. 描写、展示华语面貌，抢救性记录和保存华语多媒体语言资源，是保护民族语言文化遗产的历史使命

语言、方言是文化最重要的载体和组成部分，是构成文化多样性的前提，是珍贵的非物质文化遗产，是不可再生的宝贵资源。全面科学地描写、展示华语的传统面貌，抢救性记录和保存华语多媒体资源，是保护民族语言文化遗产一项迫在眉睫的历史使命。

3. 华语多媒体语言资源库对于语言信息化和语言科技有巨大的推动作用

华语多媒体语言资源库不只是为语言学而作,对这些资源可以进行学术开发,更需要进行行政开发和应用开发,例如国家语言规划、语音识别、语音合成等。

八、结语

以语言资源观、语言生活观、语言风貌多媒体展示理念为指导,对海外华语的语言生活状况进行全面的数据调查和监测,在此基础上,构建集成的华语多媒体语言资源库,建立海外华语语言风貌多媒体展示网,为海外华语的语言与文化研究、语言资源的开发与利用奠定基础。

多语背景下印尼华语教师语言态度调查[①]
——以雅加达地区华语教师为例

王衍军　张秀华

引　言

目前学术界对印度尼西亚(本文中以下简称"印尼")华人文化、语言认同以及学习动机的研究已取得了一些成果。王爱平对印尼华裔青少年做了一系列的研究:2000 年撰文强调华裔学生学习华语的动机是一个从被动到主动、自觉和明确的过程[②];后来王爱平又在《印尼华裔青少年语言与认同的个案分析——华侨大学华语学院印尼华裔学生的调查研究》[③]、《汉语言使用与华人身份认同——对 400 余名印尼华裔学生的调查研究》[④]两篇文章中进一步指出华裔学生汉语言的使用及文化认同与华人身份的认同意识密切相关。这与陈

[①] 本文是暨南大学"华侨华人研究"优势学科创新平台项目(项目编号:52701017)的阶段性成果,得到了"教育部人文社科重点研究基地暨南大学华侨华人研究院"资助,特此致谢。此外,特别感谢《东南亚研究》编辑部匿名审稿专家对本文提出的宝贵建议。文中尚存的问题概由笔者负责。

[②] 王爱平:《东南亚华裔学生的文化认同和汉语学习动机》,《华侨大学学报》2000 年第 3 期。

[③] 王爱平:《印尼华裔青少年语言与认同的个案分析——华侨大学华语学院印尼华裔学生的调查研究》,《华侨华人历史研究》,2004 年第 4 期。

[④] 王爱平:《汉语言使用与华人身份认同——对 400 余名印尼华裔学生的调查研究》,《福州大学学报》(哲学社会科学版),2006 年第 4 期。

南淮得出的观点相似,他通过对印尼楠榜省各年龄段华人学习汉语动机的调查,得出印尼华人学习动机和文化认同有密切关系①。但陈萍(2004)通过对印尼华裔学生汉语学习动机的进一步调查分析,得出印尼学生对中华文化的态度与汉语学习成就之间并无显著相关②。黄煜(2012)则认为华裔青少年虽然在国家认同上已完全认同印尼,但仍有比较强烈的华人认同意识,对中华文化和语言有很大的兴趣③。

以上文章主要是针对华裔青少年学生文化认同和学习动机的研究,对印尼华语教师的相关研究则甚少。作为印尼华语传播的桥梁和中坚力量,华语教师的语言态度势必会对华语学习者产生重要的影响。因此,本文着重从印尼华语教师的语言态度入手,以一种新的视角观察印尼华语及其他语言的现状,从中透视印尼华人的语言生活及语言态度。同时,这一研究对当前海外华语教学和华文传播也具有一定的借鉴和参考价值。

一、问卷调查的基本数据

本文研究方法主要是问卷调查,并辅以文献阅读和访谈调查。2011年8月份,笔者利用赴印尼雅加达给暨南大学华文教育专业本科函授班的华语教师授课的机会,向雅加达华语教师共发放222份调查问卷,收回有效问卷177份,占79.73%,无效问卷的主要原因是问卷未完成。在有效问卷中,男性43人,占24.29%;女性134人,占75.71%。该问卷的基本数据包括四个方面:调查对象年龄、受教育程度、收入和社区居住地情况。在本文中,我们将从这四个角度进行阐述和分析。

此外,笔者还多次利用暨南大学举办"印尼华语教师普通话正音班"的机会,对印尼华语教师进行访谈调查,所获得的资料和信息对本文的写作也提供了很大的帮助。

---

① 陈南淮:《印尼华人文化认同与汉语学习动机调查分析——以楠榜省为例》,暨南大学,2012年。
② 陈萍:《印尼学生对中华语化态度的调查与分析》,《八桂侨刊》,2004年第6期。
③ 黄煜:《印尼华裔青少年对中华语化的认同及其对汉语学习的影响》,广西师范大学,2012年。

（一）调查对象的年龄范围

年龄范围:25岁以下（含25岁）26人,占14.69%;26岁—34岁23人,占12.99%;35岁—44岁12人,占6.77%;45岁—60岁87人,占49.15%;61岁以上29人,占16.38%。从以上数据来看,当前的印尼华语教师多为中老年者,其中45岁以上者占到65.53%。

（二）调查对象的受教育程度

在问卷中,受教育程度共设计了11个层次:未受过教育、小学未毕业、小学毕业、初中未毕业、初中毕业、高中未毕业、高中毕业、大学未毕业、大专、大学本科、硕士和博士。

调查显示,雅加达地区华语教师具有高中以上学历者120人,大学以上学历者43人。而教育程度为大学的调查对象中,45—60岁的占到34%,远远高于其他年龄段的比重。造成这一现象的原因:一是由于印尼长达32年的华语禁锢,目前在印尼从事华语教学的大多数是1966年华校封闭前毕业的华人或华侨,这些人年龄都在45岁以上,其中又以女性居多;二是由于近年来印尼华语教师积极参加暨南大学和华侨大学的海外华文教育专业函授本科班师资培训。

（三）调查对象的家庭收入和社区居住地情况

问卷中共设计了四项:印尼盾2条[①]以下、2—4条印尼盾、4—6条印尼盾、6条印尼盾以上。为方便下文分析,我们将家庭收入分为低收入家庭（2条以下）、中等收入家庭（2—6条）和高收入家庭（6条以上）。从调查来看,雅加达地区华语教师家庭收入并不是很高,大部分处于中等收入水平。社区语言环境与语言的使用具有紧密的联系,而印尼华人生活社区主要有两种:华人社区和非华人社区。调查数据显示,63%的调查对象生活在华人社区,37%生活在非华人社区。

[①] 条,印尼盾单位,1条=1,000,000印尼盾≈646.595元（人民币）。

二、从调查数据看印尼华语教师对多语制的评价及其语言态度

(一) 印尼华语教师对多语制的评价

表 1　调查对象对多语制作用的评价

态度	对民族团结和社会发展(%)	对个人谋生和社会发展(%)	对个人智力发展(%)
有利	68.36	76.27	79.66
有必要	18.64	14.12	10.17
无益处	1.13	1.13	0.57
无所谓	3.95	1.13	2.26

注：由于回收的有效问卷中针对各个问题都有未选或误选的情况，在统计中笔者将这些情况排除在外，但为了全文样本数据总数的稳定一致，在计算百分比时，仍将样品数据总数定为 177 份，故表中各列百分比相加均未达到 100%。

表 1 数据显示：有 87% 的调查对象认为在社会生活中使用多语是有利和有必要的，有 90% 的调查对象认为多语制对个人谋生及个人智力发展具有重大的作用。而认为多语制对社会或个人发展无益处、无所谓的调查对象则寥寥无几。这一点也印证了联合国教科文组织总干事松浦晃一郎的观点："语言对促进群体和个体的自我认同并推动他们之间的和平共处，是必不可少的。语言是推动可持续发展和协调总体与局部之间关系的关键因素。"[①]对国家而言，多元化的语言是一种资源；对个人而言，在促进个人智力发展的同时，也为个人的未来发展提供了更多的选择和机会。

---

① 沈骑：《联合国教科文组织"语言多元化"教育战略评析》，《外国教育研究》，2009 年第 1 期。

(二) 印尼华语教师的语言态度调查

"语言态度是社会态度的体现,而且社会发展、文化背景、年龄、性别、社会群体的紧密程度等都与语言态度有密切联系。"[①]语言态度是一个十分复杂的社会心理现象,在一定程度上反映了人们对某种语言或方言的价值和行为倾向,深层次上更是一个人对一种文化的认同。在印尼多元化的语言环境下,华语教师对不同语言的价值和行为倾向自然有所不同。在问卷中,我们设置了六个问题:(1)您认为哪种语言最有用?(2)您认为哪种语言最有身份?(3)您认为哪种语言最权威?(4)您认为哪种语言最容易?(5)您认为哪种语言最好听?(6)您认为哪种语言最友善?其中,前四个问题是从实用性角度来考察,后两个问题则是从情感性的角度入手。每个问题只选一个答案,以便调查印尼华语教师的语言态度。对以上六个问题,本文从年龄、受教育程度、家庭收入和社区环境四个视角来进行比较分析,以全面透视华语教师的语言态度。

1. 不同年龄段的印尼华语教师语言态度

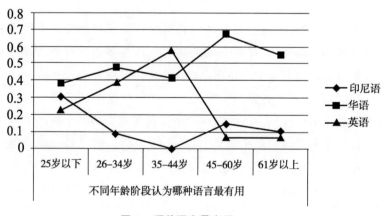

图 1　哪种语言最有用

---

① 郭熙:《中国社会语言学》,杭州:浙江大学出版社,2004年,第 74—75 页。

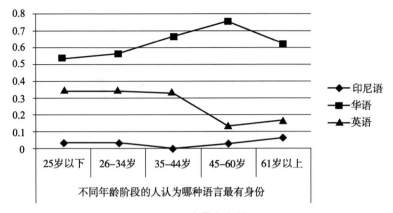

图 2　哪种语言最有身份

从图 1 数据来看:35—44 岁是一个比较特殊的年龄段。与其他年龄段相比,他们支持英语的比重最高,而对华语和印尼语的认同却是最低的。35 岁以下调查者的年龄与英语支持率成正相关,而与印尼语则成负相关,华语支持率变化不是很大;而 44 岁以上的调查对象对英语的支持急剧下滑,华语和印尼语的支持有所上升。图 2 则显示:在各个年龄段,调查对象认为最有身份的语言分别是华语、英语和印尼语。其中年龄越大越认为华语有身份,但是华语支持率最高的是 46—60 岁;英语却与之相反,年龄与英语的支持率呈负相关。

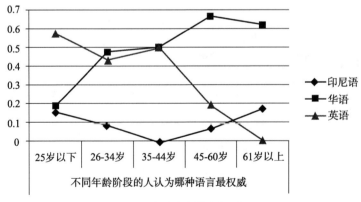

图 3　哪种语言最有权威

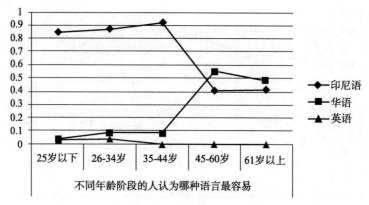

图 4　哪种语言最容易

图 3 显示,语言的权威性在年龄段上呈现出较大的差别:25 岁以下(含 25 岁)的调查者认为英语是最有权威性的;在 26—44 岁这个年龄段,英语和华语的权威性比重基本持平;45 岁以上者则认为华语的权威性最高,而英语的权威性大幅度下滑。图 4 显示:45 岁以下的调查者认为印尼语最容易,而 45 岁以上者则认为华语比印尼语更容易,而英语则普遍认为是最难的。35 岁以上的调查对象在曲线上呈现出三个点①,也就是说,在 35 岁以上的调查者中没有一个人认为英语最容易。

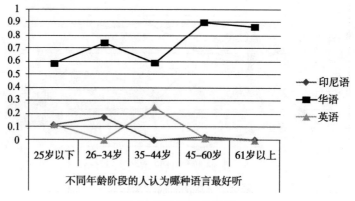

图 5　哪种语言最好听

---

① 各图中"点"代表比重为零,下图相同。

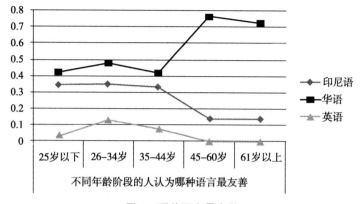

图 6　哪种语言最友善

图 5 显示：大部分调查对象认为华语是最好听的，这首先是华语教师的华族情感使然；其次是因为华语是一种有声调的语言，高低曲折，铿锵悦耳。但英语和印尼语与年龄的关系稍显复杂：26－34 岁与 35－44 岁这两个年龄段对待印尼语和英语的态度曲线呈"X"型，意味着这两个年龄段对印尼语和英语的态度截然相反；英语和印尼语的曲线在 45 岁以上年龄段与坐标轴基本重合[①]。图 6 中，各年龄段的调查对象认为最友善的语言依次是：华语、印尼语和英语。其中，华语的认同度与年龄基本成正相关，而印尼语和英语的认同度与年龄则基本成负相关。

2. 不同教育程度调查对象的语言态度

为了方便分析，我们将 11 种受教育层次概括为：小学（未受过教育、小学未毕业、小学毕业）、初中（初中未毕业、初中毕业）、高中（高中未毕业、高中毕业）、大学（大学未毕业、大专、大学本科）和研究生；因为小学（6 人）和研究生（3 人）的人数有限，本文不作进一步的分析。

---

① 各图中曲线重合代表两者的比重相同。

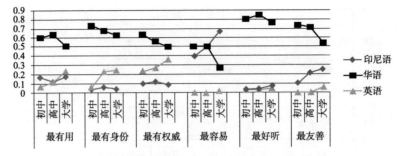

图 7 不同受教育程度调查对象的语言态度

图7显示:在语言的实用性上,尽管印尼语是印尼的官方语言,但是印尼语的认同度基本低于华语和英语,只有在"最容易""最友善"两个问题上,受教育程度与印尼语的认同度成正相关;与此相反,在这两个问题上,受教育程度与华语的认同度则基本上成负相关。

其次,受教育程度与英语的认同度基本上成正相关,特别是在"最有用""最有身份"和"最有权威"三个问题上,调查对象所受教育程度越高,对英语的认同度越高。而在语言的情感性上,受教育程度对英语认同度的影响则几乎为零。

教育在语言的学习过程中起着相当重要的作用。从图7分析来看,受教育程度较高的调查对象对待华语和英语的态度呈现出截然相反的趋势,这主要是印尼的教育体制引起的。在印尼教育体制中,不管是公立学校、私立学校,还是新兴的三语学校,英语是升学的必考科目。外语教学以英语为主,所以受教育程度越高越重视英语,英语越来越普及,因此英语的重要性也日益凸显。华语解禁后,各个学校开始开设华语课程,但是华语目前还不是升学的必考科目。因此,华语在受教育程度高的调查对象心中的重要性和权威性并不是很高。

3. 不同收入者的语言态度

儿童在最初学习语言的阶段,明显受到父母的经济地位的影响。Bradley 认为,家庭收入与儿童发展之间的关系存在着文化的一致性和特异性[①]。因此,家庭收入与语言学习和语言态度有着紧密的联系。图8显示:在华语和英语的实用性上,中等收入者的语言态度与低收入者、高收入者呈现出相反的趋势,华语的曲线呈现一个"倒V"型,而英语则呈现出一个"V"型。这表示在不同收入者中,中等收入者最支持华语,而对英语最不支持;而低收入者和高收入者对待华语和英语的支持率基本一致。而在华语和英语的情感性上,各收入阶层最支持华语,英语的比重基本最低。这是因为在印尼掌握英语和华语的工作者收入相对较高,尤其是精通英语的工作者,收入非常高,因此,高收入者比较看重英语。而在低收入者心目中,也会认为掌握了英语就会有高收入,所以低收入者和高收入者在语言的实用性上呈现出了一致的态度。中等收入者中45岁以上的调查对象约占69.57%,而45岁以上的调查对象对华语是最支持的,因此,使得华语的曲线呈现一个"倒V"型。

对于印尼语,各收入阶层的态度有些复杂:在印尼语的大环境下,显然各收入阶层均认为印尼语最容易;但另一方面,在"最有身份"和"最有权威"的回答中,各收入阶层对印尼语的支持度又是最低的。特别是在"最友善"的问题回答中,对印尼语的情感认同与收入呈现负相关的趋势。这是因为家庭收入决定一个家庭的社会经济地位,而社会经济地位不同,人们所接触的人或物则不同,因此,在语言态度上也会有所不同。

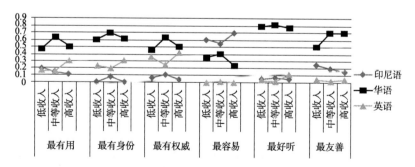

图8 不同收入者的语言态度

[①] 转自李艳玮、李燕芳、刘丽莎:《家庭收入对儿童早期语言能力的影响作用及机制:家庭学习环境的中介作用》,《中国特殊教育》,2012年第2期。

4. 不同社区调查对象的语言态度

图 9 显示:对待华语的态度上,非华人社区的调查对象在"最权威""最容易""最友善"三个问题上支持华语的比重低于华人社区,其他问题上态度则相差不大。在对英语上,华人社区的调查对象在"最有用""最有身份"上比非华人社区者的支持度略高,其他问题上态度相差不明显。对印尼语,非华人社区者在"最有用""最容易"两个问题上更倾向于印尼语,因为居住于非华人社区,印尼语的实用性不言而喻,学习起来也最容易;在其他问题的态度上,两个社区相差不大。此外,从图 9 的曲线反映来看,曲线整体变化平缓,说明社区环境对调查者语言态度的影响不太大。

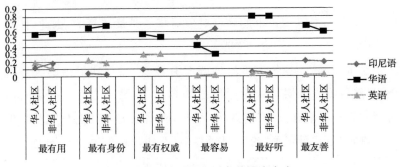

图 9　不同社区调查对象的语言态度

三、印尼华语教师语言态度的特点及成因

(一) 印尼华语教师语言态度的特点

总的来说,华语教师的语言态度日益呈现出一种多元化的态势:年长的华语教师在情感性上倾向于华语,但年轻的华语教师日益认同英语和印尼语。主要特点可以概括为以下三个方面:

1. 不同年龄段调查对象的语言态度差异较为显著。

(1) 华语的情感性认同高于其实用性认同,特别是调查对象年龄越大,越认同华语。

(2) 45—60 岁的华语教师在各个问题上比 61 岁以上者更加支持华语。

(3) 年龄越小,语言态度越多元化,而且对英语和印尼语的认同度呈递增趋势。

2. 中等收入者和中等教育程度的调查对象更加支持华语;高收入者、低收入者以及受教育程度高的调查对象更倾向于英语和印尼语。

3. 不同社区的语言环境对调查对象的语言态度影响不大。

(二) 印尼华语教师语言态度的成因

造成印尼华语教师这一语言态度现状的原因主要有以下三个方面:

1. 对祖籍国文化认识的缺失

这是印尼华语教师语言态度现状的一个主要原因,对语言的认同归根结底是对一个民族或国家文化的认同。华语在印尼被禁锢32年,这32年禁锢的不仅是华语,更是中华文化的延续和发展。对在印尼"禁华"期间出生的华人而言,这更是一种"文化身份"的丧失。而目前,华语在印尼更多是作为外语教学,其"外语化"和"工具化"的发展趋势更不利于华族子弟学习和传承中华文化。

在问卷中,我们发现了解祖籍国文化的人也伴随年龄的减小成下降趋势,而且调查数据并不太乐观。其中,了解中国传统文化的只有48人,占总调查对象的27.12%,其中,45岁以上者占到79.17%。所以,不管是在实用性还是情感性上,年长者对华语都是非常支持的,而年轻一辈,尤其是44岁以下的调查对象,他们对华语的支持度和认同感明显降低。在语言环境上,印尼整个社会华语使用情况并不乐观,数据分析得出,在公共场所或工作地点华语的使用率均低于印尼语和英语,这种语言环境也直接影响到他们对汉语的认同。

2. 闽、粤、客等南方方言的传承与使用

从整体分析来看:年龄越大,越支持华语;年龄越小,语言态度越多元化,而且支持英语和印尼语的比例增加。但是数据也显示出:45—60岁的华语教师比61岁以上者更为支持华语。这是因为两个年龄段的调查对象使用华语和闽、粤、客等南方方言的比例不同造成的,其中"华语是以现代汉语普通话为标准的华人共同语"①,与闽、粤、客等南方方言差别极大。从数据可知,在家庭用语中,45—60 岁者经常使用南方方言的有 21 人,在该年龄段调查对象中所占比例是 24.14%,而 61 岁以上者在家中经常使用南方方言的有 16 人,在该年龄段调查对象中所占比例为 55.17%。"语言态度是人类语言生活中的一个重要组成部分,它常常通过语言使用来体现。"②闽、粤、客等方言的使用分流了 61 岁以上调查对象使用华语的部分数据,从而导致 45—60 岁的调查对象在各个问题上比 61 岁以上者更加支持华语。

3. 社会需要和学习动机使然

学习动机是推动学生学习的内在驱动力。对于语言学习,学习动机是具有影响力的个体差异因素之一,对语言的学习起到重大的推动作用。从表 2 中可以看出:"奉命"学习语言的这一组数据中,华语的比重最高;"需要"动机中,印尼语的比重最高,占到 87.57%,其次是英语;而"感兴趣"这一栏,华语的比重遥遥领先,其次是英语、印尼语。

表 2　调查对象学习语言的动机

语言	学习语言的动机		
	奉命(%)	需要(%)	感兴趣(%)
印尼语	7.34	87.57	2.26
华语	10.17	44.63	35.03
英语	8.47	59.32	20.34

注:本表格各行百分比相加均未达到 100%,理由同表 1 所述。

在印尼,印尼语是官方语言,印尼华人在公共场合以及相对正式

---

① 郭熙:《华语研究录》,北京:商务印书馆,2012 年,第 16 页。
② 陈松岑:《新加坡华人的语言态度及其对语言能力和语言使用的影响》,《语言教学与研究》,1999 年第 1 期。

的话题中,使用印尼语的人数是最多的①。而且,英语在印尼不仅是一种"辅助性语言"②,而且是与印尼语一样具有法律地位的语言③,加上英语是印尼学生升学的必考科目,而且精通英语者会有更好的就业机遇,因此,印尼语和英语对于印尼华人而言更加"需要",从而导致越来越多的年轻人开始注重印尼语和英语。已故印尼华教界前辈徐敬能老师曾指出:"目前,在印尼正规学校的中文课,一星期只有一、二节,三语学校最多也只有四节课,三语学校虽然有中文,但还是以英文为主。全印尼有1千6百多间大学,有中文系的没有几间。因此,若认为华文教学正处在高峰期,未免言之过早。"④

四、结语

从我们的调查研究来看,印尼华语教师对华语是认同的,但我们也应该清醒地认识到,越来越多的年轻人对祖籍国的文化和语言了解得越来越少,对中华文化的认同感在不断下降。如何利用华语教师对华语的态度去激发印尼年轻一代华人学习华语的热情,这将是值得我们进一步探讨的一个课题。

---

① 吴雨凤:《印尼华人语言使用情况调查研究——以雅加达华人为例》,暨南大学,2012年。
② 黄仁新、王靖:《印尼语言政策探析》,《唐山学院学报》2005年第4期。
③ 王爱平:《印尼华裔青少年语言与认同的个案分析——华侨大学华语学院印尼华裔学生的调查研究》,《华侨华人历史研究》,2004年第4期。
④ 郭美华:《浅论印尼雅加达华文教学和师资培训》,《第八届东南亚华文教学研讨会论文集》,马尼拉:菲律宾华教中心,2009年,第135页。

影响美国华裔母语保持的个体及社会心理因素[①]

魏岩军　王建勤　魏惠琳　闻　亭　李　可

当前美国华裔群体是一个多元化的社会,他们在出生地、移民年龄、汉语学习时间以及对中国的态度和情感上千差万别,Ellis指出,华裔汉语学习者个体差异是影响其母语保持的关键因素,其中有外在因素,也有内在因素,二者之间并不存在明显的界限[②]。本研究考察个体因素(包括移民年龄、教育背景、汉语学习时间、在华时间等)和社会心理因素(包括对母语社团的态度、动机和认同)对美国华裔汉语学习者母语保持的影响。

一、调查对象和问卷设计

(一) 调查及调查对象概况

调查于2009年7-11月在美国爱荷华大学、卡内基梅隆大学、纽约州立大学等多所大学以及高中展开,共发放问卷210份,最终收

[①] 本研究得到教育部人文社科重点研究基地重大项目(06JJD740004)及北京语言大学校级规划项目(06GH02)资助,数据收集和统计得到美国爱荷华大学柯传仁教授、北京语言大学郭树军教授、施家炜副教授、美国卡内基梅隆大学郦师,北京语言大学鲁骥、朱雯静、朱旻行、李建ણ、陈默等师友热心帮助,特此致谢。

[②] Ellis, R., *The Study of Second Language Acquisition*, Oxford: Oxford University Press, 1994, pp. 469-474.

回有效问卷 206 份。①。

表 1　调查对象基本情况

国籍		性别		年龄	移民年龄		教育背景		汉语学习时间			在华时间	
中国	美国	男	女	16—29岁	出生前移民	出生后移民	高中	大学	≤1年	1—6年	≥6年	<3年	≥3年
92	88	84	122	185	115	58	19	187	65	88	39	149	36

(二) 问卷内容

(1) 调查对象的基本情况，包括国籍、性别、年龄、教育背景、汉语学习时间、在华时间、移民年龄等。

(2) 美国华裔汉语学习者对母语社团态度的调查。本研究关于态度的问卷借鉴了 Gardner 等 AMTB(Attitude/Motivation Test Battery)中关于态度量表的设计②③，并进行了适当改编，具体包括学习者对中国(尤指中国的政治、经济和文化)、对中国人以及汉语学习的态度，共 24 道题，每类 8 道。

(3) 美国华裔汉语学习者对母语社团动机的调查。动机的测量依据 Gardner 提出的融合型和工具型动机进行分类，同时参考了 Gardner④，Gardner 等⑤和 Svanes⑥ 的动机量表的设计，并进行了适当改编，最终形成 16 道题目，每类 8 道。

(4) 美国华裔汉语学习者对母语社团认同的调查。对母语社团

---

① 部分问卷信息数据有个别缺失，下文相应的各因素分析中，这些缺失的数据不在统计之列。
② Gardner, R. C., *The Attitude/Motivation Test Battery：Technical Report*，http://publish.uwo.ca/~gardner/docs/AMTBmanual.pdf, 1985.
③ Gardner, R. C., Lalonde, R. N. & MacPherson, J., "Social factors in second language attrition", *Language Learning* (35), 1985, p.519-540.
④ Gardner, R. C., *The Attitude/Motivation Test Battery：Technical Report*，http://publish.uwo.ca/~gardner/docs/AMTBmanual, 1985.
⑤ Gardner, R. C., Lalonde, R. N. & MacPherson, J., "Social factors in second language attrition", *Language Learning* (35), 1985, p.519-540.
⑥ Svanes, B., "Motivation and cultural distance in second language acquisition", *Language Learning* (37), 1987, p.341-359.

的认同测量依据 Zea 等①的简明多维度量表(Abbreviated Multidimensional Acculturation Scale),同时参照 Robert 等②和 Kim③等分别关于族群认同和价值观认同的研究,将学习者对母语社团认同分为语言、文化、族群和价值观认同四个方面,每方面6道题目,共24道题目。态度、动机与认同测量指标均采用 Likert Scale 6点量表,并统一为积极的表述方式。

(5)语言水平自测,包括听说读写。自测表根据《欧洲语言教学与评估共同参考框架:学习、教学、评估》(Common European Framework References for Languages: Learning, Teaching, Assessment)中"语言水平自测表"(the DIALANG self-assessment statements)的四项语言技能评测标准修改而成(Council for Cultural Co-operation Education Committee 2001:231—243)④。

二、个体因素对美国华裔母语保持的影响

(一)移民年龄对母语保持的影响

根据移民时间的早晚,可分为两种情况:华裔在出生前其祖辈或父辈已移民至美国;华裔在出生后随祖辈或父辈移民美国。

我们分别记为出生前移民和出生后移民。

---

① Zea, M. C., Asner-Self, K. K., Birman, D. & Buki, L. P., "The abbreviated multidimensional acculturationscale: Empirical validation with two Latino/Latina samples", *Cultural Diversity and Ethnic Minority Psychology* 9(2): p.107—126.

② Robert, R. E., Phinney, J. S., Masse, L. C., Chen, Y. R., Roberts, C. R. & Romero, A., "The structure of ethinic identity of young adolescents from diverse ethnocultural groups", *The Journal of Early Adolescence* 19(3),1999, pp. 301—322.

③ Kim, B. S. K., Atkinson, D. R. & Yang, P. H., "The Asian values scale: Development, factor analysis, validation, and reliability", *Journal of Counseling Psychology*, 1999, 46(3): pp. 342—352.

④ Council for Cultural Co-operation Education Committee (ed.), *Common European Framework of Reference for Languages: Learning, Teaching and Assessment*. Cambridge: Cambridge University Press, 2001, pp. 231—243.

表2　不同移民年龄的华裔母语听说读写水平自测平均分

	听	说	读	写
出生前移民	3.02	2.82	2.16	2.30
出生后移民	3.59	3.56	2.59	2.64

方差分析显示,移民年龄的主效应显著($F(1,171)=10.68$,$p=0.001$)。从表2中我们发现,移民时间越晚,其母语保持水平越高。汉语听说读写四项技能的主效应显著($F(3,513)=57.04$,$p<0.0005$)。移民年龄和汉语技能的交互作用不显著($F<1$)。

（二）在华时间对母语保持的影响

近年来,有大批华裔来中国学习汉语,在华时间可能会对他们母语保持的水平产生影响。我们将在华时间分为两种:3年以下和3年及3年以上。

表3　不同在华时间的华裔母语听说读写水平自测平均分

	听	说	读	写
<3年	3.11	2.95	2.26	2.39
≥3年	3.50	3.25	2.58	2.50

方差分析显示,在华时间的主效应不显著($F(1,183)=2.72$,$p=0.101$)。在华时间不同,美国华裔听说读写四项技能的总体水平没有显示出明显差异。汉语听说读写四项技能的主效应显著($F(3,549)=42.80$,$p<0.0005$)。在华时间和四项技能的交互作用不显著($F<1$)。

（三）教育程度对母语保持的影响

母语保持也可能会受到教育程度的影响,本项调查的对象主要是美国的高中生和大学生。

表 4 不同教育程度的华裔母语听说读写水平自测平均分

	听	说	读	写
高中	2.84	2.89	2.32	2.53
大学	3.23	3.02	2.31	2.41

方差分析验证,教育程度的主效应不显著($F<1$)。教育程度并没有对美国华裔汉语听说读写四项技能的总体水平产生影响。四项技能的主效应显著($F(3,597)=15.17, p<0.0005$)。教育程度和四项技能的交互作用不显著($F(3,597)=1.40, p=0.243$)。从表 4 中我们发现,无论听说技能还是读写技能,教育程度对母语保持情况的影响都不存在统计学意义上的差异,教育程度的提升并没有为母语保持带来积极影响。

(四)汉语学习时间对母语保持的影响

母语保持具有时间效应,一方面由于代际的语言转用而使母语使用不断减少,另一方面,随着语言学习时间的增加,其母语保持的程度会不断加强。本项研究将美国华裔的汉语学习时间分为三段:1 年以下、1 年到 6 年、6 年以上,以考察母语保持的时间效应。

表 5 汉语学习不同时间的华裔母语听说读写水平自测平均分

	听	说	读	写
<1 年	2.88	2.83	1.80	1.85
1—6 年	3.14	3.02	2.49	2.66
>6 年	3.77	3.23	2.74	2.97

经方差分析验证,汉语学习时间的主效应显著($F(2,189)=12.28, p<0.0005$)。美国华裔随着汉语学习时间的增加,其语言能力同样取得了一定的发展。汉语四项技能的主效应显著($F(3,567)=58.24, p<0.0005$)。汉语学习时间和四项技能的交互作用显著($F(6,567)=4.30, p<0.0005$),简单效应检验显示,美国华裔汉语学习者听力、阅读和写作水平随着学习时间增加而明显提高($F(2,189)=6.68, p=0.002; F(2,189)=15.79, p<0.0005; F(2,189)=21.37, p$

(0.0005),然而,口语水平并没有随着时间的增加得到同样的提高(F(2,189)=1.34,p=0.263)。

(五) 讨论

影响美国华裔母语保持的个体因素中,移民年龄对母语保持产生了时间效应,出生后移民美国的华裔汉语学习者,由于移民前生活在自己母语国家,母语保持自然要好于在美国出生的华裔汉语学习者。因为,出生后移民的华裔,大都在"关键期"[①]以前完成了母语习得,而且年龄越小越有优势[②][③],因而时间效应非常明显。

在华时间对母语保持没有产生影响,一方面与来华目的不同有关,另一方面,来华时间与汉语学习效果并不一定成正比。

教育背景对母语的保持并没有产生多大影响。通过数据分析发现,可能被试数量的不均衡是其中原因之一,另外,教育程度的提升并不意味着汉语学习时间长,自然母语保持并不一定会更好。Hudson 等[④]从另一方面做出了解释,当移民有更多机会和途径接受良好的教育时,能够在居住国获得更多的政治权利、经济实力,社会地位也会相应提升,从而更好地融入当地主流社会。相反,教育程度越低的移民,被当地社会排斥的几率就大一些,不能得到很好的接纳,他们更倾向于认同母语社团,使用母语的机会相对前者就大,因而母语保持效果更好。

关于汉语学习时间对母语保持的影响,按照 Jakobson 的退化假说(regressionhypothesis),"语言磨蚀是习得的镜像",也就是说,语

[①] 根据 Lenneberg 的研究,第二语言学习者在大约 12 岁前后,语言习得效果各方面会表现出很大差异。因而,本报告将 12 岁作为关键期。本次调查中 12 岁前移民的华裔占出生后移民总数的 87.9%。参见王建勤主编(2009 年,第 284—288 页)。

[②] Johnson, J. & Newport, E., "Critical period effects in second language learning: The influence of maturational state on the acquisition of EFL", *Cognitive Psychology* (21), 1989, pp. 60—99.

[③] Oyama, S., "A sensitive period in the acquisition of a non-native phonological system", *Journal of Psychological Research* 5(3), 1976, pp. 261—283.

[④] Hudson, A., Chávez, E. H. & Bills, G. D., "The many faces of language maintenance: Spanish language claiming in five southwestern states, in Carmen Silva-Corvalán (ed.)" *Spanish in Four Continents: Studies in Language Contact and Bilingualism*, Washington, D. C.: Georgetown University Press, 1995, pp. 165—183.

言学习是语言磨蚀的逆过程①。本研究证明,随着汉语学习时间的增加,其母语保持的水平不断提高。汉语学习是延缓语言磨蚀的重要因素。但统计分析显示,美国华裔汉语学习者的口语水平并没有随汉语学习时间的增加而提高。这是因为被试全是美国的华裔,缺少母语使用环境,缺少用母语进行口语交际的机会,即使是在家庭场合,用母语进行口语交流的机会也不多。很多华裔汉语学习者在家庭甚至用英语回应长辈的汉语,这是母语口语能力磨蚀的主要原因。

三、社会心理因素对美国华裔母语保持的影响

(一) 对母语社团的态度、动机对母语保持的影响

学习者的态度、动机与语言习得效果有着密切关系。同样,母语保持也是如此。本报告调查了美国华裔的三种态度,包括对中国的态度、对中国人的态度和对汉语学习的态度以及两类动机(融合型动机和工具型动机),考察了其与母语保持的关系。通过 Spearman 相关分析,我们发现上述三种态度以及两种动机与听说读写四项技能之间都不相关。

表 6　三种态度和听说读写四技能的相关系数

	听	说	读	写
对中国的态度	0.11	0.11	0.06	0.08
对中国人的态度	0.04	0.03	0.06	0.05
对汉语学习的态度	0.09	0.09	0.07	0.05

表 7　两类动机和听说读写四技能的相关系数

	听	说	读	写
融合型动机	0.00	−0.02	−0.05	0.06
工具型动机	0.08	−0.01	−0.05	0.03

---

① 蔡寒松、周榕:《语言耗损研究述评》,《心理科学》,2004 年第 4 期。

(二) 对母语社团的认同对母语保持的影响

跨文化族群认同可从两个维度进行考察：一是对母语社团的认同，二是对所在国主流社团的认同。从前一维度来看，美国华裔汉语学习者对母语社团的认同包括语言认同、文化认同、价值观认同和族群认同。本研究的"语言认同"主要体现为华裔在不同环境下母语和主流社会语言的使用范围和使用频度；"文化认同"指华裔对其母语社团文化及所在国主流社团的文化依附感、归属感以及基于这种归属感所表现出的行为倾向[①]；"族群认同"指学习者对自己所属社团的认同，主要表现为学习者对自己所属社团的依附感和归属感[②]；"价值观认同"包括六个因素，即服从社会规范、通过成就获得家族认可、情感自我控制、集体主义、谦虚和孝道等[③]。

表 8 四类认同和听说读写四技能的相关系数

	听	说	读	写
母语认同	0.36**	0.37**	0.34**	0.28**
华人社团文化认同	0.10	0.19**	0.12	0.24**
华人社团价值观认同	−0.06	0.04	−0.06	0.00
华人社团族群认同	0.03	0.10	0.02	0.15*

说明：** 在 0.01 水平上显著（双尾），* 在 0.05 水平上显著（双尾）。

从表 8 等级相关系数（Spearman）可以看到，母语认同与听说读写存在相关关系，虽然相关并不高。相比较而言，在各类认同中，欧美华裔汉语学习者对母语的认同与其母语技能相关较高。但是对华人社团的义化认同、族群认同和价值观认同与其母语听说读写水平

[①] Zea, M. C., Asner-Self, K. K., Birman, D. & Buki, L. P., "The abbreviated multidimensional acculturationscale: Empirical validation with two Latino/Latina samples", *Cultural Diversity and Ethnic Minority Psychology* 9(2), pp. 107−126.

[②] Robert, R. E., Phinney, J. S., Masse, L. C., Chen, Y. R., Roberts, C. R. & Romero, A., "The structure of ethinic identity of young adolescents from diverse ethnocultural groups", *The Journal of Early Adolescence* 19(3), 1999, pp. 301−322.

[③] Kim, B. S. K., Atkinson, D. R. & Yang, P. H., "The Asian values scale: Development, factor analysis, validation, and reliability", *Journal of Counseling Psychology* 46(3), pp. 342−352.

相关程度较低,甚至可以说基本不相关。

总体来说,相对于其态度、动机,美国华裔在认同趋向上与听说读写四项技能之间表现出更强的相关性。

(三)讨论

美国华裔的态度、动机和认同趋向与母语保持之间存在着非常复杂的关系。态度、动机和认同三个方面对母语保持的作用效果不一致。这可以从两方面得到解释。一方面,从内涵上来说,态度是一种个人所做出的"反映方向性和动态的影响"[1]。关于学习动机,Gardner[2]的经典社会教育模式认为它在态度和学习效果之间起着重要作用。由此可见,语言学习的态度和动机是浅层次的,可变的,这从20世纪90年代以来动机研究多关注其产生、持续到消失的动态过程中可以得到证明[3]。认同,尤其是文化认同,Zea 等[4]认为是个体对其目的语文化以及所在国的文化依附感、归属感以及基于这种归属感所表现的行为倾向。这种依附感、归属感及其行为倾向更多的是内化在学习者的心理之中,从而在深层次上对语言习得产生恒久不变的影响。因此,随着学习时间的增加和水平的提高,学习者的态度、动机会对母语保持是正面还是负面影响会发生变化,而认同是一种身份文化的认定,对语言习得的影响不会忽好忽坏。

另一方面,前人的相关研究也证实了态度、动机和认同三者的不一致。关于态度与习得水平的研究,闻亭[5]发现语言习得水平和态度呈反比,二者之间并不是简单的线性关系。倪传斌等[6]的调查发

---

[1] 王建勤主编:《第二语言习得研究》,商务印书馆,2009年,第296—297页。

[2] Gardner, R. C., *The attitude/motivation test battery: Technical report*, http://publish.uwo.ca/~gardner/docs/AMTBmanual, 1985.

[3] 边永卫:《语言学习动机与学习者自我认同建构》,高一虹等著《中国大学生英语学习社会心理——学习动机与自我认同研究》,北京:外语教学与研究出版社,2004年。

[4] Zea, M. C., Asner-Self, K. K., Birman, D. & Buki, L. P., "The abbreviated multidimensional acculturationscale: Empirical validation with two latino/Latina samples", *Cultural Diversity and Ethnic Minority Psychology* 9(2), p. 107—126.

[5] 闻亭:《不同文化距离下的态度与习得水平调查研究》,《语言教学与研究》,2009年第3期。

[6] 倪传斌、王志刚、王际平、姜孟:《外国留学生的汉语语言态度调查》,《语言教学与研究》,2004年第4期。

现,外国留学生汉语语言态度和汉语水平之间没有太大关系。Svanes[1]解释说,随着学习者深入学习第二语言,其对目的语国的文化有了更多的了解,从而他们可以更加批判地审视目的语社团的现实现象,导致对目的语社团可能持否定态度。另外,美国华裔母语保持中,虽然父母的热情甚高,但是子女对父母要求他们保持母语常常持抵抗态度[2]。他们并没有因为其华人血统以及文化相似等因素在态度上优于非华裔。这是造成两者不相关的重要原因。关于动机与习得水平关系的研究也莫衷一是,大量研究得出了两者零相关甚至负相关的结论[3][4][5]。而在认同研究上,邓莉红[6]和王爱平[7]都证实了一定的认同与语言学习密切关联,对语言学习效果的解释力相当大。积极的认同缩小了华裔对母语社团的社会距离和心理距离,因而母语保持水平会更好。本报告与前人研究多有一致,证实了态度、动机和认同在对母语保持的影响中发挥作用的方式不同,华裔之间在情感态度、动机需求、认同取向等等方面表现出很大的内在差异。

在上述结果中,值得注意的是,美国华裔对母语的认同与母语保持相关最高。也就是说,对母语的认同和母语保持之间的关系更直接。但是,我们也看到,美国华裔对母语文化、族群和价值观认同与母语保持几乎不相关。产生这种现象的原因可能有二:一是美国华裔汉语学习者移民美国后,面临的主要问题是如何融入主流社会,因此在文化、族群和价值观认同上更倾向于主流社会,从而忽略或放弃对母语社团文化、族群和价值观的认同。在语言层面上表现为所谓

---

[1] Svanes, B., "Motivation and cultural distance in second language acquisition", *Language Learning* 37(3), 1987, pp. 341—359.

[2] Cheng, S. & Kuo, W., "Family Socialization of ethnic identity among Chinese American Pre-adolesents", *Journal of Comparative Family Studies* (31), 2000, pp. 436—484.

[3] Oller, J., Baca, L. & Vigil, F., "Attitudes and attained proficiency in ESL: A sociolinguistic study of Mexican Americans in the southwest", *TESOL Quarterly* (11), 1977, pp. 173—183.

[4] Clément, R., Gardner, R. C., & Smythe, P. C., "Social and individual factors in second language acquisition", *Canadian Journal of Behavioural Science* (12), 1980, pp. 293—302.

[5] Svanes, B., "Motivation and cultural distance in second language acquisition", *Language Learning* 37(3), 1987, pp. 341—359.

[6] 邓莉红:《外国留学生民族认同与汉语学习关系的实证研究》,北京语言大学硕士学位论文,2009年。

[7] 王爱平:《东南亚华裔学生的文化认同与汉语学习动机》,《华侨大学学报》,2000年第3期。

"削减式双语者"(subtractivebilinguals),而不是"附加式双语者"(additivebilinguals);二是由于中国的经济崛起,汉语价值的提高,欧美华裔汉语学习者学习汉语具有较强的工具性动机,因而对母语社团文化、族群以及价值观认同比较低。所以,这种"单向认同"对母语保持会产生一定的负面影响。

四、研究结论和启示

从上述分析可以看到,美国华裔汉语学习者个体差异对其母语保持产生了不同的影响。从个体因素上看,移民年龄晚和汉语学习时间长的华裔学习者表现出更高的母语保持水平,而来华经历和教育程度没有对母语保持产生影响。因此,面向美国华裔的汉语传播应该对出生前移民的汉语学习者给以特别的关注和重视。同时,为了让美国华裔能够保持自己的母语,家庭和社会应该主动创造更多的机会,让华裔学习者最大量地沉浸在汉语环境之下,不只是在家庭场合中使用母语,更要多鼓励子女在家庭之外的场合使用母语、带子女去华人社区,送子女到华文学校,乃至送到中国来[①],采用各种办法来增加汉语学习时间和使用频度,扭转语言转用的趋势。

从社会心理因素上分析,美国新华侨华人的民族情感有双重趋向,他们既认同所在国的文化和价值观念,同时又对中华文化有着深深的情感依恋[②]。然而,美国华裔学习者态度、动机与母语保持水平之间并不相关;在母语社团认同上,母语认同与其母语技能相关程度较高,对母语社团的文化、族群和价值观认同与之基本不相关。这对汉语传播是非常不利的。语言不仅仅是交流的工具,母语的保持也是身份认定的过程。为了实现身份认定,华裔群体自然会主动地通

[①] Lin, L., "A comparison of how balanced bilingual and pseudo-bilingual students, who are second-generation Chinese-Americans, develop and maintain the native language while learning English", *Paper presented at the Annual Meeting of the American Educational Research Association*, San Diego, CA, 1998: April 13—17.

[②] Wang, S., "Building societal capital: Chinese in the US", *Language Policy* (6), 2007, pp. 27—52.

过母语保持,为巩固汉语和中国传统文化的价值做出努力[①]。另外,Rose[②]提出的"相互作用模型"(independentmodel)指出,如果双方对彼此的理解是对称的,那么任何一方都不会占有优势。只有在彼此理解不对称的情况下,一方才可能因其对对方更多的理解而获益。这说明,仅仅保持母语是不够的,更重要的是在母语保持的同时,增进华裔对母语和祖国文化的认同感。总而言之,汉语传播应该增强华裔母语保持的深度,不能只停留在华裔母语听说读写水平的提高,更为重要的是通过母语的保持达到一种对母语社团的认同,积极的认同会影响华裔对母语国和群体的态度,拉近华裔和祖国之间的社会距离。

[①] Jia, L. Language Socialization of the Children of Chinese Immigrants to the United States. 河南大学出版社,2008 年。

[②] Rose, R., "Language, soft power and asymmetrical Internet communication", Oxford: Oxford Internet Institute, Research Report (7), 2005.

华语规范化的标准与路向[①]
——以新加坡华语为例

尚国文　赵守辉

一、引言

华语通常被看作"以普通话为基础的全世界华人的共同语"[②]。华语虽然在全球各地的华人社区中保持着大致相似的核心面貌,但在不同的社会政治文化环境影响下,常常发展出形色各异的变体形式。在全球化的现时语境下,深入研究海内外各种华语变体的用法特征,并通过规范化努力让各地华语向共同的核心靠拢,对于促进华语区的沟通和交流具有重要的意义[③]。

本文主要以新加坡华语这个引人注目的海外华语代表为例,探讨华语规范化的标准及路向问题。新加坡的华语使用及华文教学常常遭遇诸多困惑:某个语言形式与其他地方的华语出现分歧时,究竟该如何取舍呢?例如,华语教学中要不要教轻声和儿化?对于诸如 facebook 这样广泛应用的新名词,究竟应该跟随中国大陆译作"脸书",还是取马来西亚的译法"面子书",抑或像其他地方那样译作"面

[①] 本研究获得中国教育部哲学社会科学研究重大课题攻关项目"新时期中国语言文字战略研究"(项目号:10JZD0043)的资助,谨表谢忱。
[②] 李宇明:《全球华语词典》,北京:商务印书馆,2010 年。
[③] 周清海:《论全球化环境下华语的规范问题》,《语言教学与研究》,2007 年第 4 期。

书""面簿""脸簿"？当学生写出具有新加坡味道的华文句子时（如"一定要帮忙她""我有吃过""他明天没有来"），要不要按照普通话的语法予以纠正？实际上，这些问题都与华语规范化的标准有关。解决好"标准"问题，不仅可以为新加坡华语的教学及应用提供指导，而且对于其他地区的华语规范化工作同样具有重要的参考价值。

二、新加坡华语的地位及其规范化对象

（一）新加坡华语的语言学定位

新加坡华语是在新加坡特殊的政治文化土壤上成长起来的华族共同语，在各个语言层面上与中国普通话一脉相承，大同小异。基于这些广泛的一致性，有些学者并不认可"新加坡华语"作为华语变体的定位[1]。我们也注意到，虽然新加坡政府明文规定华语是新加坡的四种官方语言之一，但"新加坡华语"这个名称鲜见于政府报告及文件中，政府也从未提倡人们讲具有新加坡味儿的华语。官方的姿态似乎表明，不存在一个偏离标准华语的变体——"新加坡华语"。

然而，绝大多数语言学者[2][3][4][5][6]则倾向于承认"新加坡华语"作为独立变体的定位，因为它在语音、词汇及语法系统上相对于普通话都体现出一定的变异，作为新加坡华族社群普遍使用的语言表达形式具有较鲜明的区域特色。例如，朱德熙[7]把新加坡华语与"台湾国

---

[1] 卢绍昌：《华语论集》，新加坡：金昌印务，1984年，第50—51页。
[2] 陈重瑜：《新加坡华语语法特征》，《语言研究》，1986年第1期。
[3] 汪惠迪：《新加坡华语特有词语探微》，周清海编《新加坡华语词汇与语法》，新加坡：玲子传媒私人有限公司，2002年。
[4] 陆俭明、张楚浩、钱萍：《新加坡华语语法的特点》，周清海编《新加坡华语词汇与语法》，新加坡：玲子传媒私人有限公司，2002年。
[5] 周清海：《新加坡华语变异概说》，《中国语文》，2002年第6期。
[6] 祝晓宏：《新加坡华语语法变异研究》，暨南大学博士学位论文，2008年。
[7] 朱德熙：《汉语》，《中国大百科全书语言文字卷》，北京：中国大百科全书出版社，1988年。

语"、香港中文看作汉语标准语在海外变体的样本;汪惠迪[①]明确指出新加坡华语"是在新加坡的土壤上形成并发展起来的现代汉民族共同语——普通话的区域变体"。我们认为,按照 Hudson[②]对"语言变体"(Language variety)的定义,"具备相同社会特征的人在相同的社会环境中所普遍使用的某种语言表现形式"便可称之为一个语言变体,新加坡华语作为现代汉语海外变体的地位是毋庸置疑的。

值得一提的是,新加坡华语内部也有不同的表现形式。吴英成[③]把新加坡华语分成北京标准汉语(普通话)、新加坡标准华语、新加坡本土华语及新加坡"罗惹"华语等四种变体。其中标准华语(Standard Mandarin)与大陆的普通话非常接近,只是在口音和词汇上较有本地色彩;本土华语(Colloquial Mandarin)则是新加坡华语的主体,其语音、词汇和句法都带有浓厚的本土特色;而"罗惹"华语('Rojak' Mandarin)则是一种语码夹杂的口头华语变体。对于有些语码混杂严重的情况,甚至难以说清楚说话人所讲的应不应该算作"华语"。仅举我们在校园里搜集到的一个例子:

(1) 我们的那个 assignment 的 deadline 是 next Monday,sOstill got time 啦。

应该指出的是,这种语码夹杂严重的华语形式多是由于说话者华语能力不足而采用的交际策略,是一种自然发生的无标记的语码转换[④]。

我们认为,新加坡华语所呈现出的语音、词汇和语法特征都有自身的规律,不应该看做是普通话的不规范形式。而对于新加坡华语的内部变体,具体分类还需斟酌。例如,把北京标准汉语和新加坡标准华语看成是并列的两种变体形式是没有根据的,因为无论是新加坡本地人还是来自中国大陆的移民都不可能完全摆脱新加坡本地词

[①] 汪惠迪:《新加坡华语特有词语探微》,载周清海编《新加坡华语词汇与语法》,新加坡:玲子传媒私人有限公司,2002年,第27页。

[②] Hudson, R. A., *Sociolinguistics* (2nd edn), Cambridge: Cambridge University Press, 1996.

[③] 吴英成:《汉语国际传播——新加坡视角》,北京:商务印书馆,2010。

[④] Myers-Scotton,C., *Social Motivations for Code Switching:Evidence from Africa*, Oxford:Oxford University Press,1993.

汇而去讲北京普通话；另外，新加坡本土华语与"罗惹"华语作为两种口语变体的区分也是不明确的，因为前者中夹杂华族方言、英语及马来语语码的现象也非常普遍，语码掺杂正逐渐成为新加坡本土华语的显著特色之一[①][②]。

实际上，将新加坡华语内部分为"规范华语"和"大众华语"两种变体应该更符合实际情况[③]。规范华语与普通话高度一致，常以书面语的形式出现于报章、教材、文学作品之中，而其口语形式则一般限于大众传媒（如电台和电视台的新闻播报）和正式场合（如演讲等），属于Fishman[④]所说的高势语（high language）。大众华语则是新加坡华族社群在非正式场合广泛使用的口头交际形式（vernacular），其核心词汇与规范华语相同，但语音语调及语法相对于规范华语都有所偏离，体现出较鲜明的本土特色。一般来说，人们的华语水平越高，其语言面貌越接近于规范华语；反之，华语水平越低，语码夹杂越频繁，语音和语法越偏离规范华语。需要指出的是，各个领域提及新加坡的"华语"时虽然并未指明哪一种变体，但我们一般仍能辨别清楚其具体所指。例如，新加坡的"讲华语运动"指的是讲"规范华语"，而研究新加坡华语的语法特征则一般是把"大众华语"作为研究对象。

（二）新加坡华语规范化的对象

我们认为，对实际应用层面的"大众华语"做任何形式的规范化都意义不大，因为这既不现实，也不具可操作性，不可能强迫人们日常说华语时必须遵循哪些规则。新加坡华语的规范化主要应该在"规范华语"上下功夫，为它制定出一套明确、统一的使用标准，作为华语的典范和标杆，一方面可以满足人们学习和使用华语的需要，在语文生活中遇到困难时提供有效的依据，另一方面也可以保证与世

[①] 王惠、郑淑慧：《能用华语，是福气，别失去——新加坡年轻一代的华语使用及取向》，徐大明：《中国社会语言学新视角》，南京：南京大学出版社，2007年。

[②] 潘家福：《新加坡华社的多语现象与语言接触研究》，复旦大学博士学位论文，2008年。

[③] 这两个术语是参照姚德怀（1999）的"规范普通话"与"大众普通话"的概念而提出的。

[④] Fishman, J. Bilingualism with and without diglossia; diglossia with and without bilingualism. *Journal of Social Issues*, 1967,32(2):29—38.

界各地的华语顺畅地沟通。当前,新加坡"规范华语"的输出方式最具影响的主要是新传媒的新闻播报、华文报章(包括《联合早报》《联合晚报》和《新明日报》三种)及华文教材,对它们的语言使用进行规范化,可以为人们的华语文使用提供示范,引导"大众华语"向"规范华语"靠拢。

三、新加坡华语规范化的实践经验

新加坡的官方机构(尤其是教育部和文化部)多年来一直关注华语的推广和规范化工作,其努力体现在多个层面,包括:(一)推行简体字;(二)推行汉语拼音方案;(三)制定常用字表;(四)改革应用文;(五)规范译名,等等[1][2]。其中译名的规范以统一大众传媒的常用词标准为目的,其余的工作则基本源自于华文教学的实际需求。下面我们将从汉字、注音、语音、词汇及语法五个主要方面来探讨新加坡华语本体规化的特点。

(一) 汉字的规范化

新加坡政府自建国以来在汉字的规范化方面曾做过不少工作,如推行简体字、采用新字形、规范选用字、颁布中小学字表、规范汉字横写横排、身份证加印汉字等,其中以推行简体字的成效尤为显著[3]。新加坡简化字的规范似乎是以中国大陆的简体字为标准,但细究起来却并非如此简单直接。一来虽然新加坡目前采用的简体字与中国大陆相同,但政府从未宣布以中国的简体字为字体标准。因为新加坡在中国实行简化字后,也曾独立进行过汉字简化工作并多次公布自己的简体字表,直到1976年才宣布与中国的简化字相同。也就是说,新加坡的汉字规范化一直是把中国大陆的简体字规范作为一种隐性的标准来发挥作用。二是通过修订中小学华文字表的形

---

[1] 卢绍昌:《华语论集》,新加坡:金昌印务,1984年,第1、50—51页。
[2] 田惠刚:《新加坡的华语规范化和华语教学》,《语文建设》,1994年第1期。
[3] 谢世涯:《新加坡汉字规范的回顾与前瞻》,陈照明编:《二十一世纪的挑战:新加坡华语文现状与未来》,新加坡:联邦出版社,2000年。

式暗中追随中国简体字的调整。中国的简体字实际上一个系统,它还包括迄今为止公布的一系列配套的字表及规范。这些虽然新加坡政府并不明令照搬,但教育部会通过局部调整中小学的华文字表,使之与大陆的规范保持一致。例如新加坡教育部于1993年修订中小学字表,对中国国家语委1986年所做的文字调整做出相应的修改。

总之,新加坡在简体字规范化方面虽然可能没有中国那样全面和系统,但在政府部门、官方或半官方机构的文告、传媒、出版物、教育领域等基本都采用了简体字,规范化的效果非常明显和实在,可以说,新加坡基本是一个简体字社会了。

(二)注音系统的规范化

新加坡在注音规范化方面的主要工作是引进《汉语拼音方案》,以汉语拼音取代注音字母作为标音工具。新加坡政府为配合"讲华语运动"出版的多种教材都是逐字逐句注上拼音,大大加深了人们对汉语拼音的认识[①]。在教育领域,教育部主要针对汉语拼音何时开始教授的问题做出要求,对于拼音的细节则又是暗中紧随中国的标准。

与简化字方案的采用策略一样,新加坡引入中国大陆《汉语拼音方案》时,也未实行全盘照收的政策,而是有所保留地采纳。如对于中国在90年代中期公布的《汉语拼音正词法基本规则》,新加坡官方并未明确表示采用与否,但其应用也带来一定的混乱。我们发现,2002年版的小学华文教材的拼音大致遵循"基本规则",而现行的2007年版教材又弃之不用。其他教学辅助资料很多由中国学者参与或主编(如教育部推荐的词典),所以使得该规则具有实际的影响。另外,新加坡政府曾在20世纪80年代初强制性推行的姓名拼音化政策,要求所有学校以汉语拼音为新生注册,但在实行阶段遭遇家长的不合作和巨大的社会阻力,于1991年初被迫正式终止。其结果是,现今新加坡人的姓名有全拼音、全方言或姓氏采用方言音而名字

[①] 卢绍昌:《新马地区推广汉语拼音方案的进展》,陆俭明、苏培成主编:《语文现代化和汉语拼音方案》,北京:语文出版社,2004年。

采用拼音等混乱的拼写形式。

总之,新加坡华语在拼音规范化方面有得有失,但向中国大陆标准靠拢的意图非常明确。

(三) 语音规范化

新加坡华语由于受到南方方言的影响,其大众变体的语音表现与规范变体相比有相当的距离。Chen[①] 观察到,由于受到南方方言入声的影响,新加坡华语中存在着第五声调(即入声的残留)。但经过二十多年的推广华语运动,这一现象在年轻一代的口语中已逐渐衰弱,新加坡华语的语音已趋于标准化。不过,本地人所讲的华语中,偏离规范的发音仍大量存在,如前后鼻音不分、阳平和上声声调区别不明显等[②]。

新加坡政府对于华语语音的标准从未明示过,其规范化的意图需要从教材变革中去揣摩。例如,新加坡华语对于轻声和儿化的规范就不很明确。华文教材所标示出的儿化和轻声词与普通话大体一致,但在某些儿化音及不规律轻声词的处理上,又与普通话有别,似乎是为了照顾新加坡人的发音习惯。比如对于可轻读也可重读的字,即所谓非强制轻声,一般不作轻声处理。此外,华文课文的样板读音(包括配套的音频软件及网络学习平台)一般都是按照普通话来读的,学生齐读课文时也会模仿普通话中轻声和儿化的读法。但是,新加坡的大众华语既没有儿化韵,也基本没有轻声词,因此语音到底怎么教始终是个有争议的问题。

不仅如此,我们注意到,电台和电视台作为规范华语的践行者,对于轻声和儿化也基本持顺其自然的放任态度。以新加坡电视台 8 频道 2011 年下半年至今一直播放的一段广告为例。

"妈妈"一词在这则广告中共出现五次,前两次读作 māmā,而后三次却读成 māma。同一个词在同一段话段中采用一声和轻声两种不同的读音,足以说明新加坡华语对于轻声标准的含糊。

---

① Chen, C-Y., "A Fifth Tone in the Mandarin Spoken in Singapore", *Journal of Chinese Linguistics*, 1983, p. 92—119.

② 徐杰、王惠:《现代华语概论》,新加坡:八方文化创作室,2004 年。

需要指出的是，新加坡的华文报章和电视，特别是娱乐节目等深受"台湾国语"的影响，在语音和词汇方面的影响不可低估，而华文教材则与中国大陆的普通话紧密挂钩，所学与所用有脱节的嫌疑。新加坡对于语音规范化方面模棱两可的处理方式，造成了当前华语语音标准上的混乱。

（四）词汇规范化

对于华语研究者来说，词汇规范化的问题一直是最受关注的一个领域。世界各地的华语中都有一些反映当地社会特有的事物或现象的词语，在人们的语文生活中发挥着重要的作用。田小琳[①]将这些具有区域特色的词语称为"社区词"，而汪惠迪[②]称之为"特有词语"，如新加坡华语中的"组屋""拥车证""固本"等。

新加坡政府对于词汇的规范化主要体现在译名和华语定名方面。新加坡的大众传媒及作者由于缺乏统一的标准，在碰到译名问题时往往各自为政，从而出现"一实多名"的情况。拿国名 Singapore 来说，曾经就有"新加坡""星家坡""新嘉坡""星嘉坡"等多种译法，这种混乱不堪的局面为公众生活带来多种不便。鉴于此，新加坡文化部于 1976 年 8 月成立了"华文译名统一委员会"，报业集团也于 1990 年成立"华文媒介统一译名委员会"，对包括世界地名、人名、国家机构和政府部门名称、职衔和职位等多个领域的译名制定统一的规范。此外，新加坡政府也对部分事物的华语名称做过统一，"讲华语运动"理事会还通过印发标准词汇手册（如小贩中心的食品名称等）来普及规范词汇。不过近些年来，政府部门对于词汇应用基本没有采取过大动作，词汇规范化似乎已经成为民间机构和学界的事了。

当前，新加坡华语中的许多特有词或特色词已初步整理出来，收录在词典中，如汪惠迪[③]主编的《新加坡特有词语词典》及李宇明[④]主

---

① 田小琳：《香港中文教学和普通话教学论集》，北京：人民教育出版社，1997 年。
② 汪惠迪：《新加坡华语特有词语探微》，周清海编：《新加坡华语词汇与语法》，新加坡：玲子传媒（私人）有限公司，2002 年。
③ 汪惠迪：《新加坡特有词语词典》，新加坡：联邦出版社，1999 年。
④ 李宇明：《全球华语词典》，北京：商务印书馆，2010 年。

编的《全球华语词典》,标志着华语中的规范用词已经有"典"可依。而对于其规范化来说,充分尊重本地的用词习惯已成为主流方向。

(五) 语法规范化

新加坡官方机构对于华语语法的规范从未做过任何说明,基本不在其规划的范围之内。一般认为,新加坡华语在语法方面与普通话大体一致,但由于受到闽粤等方言及英语的长期影响,在句式、语序、虚词等很多方面与普通话又有所区别[1][2][3][4]。在新加坡的大众传媒和华文教学中,语法方面的问题常常是作者和教育工作者难以绕开的难题,例如,使用华语时到底要以普通话的语法为标准,还是应保留新加坡的语法习惯?在学生作文或测试中,如果出现不符合普通话语法规范的用法时是否要判为病句?对于普通话里有但新加坡华语口语里很少用到的语法现象,报刊和教材中该如何处理?我们仅就新加坡华文报章、华文教材、电视传媒、宣传通告等波及范围广、影响面大的领域中出现的语法现象各举一例加以说明。

在普通话中,"无时无刻"必须与"不"搭配使用,通过双重否定起到强调的作用。而在新加坡华语中,"无时无刻"单独使用非常普遍。我们从2009年1月至2011年11月出版的《联合早报》《联合晚报》《新明日报》等华文报章中共搜集到280个"无时无刻"的用例,其中未与否定式搭配的有179例,约占64%,而与否定式搭配的有101例,约占36%,前者与后者的比例大致是1.8∶1。可见,在新加坡华语中,"无时无刻"与肯定式搭配在传媒中已成为占主导地位的用法。

新加坡华文电视台8频道在2011年频繁播放一则洗衣液广告,广告词说道:

(2) XX洗衣液,去除污渍比其他洗衣粉3倍更有效。

而在普通话中,含"比"字的比较结构使用副词"更"后则不能出

---

[1] 陈重瑜:《新加坡华语语法特征》,《语言研究》,1986年第1期。
[2] 陆俭明、张楚浩、钱萍:《新加坡华语语法的特点》,周清海:《新加坡华语词汇与语法》,新加坡:玲子传媒(私人)有限公司,2002年。
[3] 周清海:《新加坡华语变异概说》,《中国语文》,2002年第6期。
[4] 徐杰、王惠:《现代华语概论》,新加坡:八方文化创作室,2004年。

现具体比较结果,如果要给出比较结果,则不能使用"更"。也就是说,这个句子在普通话中的相应表达有两种:

a XX 洗衣液,去除污渍比其他洗衣服更有效。
b XX 洗衣液,去除污渍比其他洗衣服有效 3 倍。

另外,我们注意到,新加坡的公交车在下车门上都张贴着一则通告,提醒人们注意刷卡下车的时间:

(3)请付正确的车资,在下车时才触卡。

这里的副词"才"用于未然的重复,而在普通话中要用"再"。考虑到新加坡华文电视台的观众群很庞大,每天乘搭公交车的人数众多(约 340 万人次/天),使用偏离普通话的语法形式,必然促使人们形成用法习惯,使得新加坡华语独特的语法特征逐渐成型。

对于语法的规范化,陆俭明等[①]认为,具体使用中的多数语法现象都可以作为新加坡华语的有机组成部分保留下来,而不必完全受中国普通话规范的限制。徐杰[②]也提到,判断某个语用法规范与否的标准来自新加坡华语本身,而不是其他华语。目前的当务之急是深入考察新加坡华语的实际用法,之后再对偏离华语标准的用法进行协调和规范。

总之,新加坡华语规划的基本特点可以归结为"隐性追随、抓大放小"。具体来说,新加坡当局暗中追随普通话的标准,从不明确宣布华语的规范来自哪里;采用简化字和汉语拼音等是政府语言规划中的大问题,而语法、词汇形式等无关大局的问题则不列入规划的范围。这种规范化模式可以保证新加坡华语在大休上与普诵话一致,但在细节上又常常因为缺少显性标准给华文使用带来混乱,可谓有得有失。

---

① 陆俭明、张楚浩、钱萍:《新加坡华语语法的特点》,载周清海编:《新加坡华语词汇与语法》,新加坡:玲子传媒(私人)有限公司,2002 年,第 134—136 页。
② 徐杰:《语言规划与语言教育》,上海:学林出版社,2007 年,第 46 页。

四、新加坡华语规范化的执行者

正如学者们[①][②]所注意到的,新加坡并没有一个全国性的主管语言规划的常设机构。一些侧重华语教学和研究的机构,在华语的规范化方面贡献甚微。例如,南洋大学1973年成立的华语研究中心、成立于1986年的民间学术社团"新加坡华文研究会",以及新加坡教育部2009年高调成立的新加坡华文教研中心等机构,曾以编纂华语教材、开展教学科研、发表学术著作等多种方式来促进华语文的教学与研究工作,但并未对新加坡华语的总体规划提过建议或方案。上述这些机构给人的感觉是,华语规范方面缺乏协调和一致性,属无计划型规化。

新加坡的语言规划主要有三种方式,包括政府通过语言教育规划、领导人和政治家的提倡及民间自主规划。新加坡的政治领导层有一种"策划心态"(planning mentality),策划事无巨细,深入到国民生活的各个方面,如都市计划、家庭人口计划、人力资源计划、教育计划、文化策划等[③]。拿语言规划来说,新加坡政府曾以语言运动的方式推动语言地位和语言习惯的改变,包括1979年由建国总理李光耀发起的"讲华语运动"以及2000年时任总理吴作栋发起的"讲正确英语运动"等,华语就是靠运动的力量逐渐成为新加坡华族社会的共同语的。相对来说,民间自主规划在新加坡社会中发挥的作用则很微弱。

总之,以往的实践说明,新加坡华语规范化是政府主导的行为,华语规划的最终话语权始终掌握在政府手中,而语言学者和教育工作者虽然对华语本体更加熟悉,但从来都只起到倡议和辅助作用,难以成为规范化中的主角。

[①] 郭振羽:《语言政策和语言规划》,载云惟利编:《新加坡社会和语言》,新加坡:南洋理工大学中华语言文化中心,1996年。

[②] 吴元华:《务实的决策——新加坡政府华语文政策研究》,北京:当代世界出版社,2008年。

[③] 郭振羽:《新加坡的语言与社会》,台北:正中书局,1985年。

五、新加坡华语规范化的标准问题

新加坡华语在规范化过程中到底以什么为标准是个既敏感又意义深远的问题。学界对于该问题谈论甚多,但新加坡政府却总是避而不谈。由于缺少正式的语言规划机构,政府对于规范的标准又不予明说,华文规范化的依据只能从政府出台的各种文件中去领会。下面我们具体来看学界和新加坡政府如何对待和处理华语规范化的标准问题。

(一)新加坡华语规范化的标准:学界观点

前文已谈到,新加坡华语在规范化过程中默认的标准是普通话,这在学界已有共识。例如,卢绍昌、汪惠迪[1]在其《华语规范字典》前言中提到,新加坡所用的汉字字型跟中国国家标准相同,新加坡华语也以北京音为标准。李临定、周清海[2]指出,从新加坡广播、电视所使用的语言来看,新加坡华语是以中国大陆的普通话规范为依据的。

而对于新加坡华语在未来的规范化中应采取的标准,学界则有两类不同的意见,可分别称作"趋同论"和"自主论",亦即国际语言社会学界的"外生标准"(exonormative standard)和"本土标准"(endonormative standard)。前者主张规范化应继续以普通话为准绳,尽量向普通话看齐。例如,郭振羽[3]指出,新加坡的语言标准必须遵循外来的规范,试图自成标准无异于自绝于外世。周清海[4]则多次强调,华语在语言规范方面应保持共同的核心,而这个核心就是中国的普通话,各地区的华语应尽量向这个核心靠拢。他明确指出,新加坡在推行华语或中文教学、华语运动的时候涉及到语言标准的问题时,应以中国的普通话作为标准,因为"华语的前景在中国,不在

---

[1] 卢绍昌、汪惠迪(改编):《华语规范字典》,新加坡:胜利出版社,1999年。
[2] 李临定、周清海:《新加坡华语词汇和中国普通话词汇比较》,载周清海编:《新加坡华语词汇与语法》,新加坡:玲子传媒(私人)有限公司,2002年,第153—154页。
[3] 郭振羽:《语言政策和语言规划》,云惟利:《新加坡社会和语言》,新加坡:南洋理工大学中华语言文化中心,1996年。
[4] 周清海:《语言与语言教学论文集》,新加坡:泛太平洋出版社,2004年。

新加坡"。不过,在坚持大方向的同时,也要容忍地区变体的存在,"语言本身是会演变的,样样都以人家的作为标准,没有自己的特点,这几乎是不可能的事情","只有在大同之下,包容小差异,才有助于华语走向世界"。"自主论"者则认为,华语的规范化应以我为主,坚持自己的标准。例如,徐杰[1]提到,新加坡华语的规范应以自身标准为依据,在具体操作上应"根据约定俗成的原则归纳整理出新加坡华语的语言规则系统,并以此作为规范新加坡华语的基础和标准"。需要指出的是,虽然两种意见相左,但学界并未就此问题展开争辩。这很可能是因为两派主张都属于柔性的规范策略,其立论基础都是"求同存异"的原则,只是观察问题的视角不同而已。

我们发现,学界在华语词汇规范化方面的观点非常一致,都强调应充分尊重新加坡既成的用词习惯。例如,李临定、周清海[2]认为,在新加坡传媒中使用当地已长期稳定下来的自有词汇是正常、有益的。汪惠迪[3]建议,华语词汇的规范化应遵循"趋同存异、双向互动"的原则,能跟中国普通话一致的,尽量一致,不能一致的,就各自保留。词汇使用遵循当地习惯,语音、语法尽量靠拢普通话,似乎是学界普遍认可的规范化路向。

(二)新加坡华语规范化的标准:官方立场

与学界旗帜鲜明地提出华语规划的标准不同,新加坡官方机构对此问题或避而不谈,或做而不论。前文已谈到,新加坡政府对于华语的规范化曾做过不少努力,但对于参照的标准则从未表态。再以新加坡政府大力推行的"讲华语运动"来说,其行动纲领是会讲、多讲华语,但至今四十余年来,政府对于"讲什么样的华语才算标准"这个问题则始终未作明确的说明。

尽管如此,从华语规范化的实践不难看出,新加坡政府在规划过

---

[1] 徐杰:《语言规划与语言教育》,上海:学林出版社,2007年,第282页。
[2] 李临定、周清海:《新加坡华语词汇和中国普通话词汇比较》,载周清海编:《新加坡华语词汇与语法》,新加坡:玲子传媒(私人)有限公司,2002年,第157页。
[3] 汪惠迪:《新加坡华语特有词语探微》,载周清海编:《新加坡华语词汇与语法》,新加坡:玲子传媒(私人)有限公司,2002年,第66页。

程中遵循的就是中国普通话的标准。郭振羽[①]指出,新加坡教育当局默认的决策是"华语和华文的标准全面向中国看齐。不但华语的读音以中国大陆发行的字典为标准,在文字改革方面也亦步亦趋,忠实仿效"。新加坡华语追随中国的标准是因为普通话始终是华语的核心所在,这很容易理解,而政府对于华语标准问题不予明示则主要与政治因素有关。一方面,中国的很多标准是由政府职权部门颁发的,常以通知、指示等文件形式发布,涉及到主权和政治等敏感领域,因此暗中跟随是更为保险的策略,避免引起不必要的纷争。另一方面,语言工作在新加坡被国际学者称作"语言政治"(linguistics politics),考虑到华语为中国大陆和中国台湾的官方语言,而二者无论是文字、拼音还是语音、词汇等方面都多有对立,致使语言标准的选择很容易牵扯上意识形态的站队问题。这与新加坡的其他两大族裔母语马来语和泰米尔语的规范化不同,由于后两者基本不涉及语言政治问题,它们标准的确定就简单得多了。

总体来说,新加坡华语规范化的基本标准是中国的普通话,同时也要在一定程度上容许保留自身的用法习惯。

六、新加坡华语规范化的路向

当前,新加坡华语与普通话基本一致的前提已经成立,需要做的是考察并确定新加坡华语独特的、应当保留的语言特征,尽快编订自己的"规范华语"词典。另外,前文谈到,规划标准的不明确为华语运用者带来诸多困惑,要解决"规范华语"是什么的困境,同时更好地向华语的共同核心靠拢,在社会政治条件具备时设立一个具有一个统摄和协调功能的华语规范化机构是非常必要的,可以对华文使用中的各种问题进行咨询、导引和监督。该机构应定期开展语言的审查工作,对新旧用法的取舍给出建议,使华语的规范从隐性走向显性,从偶发走向经常化、正规化,促进华语的良性发展。其实,中国著名

---

① 郭振羽:《语言政策和语言规划》,载云惟利编:《新加坡社会和语言》,新加坡:南洋理工大学中华语言文化中心,1996年,第69页。

的语言学者陆俭明先生早在本世纪初就呼吁,新加坡应成立一个由语言学者、教育学者、华文教师及文学工作者等组成的隶属于教育部的研究机构,专门研究新加坡华语的规范化和推广问题等[1]。新加坡华语教学和使用的经验使我们越来越感觉到,这个倡议是一个值得认真研究和探索的语言规划举措。

七、结语

语言的本体规化对于语言运用和教学来说都是极其重要的[2],而 Cooper[3] 所提出的"以何为标准(by what)进行规范"则是语言本体规划领域的根本问题之一,这也是华语规范化工作中首先需要考虑的问题。本文以新加坡华语为例,探讨华语规范化的标准和路向,总结其本体规范化的经验和得失,以期对全球华语的规范化提供借鉴和参考。过去新加坡政府曾对规范华语的字体、注音、语音、词汇等方面做过不少规化工作,但传媒和教学等领域由于不清楚"规范华语"是什么而带来使用上的混乱和疑惑。新加坡政府是华语规划的操控者,其参与的主要方式基本是宏观的,它只对全局性、方向性的问题表态,但对于具体的应用问题则不予关注,也不明示规范化的参照标准。结合新加坡华语规范化中的不足之处,我们建议,各华语区应该成立专门的规范化机构,为当地华语制定出一套明确的使用规范,变隐性标准为显性标准,这样有助于促进华语的教学和应用。

---

[1] 陆俭明、张楚浩、钱萍:《新加坡华语语法的特点》,周清海:《新加坡华语词汇与语法》,新加坡:玲子传媒私人有限公司,2002 年,第 136—137 页。

[2] Ferguson, G. *Language Planning and Education*. Edinburgh: Edinburgh University Press, 2006.

[3] Cooper, R. *Language Planning and Social Change*. Cambridge: Cambridge University Press, 1989.

新加坡华族儿童华语交际意愿影响因素研究[①]

李 丽　张东波　赵守辉

一、新加坡小学华语教育

新加坡的双语政策始于独立建国的 1965 年,英语被确立为族际通用语。母语为体、英语为用,英语在教育、科技和贸易等领域占有重要地位的同时,官方所确立的马来语、淡米尔语和华语三大母语的重要地位也得到了充分的体现。自 1987 年起,英语成为教学媒介语,要求学生达到第一语言的水平。小学入学时,儿童还必须根据其父系种族选择一种母语学习,达到第二语言水平。当前新加坡小学教育中,40%的教学时间被用于语言教学[②],其中母语教育占据了重要的一部分。占全国人口 70%以上的华族所使用的华语的教学也理所当然地成为新加坡社会关注的焦点。

新加坡华族家庭语言在近二十年间由华语(方言或普通话)向英语迅速迁移,特别是近年来呈加速之势。新加坡教育部的调查显示,2004 年,接近半数的新入学华族儿童主要家庭用语是英语,到 2009

[①] 南洋理工大学教育学院研究所研究项目"新加坡小学华文单元模式课程实施效绩的综合评估"(OER 52/08 ZSH)。本文数据来自上述项目,感谢黄蒙、黄映霞、林筱媛等课题组成员及参与研究的学校师生对本文的支持与贡献。文章中观点为本文作者个人见解。

[②] Bokhorst-Heng, W. D. & I. S. Caleon The language attitudes of bilingual youth in multilingual Singapore[J]. Journal of Multilingual and Multicultural Development, 2009, 30(3).

年这一比例已经上升到接近60%[1]。但这两次调查均并未设置"双语"选项。由于家庭语言背景的差异,华族学龄儿童的华语能力参差不齐,有些华族学生在入学以前甚至几乎没有任何华语使用经验,有些学生则已经能够流利地使用华语进行交流。其实华族社区这种家庭语言的转变早在上世纪90年代初即已开始,新加坡的华语教育政策也随之进行了多次调整。自本世纪初的教改开始,华语教学重点逐渐从传统的听、说、读、写四技并重的语文教学,转移到了以着重培养学生的华语口头交际能力和阅读能力为主的语言(或二语)教学。2004年开始的最新一轮华语教育改革提出:华语教学的首要目的是培养学生学习华语的兴趣。教育部希望通过课程和教学法改革,提高学生课堂参与度,促进课堂华语使用,同时希望学生在走出校门后仍然能够愿意使用华语进行交流。一言以蔽之,改革的目的就是激发并保持学生使用华语进行交际的意愿,裨使华语能力获得真正提升。在此背景下,本文围绕华语教改关注的核心选题,考察了家庭语言背景、性别以及交际情境因素对新加坡华族儿童华语交际意愿的影响。

二、交际意愿

交际意愿(willingness to communicate)的概念最初产生于对第一语言交际问题的研究。McCroskey & Richmond[2]认为交际意愿是基于个人性格特质的参与或者发起交谈的倾向。为了测量人们的交际意愿,McCroskey等人设计了一个量表,测量不同交际场合中研究对象的交际意愿[3]。基于对以英语为母语学生的研究。

---

[1] Ng, E. H. Speech by Dr Ng Eng Hen "Minister for Education and Second Minister for Defence", at the 12th Appointment Ceremony for Principals on Tuesday, 29 December 2009, Shangri-La Hotel, Island Ballroom. Retrieved from: http://www.moe.gov.sg/media/speeches/2009/12/29/speech-by-dr-ng-eng-hen-at-the-35.php.

[2] McCroskey. J. C. & V. P. Richmond, "Willingness to communicate", In J. C. McCroskey & J. A. Daly (eds.), *Personality and interpersonal Communication*, Sage, Newbury Park, CA: 1987, pp.119—131.

[3] McCroskey, J. C. & J. E. Baer 1985 Willingness to communicate: the construct and its measurement [R]. Paper presented at the Annual Meeting of the Speech Communication Association (71st, Denver, CO, U.S.A, November 7—10, 1985)

McCroskey 等[①][②]发现,交际焦虑和交际能力自评,是影响交际意愿众多因素中最为重要的两个。

1990年代中期,由于认识到语言学习的最主要目的是使用该语言进行交际,培养交际意愿能够提高第二语言使用的频率,进而有助于第二语言交际能力的习得,因此交际意愿的研究在第二语言习得领域也迅速发展起来[③][④][⑤]。研究者同时还认识到,由于第二语言习得和使用的复杂性,把二语交际意愿单纯地看成是一种性格特质显然是不全面的。MacIntyre et. al[⑥] 因此提出了著名的第二语言交际意愿层级模型,强调第二语言交际意愿既具有个人性格特质的成分,也易受到外界因素的影响,其中包括社会环境等因素。受此学术思想的影响,与第二语言习得有关的交际意愿的研究重点也发生转移,学者们开始将主要的注意力放在论证并更深入地挖掘影响交际意愿的因素上。研究者大多关心这些因素如何预测学习者的交际意愿,进而影响语言交际频率。研究对象多以成人学习者为主,采用问卷形式调查学习者的交际意愿及相关因素,通过路径分析(path analysis)等方法建立交际意愿模型。例如,MacIntyre&Charos[⑦] 研究发现,为研究对象提供更多接触第二语言的机会可能提高他们的交际能力自评和二语交际意愿,进而引发更

---

① McCroskey, J. C. "Willingness to communicate, Communication apprehension, and self-perceived communication competence: conceptualizations and perspectives", Daly & J. C. McCroskey (eds.), *Avoiding Communication: Shyness, Reticence, & Communication Apprehension*, Cresskill, NJ: Hampton Press, 1997, pp. 75−108.

② McCroskey. J. C. & V. P. Richmond, "Willingness to communicate", J. C. McCroskey. & J. A. Daly(eds.), *Personality and Interpersonal Communication*, Sage, Newbury Park, CA, 1987, pp. 119−131.

③ Dörnyei, Z., "New themes and approaches in second language motivation research", *Annual Review of Applied linguistics*, 2001, p. 21.

④ Kang. S. J., "Dynamic emergence of situational willingness to communicate in a second language", *System*, 2005, p. 33.

⑤ Yashima, T., "Willingness to communicate in a second language: The Japanese EFL context", *The Modern Language Journal*, 2002, p. 86.

⑥ MacIntyre, P. D., Clément, R., Dornyei, Z. & K. A. Noels, "Conceptualizing willingness to communicate in a L2: A situational model of L2 confidence and affiliation", *The Modern language Journal*, 1998, p. 82.

⑦ MacIntyre, P. D. & C. Charos, "Personality, attitudes, and affectas predictors of second language communication", *Journal of Language and Social Psychology*, 1996, p. 15.

频繁的二语交际。MacIntyre[①]的研究还显示,交际情境(例如,课堂内外)和社会支持因素对以英语为母语、以法语为第二语言的学习者使用法语交际有显著影响。Wen&Clement[②]研究以汉语为母语、以英语为第二语言的学习者时发现,文化背景对二语学习者的交际意愿也有影响。遵循上述思路,国内学者对以汉语为第二语言的学习者也进行了考察。例如,吴庄和文卫平[③]研究了日本在华留学生的汉语交际意愿等社会心理因素与二语使用频率的关系,发现汉语二语交际意愿也是影响学习者汉语使用频率的一个主要因素。同时,文化、动机等社会心理因素对汉语学习者的交际意愿有显著影响。郑军[④]分析了影响在华留学生课外使用汉语交际的因素,同样发现二语交际意愿显著影响学习者的二语交际频率。令人遗憾的是,国内对于汉语作为第二语言的交际意愿研究仅限于此,且同欧美文化背景中的大部分研究相似,关注已经掌握第一语言的成人外语学习者,论证和挖掘其二语交际意愿如何影响二语交际频率,以及部分社会心理因素对该类学习者交际意愿和交际频率的影响。

相较于众多探讨交际意愿的影响因素及其间关系的研究,分析在不同背景下学习同一语言的人群交际意愿差异的研究较为鲜见。笔者所见仅有 Baker&MacIntyre[⑤] 等人根据学习者的学习经历(接受浸濡式或非浸濡式二语学习)、二语学习时间、性别等方面的区别,对加拿大第二语言学习者(英语作为第一语言,法语作为第二语言)进行的分类研究。例如,他们发现,接受第二语言浸濡式学习与非浸濡式学习的大学生在第二语言的交际意愿上存在显著差异,前者表现出更高的二语交际意愿。研究认为,浸濡式学习为学习者提供了

[①] MacIntyre, P. D. S. C. Baker, R. Clément, &S. Conrod, "Willingness to communicate, social support, and language-learning orientations of immersion students", *Studies in Second Language Acquisition*, 2001, p.23.

[②] Wen. W. P. &R. A. Clément, "Chinese conceptualisation of willingness to communicate in ESL", *language, Culture and Curriculum*, 2003, p.16.

[③] 吴庄、文卫平:《汉语交际意愿等社会心理因素对日本留学生汉语使用频率的影响》,《华文教学与研究》,2009年第4期。

[④] 郑军:《留学生课外汉语交际影响因素的调查分析》,《语言教学与研究》,2009年第6期。

[⑤] Baker. S.C. & P.D. MacIntyre, "The role of gender and immersionin communication and second language acquisition", *Language Learning*, 2000(2), p.50.

更多接触和使用二语交流的机会,因此可能通过影响学习者交际能力自评进而影响其二语交际意愿。MacIntyre et. al① 分析了 12 至 14 岁的男生和女生在浸没式二语学习环境中的一语(英语)和二语(法语)交际意愿的差异。研究发现。若不考虑语言种类,女生的交际意愿显著高于男生;在不同的年级,男生和女士的交际意愿也存在差异,但总体就第二语言来看,男女生的交际意愿也无明显差异。

三、研究问题

以上的综述表明,除了个人性格特质等因素,第二语言的交际意愿还受到很多复杂的环境因素的影响。由于第二语言交际意愿是最终促成第二语言使用的一个主要因素,因此,对于以交流为目标的语言学习有非常重要的作用。当前第二语言交际意愿的研究成果大多是建立在大学英语学习者的基础上②③④⑤,以华语/汉语为目标语,考察较低阶段(如中小学生)交际意愿的研究非常鲜见。此外,前人的研究多关注外语学习者(如中国人学英语),在外语学习情境下,以目标语为家庭主要用语是十分罕见的,因此,家庭语言背景不是一个值得考量和研究的因素,使得人们对家庭语言背景对目标语交际意愿的影响这一重要因素的了解成为一个空白。而另一方面,在双语/多语或母语(亦称祖裔语)维护的情境下(如东南亚和美国的华人社区),家庭语言背景的影响则日益凸显出来。有关双语或移民社区的调查证实.家庭因素(如家长对母语的态度)在母语维护中起着至关重要的作用。不过,目前还未见从交际意愿的角度对此问题进行的考察和研究。

---

① MacIntyre, P. D., S. C. Baker, R. Clément. &l. A. Donovan, "Sex and age effects on willingness to communicate, anxiety, perceived competence, and L2 motivation among junior highschool French immersion Students", *Language learning*, 2002(3), p.52.

② Hashimoto, Y., "Motivation and willingness to communicate as predictors of reported L2 use; The Japanese ESL context", *Second language Studies*, 2002, p.20.

③ Ghonsooly, B., Khajavy, G. H. & S. F. Asadpour, "Willingness to communicate in English among Iranian non-English major university students", *Journal of Language and Social Psychology*, 2012, 31(2).

④ 彭建娥:《大学生英语交际意愿的多元变量研究》,《外国语言文学》,2007 年第 4 期。

⑤ 吴旭东:《中国学生外语学习环境下的口头交际能力自评与交际意愿》,《现代外语》,2008 年第 3 期。

新加坡的双语环境和近年来的家庭用语的代际变迁,为我们研究华语交际意愿以及家庭语言背景因素的影响提供了理想的样本。本研究以新加坡华族小学儿童为例,通过问卷调查、因子设计(factorial design),考察家庭背景、交际情境和性别三个变量对学习者华语交际意愿的影响。具体的研究问题有三:1)华族学生的华语交际意愿在不同的交际情境下(课堂内外)是否有差别?2)来自不同家庭语言背景的华族学生华语交际意愿是否有差异?3)华语交际意愿在男女生中的表现是否存在差异?

四、研究方法

(一)研究对象

我们的研究对象为新加坡9所小学的一年级华族学生。根据下述的学生背景问卷调查结果,依据学生平常与父母交流使用的语言,我们选取了389人作为有效样本[①]。样本平均年龄为7岁,其中在家里与父亲和母亲交谈时最经常使用的语言都是华语的学生归入华语背景,在家里与双亲交谈时最经常使用的语言均为英语的学生划入英语背景,将在家里与双亲一方交谈时常用华语而与另一方交谈时常用英语,或者与双亲交谈时均平衡使用华语及英语的学生归入双语背景。不同性别和家庭语言组的研究对象的人数如表1所示。

表1 不同性别及家庭语言组的研究对象和人数

	男生	女士	总计
华语	29	39	68
英语	97	112	209
双语	50	62	112
总计	176	213	389

[①] 实际参与调查的学生数为463,为了准确地回答所确定的研究问题,我们只选取了389名学生,这些学生都能准确地归为华语、英语及双语三种不同类型家庭语言背景。其他74名学生的家庭背景较难直接无误地归为上述三类当中的某一类,如,和父亲的交流主要使用华语,但和母亲主要说方言和英语。这也反映了新加坡华人社区语言使用的多样性和复杂性。

（二）研究设计和数据收集

本研究使用问卷调查的形式，采用 2（交际情境）×2（性别）×3（家庭语言背景）的混合设计。调查问卷包括学生背景信息和交际意愿两大部分（见附录）。学生背景信息部分使用英文，要求学生填写基本个人信息，如年龄、性别，以及家庭语言背景信息。学生需要从英语、华语、英华双语、其他语言等选项中选择最能代表自己和父亲、母亲日常交流所使用的语言。

交际意愿调查部分在 MacIntyre 等[①]的交际意愿问卷的基础上修订为中英双语，根据新加坡小学生的具体情况调整了叙述方式，并区分了课堂内和课堂外两种交际情境。询问课堂内交际意愿的问题共 12 个（Cronbach's a＝.912），要求研究对象根据问题中的陈述选择在华语课堂内的不同交际场景下，与不同的对象进行交谈的意愿的程度。同样，课堂外交际情境也包括 12 个问题（Cronbach's a＝.913），询问学生在华语课堂外的不同交际场景下，与不同的对象进行交谈的意愿的程度。交际意愿调查采用中英文对照的双语形式，使用 1—5 级的量表进行测量（见附录 Part2）。例如，学生需要对"在课室里，我愿意用华语回答朋友的问题。"这样的陈述表示意见，1 代表完全不同意，5 代表完全同意。分值越高，表示研究对象在此种交际情境下的交际意愿越强烈。

由于研究对象是小学一年级学生，所具备的语言知识和语言使用经验有限，因此问卷中的每个陈述都力求浅显易懂，并根据先导研究（pilot study）反复推敲修改表达方式。此外，学生在课堂上填写调查问卷时，华语任课教师也会提供语言理解上的帮助，保证学生在充分理解的情况下作答。发放问卷前，团队研究人员对这些老师进行了培训，确保他们向学生提供的语言解释和帮助保持一致。

[①] MacIntyre, P. D. S. C. Baker, R. Clément., & S. Conrod., "Willingness to communicate, social support, and language-learning orientations of immersion students", *Studies in Second Language Acquisition*, 2001, p. 23.

五、调查结果

初步分析显示,新加坡小学一年级华族学生的华语交际意愿总体处于中等水平(M=2.93,SD=1.21),来自不同家庭语言背景的学生课堂内交际意愿都高于课堂外交际意愿,且华语背景和双语背景的学生在课堂内外的交际意愿都高于英语背景的学生(见表2)。女生的课堂内外交际意愿都略高于男生(见表3)。

表 2 不同家庭语言背景的学生课堂内外交际意愿

	课堂内交际意愿		课堂外交际意愿	
	均值	标准差	均值	标准差
华语	3.56	1.14	3.26	.24
双语	3.35	1.11	3.07	1.18
英语	2.62	1.14	2.49	1.12

表 3 男生和女生课堂内外交际意愿

	课堂内交际意愿		课堂外交际意愿	
	均值	标准差	均值	标准差
女生	3.23	1.22	3.00	1.25
男生	3.11	1.12	2.86	1.6

我们采用交际情境(课堂内、外)、性别(男、女)及家庭语言背景(华语、双语、英语)的 2×2×3 混合方差分析检验了上述差异的显著性,其中交际情境为组内变量,家庭语言背景和性别为组间变量。统计结果显示,交际情境的主效应显著,$F_{(1,383)}=46.60$,$P<0.001$,偏 $x^2=.11$,说明不考虑其他两种因素,学生课堂内的华语交际意愿(M=3.16,SE=.06)总体要高于课堂外的华语交际意愿(M=2.92,SE=.07)。此外,家庭语言背景的主效应显著,$F_{(2,383)}=15.94$,$P<0.001$,偏 $x^2=.08$。具体来说,华语家庭背景(M=3.36,SE=.14)和双语家庭背景(M=3.21,SE=.08)的学生华语交际意愿都显著高于英语家庭背景的学生(M=2.56,SE=.11),但是华语家庭背景与

双语家庭背景的学生华语交际意愿的差异则不显著。最后,性别的主效应不显著,$F_{(1,383)}=3.35$,$p=.07$,偏 $x^2=.01$,即,不考虑交际情境和家庭语言背景,女生($M=3.16$,$SE=.08$)和男生($M=2.93$,$SE=.09$)的华语交际意愿不存在显著差异。

统计分析还发现,交际情境与家庭语言背景、交际情境与性别以及家庭语言背景与性别的二向交互效应均不显著。不过,交际情境、家庭语言背景和性别存在显著的三向交互效应,$F_{(2,383)}=4.34$,$p=.01$,偏 $X^2=.02$。如图 1 所示,在课堂内的交际情境下,华语背景($M=3.79$,$SE=.18$)和双语背景($M=3.40$,$SE=.11$)的女生华语交际意愿显著高于英语背景的女生($M=2.58$,$SE=.14$),但是华语背景与双语背景的女生之间华语交际意愿无显著差异。双语背景的男生($M=3.29$,$SE=.11$)在课堂内的华语交际意愿显著高于英语背景的男生($M=2.68$,$SE=.16$),但是与华语背景的男生($M=3.24$,$SE=.21$)无显著差异,华语背景的男生与英语背景的男生课内交

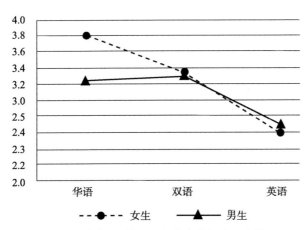

图 1:家庭背景、性别和课堂内华语交际意愿

际意愿差异也不显著。在课堂外的交际情境下,性别和家庭语言背景对华语交际意愿的影响则不同。如图 2 所示,在课堂外,华语背景的女生($M=3.59$,$SE=.19$)华语交际意愿显著高于英语背景的女生($M=2.54$,$SE=.15$),但是与双语背景的女生($M=3.05$,$SE=.11$)无显著差异。双语背景的女生在课堂外的华语交际意愿与英语背景的女生也没有显著差异。在课堂外,华语($M=2.83$,$SE=.22$)、双语

(M=3.10,SE=.12)和英语(M=2.42,SE=.17)三种语言背景的男生的华语交际意愿无显著差异。

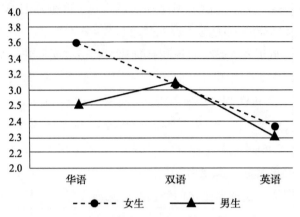

图 2 家庭背景、性别和课堂外华语交际意图

六、讨论

总结上述结果，我们可以发现：

首先，新加坡华族儿童更愿意在课堂内使用华语交流，说明华语交际意愿受到交际情境这样的环境因素的影响。这一结果支持MacIntyre 等[①]有关加拿大法语第二语言学习者的发现：比起在课堂外的交际情境，学生更愿意在课堂内使用目标语。出现这一结果的原因可能是课堂为更加受控的语言环境，学生在课堂上与相似程度的同学分享同样的交流任务，会减少使用正在学习的语言进行交流时可能出现的焦虑感。与课堂内相比，课堂外的交际任务真实性更强，但挑战性也更大，学习者很显然感知到了课堂内外交际性质的差异，从而对课堂外的交际意愿评分较低。就本研究来看，虽然新加坡是双语国家，但英语在日常社会交际中占据着强势地位，本文的研究对象生活在这样的语言环境下，可能认识到课堂外的交际很多是可

---

① MacIntyre, P. D. S. C. Baker, R. Clément., &. S. Conrod., "Willingness to communicate, social support, and language-learning orientations of immersion students", *Studies in Second Language Acquisition*, 2001, p. 23.

以通过英语进行的,而华语课堂内则必须使用目标语(华语老师要求如此,学生使用英语交际的选择性基本没有),因此,不难理解为什么学生的华语课内交际意愿强于课外交际意愿。针对这种情况,教师也可以通过设计较为真实而又贴近生活的课堂交际任务。帮助学习者克服由于课外二语交际的挑战性而引发的焦虑感,从而提高学习者的课外二语交际意愿。

其次,在家最常使用华语或者华英双语的学生,其华语交际意愿都高于在家最常使用英语的学生,但是来自华语和双语家庭的学生之间华语交际意愿差异并不显著。出现这一结果可能的原因是,英语家庭背景的学生平常没有机会使用华语交流,华语能力的自我评价不高,因而影响了其华语交流意愿。从另一个角度来看,如果把华语背景和双语背景学生的华语学习,看作是这些学生接受了浸濡式的华语学习和使用,即在课堂以外有很多机会使用华语交流,而英语背景学生的华文学习和使用局限于课堂,课外很少有机会使用华语,那么本文的发现与 Baker&MacIntyre[①] 的研究发现不谋而合。Baker&MacIntyre 在研究加拿大以英语为母语、以法语为第二语言的学习者时发现,接受法语浸濡式教学的学生二语交际意愿往往高于接受非浸濡式教学的学生。在解释这种现象时,Baker&MacIntyre 认为,增加使用目标语交流的机会可以降低交际焦虑、提高学生的语言技巧、提高交际能力自评以及交际意愿。本文的研究发现同时表明,在家中使用单语(英语)似乎并不是一个明智的选择,一定程度地使用华语交流对交际意愿的培养是大有裨益的,因为双语家庭背景的学生达到了和华语家庭背景学生相似程度的交际意愿,相比英语家庭背景的学生占明显优势。

第三,虽然总体上男生和女生的华语交际意愿差异不显著,但是不同家庭语言背景的男生和女生在不同的交际情境下华语交际意愿呈现了不同的模式。在课堂内,比起英语背景的女生,华语背景的女生更愿意使用华语交际,但是这一显著差异却未在华语背景和英语

---

① Baker. S. C. &P. D. MacIntyre,"The role of gender and immersionin communication and second language acquisition", *Language Learning*, 2000(2), p.50.

背景的男生身上发现。在课堂外,比起英语背景的女生,华语背景的女生更倾向使用华语交流,但是在男生身上也没有发现这样的差异。MacIntyre 等[1]将这种出现在不同的交际情境中的性别差异归因于男生和女生进入青春期的时间不同,自我知觉的发展阶段不同,因此自身焦虑水平存在差异,继而影响了其交际意愿。不过,这样的解释可能不太适用于本研究,因为本研究的研究对象是小学一年级学生,并非进入青春期的少年。笔者认为产生上述差异的原因,可能是来自不同家庭语言背景的学生所接受的文化观念存在差异,从而影响了交际意愿。如上文所提及的 Wen&Clement[2] 的研究发现,文化差异也是影响学习者交际意愿的一个因素,不同的文化观念差异对男生和女生的影响作用不同,可能导致其焦虑情绪存在差异,继而影响交际意愿。双语或多语环境下,性别因素和家庭语言背景对交际意愿的影响在不同交际情境下的体现还有待于将来进一步深入研究。如上例所述,随着年龄的增长,影响交际意愿的因素也可能发生变化。笔者希望本文就小学低年级学生进行的调查对未来的研究具有一定的启发性。

七、结论

本研究考察了新加坡小学一年级学生的华语交际意愿,着重分析了不同家庭语言背景的学生华语交际意愿的异同,以及交际情境和性别因素对华语交际意愿的影响。研究验证了一些前人有关成人非华语的外语学习者的发现,譬如,学生课堂内的华语交际意愿高于课堂外的华语交际意愿,同时也揭示了在新加坡这一特殊的双语环境下,华族儿童交际意愿及其受控因素的独特之处:来自华英双语家庭的学生,其华语交际意愿与华语家庭的学生并无多大区别,但却显

---

[1] MacIntyre, P. D., S. C. Baker, R. Clément. & L. A. Donovan, "Sex and age effects on willingness to communicate, anxiety, perceived compe tence, and L2 motivation among junior high school Frenchimmersion Students", *Language learning*, 2002(3), p. 52.

[2] Wen. W. P. &R. A. Clément, "Chinese conceptualisation of willingness to communicate in ESL", *language*, Culture and Curriculum, 2003, p. 16.

著高于来自英语家庭的学生。

本文的发现对新加坡的华语维护和教学显然有着重要的启示。语言规划学者都认为家庭是语言传承的最佳场所,是母语保卫战的最重要堡垒。Spolsky[1]在他考查的十余种语言规划场所中将家庭列为第一,认为父母是最重要的语言规划者。他指出希伯来语复兴的成功和爱尔兰语及毛利语(新西兰)等语言传承的失利甚至失败,起关键作用的都是家庭。联合国教科文组织(UNESCO)2003年组织制订了包含六级的族裔语言家庭活力量表[2],目的也是鼓励父母及祖父母充分认识家庭母语环境对母语传承的关键作用。Fishman[3]认为母语在家庭、社区中的强化,即在家庭和社区中保持母语的使用,是语言文化代代相传的核心工作。因为儿童的基本社会化的过程是在家庭和社区中完成的,儿童和母语的关系也是在家庭里建立起来的,因此家庭对于母语维护的重要性需要得到充分的重视。在Fishman著名的八级"母语活力代际失传评估量表"中,如果父母在家庭失去对孩子使用母语的意愿,则该语言便到了失传的边缘(第七级)。Fishman强调学校的母语教育应该是扩展性和贡献式的(repertoire expansion and attitudinal commitments),应充分联系母语的历史和文化功能,对学生建立母语的归属感起到潜移默化的作用。学校的母语教学要以影响到家庭、社区的语言使用为目标,才能有效地促进母语维护。要让学生认识到母语并不仅仅是一种可以被替换使用的表达工具,领会母语蕴藏着的文化内涵(historical associated culture)和身份象征(symbolism and identity)[4]。就本文的研究结论而言,新加坡华族儿童的家长需要充分认识到家庭语言环境对子女华语交际意愿的影响和对华语维护的作用,在家庭中保持一定的华语环境比起纯粹使用英语对子女学习和保持华语更有益。学校华语教学则需要考虑如何将学生在课堂内这一受控环境下

---

[1] Spolsky,B.,*Language Management*,Cambridge:Cambridge University Press,2009.
[2] UNESCO,*Language Vitality and Endangerment*,Paris:UNESCO,2003.
[3] Fishman.J.A.,"Reversinglanguage shift:The oretical and empirical foundations of assistance to threatened languages",Multilingual Matters,1991.
[4] Fishman.J.A.,"Reversing language shift:The oretical and empirical foundations of assistance to threatened languages",Multilingual Matters,1991.

较高的华语交际意愿扩展到家庭和社区等非受控环境下,从根本上促进华语维护和使用。

总之,在新加坡的双语背景下,华族学生的华语交际意愿体现了第二语言交际意愿的一些共同特征,同时也显示出语言接触环境下这一问题的复杂特点。笔者希望本研究能起到抛砖引玉的作用,为不同环境下的华语交际意愿研究提供样本和例证,促进华语习得研究的繁荣。最后,前人的研究发现[1],提高目标语交际意愿能够增加个体使用该语言的频率,并最终促进交际能力的提高,因此交际意愿的培养在语言学习和教学中也应该占有重要的地位,这一点也值得引起华语课程设计者和一线教师思考。

---

[1] MacIntyre, P. D. & C. Charos, "Personality, attitudes, and affect as predictors of second language communication", *Journal of Language and Social Psychology*, 1996, p. 15.

《全球华语词典》中异名词语的调查分析[①]

王世凯　方　磊

一、《全球华语词典》与异名词语

（一）关于《全球华语词典》

《全球华语词典》（以下简称《词典》）是由李宇明先生主编，汇集中国、新加坡、马来西亚与其他五个编写组的力量，由商务印书馆于2010年出版的一部词典。《词典》收录包括中国、新加坡、马来西亚、泰国、印度尼西亚、文莱达鲁萨兰国、日本等国家，以及澳大利亚、美国、加拿大等的华人社区使用的华语词语约10000条，主要收录20世纪80年代以来各华人社区常见的"特有词语"和少量"共有词语"，是一部描写性词典。

《词典》编纂的起因是汉语在走向世界的大形势下，"由于政治、经济、文化、移民、语言环境等各种复杂因素的作用，历史上形成了海内外各华人社区的华语变体"，这些变体在一定程度上给华人社区之间的交流带来了障碍。《词典》编纂的初衷是为了"舒畅华人社区的

[①] 本研究得到辽宁省社科基金重点项目资助（项目编号：L11AYY002），《语言文字应用》匿名审稿专家提出宝贵修改意见，并致谢忱。

交流,加强华人社会的团结"。第九、第十届全国人大常委会副委员长、著名语言学家许嘉璐先生对《词典》给予了很高的评价。

与此前出版的华语词典或此类相关工作相比,《词典》呈现出一定的特色。首先,收词的地域覆盖面扩大。孙雍长主编的《现代华语词典》、香港中国语文学会主办的华语桥网站、香港城市大学语言资讯科学研究中心建设的 LIVAC 共时语料库等都在这方面做出了很大的贡献,但是收词往往局限于一定的区域。《词典》收录中国、新加坡、马来西亚、泰国、印度尼西亚、文莱达鲁萨兰国、日本等国家以及澳大利亚、美国、加拿大等的华人社区的常见的特有词语,与"全球"名副其实,地域覆盖面明显扩大。其次,收词兼顾口语和书面语。以往的词典或语料库主要收录书面语中的成分,《词典》不仅收录了书面语中的成分,还大量收录了口语中常用的成分。再次,编排更加科学,实用性更强。《词典》增加了"使用地区""异名词语""知识窗"等项内容,虽然编排上"求稳",但这些项目的增加,使词典的实用性增强,尤其是"知识窗"的增加实属创新,这为词语的解读提供了语境,为读者提供了很大的方便。

(二) 关于异名词语

"异名词语"不是一个新概念,先秦著名思想家荀子在《正名篇》中就对"名物"关系做出了经典的论述。"名无固宜,约之以命,约定俗成谓之宜,异于约谓之不宜,名无固实,约之以命,约定俗成谓之实名"。这揭示了事物命名过程中约定俗成的道理,指出了名物关系上约定性、俗成性突显,理据性不强的特点。我国古代语言文字学家也很早就认识到了"同物异名"的现象。许慎《说文解字》就专门采用"一名"这个术语来标记异名词(异名现象),如"蛈,堂蜣也。从虫,良声。一名蚚父。"现代对异名词语的研究主要集中在两个方面:一是对古今异名词语进行收集和整理,如杨士首(1994)《古汉语同实异名词典》专门研究古代汉语异名词语,胡裕树认为其"填补了原本令人遗憾的空缺";二是运用现代语言学理论来研究异名词语,如周荐[①]、

[①] 周荐:《异名同实词语研究》,《中国语文》,1997 年第 4 期。

孟华[①]、刘苗[②]等都颇有建树。

《词典》对"异名词语"进行了比较严格的界定,"是指同一事物或现象的不同说法或写法",即区分异说型异名词语和异写型异名词语两类。前者如"辩手－辩士、出局－出圈",后者如"扮靓－扮亮、大排档－大牌档"。根据我们对《词典》的统计,在 1342 组异名词语中有 31 组属于异写型,占 2.3%。异写型异名词可以分为三类:音译用字不同,如"艾滋病－爱之病－爱滋病";观察视点不同导致用字不同,如"沙狐球－沙壶球";用字标准不一导致用字差异,如"作秀－做秀"。因为异说和异写性质完全不同,且异写型异名词语所占比例很小,故本文的研究对象限定在异说型异名词语。

二、《词典》中异名词语的统计与初步分析

(一)语料统计方法

本文的研究对象是《词典》中主条目下已经标记"异名词语"的部分,实际存在异名情形,但《词典》未标记的暂不列入研究范围。语料的选取以主条目为准,只要在主条目下标记"异名词语",均作为语料纳入语料库。

词条的确定以义项为最小考察单位,每个义项记作独立的一条。如果一个词条只有一个义项且主条目下标记"异名词语",就作为一个调查对象;如果一个词条有多个义项,有几个义项标记"异名词语",就作为几个调查对象处理。例如"过户"条只有一个义项,使用地区是"各地",对应的异名词语有"割名(新加坡、马来西亚、印度尼西亚)"和"过名(新加坡、马来西亚、印度尼西亚)","过户"条就作为一个调查对象;"贴士"有三个义项,其中只有第一个义项"〔名〕义同'小费'"有对应的异名词语"小费(各地),小账(中国的香港、澳门和台湾)",这种情形只记为一个调查对象;"打比"在《词典》中有两个义

[①] 孟华:《异名是积极现象还是消极现象?》,《语文建设》,1998 年第 6 期。
[②] 刘苗:《当代汉语外来词一词异名现象分析》,《深圳大学学报》(人文社会科学版),2001 年第 3 期。

项,每个义项分别对应着不同的异名词语,因此"打比"记作两个调查对象。在确定最小考察单位后,每个最小考察单位调查的内容包括词条本身、语源(源自方言、外语等)、义项释义、使用区域等内容。通过对《词典》所立条目的逐条筛选,最后确定 3246 个异名词语,约占《词典》总词数的三分之一。在此基础上,以所指相同词条为单位建组,总计得出 1311 组异说型异名词语。

(二) 统计结果与初步分析

1. 语源统计与分析

《词典》中共有 486 个异名词语标注了语源,主要源自外语、方言和网络用语。详见表 1。

表 1　异名词语语源情况

语源	使用方式或来源	分项词数	分项比例(%)	语源比例(%)	总体比例(%)
英语	纯音译	160	32.90	74.06	89.29
	直译	40	8.23		
	音义兼译	5	1.03		
	部分音译	102	20.99		
	粤方言音译	51	10.50		
	中文加英文	2	0.41		
马来语	纯音译	28	5.76	5.76	
泰语	纯音译	17	3.50	3.71	
	部分音译	1	0.21		
日语	纯音译	8	1.65	3.29	
	部分音译	2	0.41		
	借形借义	6	1.23		
葡萄牙语	纯音译	5	1.03	1.03	
印地语	纯音译	3	0.62	0.62	
法语	纯音译	2	0.41	0.41	
西班牙语	纯音译	2	0.41	0.41	

续表

语源	使用方式或来源	分项词数	分项比例(%)	语源比例(%)	总体比例(%)
汉语方言	粤方言	36	7.41	10.5	
	闽方言（除闽南）	2	0.41		
	闽南方言	12	2.47		
	吴方言	1	0.21		
网络用语		1	0.21	0.21	0.21

从表1可见，异名词语的来源比较固定，主要源自外语、汉语方言和网络用语。其中源自外语的最多，总计434条，占总数的89.29%；其次是方言，51条，占10.50%；再次是网络用语，1条，占0.21%。从使用方式上看，源自外语的异名词语主要采用纯音译、音义兼译、部分音译、方言译音等方式，从一种语言中借用数量越大，音译方式越复杂。以英语为例，英源异名词占总数74.06%，有纯音译，如"蹦极-bungee"；音义兼译，如"米老鼠-Mickey Mouse"；部分音译，如"绿卡-card""波普艺术-popular"；方言译音，如粤方言音译的"来苏儿-Lysol"。语源比例和借以表现的所指不同，也反映了不同的问题。首先，受英语影响产生的异名词语比例最大，覆盖范围最广。英源异名词占外源异名词的82.94%，覆盖教育教学、艺术、司法、计算机、贸易、饮食、计量单位、疾病等不同领域，这说明英语对华语异名词的影响最广泛，英语在不同华语社区具有一定的强势地位，对华语影响时间较长；其次，其他外语对华语异名词产生影响的方式和影响力有差异。例如，葡萄牙语主要对澳港地区有一定影响，而且主要表现为殖民式的遗留影响，如"天罗妇""亚冬鱼"是这些事物传入中国澳港地区时的葡萄牙语音译。马来语、泰语主要对当地华语区产生影响，且表现为语言的自愿交流、融合，如"巴刹马兰（南）"是马来语的音译，主要在新加坡、马来西亚地区的华人社区使用；再次，汉语方言影响产生的异名词比例相对较大，反映的是移民与语言接触问题。方言语源异名词语的来源都是南方方言，其内部有一个很强的倾向性就是由北向南数量逐渐递增。这显然与海外华人早期多来自于东南沿海有关。

（二）趋同性统计与分析

《词典》主要收录的是各华人社区常见的特有词语，还酌收少量共有词语。汤志祥[①]根据 20 世纪 90 年代末的研究成果进行统计表明，全球华语圈内的词语有百分之九十是相同的。也就是说，《词典》中收录的共有词语应该是极少的一部分。但是这种抽样也同样反映了一定的问题。根据《词典》对异名词语使用地区的标记情况，我们进行了趋同性统计。统计以两个地区同用为最小单位，逐次递增，最大同用区域为"各地"。如果某个词在大区域中同用就不再重复记入小区域。异名词语的使用地区非常多，但经常一起同用的区域比较固定，主要是下表列出的 12 类情形。其中"各地"是指异名词语在全球所有华语社区共同使用。详见表 2。

表 2 异名词使用地域趋同性情况

共用范围	各区	四区		三区				双区			
共用地区	各地	新马泰印	大港澳台	新马泰	港澳台	大港澳	新马印	港澳	新马	大台	马泰	泰印
词数	345	74	52	321	183	182	33	552	242	232	5	1

按照汤志祥[②]"华语区域特有词语"是一个处于经常性变化着的动态的词语群的观点，单区存在新词产生旧词消亡的现象，单区词可能走向双区、三区或最终进入全球华语流通语的范畴。就《词典》酌收的少量共有词来看，各个华语社区共用词语的数量占有很大的比例。这一方面反映出整个华语圈在经济、文化、科技等方面的交流和融合在不断扩大，整体性在不断加强；另一方面，我们可以预测，随着交流和融合的进一步加深，华语圈内各区共用词语的数量还会不断增加，所指范围会不断扩展。四区、三区、双区同用词语的数量和比例一定程度上反映了地区之间交流、交往情况的多寡。以港澳为例，

---

① 汤志祥：《论华语区域特有词语》，《语言文字应用》，2005 年第 2 期。
② 同上。

两地同用词数达969个,一方面因为地缘接近,同时也证明两个地区之间经济、文化、人员等的交流较多。词汇与社会关系最紧密,通过词汇共用情形的考察,可以在一定程度上反映不同地区之间的社会关系,这是语言反映社会的一个重要方面,也是非常值得利用的一个方面。

三、《全球华语词典》与语言资源管理

(一)《词典》的多维功能

一部好的辞书不论其编纂的初衷如何,它必将承担不同的任务,体现不同的功能。《词典》亦如此。首先,《词典》充当了记录语言变异的工具,调查并保留了全球华语社区内非常珍贵的语言资源,主要是词汇资源。《词典》收词10000条,虽然数量不算大,但是基本对全球范围内比较典型的华语社区的特有词语进行了调查,比较详细地记录了不同社区的词语及用法,记录了共时平面上语言变异的情形。从资源的角度看,华语社区词是珍贵的语言资源,调查整理这部分资源,对建立全球华语词汇(语料)库是有益的尝试。整理、保存华语社区词,也将为汉语史研究提供宝贵的资料。其次,《词典》充当了指导语言使用规范的工具。晁继周认为,辞书负有指导语言使用规范和解决社会语言生活中提出的问题的双重责任。《词典》虽不是"规范词典",但是它直面全球华语生活中出现的现象,可以为汉语词汇规范提供特定的审视角度。再次,《词典》将为全球华人和谐语文生活的构建做出贡献。《词典》的编纂是为了消除华人之间的语言障碍,主要是词汇方面的障碍,是沟通华人语言文化交流的桥梁,这将为华人之间的交流在解决分歧、促进和谐方面起到积极的作用。最后,《词典》将为全球华语教学的发展做出贡献。吴英成[①]的调查显示,此前中国大陆、中国台湾等地出版的华语单语词典与汉英双语词典皆无法满足以华语作为第二语言学习者的需求。《词典》的出版,可

---

① 吴英成:《华语词典应用与编纂的落差》,《语言教学与研究》,2002年第3期。

能促使人们从全球视角观察、研究华语,针对华语学习的需要,研究和开发更加适用的华语教材,从而为华语教学做出贡献。所以,不论《词典》编纂当初确定了何种目标,它的功能都将是多方面的,这也必将对之提出更高的要求。

(二)《词典》与语言资源管理

无论如何,"语言资源管理"在我国还是个新课题,也是语言资源研究近年开拓的新领域,所以一些问题还存在争议。徐大明[①]认为,语言规划理论正在从"问题导向"向"资源导向"的规划观转变。对于语言资源本身,除了解、监测和保护之外,还应该有更加全面的管理。"语言管理"是语言规划研究领域中较新的理论。韩晓莉[②]认为,因为从管理学的角度讲,管理(management)包含规划(planning)、组织(organizing)、领导(leading)、控制(controlling)等环节,所以语言规划属于语言资源管理的范畴。虽然存在分歧,但不论如何,我们已经认识到对语言资源进行科学有效管理的重要性,并对相关问题进行了讨论。韩晓莉尤其论证了语言资源管理和语言政策制定之间的关系以及汉语资源管理中目前存在的问题,这些都具有一定的启发性。

在语言资源管理方面,我们认为徐大明[③]的这种提法是正确的,即国家的语言资源管理服务于国家总的政治和经济目标,但语言本身的规律和特性不能忽视。这就涉及进行语言资源管理究竟应该做什么、应该怎么做的问题。在这方面,新加坡成功的语言管理模式值得借鉴。新加坡的语言资源管理包括"确认资源""利用资源""发展资源"三个部分,事实上这也蕴含着语言资源管理的内部执行程序。新加坡的成功经验告诉我们,进行语言资源管理的第一步是要进行资源的确认,也就是要对一种语言资源进行全面的清查,掌握这种语言的本体情况和使用情况,也即重视语言本身的规律和特性。这项工作的完成需要本体调查和使用调查彼此配合,本体调查需要不同要素调查互相支持。

[①] 徐大明:《语言资源管理规划及语言资源议题》,《郑州大学学报》,2008年第1期。
[②] 韩晓莉:《论语言资源管理与语言政策》,《中国校外教育》,2009年第10期。
[③] 徐大明:《语言资源管理规划及语言资源议题》,《郑州大学学报》,2008年第1期。

《全球华语词典》为我们进行华语资源管理做出了一定的贡献，也提供了相应的借鉴。《词典》的工作正是从本体调查，即从词汇资源的角度对语言资源进行确认，这是语言资源管理中非常重要和基础的一步。我们认为，语言资源管理可以区分国家管理、学术界管理和民间管理三个部分。国家管理主要是从政策角度管理语言资源，通过制定相应的政策、法规，来保护、开发、发展语言资源；学术界管理主要是依据语言发展规律及国家政治经济发展需要，为国家语言资源管理提供智力支持；民间管理主要是通过语言的使用或选用以及语言产业建设等方式保持、保留、保护以及开发、利用某种语言资源。这三种管理语言资源的方式都一定程度上需要对语言资源进行持续调查以"确认语言资源"。从这个角度看，《词典》在这三个方面都有积极甚至是不可取代的作用。语言政策的制定是以国家需要和语言实态为前提的，学术界进行相应研究需要有相应的研究内容和对象，语言产业建设需要有真实的样本，跨社区的交际需要实现同义前提下异名的对接，这些都需要首先确认语言资源。《词典》就是确认语言资源的一种形式，能在不同的角度或程度上对语言资源管理起到作用，甚至是起到不可或缺的作用。更加重要的是，《词典》以全球华语为视野，这对华语资源管理显得更加重要和有借鉴意义。

四、关于《全球华语词典》编纂的建议

华语词典编纂的重要性不容置疑，吴英成[①]、晁继周、梁冬青等都从不同角度提出这样的问题。《词典》编排科学，内容丰富，标注详实，在一定程度上解决了前期提到的几个问题。也正因为这类词典的重要性和多能性，对之的要求也就更高。我们认为，为适应全球华语生活和谐之需，《词典》在某些方面可以继续完善。

（一）异名词语的收录范围可以继续扩大

《词典》编纂集多地之力，精心选择、收录约 10000 条词语，规模

---

① 吴英成:《华语词典应用与编纂的落差》,《语言教学与研究》,2002 年第 3 期。

虽然不是很大,收录还是比较全的。但是也有一些比较常用的异名词语没有收录进来,包括异说和异写两种情形。例如,"出风头(中国大陆)—出锋头(中国台湾)""海归派(中国大陆)—海龟派(中国大陆)""公元(中国大陆)—西元(中国台湾)"等《词典》中还没有收。此外,该版《词典》所收词主要集中在亚洲、美洲、大洋洲三洲,欧洲、非洲华语社区词还未整理收录,可以考虑收录这些地区华语社区词,以副"全球华语"之实。

(二) 关于异名词语释义的安排问题

异名词语是几个不同的语言形式表示一个共同的概念。因为出条是按音序排序,所以在释义上就存在先后的问题。例如"阿凤"与"凤姐"属于异名词语,"阿凤"在《词典》正文的第 2 页出现,"凤姐"在《词典》的第 275 页出现。"阿凤"的释义《词典》采取的是"义同'凤姐'(见 275 页)"的释义方式。这种释义方式对使用者来讲不太方便。我们建议纸质版《词典》采取"条先出义先注"的释义方式,先出条的词语直接释义,后出条的异名词语采取"义同'＊＊'(见 ＊ ＊页)"的方式释义,这样便于使用者查阅,更好地发挥工具书的作用。如果是电子版,可以通过设置链接的方式,直接链接到对应成分,完成一次检索。

(三) 词典的出版载体

纸质版的《词典》弥补了前期的空白,但是在使用上还存在一定的缺陷,普及度较小,一般多是研究者使用。我们也建议出版《全球华语词典》电子网络版或光盘版。网络版的《全球华语词典》最好建成开放、动态的词典,实时对其进行补充和增益。这样,一方面能及时反映全球华语的发展变化,另一方面有利于全球各地的华人随时随地检阅。光盘版可以采取阶段出版的方式定期发行,最好能够实现检索功能,以备进行检索、查阅。

《全球华语词典》处理区域异同的成功与不足[①]

刘晓梅

在不同的历史时期,华人由于经商、逃难、被贩卖等原因,居留东南亚、欧洲、美洲等地,把汉语也带到了世界各地。因为时地相隔,各地的汉语产生了一些差异。随着中国大陆所使用的普通话对海外影响力的逐步扩大,华人之间的汉语交流也逐渐形了一种以普通话为核心的华语,即"以现代汉语普通话为标准的华人共同语"[②]。华语不同于海外华人所使用的闽、粤、客等方言,也不完全等同于大陆地区的普通话,它是"现代汉语标准语的全球性称谓"[③],所以它比普通话的使用地域更广,包容性更强。

近些年来,随着华语各区之间的交际往来日趋频繁,华语交际中因语法、词汇、语音、语用差异而形成的障碍也就日益凸显出来,研究各区华语的共性与特征就成为语言研究中的一大热点。词汇是语言中最开放、多元、灵活多变的要素,它所反映的区域文化差异也最为明显,然而它给交际带来的障碍也最不容忽视,所以,华语词汇的整理与研究便成为研究热点中的热点。李宇明教授主编的中型的《全

[①] 本文为教育部人文社会科学 2010 年研究项目"十九至二十世纪现代汉语词汇史研究"的阶段性成果。

[②] 郭熙:《论"华语"》,《暨南大学华文学院学报》,2004 年第 4 期。

[③] 同上。

球华语词典》①就是这一热潮中集大成的代表作。它的出版,标志着华语词汇的整理、研究已从单域转向全域,从单类转向整体,真正进入了全球视野下的华语词汇大盘点。

《词典》关注的是全球华语各区域之间的异同,收录1980年代以来华语各区的常用的词语,尤其是有特色的常用词语,这些都以词语的区域分布为前提,所以区域处理在词典中具有举足轻重的地位,其处理是否得当,关乎词典的质量高低。

一、《词典》区域异同处理的成功之处

如果你想了解哪些华语词语在交际时会引发不解或误解,翻翻《词典》便会一目了然,因为它把所收录的所有词语都一一标注出使用的区域。比如:"九头身"用于中国台湾,它与九个头没有关系,而是指人的头部分与身高的比例为1∶9的体型,这样的体型堪称完美;用于中国的香港、澳门的"肥佬"跟"肥"不搭界,是指考试不及格,即fail的粤方言译音,有一种戏谑的味道;用于中国的香港、澳门的"梳化"是沙发……在我看来,这种区域性处理就是《词典》最为成功的地方,具体来说体现在以下几个方面:

(一)区域的覆盖尽量全球化。

从1990年代末开始,华语区域性词典、跨区域词典、全球性词典相继问世,前者包括:汪惠迪先生主编的《新加坡特有词语词典》②、田小琳教授主编的《香港社区词词典》③等,都是着重收录某区域特有的词语(田小琳教授称之为社区词)。邹嘉彦、游汝杰教授的《21世纪华语新词语词典》④属跨区域词典,收录华语区2000年至2006年产生或流行的新词语。《词典》收录的词语所覆盖的华语区域要比《21世纪华语新词语词典》多得多。

---

① 李宇明主编:《全球华语词典》,北京:商务印书馆,2010年。
② 江惠迪主编:《新加坡特有词语词典》,新加坡:新加坡联邦出版社,1999年。
③ 田小琳主编:《香港社区词词典》,北京:商务印书馆,2009年。
④ 邹嘉彦、游汝杰:《21世纪华语新词语词典》,上海:复旦大学出版社,2007年。

(二) 词语区域分布差异的多样化

按照区域分布,整部词典的词语体现为区域特有词语、多区共有词语、全球共有词语。区域特有词语即某个区域所独有而其他区域所无的词语,比如泰国的象夫/象奴(饲养、驯服大象的工人)、中国大陆的机考、新加坡的射脚(足球射门高手),等等。从实用角度讲,所收特有词语均为常用的,且又是交际中最大的障碍,因而是词典主要收录的对象;其次是多区共有词语。全球共有词语不产生交际障碍,词典只是少量酌收,如监理、层面、兼职。

在区域处理过程中,由于中国香港和中国澳门的语言背景非常接近,所以"中国香港和澳门"在词典中有时合并为一个单一区域处理,如惨绿少年(彷徨苦恼甚至有犯罪前科的边缘青少年)是中国香港和澳门都有的。又因两地属不同的文化背景,有时也分开处理,比如"啡妹"(中国香港旧版500元纸港币为咖啡色,上有英国女皇头像)只用于中国香港,科假(轮班休息。葡萄牙语音译)只限于中国澳门。相类似的是,"新加坡、马来西亚""新加坡、马来西亚、泰国"有时也作为大的独立区域处理。这一方面反映出词语传播与分布的复杂性,另一方面也从操作层面显现出词语的大区之间的异同、大区内部的异同。

另外,词语的区域差异取决于主要的使用区域,较少涉及次要区域。比如"灵媒、娈童、高买(在商店里偷东西)"在中国大陆的使用不普遍,所以不标出中国大陆。

(三) 不同区域间词语差异的多样化及区域内部词形差异的多样化

细分的话,词语的区域差异不只是整个词层面上的,还包括大量有区域差异的义项、词性、色彩义。后两种如"斋"在港澳还可作副词,义为"仅仅","斋讲"就是"只有说话,没有音乐等";中国台湾的"窝心"色彩与大陆恰恰相反。此外还包括大量不同区域表达相同意义的不同词语(异名词语),主要体现为造词理据的不同,如各地都使用的"暗疮、青春痘"还叫粉刺(中国大陆、中国台湾、新加坡、马来西亚)、痤疮(中国大陆)、酒米(中国港澳台)、面疱(中国台湾)、油脂粒(中国港澳);其次还体现为近义语素选取的不同、音译成分选字的不同。

另外还有一种同一区域内部的差异,主要表现为同区域内异名词语的丰富多样。如泰国的批局、银信局、批馆(旧时经营侨批、侨汇业务的商号),中国大陆的闪盘、闪存盘、优盘,新加坡、马来西亚、泰国、印度尼西亚、文莱达鲁萨兰国、柬埔寨的浮脚楼、浮脚屋、高脚木屋。

(四)注意到历时传播中区域差异转为趋同

《词典》主要通过词语的分布来体现不同的区域趋同的选择。比如:"核试验"分布于中国大陆、中国港澳、新加坡、马来西亚,"核试爆"使用于中国台湾,"核试炸"使用于新加坡、马来西亚;"救护车"用于各地,有的地方还另有说法,如:白车(中国港澳)、十字车(中国港澳)、救伤车(中国港澳、新加坡、马来西亚)。由此可以推断"核试验、救护车"是趋同性的选择。不过,由于有时难以从共时分布上简单判断出历时的演变,于是词典采用"知识窗"的方式对某些有趋同性的词语进行历时分布演变的描述。比如词典中标明"手机"一词各地都使用,实际上这是各区在长时间的交流中选择的结果。中国大陆在2001年改"大哥大、手提电话"为手机,同年,中国台湾改"行动电话、大哥大"为手机,新加坡也改"流动电话、随身电话"为手机。这就等于在客观上提供了一种选择的引导。

二、区域异同处理的不足

(一)全球华语各区域的收词量均衡性尚待加强

严格来说,《词典》并非真正的收录全球华语词汇,主要集中于亚洲,美洲、大洋洲的收了一小部分,欧洲、非洲的是空白。而即便是亚洲也不均衡,集中于东南亚,华人相对集中的日本的则很少,韩国、朝鲜也是零收录。实际上许多国家使用华语的人口不在少数,据《中国语言生活状况报告·2005》介绍,华语是美国的第三大语言①,是澳大利亚 2001 年的第二大语言②,是新西兰 2004 年的第四大语言③。海外华文传媒就更多了,仅加拿大就有 37 种报刊、电台、电视台④,如此丰富的海外华语资源与以中国大陆及中国港澳台、新加坡、马来西亚、泰国为收词主体的状况不相称。

(二) 部分词语漏标使用区域

在中国大陆,"收楼"一词目前已经可以和"收房"一词相抗衡了,比如"北京房产在线"就有这样的标题:"教你当一回专业收楼人收房四步骤及必备'法宝'让你轻松完成入住"⑤;"分级制度"所指的影视、网游产品分级制虽未在大陆实施,但此语已经为百姓所熟知;作"素食;素的"理解的"斋"经常出现在"斋饭、斋菜"中;"黑头"的使用群体也是非常广泛;"翘课"(逃课)为学生群体所用,尤其是大、中学生。"同志"(同性恋者)同样也广为知晓。这些都属于使用上相对稳定的词语,应标注出大陆使用区。

这当中尤其值得注意的是,一部分词语未标示外来词在语源地华语区的使用,比如"宅男、宅女、宅急便、天妇罗、艺能界、同人志、援交"来源于日语,理应标出日本使用区。还有一部分主要来自大陆之外的华语区,目前在大陆也已较为通行,比如:麻辣(形容言行或事物富有刺激性)、楼花(期房)、色诱、脱戏、脱星、傲人、秀服(演出服)、誓言(发誓;起誓)、死火(机器熄火,停止运转)、妈咪、雪种(制冷剂)、血拼、祖籍国、自由行、无厘头,等等。近些年来随着传媒的迅速发展,词语的异域传播速度大大加快,一些次要的区域也会在较短时间内变成重要或较为重要的区域,这就应予以标示,以更好的展现横向扩散后的统一,处理好通用性与区域性关系。

---

① "中国语言生活状况报告"课题组:《中国语言生活状况报告·2005》(上编),北京:商务印书馆,2006 年,第 351 页。
② 同上书,第 350 页。
③ 同上书,第 353 页。
④ 同上书,第 358 页。
⑤ http://www.010house.com/news/disp.php? id=3224,2004 年 10 月 8 日。

(三)部分闽、粤方言词的标区及其与华语词的划界处理不完美

从华语词汇的界定来看,纯粹的方言词不在其列。但方言词又是华语词汇的后备军,如果某个方言词广泛运用于华语交际中,就具备了华语词的资格。比如"脚踏车、放水、收工"就已收进了《词典》,这当然是最佳的处理。最难处理的是部分闽、粤方言词的处理,因为除大陆之外,中国台湾也使用闽语,中国香港、澳门也通行粤语。这里存在两个方面的问题,一是选取哪些方言词,二是标区海外的方言词要不要标出大陆使用区。像用于球形物的量词"粒"不只用于港澳新马泰,闽语也用;"老火汤、利是、饮胜、走鬼"是粤语里的常用词,不限于香港、澳门,"师奶杀手"也不只存在于中国香港、澳门、中国台湾、马来西亚。这些词在中国大陆闽语或粤语区的华语交际中都很通行,《词典》没有标出中国大陆使用区,主要考虑的还是其没有在中国大陆广泛通行。郭熙教授在该词典的编写过程中曾多次提到:一是出于描写的需要,海外方言词出现在华语交际中的,就考虑收录进来。二是出于查考的需要,人们对那些常用的海外方言词有查考的需求,也收录进来。这是一个重要的原则。不过极少数方言词的区域处理与此原则不相符,如粤方言词"找赎"通行于中国港澳,"河粉"通行于中国港澳台,闽方言词"沙茶"通行于中国台湾,均不宜标出中国大陆。还有个别词则宜标出中国大陆使用区,如只标有中国港澳台的"单车"在《现代汉语常用词表》中词频排序为 23058[①],标有中国香港、澳门、新加坡、马来西亚、加拿大的"放工"排序为 42180[②],用于中国台湾、新加坡、马来西亚的吴语词放鸽子(故意失约)也被广泛知晓。

(四)部分有明显区域差异的常用词语未收

比如"师姐、师妹、师兄、师弟"在中国大陆用来称呼先后师从同一师父或老师的女性、男性,而在中国台湾,相同的意思要用"学姐、

[①] "现代汉语常用词表"课题组:《现代汉语常用词表(草案)》,北京:商务印书馆,2008 年,第 104 页。
[②] 同上书,第 187 页。

学妹、学长、学弟"来指称,"师姐"等词则局限于宗教领域,尤其是佛教领域;中国台湾的"高校"不是大学、专门学院和高等专科学校的统称,而是高中、高等职业学校;"五湖四海"在大陆是指全国各地,而在新加坡却指世界各地①;称呼女老师的丈夫的"师丈"用于中国台湾,大陆则没有相应的称呼;"搞"在大陆是个可用于各种场合的中性词,在中国台湾则是个粗俗的贬义词;"而已"在中国台湾、马来西亚、新加坡②是个地地道道的口语词,在中国大陆却是个不折不扣的书语词。除了"学姐"这组词外,其他都没有收录进来。这里尤其要指出的是,《词典》很少关注语法功能的区域差异,比如"色"在新加坡可单独使用,而在大陆则不可以[5]。

针对上述的不尽完美之处,我们建议进一步扩展收录特有常用词语的区域范围,均衡区域收词量;进一步细化、丰富词语的突出的差异点,尤其加强挖掘词语的语法和语用功能的差异;与时俱进,协调好华语词区域分布的共时与历时的关系、区域性与通用性的关系,以使词典的区域差异功能达到最为优化。总体而言,《词典》瑕不掩瑜,仍然不失为一部成功探索的杰出之作。

三、结语

为消除华语交际障碍,同时也为了对华语词汇的共时面貌进行全方位的记录、整理和保存,《词典》开创了极有意义的实践,即它从全球的、区域异同的视角审视华语词汇,在我看来,这就是该词典的灵魂所在。它的成功出版在汉语单语词典史上无疑具有里程碑意义,同时在语言观念上也极富启迪意义。

放眼全球华语,考虑词汇问题就不必只局限于大陆范围内,比如以往我们认为词的多义、语法功能和语用功能的多样化都是在共域条件下成立的,借助《词典》,我们可以在更大范围内观察到词语内在与外在的丰富性。

---

① "五湖四海"和"色"在新加坡的意义、用法及"而已"在新加坡的用法,均由南洋理工大学周清海教授告知。

② 同上。

在汉语真正意义上走向世界的时代,《词典》正视词语区域差异的存在,这种处理淡化了普通话词汇的权威性,但这不等同于取消其对大陆之外的华语区的引导功能,因为它向大众提供了一份可资选择、借鉴的样本,而且随着中国国际地位的进一步提高,这种选择的倾向性将更加明显。

发掘华语事实　调查华语生活
——华语研究前进的双翼

祝晓宏

随着华语传播事业的发展,华语学术概念的普及,华语研究作为一个新的学科领地也正在崛起。从国家到学术共同体层面,都开始重视华语研究。例如:2005年国家语委和暨南大学共建成立"海外华语研究中心",2011年邢福义教授领衔成功申报国家社科重大课题"全球华语语法研究",2012年暨南大学华文学院拥有国内首个"海外华语与华文教育"博士和硕士点并已陆续招生,2012年北京语言大学、华侨大学、暨南大学相继成立华文教育研究院,海内外学者共同召开世界华文教育大会以及华语国际学术研讨会,等等。

这些情况在在表明:华语研究正在进入前进的快车道。为了凝聚力量、瞄准焦点,让华语研究之路走得更稳更扎实,走得更远更长久,现在应该是总结经验、反思问题的时候了。

将"华语本体"和"华语应用"的相关论文收入本论文集便是这样的尝试。"华语本体"和"华语应用"的说法是模仿"汉语本体"和"汉语应用"而产生的,说明了"华语研究"和"汉语研究"的密切关系。华语研究是在现代汉语研究基础上产生的,应该也有可能汲取现代汉语研究的有益经验。近几十年来,现代汉语研究始终稳居中国语言学的显学地位,不仅得益于现代汉语是各种语言学理论的试验场,同时也有赖于众多学者对现代汉语语言事实持续不断的挖掘和描写。

作为现代汉语域外变体的海外华语,其最大的类型学价值就在于大量颇富特色但又细微隐蔽的语言事实。可以说,华语研究的推进很大程度上有赖于人们对华语事实的发掘和描写。

在华语本体这个层面,我们已经看到现代汉语界一些眼界宽广、重视事实的学者陆续加入进来。其中,首屈一指的当是邢福义先生。邢福义80年代就发表了多篇南味汉语语言现象的文章,可谓是他开展华语研究的先声。新世纪以来,邢福义教授利用出任新加坡华文教材顾问的机会,正式进入华语研究领域,先后发表过《误用与误判鉴别的三原则》《新加坡华语使用中源方言的潜性影响》等论文,特别是后者对新加坡华语中以"才"代"再"的现象做了深入细致的描写,堪为华语语法描写的典范之作。2011年邢福义教授领衔成功申报国家重大课题"全球华语语法研究"。在此课题的引领下,一批华语语法调查研究的论文相继发表,使得华语语法研究掀起一轮小高潮。收入这本集子的几篇论文就是在这样的背景下产生的。

邢福义、汪国胜(2012)《全球华语语法研究的基本构想》一文,是对全球华语研究课题的宏观设计,具体探讨了全球华语研究的总体框架、基本内容、研究思路、预期目标4个方面。在这个蓝图里,全球华语语法研究既包括对港澳台、新加坡、马来西亚、北美四大区域华语共同语语法的描写,也兼顾海外方言语法的考查。目前我们已经看到了港澳台、马来西亚华语语法一些前期调查成果。

赵春利、石定栩(2012)《港式中文差比句的类型与特点》将港式中文差比句分成无标、有标差比句两种类型,有标差比句进一步分为"比较"类、"过于"类和否定类三种,而且这3种有标差比句在值性类型、标记数量和值度选择上也存在着各自的句法语义特征。

刁晏斌(2012)的论文也体现了这种思路的扩大。刁晏斌较早从事现代汉语史和海峡两岸汉语差异与融合的研究。《"港式中文"与早期现代汉语》一文将这两个方面结合起来,澄清了长期以来一些对港式中文来源的模糊认识,确证了港式中文的基础应该是上世纪前半叶的国语。这样明确的认证有助于反过来研究现代汉语的发展史,即可以通过对当代港式中文的调查来推断现代汉语早期的面貌。

在台湾华语语法研究的具体层面。储泽祥、张琪(2013)的论文是对台湾国语语法特点的挖掘。对于各地形形色色的华语事实,储泽祥(2012)提出描写的思路是"多样性背景下的倾向性"考察。在这样的思路下,他们发现了介词"透过"在海峡两岸的使用差异。方清明(2013)的论文探讨的是台湾国语中的语气标记词"啦、的啦、喔、耶",研究的现象和方法都令人耳目一新。从研究基础而言,他们的观察入微、描写充分,很大程度上得益于现存的各地华语语料库。这里需要强调的是,华语语料库虽然可以帮助我们检索某个词项和语法项目的使用情况,但是却无法预先告诉我们哪个语言项目是值得研究的,对于华语事实的发现和挖掘仍然需要我们留意第一手的华语语料,只有对语料保持敏感和关注,才能在最初确立某个语言事实是否值得研究。

在东南亚华语语法方面,李计伟(2012)《"两个三角"理论与海外华语语法特点的发掘》是对邢福义现代汉语语法研究"两个三角"理论在华语语法研究中的运用和发挥,并且在对华语事实的处理上,遵循与前述作者较为一致的做法,走的是一条定量统计与对比分析之路。

以上研究类型主要是将华语事实作为对象来进行分析,是"华语作为对象"的研究。

我们曾经在《华语视角下"插"类词的语义变异、变化与传播》(祝晓宏,2011)一文中提出,应该将华语事实置于华语视角下进行观察,华语还可以是一种作为视角的研究。这样的思路也得到了越来越多学者的认可。(刁晏斌 2012;郭熙 2012;杨万兵 2012)

郭熙(2012)《华语视角下的"讲话"类词群考察》一文,详细分析了华语系统中"演讲、讲演、演说、讲话、发言"等"讲话"类动词在各地华语中微妙的差异。"讲话"一词本身在大陆已经身份化,标记身份地位相对高的使用者,而在海外却没有出现的分化。论文将词语变异与身份区隔理论结合起来,材料宏富,观察入微。可以预料,这样的研究不仅会促进华语视角下词汇系统性变异的考察,也将引发各地华语语用的比较研究。

众所周知,"胜"与"败"一对反义词能表达相同语用义是汉语的一大精妙,吕叔湘先生对此现象早有论述。"中国队大胜美国队""中国队大败美国队"都是"中国队大胜","A 大败 B"只能理解为 B 败。杨万兵《完败》及相关词语的句法语义分析——以海外华语媒体为视角》发现海外华文媒体中,"A 完败 B"只能理解为 A 败。"完败"中的"败"似乎具有相反的词义。这种差异体现了"败"的"自败曰败"和"破他曰败"两种含义,"完败"的出现是对"败"词义系统的完善。

祝晓宏(2014)《海外华语语法研究:现状、问题及前瞻》一文是对海外华语语法研究历史的全面梳理,文章将海外华语语法研究划分为隔绝期和交流期两个阶段,分析了两个阶段的特点,提出了当前华语语法研究的一些重要而迫切的课题。

根据我们对全球华语研究情况的掌握,华语本体在词汇、语法方面成果已经越来越多,而语音研究则非常之少。一般民众和学者都讨论过诸如港台腔、马来腔等所谓标志性的华语语音特点,但是具体深入的华语语音调查和描写则极为少见。我们期待这方面能有一些突破。

"华语生活"部分收录论文 7 篇。角度各异,关注的层面也不尽相同。

刘华、郭熙(2012)一文是对海外华语语言生活调查的总体设计,提出并论证了构建华语多媒体语言资源库的计划。文章不仅从理论上确定了华语语言生活的资源观和资源价值,而且论证了资源库建设的框架和路线图,对海外华语语言生活调查具有指导意义。

对华裔子弟语言使用和语言态度的调查是了解华语语言生活走向的重要途径,也是华语传承语研究的基础工作。过去的调查集中在东南亚地区,如和田美穗(1992)、王爱萍(2000、2001)、李如龙(2001)、徐大明(2005)、章石芳(2009),等等。对欧美新移民华语社区的调查相对较少。

魏岩军等(2012)等人调查的是美国华裔的母语保持情况,分析了影响该群体母语维护的一些因素。更大规模的研究可以参考张东辉(2008)的英文专著《美国华人新移民家庭两代之间的语言维护和涵化》。

李丽、张东波、赵守辉(2013)《新加坡华族儿童华语交际意愿影响因素研究》调查了新加坡华族儿童课堂内外使用华语交际的意愿,分析了家庭语言背景、性别及交际情境对儿童华语交际意愿的影响。调查结果显示,学生课堂内的华语交际意愿高于课堂外的华语交际意愿;来自华语家庭和华英双语家庭的学生华语交际意愿高于来自英语家庭的学生,而前两者之间的差异则并不显著。此外,学生华语交际意愿的总体性别差异并不显著。不过。性别和家庭语言背景对华语交际意愿的影响在不同的交际情境下存在显著差异。

王衍军、张秀华(2013)《多语背景下印尼华语教师语言态度调查——以雅加达地区华语教师为例》关注的是华文教师群体的语言态度,他们的调查表明,对华语的态度,印尼华语教师在年龄结构上呈现出明显的差异:年长者对华语的态度始终一致,年轻一辈对华语的态度在多元语言背景的影响下日益复杂,文化因素和社会需求则成为两代人华语态度差异的主要原因。

尚国文、赵守辉(2013)《华语规范化的标准与路向——以新加坡华语为例》一文总结新加坡本体规范化的经验和得失,以期对全球华语的规范化提供借鉴和参考。文章指出,新加坡政府是华语规划者,其参与的方式基本是宏观的,只对全局性、方向性的问题表态,而对于具体的应用问的操控者,题则不予关注,也不明示规范化的参照标准。文章建议各华语区成立专门的规范化机构,为当地华语制定出一套明确的使用规范,变隐性标准为显性标准,这样有助于促进华语的教学和应用。

《全球华语词典》的出版是华语研究和华语生活中的一件大事。词典不仅记录了全球华语区 1 万条各具特色的词语,也是了解各地华语区社会文化的重要窗口,更是全球华语的重要资源库。这里收入的几篇论文都是围绕着《词典》所做的研究。

王世凯、方磊(2012)《〈全球华语词典〉中异名词语的调查分析》以《全球华语词典》为调查对象,筛选出当中的 3246 条异名词语,统计了不同来源异名词语的比例以及各华语区趋同性词语的数目。由此得出《全球华语词典》的多维功能中的重要功能之一——语言资源的功能,并提出了一条确认－利用－发展的语言资源管理的路径。刘晓梅(2013)《〈全球华语词典〉处理区域异同的成功与不足》评述了词典的得失之处。

综上所述,我们可以看出至少有三个角度的华语研究:华语作为对象、华语作为视野以及华语作为资源的研究。我们相信,只有从不同的角度观察华语,充分的挖掘华语事实,调查华语生活,才能推进华语研究。

最后要说明的是,华语研究的成果不断涌现。限于篇幅和视野,还有一些很好的论文没能全部收录进来,希望有心的读者循着本集中的论文线索去搜罗、查看。我们更希望,读者在看了这些论文之后,能够形成自己的看法以及对华语问题的兴趣,加入到华语研究的队伍中来。

附录:2012—2014年度重要参考论文、著作

备注:本存目分为三部分,第一部分为2012年至2014年间国内学术期刊上发表的与华语传播直接相关的研究论文索引,第二部分为国内各高校2012年至2014年间完成的以华语、华文为选题的博士学位论文,第三部分为2012年至2014年国内出版的与华语、华文相关的学术著作。每一部分的索引均按发表或完成的年份先后排序。限于篇幅,未列入发表在报纸和网络上的相关新闻报道和文章。

一、期刊论文

1. 包含丽:《欧洲华裔中小学生华文教育研究——以温州籍华裔中小学生为例》,载《教育评论》,2012年第1期。
2. 包含丽:《试析海外华文教育教学质量的若干对策》,载《黑龙江高教研究》,2012年第5期。
3. 大冢丰:《论海外华人华侨对全球中文推广的参与——东南亚诸国华语汉语教科书之分析》,载《河北师范大学学报》(教育科学版),2012年第2期。
4. 方舒、宋兴川:《文化背景对东南亚华裔学生华文学习的影响》,载《邯郸职业技术学院学报》,2012年第3期。
5. 房宁、李思嫒:《马来西亚国民中学华文教材编排研究——以初中华文教材为例》,载《云南师范大学学报》(对外汉语教学与研究版),2012年第5期。
6. 孔雪晴:《新疆高校华裔留学生的群体特征及华文教育策略探讨》,载《新疆师范大学学报》(哲学社会科学版),2012年第4期。
7. 李计伟:《论东南亚华语中的"以策+X"格式》,载《云南师范大学学报》(对外汉语教学与研究版),2012年第3期。
8. 李嘉郁:《"融入主流"的华文教育与华文教育工作的思考——以侨务部门对

美国华文教育工作为例的研究》,载《八桂侨刊》,2012年第2期。

9. 李屏:《泰国华文教育史研究综述》,载《东南亚纵横》,2012年第8期。
10. 李诗癸:《新加坡"讲华语运动"原因简析》,载《海峡科学》,2012年第2期。
11. 李贤军:《华语教学中的文化教学管见》,载《教育文化论坛》,2012年第6期。
12. 林素娥:《新加坡华语"懂"格式的话语特征》,载《语言研究》,2012年第1期。
13. 林小娜:《战后印尼华文教育政策的演变》,载《南方论刊》,2012年第8期。
14. 刘世勇、武彦斌:《马来西亚华文教育现状与发展策略》,载《东南亚纵横》,2012年第9期。
15. 苗强:《中国台湾地区对外汉语教材出版和发行情况考察》,载《出版发行研究》,2012年第3期。
16. 欧苏婧:《浅析澳大利亚和新西兰的华文教育状况及存在的问题》,载《广西广播电视大学学报》,2012年第3期。
17. 潘碧丝:《多元方言下的渗透与包容——马来西亚华语中的方言词语》,载《云南师范大学学报》(对外汉语教学与研究版),2012年第3期。
18. 彭伟步:《华文报纸在华文教育中的作用——以马来西亚华文报纸为例》,载《华文教学与研究》,2012年第4期。
19. 尚国文:《新加坡华语中的数词及其相关表达》,载《华文教学与研究》,2012年第4期。
20. 沈玲:《论海外华文教育学科的实践教学》,载《宁波大学学报》(教育科学版),2012年第3期。
21. 唐燕儿、程辰:《华文教育与华文教学:差异与关系之辩》,载《华南师范大学学报》(社会科学版),2012年第2期。
22. 田伟、宋兴川:《战后印度尼西亚华文教育发展的潜在动力——论华人文化认同对印度尼西亚华文教育的促进》,载《浙江万里学院学报》,2012年第6期。
23. 田伟、宋兴川:《二战后印度尼西亚华文教育发展的潜在动力——论华人文化认同对印度尼西亚华文教育的促进》,载《陕西教育学院学报》,2012年第4期。
24. 汪敏锋:《印尼华文补习班(校)初探》,载《八桂侨刊》,2012年第2期。
25. 汪敏锋:《印尼华文补习班(学校)现状之调查与分析》,载《东南亚纵横》,2012年第7期。
26. 王传玲、洪明:《英国华文教育现状与制约因素分析》,载《八桂侨刊》,2012

年第1期。

27. 王君英、宋兴川:《语言态度对华文教育发展的启示》,载《邯郸职业技术学院学报》,2012年第2期。
28. 王文艺:《试论菲律宾华语语法教学的基本原则》,载《教育文化论坛》,2012年第4期。
29. 吴建平:《菲律宾华文教育的现状、问题及对策》,载《沙洋师范高等专科学校学报》,2012年第4期。
30. 吴建平、蒋有经:《新时期马来西亚华文教育的回顾与展望》,载《泉州师范学院学报》,2012年第5期。
31. 徐天云:《印尼区域性华语社会的特点、发展趋势及对华语教育的影响》,载《东南亚纵横》,2012年第9期。
32. 颜长城:《发展中的菲律宾华文教育》,载《教育文化论坛》,2012年第6期。
33. 杨枫:《论东南亚华语教学中的跨文化语境渗透》,载《教育文化论坛》,2012年第6期。
34. 杨立:《美国侨社华文教育的曲折历程》,载《文史天地》,2012年第9期。
35. 野泽知弘、乔云:《柬埔寨的华人社会——华文教育的复兴与发展》,载《南洋资料译丛》,2012年第3期。
36. 叶静:《海外华文教育的历史与现状》,载《佳木斯教育学院学报》,2012年第11期。
37. 叶艳:《泰国华文教育的现状、困难和出路》,载《世界教育信息》,2012年第2期。
38. 翟颖华:《谈谈初级阶段华文教学词表的研制》,载《华文教学与研究》,2012年第3期。
39. 张晶:《当代马来西亚华文诗歌的中国历史想象》,载《世界文学评论》,2012年第1期。
40. 张鹭:《华文教育专业课程建设的几点思考》,载《佳木斯教育学院学报》,2012年第3期。
41. 张娜:《菲律宾版〈新编华语课本〉中的注音教材评析》,载《海外华文教育》,2012年第4期。
42. 张念、张世涛:《菲律宾华文教育三十年困境的思考》,载《贵州社会科学》,2012年第7期。
43. 张如梅:《对外汉语阅读教材中的词汇积累问题》,载《语言教学与研究》,2012年第6期。
44. 张彦军:《基于云计算的华文教育资源平台设计》,载《现代教育技术》,2012

年第 10 期。

45. 张悦:《柬埔寨华文教育存在的主要问题及其对策》,载《晋中学院学报》,2012 年第 5 期。

46. 郑文标:《海外华文媒体的现状、问题与对策》,载《编辑之友》,2012 年第 12 期。

47. 庄汉文、李晓娟:《东南亚华文教育的现状及特点浅析》,载《兰州教育学院学报》,2012 年第 4 期。

48. 蔡明宏:《新加坡华语教育历史之殇与儒学认同》,载《西南交通大学学报》(社会科学版),2013 年第 4 期。

49. 蔡明宏:《中泰语言文化交融下的华语教育》,载《沈阳大学学报》(社会科学版),2013 年第 4 期。

50. 陈洪英、彭小琴:《华文教育视野下的庐山地域文化内容试探》,载《吉林广播电视大学学报》,2013 年第 6 期。

51. 黄立诗:《马来西亚华语以"了"(liao)充"了"(le)现象研究》,载《长江大学学报》(社科版),2013 年第 7 期。

52. 黄立诗:《从语法化视角看马来西亚华语"回"作动态助词的现象》,载《现代语文》(语言研究版),2013 年第 8 期。

53. 黄良程:《时间顺序原则与华文语序教学》,载《华文教学与研究》,2013 年第 2 期。

54. 黄明:《英语运动及华语运动与新加坡华人的语言转移》,载《西南民族大学学报》(人文社会科学版),2013 年第 3 期。

55. 黄维梁:《学科正名论:"华语语系文学"与"汉语新文学"》,载《福建论坛》(人文社会科学版),2013 年第 1 期。

56. 黄霞、游汝杰:《华语运动与新加坡的语言使用考察》,载《西部学刊》,2013 年第 12 期。

57. 赖林冬:《菲律宾华文学校的发展和现状探析》,载《八桂侨刊》,2013 年第 1 期。

58. 李佳、王晋军:《论东盟华语热之语言推广性质》,载《大理学院学报》,2013 年第 1 期。

59. 李善邦、郭晴云:《新时期印度尼西亚华文报纸对华文教育的推动作用》,载《东南亚纵横》,2013 年第 3 期。

60. 李思暧:《以"嘛嘛档"一词探讨马来西亚华语的语言融合现象》,载《现代语文》(语言研究版),2013 年第 6 期。

61. 梁英明:《从中华学堂到三语学校——论印度尼西亚现代华文学校的发展与

演变》,载《华侨华人历史研究》,2013 年第 2 期。

62. 廖崇阳:《华文教育文化教学中的课程探索》,载《海外华文教育》,2013 年第 1 期。

63. 刘丽平、雒力蓉:《新加坡华语教学本土化探索——聚焦〈中华通识课程〉与〈双文化课程〉》,载《当代教育与文化》,2013 年第 3 期。

64. 罗幸:《东盟国家华语教育研究》,载《社会科学家》,2013 年第 10 期。

65. 钱颖:《目标任务型教学法在线上华语教学中的应用》,载《长江学术》,2013 年第 1 期。

66. 区淑仪:《浅谈马来西亚华语助词"着"的用法变异》,载《现代语文》(语言研究版),2013 年第 8 期。

67. 宋刚:《海外华文教学中的分班测试》,载《海外华文教育》,2013 年第 4 期。

68. 王洁:《近二十年源于中国台湾华语的普通话词语状况考察》,载《滁州学院学报》,2013 年第 3 期。

69. 王治理、蓝莉蓉:《中国寻根之旅与文化认同及华文教育之关系》,载《绍兴文理学院学报》(哲学社会科学),2013 年第 5 期。

70. 吴慧君、李柏令:《马来西亚华英双语者华语恭维语回应的语用反向迁移实证研究》,载《现代语文》(语言研究版),2013 年第 12 期。

71. 吴小伟、杨道麟:《南非华文教育浅论》,载《八桂侨刊》,2013 年第 1 期。

72. 席静前:《对柬埔寨华文教育的几点思考》,载《中国教育技术装备》,2013 年第 3 期。

73. 徐峰:《有关新加坡小学华文教材中新加坡元素的若干思考》,载《海外华文教育》,2013 年第 2 期。

74. 徐天云:《海外华文教师培训的策略选择——以印度尼西亚为例》,载《肇庆学院学报》,2013 年第 1 期。

75. 徐新伟、张述娟:《东南亚主要华文媒体非通用汉字的类型研究》,载《华文教学与研究》,2013 年第 1 期。

76. 杨海明、周静:《粤语语法的量化分析与华文水平测试》,载《湛江师范学院学报》,2013 年第 5 期。

77. 余夏云:《在全球景观中定位中国——反思海外世界的"中国性"和"华语表述"讨论》,载《文艺理论研究》,2013 年第 1 期。

78. 翟绍辉:《短期华文教学模式与菲律宾华裔青少年中华文化培养——以菲律宾"中华文化大乐园"为分析对象》,载《河南农业》,2013 年第 2 期。

79. 朱爱琴、强海燕:《马来西亚华文教育现状及其新政策研究》,载《现代教育论丛》,2013 年第 5 期。

80. 朱湘燕、黄舒萍：《印尼苏北华语口语词汇与现代汉语词汇差异调查》，载《华文教学与研究》，2013年第1期。
81. 包含丽、严晓鹏：《欧债危机对欧洲华裔青少年华文教育的影响及其对策》，载《八桂侨刊》，2014年第1期。
82. 蔡明宏：《新加坡华族对华语的认同度考察——基于文化合流视角》，载《云南师范大学学报》（对外汉语教学与研究版），2014年第1期。
83. 程露晞：《左秉隆与晚清新加坡华文教育》，载《五邑大学学报》（社会科学版），2014年第3期。
84. 高虹：《新加坡华语分级教学的体制》，载《国际汉语教学研究》，2014年第3期。
85. 何富腾：《马来西亚国立大学华语课程教材的研究》，载《海外华文教育》，2014年第1期。
86. 侯昌硕：《两岸汉语差异对海外华文教育的影响及对策》，载《湛江师范学院学报》，2014年第2期。
87. 黄华迎：《马来西亚华语特有词语探析》，载《现代语文》（语言研究版），2014年第3期。
88. 黄雁超：《缅甸华文教学的发展现状》，载《中国西部科技》，2014年第5期。
89. 贾世国、唐燕儿：《分布式海外华文教育人才库的构建》，载《广州广播电视大学学报》，2014年第3期。
90. 姜兴山：《试论融合进程中的菲律宾华文教育》，载《福建师范大学学报》（哲学社会科学版），2014年第1期。
91. 姜兴山：《美国殖民统治时期菲律宾的华文教育》，载《世界历史》，2014年第3期。
92. 奎晓亮：《缅甸华文学校办学状况探析》，载《科教文汇》（下旬刊），2014年第8期。
93. 李行健、仇志群：《一语两话：现代汉语通用语的共时状态》，载《云南师范大学学报》（哲学社会科学版），2014年第2期。
94. 李惠文：《赴美高校华文新教师岗前培训设计》，载《海外华文教育》，2014年第3期。
95. 李计伟：《基于对比与定量统计的马来西亚华语动词研究》，载《汉语学报》，2014年第4期。
96. 李庆瑶：《北吕宋地区华文学校办学现状及问题分析》，载《闽南师范大学学报》（哲学社会科学版），2014年第3期。
97. 李善邦、姚雪嘉：《泰国曼谷民办非全日制华文教育的现状与特色》，载《东南亚纵横》,2014 年第 8 期。

98. 李欣、姚垚、尚清:《以侨为本 教研并举 全面推动华文教育发展——访华侨大学校长贾益民教授》,载《世界教育信息》,2014 年第 6 期。

99. 刘华、程浩兵:《近年来海外华文教育发展的现状、问题及趋势》,载《东南亚研究》,2014 年第 2 期。

100. 刘振平:《新加坡华文师资培养中的"文言语法"教学》,载《滁州学院学报》,2014 年第 1 期。

101. 邱克威:《〈叻报〉的词语特点及其词汇学价值管窥》,载《语言研究》,2014 年第 4 期。

102. 苏柳青、韦恋娟:《马来西亚华语变异的特点》,载《广西职业技术学院学报》,2014 年第 3 期。

103. 唐燕儿、孙振宇:《打造华文教师培养的助推器——论东南亚国家华文教育人才库的创建》,载《东南亚纵横》,2014 年第 3 期。

104. 唐悠悠:《老挝华文教育发展的社会背景探析》,载《东南亚纵横》,2014 年第 6 期。

105. 许琨:《新加坡小学华文教材"差异性"的微观考察——以定向阶段教材为例》,载《鲁东大学学报》(哲学社会科学版),2014 年第 4 期。

106. 许念一:《浅析华文教育中的文化教学》,载《学习月刊》,2014 年第 2 期。

107. 衣远:《越南华文教育发展现状与思考》,载《东南亚纵横》,2014 年第 7 期。

108. 张江元:《马来西亚幼儿华文教材编排体例分析》,载《海外华文教育》,2014 年第 2 期。

109. 张树权:《试论海外华文教材本土化新思路》,载《云南师范大学学报》(对外汉语教学与研究版),2014 年第 2 期。

110. 周清海:《华语教学与现代汉语语法研究》,载《语言教学与研究》,2014 年第 5 期。

111. 朱焕芝:《菲律宾华语教师现状调查及思考》,载《太原城市职业技术学院学报》,2014 年第 2 期。

112. 朱志平:《华语文教学中 4 项技能的标准及其相互关系》,载《云南师范大学学报》(对外汉语教学与研究版),2014 年第 5 期。

113. 祝晓宏:《海外华语语法研究:现状、问题及前瞻》,载《集美大学学报》(哲学社会科学版),2014 年第 1 期。

二、博士论文

1. Thea Sairine Wong(张赛英):《印尼学生习得汉语"有"和"在"的偏误分析》,

福建师范大学博士学位论文,2012年。

2. 赵萱:《基础教育国际化进程中混班就读外籍学生的教育图景》,华东师范大学博士学位论文,2012年。
3. 樊荣:《语言推广与文化融合问题研究》,东北师范大学博士学位论文,2012年。
4. 陈银心:《马来西亚国民中学初中华文教材中的价值观研究》,华中师范大学博士学位论文,2012年。
5. WAI WAI THI(邹丽冰):《缅甸汉语传播研究》,中央民族大学博士学位论文,2012年。
6. YEAP CHUN KEAT(叶俊杰):《马来西亚华文教学研究》,中央民族大学博士学位论文,2012年。
7. 刘毓民:《汉语国际教育》,华东师范大学博士学位论文,2012年。
8. SIRIWAN WORRACHAIYUT(韦丽娟):《泰国汉语教育政策及其实施研究》,华东师范大学博士学位论文,2012年。
9. 白鸽:《西方来华传教士对中国语言文字变革运动影响研究》,陕西师范大学博士学位论文,2013年。
10. 陈茜:《"台湾国语"推行现状与国语推广方略研究》,南开大学博士学位论文,2013年。
11. 王焕芝:《抗争与坚守》,福建师范大学博士学位论文,2013年。
12. 俞永植:《中韩新词语的对比研究(1994年—2010年)》,中国社会科学院研究生院博士学位论文,2013年。
13. 张健:《马来西亚华人文化认同之汉字影响研究》,西南大学博士学位论文,2014年。
14. 黄华迎(WONG WAH YIN):《马来西亚华语词语研究》,西南大学博士学位论文,2014年。
15. 周进:《新加坡双语教育政策发展研究》,河北大学博士学位论文,2014年。
16. 黄立诗:《马来西亚华语口语部分特殊语法现象研究》,北京师范大学博士学位论文,2014年。
17. 吴丽好:《香港网络时代与华文二语教学》,陕西师范大学博士学位论文,2014年。

三、著作

1. 曾毅平主编:《华语修辞》,广州:暨南大学出版社,2012年。
2. 郭熙著:《华语研究录》,北京:商务印书馆,2012年。

3. 贾益民、曾毅平主编:《两岸华文教师论坛文集》,广州:暨南大学出版社,2012年。
4. 贾益民:《华文教育概论》,广州:暨南大学出版社,2012年。
5. 贾益民主编:《华文教材教法》,广州:暨南大学出版社,2012年。
6. 吕必松著:《华语教学新探》,北京:北京语言大学出版社,2012年。
7. 彭俊著:《华文教学研究》,广州:暨南大学出版社,2012年。
8. 孙玉卿主编:《华语语音》,广州:暨南大学出版社,2012年。
9. 王汉卫著:《华语测试中的阅读研究》,北京:北京大学出版社,2012年。
10. 王晶编著:《华语写作》,广州:暨南大学出版社,2012年。
11. 周静、杨海明编著:《华语语法》,广州:暨南大学出版社,2012年。
12. 曾毅平主编:《海峡华文教学论丛》,广州:暨南大学出版社,2013年。
13. 熊玉珍著:《计算机辅助华文教学》,广州:暨南大学出版社,2013年。
14. 肖航、纪秀生、韩愈著:《软传播:华文媒体海外传播研究》,北京:中国传媒大学出版社,2013年。
15. 谢育芬主编:《华语作为二语与外语的教学》,南京:南京大学出版社,2014年。
16. 于逢春著:《华文教育概论》,武汉:华中科技大学出版社,2014年。

论文作者简介

蔡雅薰,女,台湾师范大学应用华语文学系教授,主要研究方向:华语文教学与教材设计。
曹贤文,男,南京大学海外教育学院副教授,主要研究方向:对外汉语教学研究。
陈鹏勇,男,暨南大学华文学院副研究员,主要研究方向:华文教育。
陈之权,男,博士,新加坡南洋理工大学新加坡华文教研中心院长,主要研究方向:华文第二语言课程发展与设计、华文教学法、基于信息技术的华文教学、语言与文化。
储泽祥,男,华中师范大学文学院教授,博士生导师,主要研究方向:汉语语法。
戴昭铭,男,黑龙江大学文学院教授、博士生导师,主要研究方向:社会语言学和方言学研究。
刁晏斌,男,北京师范大学文学院教授,博士生导师,主要研究方向:现代汉语的共时状况及历时发展演变研究。
方清明,男,华南师范大学国际文化学院副教授,主要研究方向:现代汉语语法。
耿红卫,男,河南师范大学文学院教授,主要研究方向:中国语文教育史、当代语文课程与教学、海外华文教育研究。
郭熙,男,暨南大学华文学院教授,博士生导师,主要研究方向:应用语言学、社会语言学、华语研究。
黄明,男,集美大学外国语学院副教授,主要研究方向:新加坡英汉双语教育研究。
贾益民,男,华侨大学教授,博士生导师,厦门大学海外华文教育研究所客座研究员,主要研究方向:海外华文教育。
李计伟,男,暨南大学华文学院应用语言学系讲师,博士,主要研究方向:历史语言学、汉语语法的教学研究。
李丽,女,南洋理工大学教育学院教育学研究所助理研究员,博士,主要研究方向:第二语言习得、语言教育、计算语言学。
刘华,暨南大学华文学院教授,主要研究方向:计算语言学、华语研究。
刘晓梅,女,暨南大学华文学院副教授,主要研究方向:汉语词汇学。
彭俊,男,北京华文学院研究员,主要研究方向:华文教育的学科建设和教材编写。

尚国文,男,南洋理工大学国立教育学院副研究员,主要研究方向:汉语语法、语言教育与规划研究。

盛继艳,女,北京华文学院专修部讲师,主要研究方向:汉语语法,对外汉语教学。

王汉卫,男,暨南大学华文学院教授,主要研究方向:研究方向为对外汉语及华文教育。

王世凯,男,渤海大学文学院教授,主要研究方向:汉语语法、语言资源与语言政策。

王衍军,男,暨南大学华文学院副教授,博士生导师,主要研究方向:近代汉语词汇语法、汉语方言学、中国民俗文化、对外汉语教学、海外华语传播。

魏岩军,男,北京语言大学对外汉语研究中心讲师,北京语言大学在读博士,主要研究方向:第二语言习得。

吴英成,男,伦敦大学亚非学院语言学博士,新加坡南洋理工大学国立教育学院亚洲语言文化学部教授,主要研究方向:国际汉语教学,全球汉语与汉语变体,汉英语言政策与语言教育,华裔语言教育。

邢福义,男,男,华中师范大学教授,博士生导师,主要研究方向:现代汉语语法。

杨万兵,男,暨南大学华文学院副教授,主要研究方向:对外汉语教学和华文教育。

张春红,女,北京华文学院副教授,主要研究方向:华语教学。

赵春利,男,暨南大学文学院教师,主要研究方向:现代汉语语法。

周明朗,男,美国马里兰大学语言学院副教授,兼任北京语言大学客座教授,新疆师范大学、新疆双语教育研究中心客座研究员,主要研究方向:社会语言学、双语现象、语言与民族、国际汉语教育。

周小兵,男,中山大学国际汉语学院教授,博士生导师,主要研究方向:现代汉语、应用语言学、第二语言教学、国际汉语教材研究。

朱东芹,女,华侨大学华侨华人研究院副研究员,主要研究方向:华侨华人问题研究。

祝晓宏,男,暨南大学华文学院讲师,博士,主要研究方向:社会语言学、海外华语研究。

备注:

1. 简介中的所有作者均按其姓氏拼音先后排序;
2. 所有论文只提供第一作者信息;
3. 为简洁起见,所有作者简介仅包括其"性别""现职单位""职称"及"主要研究方向",不介绍其教育背景、学术兼职和头衔等信息;
4. 所有作者的简介信息以其原文发表时载明的为主要依据。

编后记

第一、限于编者学识水平,文献的选取难免会有缺陷、疏漏,不当之处,概由编者负责。

第二、感谢本书收录文章的各位作者的大力支持,在百忙中慷慨赐予电子稿件,节省了编写时间。各位作者赐予的电子稿件,经与知网版本对比,内容没有差异的未做改动;部分论文从pdf格式转录成word格式后产生了一些错误,已逐一校对、改正,如还有其他转录错误,概由编者负责。

第三、根据相关出版规定,部分论文的用词、段落进行了相应调整、删除。为了统一整个系列"中国文化'走出去'研究丛书"的体例,所有参考文献调整为脚注格式,并删除了摘要与关键词。本书文章的编选顺序尽量做到按内容分块。

第四、受本书篇幅与相关出版规定所限,不得不忍痛割爱,割舍了少量文章,读者可根据本书附录查阅。

第五、感谢暨南大学华文学院郭熙教授、祝晓宏博士对本书文章的选取给予了建设性的意见。

此外,暨南大学邵敬敏教授、新加坡南洋理工大学陈之权教授肯定了编写本文集的意义;北京大学出版社的编辑人员对本书稿件进行了编辑加工,对注解、参考文献进行了调整,在此一并致谢。最后,感谢北京外国语大学、北京大学出版社对本书的大力支持,感谢北京外国语大学汉学中心张西平教授及各位工作人员对本套文集的辛勤筹划。

编者
2015.6